Hans Magnus Enzensberger wurde am 11. November 1929 in Kaufbeuren im bayerischen Allgäu geboren und verbrachte seine Kindheit in Nürnberg. Von 1949 bis 1954 studierte er Literaturwissenschaft, Sprachen und Philosophie in Erlangen, Freiburg im Breisgau, Hamburg und Paris und wurde anschließend promoviert. Heute lebt Enzensberger in München.

Nie wieder!

Die schlimmsten Reisen der Welt

Dargeboten von

HANS MAGNUS
ENZENSBERGER

Deutsch von
Matthias Fienbork
und anderen

Rowohlt Taschenbuch Verlag

2. Auflage Dezember 2014

Veröffentlicht im Rowohlt Taschenbuch Verlag,
Reinbek bei Hamburg, Juni 2014

Umschlaggestaltung any.way, Cathrin Günther,
nach einem Entwurf vom
Vito von Eichborn GmbH & Co. Verlag KG
(Umschlag: Rüdiger Morgenweck)
Satz Haarlemmer PostScript, InDesign,
bei Pinkuin Satz und Datentechnik, Berlin
Druck und Bindung
Druckerei C. H. Beck, Nördlingen
ISBN 978 3 499 25811 4

INHALT

PROLOG

I

II

III

IV

V

EPILOG

PROLOG

GEORGE WOODCOCK

Meine schlimmsten Reisen

Meine Vorstellung von der schlimmsten Reise ist davon geprägt, dass ich vor langer Zeit, in meiner Kindheit, ein Buch über Scotts Antarktis-Expedition las, die nur wenige Tage vor meiner Geburt im Jahre 1912 ein tragisches Ende gefunden hatte. Das Buch hieß *The Worst Journey in the World*, und noch heute erinnere ich mich an dieses Werk von Apsley Cherry-Garrard, wenn ich an schlechte Reisen denke. Am schlimmsten, in einem absoluten Sinn, ist diejenige Reise, die, wie die Unternehmungen von Scott oder Bering, im Tod endet. Wir bewundern die Tapferkeit, mit der diese Männer alle Widrigkeiten ertrugen, und die grimmige Resignation, die aus Scotts letzten Tagebucheintragungen spricht: «Wir werden bis zum Ende durchhalten, aber wir werden natürlich schwächer, und das Ende kann nicht mehr fern sein. Es ist schade, aber ich glaube, ich kann nicht mehr schreiben.» Das war, nachdem Scott und seine Gefährten erfahren hatten, dass ihre Anstrengungen umsonst gewesen waren, dass Amundsen den Pol vor ihnen erreicht hatte. Ihr Gefühl des Scheiterns wurde durch die wachsende Gewissheit verstärkt, dass sie in der bitteren Kälte vor Entkräftung und Hunger das Basislager nicht mehr lebend erreichen würden. Hinter all der übergroßen Selbstbeherrschung muss Angst gesteckt haben und eine zunehmende Ahnung von der Sinnlosigkeit ihres Heldentums.

Physisch und psychisch, in ihrem Verlauf und in ihrem

Ergebnis, war Scotts Expedition eine «schlimmste» Reise im absoluten Sinn. Für diejenigen von uns, die ihre Reisen überlebt haben, gibt es nur schlimme Reisen, da unsere Erfahrungen, solange wir uns noch diesseits der letzten Grenze bewegen, relativ und nicht absolut sind. In gewissem Maße sind sie aber immerhin vergleichbar.

Wenn man sich überlegt, welches die schlimmste aller schlimmen Reisen ist, müssen viele Kriterien berücksichtigt werden, und jedes ruft in meiner Erinnerung unterschiedliche Zwischenfälle wach. Denke ich an extreme körperliche Anstrengungen? Ich erinnere mich an eine aufreibende Busfahrt im mexikanischen Hochland mit einem verkrüppelten Chauffeur, der vor kritischen Stellen das Lenkrad mit dem verstümmelten linken Arm führte und sich mit dem rechten bekreuzigte. Oder an die Südseelagune, wo man von einem Kopraboot im hüfttiefen Wasser abgesetzt wurde und sich dann, über scharfe Korallen und Konservendosen tretend, dabei ständig Ausschau nach gefährlichen Teufelsfischen haltend, zum Strand vorwärtskämpfte. Vor allem aber erinnere ich mich an die Nacht in Monterrey, einem Ort im Zentrum des Callejon de Huaylas in den peruanischen Anden. Das war Anfang der fünfziger Jahre.

Monterrey war der Abklatsch eines europäischen Heilbades gewesen, bis das Aufsehen um seine «radioaktiven» Quellen plötzlich die Gesundheitsapostel vertrieb, die regelmäßig aus Lima anreisten und dort eine Woche Kur machten. Die vernachlässigten Schwimmbecken waren inzwischen mit einer grünen Unkrautschicht überzogen. Das Hotel war dreckig. Das Essen war nach peruanischer Art schwer, um zehn Uhr abends wurden mehrere unappetitliche Gerichte serviert.

Mir machte schon die Höhenkrankheit zu schaffen, die

bei den Einheimischen *soroche* hieß, ich fühlte mich schwach und kippte im Speisesaal um. Mitten in der Nacht hatten Inge und ich starken Durchfall. Zur gleichen Zeit fiel die Wasser- und Stromversorgung aus, aber unsere klagenden Rufe nach Kerzen wurden, während wir uns auf den dunklen Korridoren vorantasteten, von keinem Angestellten beantwortet. Geplagt von immer neuen Anfällen, wankten wir ins Badezimmer, um dort zu scheißen und zu kotzen, angeekelt von dem aufsteigenden Gestank, bis wir erschöpft auf das Bett fielen. Aber selbst jetzt, obschon todmüde, konnten wir nicht schlafen, denn in dieser Nacht wurde ein indianisches Fest gefeiert, zu dem wahrscheinlich das ganze Hotelpersonal gegangen war. Aus den Hütten unweit des Hotels drangen rhythmische Trommel- und Harfenklänge und die schrillen, mit hoher Stimme gesungenen Lieder der Quechua-Frauen, die *quenas*. In unserem ganzen Elend schauten wir hinaus und sahen die Leute um ihre Lagerfeuer tanzen; ihre Fröhlichkeit erschien uns in dem Moment wie ein obszöner Hexensabbat.

Die Nacht verging. Am Morgen lief das Wasser wieder, und wir wankten hinunter und bestiegen den Bus, der uns zum nächsten Etappenziel unserer Bergtour bringen sollte. Ich war viel zu apathisch, um beunruhigt zu sein, als der Bus unterwegs von einem Trupp martialisch auftretender Guardia Civil angehalten wurde, die seinerzeit der Schrecken des *altiplano* war. Sie trieben die Indios aus dem Bus, stocherten in ihren Bündeln herum und behandelten sie mit einer großen Brutalität, die bei den trübäugigen Opfern auch nicht den leisesten Protest auslöste.

Ich selbst wurde auf die Wache befohlen – ein düsterer Granitbau am Straßenrand. «Lassen Sie ihn nicht allein hinein, *señora*», flüsterte ein Mann hinter uns, und so gingen

Inge und ich zusammen hinein. Die Gleichgültigkeit der Erschöpfung wirkte womöglich entwaffnend auf die uniformierten Figuren hinter dem großen Schreibtisch, mächtige ledergebundene Schwarten vor sich, denn auf einmal verwandelten sich die Provinztyrannen in Offiziere und Gentlemen, die uns Stühle anboten, Kaffee servierten und sich Zigaretten anbieten ließen, während sie die Angaben in unseren Pässen und den Zweck unserer Reise umständlich in ihre großen Kladden eintrugen. Meine würdevolle Haltung, die ganz allein auf Müdigkeit zurückzuführen war, fiel in sich zusammen, als ich unseren Bewacher bitten musste, mich zur verschmierten und stinkenden Latrine im Hinterhof zu bringen. Der Sergeant, der dicht hinter mir ging, war ein grimmig aussehender Riese mit einem Hohenzollernschnurrbart und einem Säbel, der locker am Gürtel baumelte und auf den Steinen entlangklapperte. In einer weniger dringlichen Situation hätte ich Angst vor diesem Mann gehabt.

Am Ende ließ man uns wieder laufen, wir stiegen in den Bus zu den malträtierten Indios und dösten fast die ganze Zeit vor uns hin, bis wir die Stadt erreichten, wo wir übernachten wollten. Die Sonne ging gerade unter, und während wir auf das Hotel zugingen, sah ich, wie ein Angehöriger der Guardia Civil, ebenfalls mit einem gigantischen Schnurrbart, aus dem Schatten eines großen Eukalyptusbaums hervortrat und uns einen prüfenden Blick zuwarf. Unsere Bewegungen waren offensichtlich telefonisch durchgegeben worden. Doch inzwischen begann das Mittel zu wirken, das wir gegen den Durchfall genommen hatten, wir befanden uns in geringerer Höhe und konnten über unser Abenteuer lachen. Nicht gerade die angenehmste Reise, aber keineswegs die schlimmste.

Von besonderer Ambivalenz sind Reisen, auf denen die eigene Unbill gleichsam gelindert wird durch ein Bewusstsein von dem viel größeren Elend der Menschen um einen herum – wenngleich diese Linderung nur eine weitere Dimension von Unbill erzeugt: die Qual des schlechten Gewissens.

Zum ersten Mal erlebte ich dies auf einer Reise, die ich in den frühen dreißiger Jahren unternahm, als ich ungefähr zwanzig war. Es war der Höhepunkt der Wirtschaftskrise, und ich gehörte – relativ gesehen – zu den Glücklichen, da ich in London einen Arbeitsplatz hatte, auch wenn er miserabel bezahlt war und mir keinen Spaß machte. Aber ich verdiente doch so viel Geld, dass es für mehr als das bloße Überleben reichte: Ich konnte mir gelegentlich für Sixpence ein Penguin-Taschenbuch kaufen, für fünf Pence auf der Galerie des Old Vic Charles Laughton in *Cherry Orchard* sehen und gelegentlich eine Freundin zu Ravioli einladen, die es bei *Poggiolis* in der Charlotte Street für neun Pence gab. Mir blieb die Demütigung derjenigen erspart, die jahrelang von kümmerlicher Arbeitslosenunterstützung dahinvegetierten und sich die Unverschämtheiten bornierter Bürokraten gefallen lassen mussten, die diese milde Gabe außerordentlich widerwillig auszahlten. Eine Tante, bei der ich kostenlos Urlaub machen konnte, wohnte in einem kleinen Ort im walisischen Glamorgan. Eines Tages, als ich sie einmal besuchte, beschloss ich, in einen Bus zu steigen und mir die Gegend um Rhondda anzusehen, das Herz des südwalisischen Kohlereviers. Rhondda nimmt in den Gedanken aller Menschen, die etwas mit Wales zu tun haben, einen besonderen Platz ein, denn eines der schönsten Lieder – überwältigend, wenn die *daios* aus dem Tal es beim Rugbyspiel singen – heißt *Cwm Rhondda*, der Berg Rhondda. Es handelt sich, genau gesagt, um zwei Täler – Rhondda Mawr, Groß-Rhondda oder das

Haupttal, und Rhondda Fach, das kleinere Tal, das davon abgeht. Ich wollte nach Rhondda Mawr hinauffahren, den dazwischenliegenden Bergkamm überqueren, in Rhondda Fach wieder herunterkommen und von dort aus nach Bridgend zurückkehren, wo ich logierte.

Es war eine schlimme Zeit in Rhondda, obwohl es wahrscheinlich sogar schöner aussah als in besseren Tagen, da in den meisten Gruben nicht gearbeitet wurde und nicht so viel von dem Rauch zu sehen war, der der Landschaft normalerweise ein düsteres, satanisches Aussehen gab. Dennoch hatte sie etwas Desolates. Die Hauptstraße, an der die Häuser dicht an dicht standen, zog sich serpentinenhaft wie ein langes Band dahin, in den Ortszentren ausgebeult wie Knoten in einem Bindfaden. Die Häuser waren meist aus grauem, aber längst rußgeschwärztem Stein. In der mittleren Entfernung erhoben sich die Fördertürme mit ihren großen Rädern und die Kegel der Abraumhalden. Neben den Häusern standen ein paar kränkliche Bäume, aber die Berge auf beiden Seiten waren kahl und von einem zartgrün schimmernden Braun; der Frühling hatte gerade erst begonnen.

Man fühlte sich hier wie in einem besetzten Land. Viele Läden standen leer, die Bergwerke hatten schon vor Jahren ihre Produktion eingeschränkt, und der Generalstreik von 1926 – für die Arbeiter eine Katastrophe – hatte der lokalen Wirtschaft den Todesstoß versetzt. Die Leute waren ärmlich gekleidet und mürrisch. Abgerissene Männer hockten grüppchenweise nach Bergmannsart auf der Erde und spielten, in Ermangelung von Halfpenny-Münzen, mit Knöpfen. Ein Mann, der die Straße entlangkam, pfiff *Die Rote Fahne* so deprimierend langsam, als ob es ein Trauerlied wäre.

Die Leute von Rhondda hatten zweifachen Grund für ihren Missmut. In jener Zeit, als der walisische Nationalismus noch nicht in Mode gekommen war, klammerten sie sich an ihre melodische Sprache als dem letzten Überbleibsel ihrer Volksidentität und verachteten die anglisierten Stadtwaliser, die sich ihrerseits über sie lustig machten. Und sie waren, zu Recht, der Ansicht, dass sie für die Probleme der Kohleindustrie sehr viel heftiger zur Kasse gebeten worden waren als andere; dass die Gruben von englischem Kapital kontrolliert wurden, bestärkte sie nur in ihrem ethnischen Ressentiment. Die beiden Gegenden in Großbritannien, wo die Kommunisten, ganz die radikalen Sozialrebellen, immer viele Stimmen bekamen, waren bezeichnenderweise Rhondda, wo walisisches Selbstbewusstsein mit außergewöhnlicher Armut einherging, und Clydebank, wo außergewöhnliche Armut mit der alten Abneigung der Schotten gegenüber den Engländern einherging. Es war daher nicht überraschend, dass ich, unterwegs auf der endlos langen Straße von Rhondda Mawr, obwohl kein einziger Polizist oder Soldat zu sehen war und ich selbst gar nicht körperlich bedroht wurde, das merkwürdige Gefühl hatte, in einem besetzten Land zu sein.

Ich erreichte das Ende des Tals, ging in einen Billigladen, um dort als preisgünstige Vorsorge für den Hunger eine Tüte Schokoladenbruch zu kaufen, und schlug dann einen ansteigenden Weg ein. Bald wurde ein Pfad daraus, der an einer Schlucht mit ein paar einsamen Erlen entlangführte. Dann hatte ich den kahlen, baumlosen Berghang erreicht, ich stieg immer höher, begleitet nur von ein paar kleinen, neugierigen Bergschafen, stieß dann auf Heidemoorland, wo sich seit Jahrtausenden Torf angesammelt hatte – der Boden war weich und nachgiebig und für die Füße ebenso angenehm wie die Tundra der kanadischen Arktis. Wasserläufe hatten tiefe Einschnitte gegraben, und um diese Gräben zu überwinden, musste ich an den zwei, drei Meter tiefen Rändern, die wie aufgeschnittene Schichttorte aussahen, hinunter- und wieder hinaufklettern. Diese Gräben boten aber keinen Schutz, als plötzlich ein Unwetter über den Berg hereinbrach, ein heftiger Regenguss, der mich innerhalb einer Minute völlig durchnässt hatte, denn ich war ohne Regenzeug aufgebrochen. Mir blieb nichts anderes übrig, als weiterzustolpern. Das Überqueren der Gräben wurde immer mühsamer, da dort inzwischen braunes Wasser bergab schoss, in dem ich mehrere Male bis zu den Knien versank. Schließlich erreichte ich den Hang, der nach Rhondda Fach hinunterführte, und der Regen hörte auf.

Mit klatschnassen Sachen kam ich, eine frierende, jämmerliche Gestalt, unten im Tal neben einer Abraumhalde heraus, wo etwa fünfzig Männer und Frauen eifrig in der Erde herumstocherten. Auf der überwucherten Straße ins Dorf, dessen feuchte Schieferdächer mir entgegenglänzten, holte ich einen Mann ein, der ein verrostetes altes Fahrrad ohne Sattel und Reifen neben sich herschob. Es diente ihm dazu, den schmutzigen Jutesack zu transportieren, den er an den Lenker gebunden hatte. Er hatte Kohle gesucht. «Nicht größer als Walnüsse, Mann», erklärte er. Die großen Kohlestücke waren schon vor Jahren verschwunden, so lange wurde hier nicht mehr gearbeitet. Ich fragte ihn, wie lange er schon arbeitslos sei. «Tja, neun Jahre sind es jetzt, die ich verloren habe, Mann.» Trotzdem war er freundlich, vielleicht weil ich so elend aussah, dass er mich als seinesgleichen empfand. Entschuldigend sagte er, dass heutzutage niemand im Dorf ein Feuer anmache, höchstens mittags zum Kochen, sofern es etwas zu kochen gab, ich würde also Mühe haben, meine Sachen trocken zu bekommen. Dann leuchtete sein Gesicht plötzlich auf. «Versuch's mal im Brachi, Mann. Dort gibt's bestimmt einen Ofen. Und für ein paar Pennys werden sie dir gern die Sachen trocknen.»

Vor langer Zeit hatte es einen Italiener namens Brachi in eines der walisischen Grubentäler verschlagen, und dort hatte er ein bescheidenes Restaurant eröffnet. Andere waren ihm gefolgt, aber sein Name blieb hängen und wurde zu einer Gattungsbezeichnung für die kleinen italienischen Restaurants in der Gegend um Rhondda. Der Brachi in Rhondda Fach war ein trister Ort, die Farbe blätterte von der Fassade, und das Schaufenster, in dem ein paar leere Tee- und Kekspackungen standen, war an den kaputten Stellen mit alter Pappe ausgebessert. Ein melancholisches Mädchen trat aus dem Hinterzimmer. Ihr schwarzes Haar und der olivfarbene Teint waren mediterran, aber ihre Stimme hatte den walisischen Tonfall. Sie sah mich feindselig an, als ich etwas von einem Ofen sagte – vermutlich weil ich sie zu dem demütigenden Eingeständnis zwang, dass auch bei ihnen nur zu den Essenszeiten ein Feuer anmacht wurde. Hier kam niemand mehr hin, um etwas zu essen. So bestellte ich mir für zwei Pence eine Tasse Tee. Lustlos schob sie den Kessel auf den Gaskocher. Sie taute dann ein wenig auf und sprach sehnsüchtig davon, nach London zu gehen. Ich hoffe, sie hat es geschafft.

Auf der Rückfahrt trockneten meine Sachen allmählich steif. In einer Stadt, wo ich umsteigen musste, ging ich in eine Kneipe und kaufte mir für meinen letzten Shilling einen Grog zum Aufwärmen. Ich überstand das Durchnässtsein ohne ernste Folgen. Es war eine schlimme und deprimierende Reise, und jedes Mal, wenn von der Wirtschaftskrise geredet wird, erinnere ich mich an Rhondda Fach und an den arbeitslosen Mann und die junge Italienerin mit dem walisischen Akzent. Aber es war nicht die schlimmste meiner schlimmen Reisen; immerhin hätte ich ausrutschen und in einem der reißenden Sturzbäche ertrinken können; ich hätte mir eine Lungenentzündung holen können, die damals noch tödlich verlief.

Solche Reisen, auf denen sich die eigenen physischen Strapazen mit einem unmittelbaren Eindruck vom Elend der anderen verbinden, steigen immer wieder in der Erinnerung auf. Ein noch schlimmeres Erlebnis hatte ich in Bangladesh, dem ehemaligen Ost-Pakistan. Inge und ich landeten in Chittagong, der schmutzigsten, hässlichsten, elendesten und trostlosesten Stadt, die ich je gesehen hatte – ich bezeichnete sie seinerzeit als «rectum mundi». Im «besten» und einzig möglichen Hotel, wo die Offiziere der Frachtschiffe abstiegen und sich vor Langeweile volllaufen ließen, hatte die «Luxussuite» ein «Badezimmer», das in Wahrheit ein abgetrennter Teil des Balkons war, wo man im Hocken in ein Loch schiss, ein aus der Mauer ragendes Wasserrohr als Dusche diente und nur ein etwa ein Meter hoher Paravent eine Andeutung von Privatsphäre vermittelte. Die Netze über den Betten waren voller Löcher, durch die die Moskitos nach Belieben hereinfliegen konnten. Die Palmen im Garten verkümmerten, und der Brunnen im Innenhof war ausgetrocknet und voller Müll. Vor dem Hotel saßen Bettler, nicht einzeln oder zu zweit, sondern in Familien und Stämmen, viele von ihnen mit verkrüppelten Gliedmaßen und von Lepra und anderen Krankheiten zerfressenen Gesichtern. Gelegentlich stürzte der Hotelmanager heraus – ein Eurasier, der pathetisch von England als «Heimat» redete, obwohl er noch nie dort gewesen war – und forderte den Portier auf, die Leute zu verscheuchen. «Ein Skandal! Vor einem First-Class-Hotel!», rief er und stürzte wieder hinein, um nach der Polizei zu telefonieren. Die Polizei kam nie, und die Bettler kehrten immer wieder zurück, saßen einem im Weg, zupften einem an den Sachen und sprachen in professionell winselndem Tonfall. In Chittagong begegnete man ihnen überall; man wurde sie nur los, wenn man in einem Taxi fuhr. Die Bettler waren apathisch, hoffnungslos, ohne die Kraft, aggressiv zu sein; was übrigens auch sinnlos gewesen wäre, denn es gab viel zu viele für die wenigen Reisenden, und ich fragte mich, wie sie es schafften, zu überleben.

Unser miserables Hotel – in dem die Moskitos uns am Einschlafen hinderten, wir nach nichts schmeckende und verdächtige Sachen aßen und alles, was wir sahen und hörten und rochen, unerträglich fanden – war für lokale Begriffe natürlich der Gipfel an Luxus und Komfort, wenn es auch nicht andeutungsweise dem ähnelte, was uns in Dakka die Plakate mit den Palmenstränden von Chittagong verheißen hatten. «Strand? Was meinen Sie mit Strand?», hatte der Hotelmanager zurückgefragt. Das Einzige, was dem entfernt nahekam, waren die Sandbänke, die der schlammige Strom auf seinem Weg hinaus in die Bucht von Bengalen ablagerte. Wir flogen schließlich über Kalkutta nach Bangkok, wo die bescheiden ausgestatteten Hotels der Thais demgegenüber wie Nobelherbergen aussahen.

Chittagong steht ziemlich weit oben auf meiner Liste der schlimmen Reisen, da ich aber überlebt und nirgendwo dem Tod ins Gesicht geblickt habe und am Ende sogar noch jene eigentümliche moralische Befriedigung gewann, die sich einstellt, wenn man durch die eigene Unbill das Elend der anderen noch deutlicher sieht, war es nicht die schlimmste meiner schlimmen Reisen. Dazu fehlte vermutlich das Element der Angst. Begründete Angst, die einen durch das finstere Tal führt, dort aber nicht allein lässt – das ist wesentlich für die schlimmsten der schlimmen Reisen. Noch stärker wird dieses Erlebnis, wenn sich die Angst mit Vergnügen verbündet.

In der Rangordnung meiner schlimmen Reisen würde ich daher ganz weit oben eine Reise ansiedeln, die wir 1972 nach Apolima unternahmen, zur kleinsten Insel von Westsamoa. Diese geschichtsträchtige Vulkaninsel erhob sich wie eine natürliche Festung aus dem Meer, und da eine Flanke des Bergs eingestürzt war, konnte der Krater als kleiner Hafen benutzt werden. Irgendwann hatte ein hoher samoanischer Häuptling dort ein ganzes Jahrzehnt lang ausgehalten, während der Rest der Inselkette von tongaischen Angreifern besetzt wurde, und er war schließlich hinausgefahren und hatte sie geschlagen. Der Name Apolima bedeutete «in der Hand gehalten», und tatsächlich sah die Insel wie eine flache Hand aus, deren Finger nach oben gebogen sind. Da es auf Apolima sehr traditionsbewusst zuging, mussten wir uns von einer hochgestellten Persönlichkeit begleiten lassen – einem Schulinspektor namens Afamasaga. In einem klapprigen alten Walfängerboot mit Außenbordmotor tuckerten wir über die Lagune der Hauptinsel Upolu, durch das Riff hinaus in die offene See, die am frühen Morgen einen gleichmäßigen, nicht allzu starken Wellengang hatte. Der Kegel von Apolima kam in Sicht, und wir umrundeten ihn, bis wir das große, natürliche Amphitheater der emporragenden Kraterwände vor uns hatten, deren graue Felsspitzen und Kämme von wogender tropischer Vegetation halb überwuchert waren.

Bald galt unser Augenmerk einem anderen Wogen, denn das Riff von Apolima war ungewöhnlich und sehr gefährlich. Es war kein Korallenriff, sondern die abgebrochene und vom Meerwasser abgetragene Kraterwand, und hinein gelangte man durch eine enge L-förmige Passage zwischen den großen Felsbrocken, wo erst eine Woche zuvor, wie wir von Afamasaga erfuhren, das Boot mit dem neuen Lehrer der Insel gekentert war. Ihn hatte man zwar retten können, nicht aber seine Bücher. Aber inzwischen war die Brandung viel stärker geworden, sie ergoss sich in hohen grünen Wogen über die grauen Felsen und kehrte in einer weiß schäumenden Strömung zurück. Zuerst konnten wir keine Lücke im Riff erkennen, bis Afamasaga zu einer Stelle zeigte, wo die Wellen zwar nicht weniger kräftig, aber zumindest nicht ganz so weiß und aufgeschäumt wirkten.

Das Boot bezog nun Position. «Sie warten immer auf die siebte Welle», sagte Afamasaga, während die Besatzung des herumtanzenden Bootes ihre Plätze einnahm. Ein Mann kletterte in den Bug und stand mit einer Stange in der Hand ruhig da. Ein zweiter kletterte auf das Sonnensegel, von wo aus er das Wasser überblicken und dem Steuermann Handzeichen geben konnte. Der Mann im Bug machte ein Zeichen, der Motor heulte auf, und plötzlich schossen wir mit der blaugrünen Welle auf die Lücke zu, und Sekunden später befanden wir uns zwischen den dunklen Felsmassen, die aus dem aufgewühlten Wasser ragten. Die Lücke vor uns schien kaum breiter als das Schiff zu sein. Der Mann auf dem Sonnensegel gestikulierte wild, bald mit der linken, bald mit der rechten Hand. Das Schiff zögerte noch etwas, und dann waren wir in der Passage, wurden nach vorn und an die Seite gedrückt, der Mann mit der Stange wehrte den Fels auf der Backbordseite ab, während wir durch den L-förmigen Knick schossen und mit der letzten Wucht der Woge in das ruhige Wasser der Bucht glitten und endlich erlöst waren.

Ich sah zu Afamasaga. Er lachte leise. «Nur Männer von Apolima können das. Verstehen Sie jetzt, warum es eine große Festung ist? Noch nie hat es ein tongaisches Schiff in diesen Hafen geschafft.»

Sobald wir ruhigere Gewässer erreicht hatten, spielte sich eine Idylle voller Charme und Berechnung ab. Ein hochgewachsener, kräftig gebauter Polynesier in kariertem Hemd und geblümtem Lavalava hieß uns am Strand willkommen. Er war der zweite Häuptling der Insel, der *tulefale* oder Sprecher. Er tat so, als sei unsere Ankunft ganz unerwartet, und führte uns zu dem seitlich offenen, palmblattgedeckten Versammlungshaus auf einem Rasenstück oberhalb des kleinen Hafens. Fast im selben Moment tauchten zwei andere Männer auf, die wie die Südseeausgabe von Don Quijote und Sancho Pansa aussahen. Der hagere Don Quijote war der *ali'i* oder oberste Erbhäuptling der Insel, der fette Sancho war der Priester.

Zur Begrüßung bekamen wir grüne Kokosnüsse geschenkt, und Afamasaga stellte uns mit spontan erfundenen Adelstiteln vor. Dann verschwanden die beiden Häuptlinge und kamen mit geflochtenen grauen Kava-Wurzeln zurück, die sie uns zum Zeichen des Friedens überreichten. Es folgte die traditionelle Zeremonie der Zubereitung und des Trinkens von Kaya, einem heiligen, leicht berauschenden Getränk, eine Runde bombastischer Ansprachen, bei der mir nachträglich das Vorbild meiner walisischen Pfarrersonkel half, und schließlich ein traditionelles Festessen mit allen möglichen polynesischen Delikatessen, die von einer langen Reihe junger Männer und Frauen herbeigetragen wurden. Schließlich pflegten wir ein wenig Konversation, die von beiden Seiten nicht ohne Hintergedanken geführt wurde.

Ich wollte herausfinden, wie die traditionellste Gesellschaft, der ich bislang in der polynesischen Welt begegnet war, tatsächlich funktionierte, wie die offenbar vollständige

Übernahme einer eher protestantischen Art von Christentum sich mit einem genauso starken Festhalten am *fa'a Samoa*, der samoanischen Lebensart, vereinbaren ließ.

Die Häuptlinge und der Prediger wollten ihrerseits herausfinden, welchen Nutzen dieser unverhoffte Besuch eines *palangi* (die gebräuchliche Bezeichnung für einen Weißen, wörtlich «Himmelsbrecher»), den man sich, dank Afamasagas blumiger Einführung, als sehr mächtig und einflussreich vorstellte, für sie haben könnte.

Die Häuptlinge schlugen vor, mir den Ehrentitel eines *matai* oder Clanoberhaupts zu verleihen. Ein samoanischer Schriftsteller auf Apia hatte mich schon vorgewarnt, dass mir ein solches Angebot gemacht werden könnte, das zu akzeptieren bedeuten würde, dass ich meine Patengemeinde hinfort unterstützen müsste – in einer Weise, die meine finanziellen Möglichkeiten übersteigen würde. Afamasaga meinte bloß, ich solle mich entscheiden, Zögern würde als Annahme verstanden. Also erklärte ich wortreich, dass ich, obschon Träger des renommierten Stevenson'schen Titels *tusitala* (Geschichtenerzähler), es nicht wert sei, Häuptling auf einer so berühmten Insel wie Apolima zu werden.

Meine Entscheidung und mein Geschenk, gute australische Silberdollars und eine große Dose *pisupo* (Corned Beef), wurden mit unbewegter Miene entgegengenommen. Es sei trotzdem meine Insel und mein Dorf, versicherte mir der *tulefale*; ich sei immer willkommen – und wenn ich ihnen ein neues Motorboot und ein Kurzwellenradio beschaffen könnte, würde man sehr dankbar sein.

Während all das vor sich ging, drang von den Kindern am Strand lautes Rufen zu uns her. Wir standen alle auf und gingen zum Hafen hinunter, wo eine hohe Welle über das Riff hinweggefegt war und dabei unser Boot hochgehoben hatte, sodass es nun auf der Seite lag. Es wurde alsbald aufgerichtet, aber der erste Bootsmann ermahnte uns, nicht zu spät abzufahren, denn der Wind peitsche die Fahrrinne zwischen Apolima und Upolu auf.

Doch die Ansprachen und das Teetrinken, das Rauchen und das Überreichen der Geschenke duldete keine Unterbrechung. Und Afamasaga musste, um seinen Besuch zu rechtfertigen, mindestens eine oberflächliche Schulinspektion durchführen. Abermals kam der Bootsmann und sagte, dass wir jetzt wirklich aufbrechen müssten; jede weitere Verzögerung sei gefährlich. Aber weitere grüne Kokosnüsse mussten getrunken, die letzten Ansprachen gehalten, die letzten Geschenke an die Stirn gedrückt werden, bevor wir zum Strand hinuntergehen konnten, wo Körbe mit Brotfrüchten und Kokosnüssen an Bord getragen wurden und der *tulefale* und die jungen Männer des Dorfes in den Hafen wateten, um uns zu verabschieden. Der Pastor hatte beschlossen, uns zur Hauptinsel zu begleiten, und ein paar Frauen mit Körben voller Geschenke für ihre Verwandten kamen ebenfalls mit.

Wir schossen in großem Stil über das Riff, aber die Schiffsleute hatten recht gehabt mit ihrer Warnung. Das Risiko war groß, und langsam bekamen wir Angst. Die Brandung ging immer höher, und das alte, offene Boot wurde hin und her geworfen wie eine Muschel am Strand – einmal erbebte es unter der Wucht einer Welle, sodass die Planken ächzten; dann wurde es von einem Wellenkamm hochgehoben wie das Schiff auf dem berühmten Holzschnitt von Hokusai, um dann wieder in grauenerregender Fahrt in das Wellental hinunterzuschießen. Immer wieder stand das Boot unter Wasser, doch der Bootsmann schöpfte die ganze Zeit mit ruhiger Hand das Wasser aus. Mir schien, als würde das Boot jeden Moment absaufen oder umkippen oder in der stürmischen See einfach auseinanderbrechen, und Inge erging es nicht anders. Von unseren Ängsten sprachen wir erst, als wir wieder trockenen Boden unter den Füßen hatten, aber stumm und beinahe automatisch tauschten wir Dinge aus – Inge gab mir meinen Pass, den sie bei sich hatte, und ich gab ihr Geld, damit, wenn einer von uns überlebte, er nicht mittellos dastünde.

Sogar Afamasaga schaute ernst, was mich bei einem Mann, der diese Gewässer kannte, doch ziemlich beunruhigte. Der Pastor schloss die Augen und betete leise, und die Frauen machten es ihm nach. Eine wimmerte. Aber richtig in Panik geriet ich erst, als ich die Hand sah, mit der sich Afamasaga an einer der Sonnensegelstangen festklammerte: Sie war weiß.

Wir gingen aber nicht unter, und schließlich glitten wir in die große Lagune von Upolu, wo das Wasser still war. Dennoch fühlte ich mich dem Tod auf dieser Reise näher als auf jeder anderen, vielleicht, weil die Angst so lange angehalten hatte. Trotz der Freude, die ich neben dem Schrecken erlebt habe, betrachte ich sie daher als die schlimmste meiner schlimmen Reisen. Nicht als die allerschlimmste. Die steht mir noch bevor.

I

Reisende, ihr werdet immer leerer und zittert, ihr werdet immer kränker von den Auswirkungen eures Leidens, umsonst versucht ihr, euch damit zu beruhigen, dass ihr euch immer wieder sagt, ihr seid frei und das könne euch immerhin keiner nehmen. Die Freiheit des Meeres und der Landstraßen ist eine Illusion. Zu Beginn einer Reise wirkt der neue Zustand wie Freiheit, weil ihr ihn mit der entsetzlichen Sklaverei des früheren Lebens vergleicht. Aber was ihr für Freiheit haltet, ist nichts anderes als eine Ungezwungenheit gewisser körperlicher Bewegungen: kein Zwang mehr zu bestimmten Gesten, die andere gewollt haben, eine unbekannte Leichtigkeit. Die Straßen der Erde und des Meeres sind nur dünn besiedelt, und diejenigen, die auf ihnen leben, gehören nicht zu denen, die einem irgendeine Bewegung vorschreiben oder verbieten. Die Glieder des Körpers können sich frei bewegen, keine Geste ist störend oder unschicklich oder obszön, es gibt kein Menschengedränge, in dem man andere mit dem Ellbogen stößt, keine jener schamlosen Gesten, wie verstohlen die breiten Schenkel einer Frau drücken, sich unauffällig in allen Spiegeln der Straße betrachten, um seinen Aufzug zu überprüfen, unbeobachtet schnell in sein Taschentuch spucken und sich umdrehen, ob es auch keiner gesehen hat. Man kann ungestört ins Meer urinieren. Nennt ihr das Äußerungen der Freiheit?

PAUL NIZAN

GEORGE ORWELL

Erledigt in Paris

Paris 1931

Die Rue du Coq d'Or in Paris, morgens um sieben. Wütende, zornerstickte Rufe von der Straße her. Madame Monce, der das kleine Hotel gegenüber gehörte, stand auf dem Trottoir, um einer Mieterin im dritten Stock etwas hinaufzubrüllen. Ihre nackten Füße steckten in Holzpantinen, und die grauen Haare fielen ihr über die Schulter.

MADAME MONCE: «*Salope! Salope!* Wie oft habe ich gesagt, du sollst die Wanzen nicht auf der Tapete zerquetschen! Glaubst wohl, das Hotel gehört dir, eh? Warum kannst du sie nicht aus dem Fenster werfen, wie jeder andere auch?»

DIE FRAU IM DRITTEN STOCK: «*Vache!*»

Daraufhin wurden überall Fenster aufgerissen, ein bunter Chor von Stimmen setzte ein, und die halbe Straße mischte sich in den Streit ein. Zehn Minuten später, als eine Abteilung berittener Polizei vorbeikam, verstummten die Leute plötzlich und guckten neugierig.

Ich schildere diese Szene einfach, um etwas von der Atmosphäre in der Rue du Coq d'Or wiederzugeben. Nicht, dass man sich dort nur gestritten hätte – aber es verging doch kaum ein Vormittag ohne zumindest einen solchen Ausbruch. Streitereien und die drängenden Rufe der fliegenden Händler und das Geschrei der Kinder, die Apfelsinenschalen über das Straßenpflaster kickten, und nachts lautes Singen und der säuerliche Gestank der Müllfahrzeuge – das alles prägte die Atmosphäre der Straße.

Es war eine sehr schmale Straße – eine Schlucht von hohen, leprösen Häusern, die sich in seltsamen Haltungen einander zuneigten, als wären sie alle im Moment des Einstürzens erstarrt. Die Häuser waren durchweg Hotels und bis unters Dach mit Mietern vollgepfercht, meistens Polen, Arabern und Italienern. Im Erdgeschoss gab es kleine *bistros*, wo man sich für den Gegenwert eines Shillings betrinken konnte. Samstagabends war etwa ein Drittel der männlichen Bevölkerung des Viertels betrunken. Es wurde um Frauen gekämpft, und die arabischen Straßenarbeiter, die in den billigsten Pensionen hausten, trugen mit Stühlen und gelegentlich auch Revolvern mysteriöse Fehden aus. Nachts kamen die Polizisten nur zu zweit durch die Straße. Es ging ziemlich laut zu. Und doch lebten inmitten des Lärms und Drecks die üblichen ehrbaren französischen Ladenbesitzer, Bäcker und Wäscherinnen und dergleichen, die unter sich blieben und in aller Stille kleine Vermögen anhäuften. Es war ein durchaus repräsentatives Pariser Slumviertel.

Mein Hotel hieß Hôtel des Trois Moineaux. Es war ein dunkler, klappriger, fünf Stockwerke hoher Kaninchenstall, der mit Hilfe von Holztrennwänden in vierzig Zimmer aufgeteilt worden war. Die Zimmer waren klein und schmutzig, denn es gab kein Dienstmädchen, und Madame F., die *patronne*, hatte keine Zeit zum Saubermachen. Die Wände waren streichholzdünn, und um die Ritzen zu verbergen, waren sie, Schicht auf Schicht, mit rosaroter Tapete beklebt worden, die sich ablöste und unzählige Wanzen beherbergte. Tagsüber marschierten lange Reihen von Wanzen in militärischer Formation an der Decke entlang, und nachts kamen sie heißhungrig herunter, sodass man alle paar Stunden aufstehen und Scharen von ihnen töten musste. Wenn es einem zu bunt wurde, vertrieb man sie mit brennendem Schwefel ins Nachbarzimmer; woraufhin dessen Bewohner sein Zimmer ausräucherte und die Wanzen zurückschickte. Das Haus war schmutzig, aber heimelig, denn Madame F. und ihr Mann waren gutmütige Menschen. Die Miete schwankte zwischen dreißig und fünfzig Francs die Woche.

Die Bewohner wechselten ständig, es waren überwiegend Ausländer, die ohne Gepäck erschienen, eine Woche blieben und dann wieder verschwanden. Jedes Gewerbe war vertreten – Flickschuster, Maurer, Steinmetze, Bauarbeiter, Studenten, Prostituierte, Lumpensammler. Manche waren unvorstellbar arm. In einer der Mansarden wohnte ein bulgarischer Student, der Schuhe für den amerikanischen Markt anfertigte. Von sechs bis zwölf saß er auf seinem Bett und machte zwölf Paar Schuhe, an denen er fünfunddreißig Francs verdiente. Den übrigen Tag besuchte er Vorlesungen an der Sorbonne. Er studierte Theologie, und auf dem Fußboden, inmitten der Lederflecken, lagen aufgeschlagen seine theologischen Bücher. In einem anderen Zimmer lebte eine Russin mit ihrem Sohn, der sich als Künstler bezeichnete. Die Mutter arbeitete sechzehn Stunden am Tag, für fünfundzwanzig Centimes pro Stück stopfte sie Socken, während der Sohn, anständig gekleidet, in den Cafés von Montparnasse herumlungerte. Ein Zimmer war an zwei Bewohner vermietet, von denen der eine tagsüber und der andere nachts arbeitete. In einem anderen Zimmer teilte sich ein Witwer das Bett mit seinen zwei erwachsenen Töchtern, die beide an Schwindsucht litten.

Es gab eigenartige Figuren im Hotel. Die Pariser Slums sind ein Treffpunkt für wunderliche Typen – aus der Bahn geworfene, einsame, fast verrückte Menschen, die gar nicht mehr versuchen, normal oder ehrbar zu sein. Die Armut befreit sie von den gewöhnlichen Verhaltensnormen, so wie Geld die Leute von der Arbeit befreit. Einige Bewohner unseres Hotels führten ein unbeschreiblich kurioses Leben.

Die Rougiers beispielsweise, ein altes, zerlumptes, kleinwüchsiges Paar, das einem ungewöhnlichen Gewerbe nachging. Sie verkauften Postkarten auf dem Boulevard St. Michel. Das Kuriose daran war, dass die Postkarten in verschlossenen Päckchen als pornographische Bilder verkauft wurden, tatsächlich aber Fotos von Loireschlössern waren; die Käufer merkten das aber erst, wenn es schon zu spät war, und beschwerten sich natürlich nie. Die Rougiers verdienten etwa hundert Francs die Woche, und dank eiserner Sparsamkeit schafften sie es, immer halb verhungert und halb betrunken zu sein. Ihre Kammer war derart verschmutzt, dass man es in dem darunter liegenden Zimmer riechen konnte. Laut Madame F. hatten die beiden Rougiers seit vier Jahren ihre Sachen nicht mehr ausgezogen.

Oder Henri, der Kanalarbeiter. Er war ein hochgewachsener, melancholischer Mann mit lockigem Haar, der in seinen hohen Gummistiefeln ganz romantisch aussah. Henris Besonderheit bestand darin, dass er, außer wenn die Arbeit es verlangte, buchstäblich tagelang nicht sprach. Ein Jahr zuvor war er noch Chauffeur in guter Stellung gewesen und hatte Geld gespart. Eines Tages verliebte er sich, und als seine Freundin ihm den Laufpass gab, drehte er durch und verprügelte sie. Daraufhin verliebte sich das Mädchen in Henri, und zwei Wochen lang wohnten sie zusammen und gaben tausend Francs von Henris Erspartem aus. Dann betrog sie ihn; Henri rammte ihr ein Messer in den Oberarm und wurde zu sechs Monaten Gefängnis verurteilt. Kaum hatte er sie attackiert, liebte sie ihn umso heftiger, mehr als je zuvor. Sie begruben ihren Streit und vereinbarten, dass Henri nach seiner Freilassung ein Taxi kaufen würde, dass sie heiraten und eine Familie gründen würden. Doch zwei Wochen später wurde ihm das Mädchen abermals untreu, und als Henri entlassen wurde, war sie schwanger. Henri stach nicht wieder auf sie ein. Er hob seine gesamten Ersparnisse ab und unternahm eine Sauftour, die mit einem Monat Gefängnis endete. Anschließend verdingte er sich als Kanalarbeiter. Nichts konnte Henri zum Reden bringen. Wenn man ihn fragte, warum er in der Kanalisation arbeitete, antwortete er nicht, sondern legte nur die Handgelenke übereinander, was Handschellen bedeuten sollte, und warf den Kopf nach Süden, zum Gefängnis hin. Innerhalb eines einzigen Tages schien er sich durch sein Pech in einen Schwachsinnigen verwandelt zu haben.

Oder R., ein Engländer, der sechs Monate des Jahres bei seinen Eltern in Putney und sechs Monate in Frankreich lebte. In Frankreich trank er täglich vier Liter Wein, samstags sechs Liter; einmal war er sogar bis auf die Azoren gefahren, weil der Wein dort billiger ist als anderswo in Europa. Er war ein sanftmütiges, domestiziertes Geschöpf, nie rüpelhaft oder streitlustig und nie nüchtern. Bis mittags lag er im Bett, anschließend saß er bis Mitternacht in der Ecke seines *bistros*, wo er sich ruhig und methodisch volllaufen ließ. Während er trank, sprach er mit kultivierter, femininer Stimme über antike Möbel. Außer mir war R. der einzige Engländer im Viertel.

Viele andere Leute führten ein nicht weniger verrücktes Leben: Monsieur Jules, der Rumäne, der ein Glasauge hatte, ohne Haus. Er wandelt durch die Gänge und gibt acht, dass er nicht entfliehe.

In einem Hof, der einmal ein *Forum Romanum* war, leben

zwei greise Frauen. Sie kommen niemals aus diesem Hof. Sie kümmern sich nicht darum, ob ihn jemand betritt. Sie sitzen vor den Türen und nicken einander zu und verlieren manchmal ein leises Wort, das in den Hof hinunterfällt wie ein kleiner Kieselstein in einen tiefen Brunnen: Man hört keinen Laut.

Grün wuchert zwischen den Fugen der Steine. Es sind dieselben Steine, die auf Befehl Julius Cäsars zu Festungsmauern aufgeschichtet wurden. Sie sind tot wie Julius Cäsar. Es ist nicht wahr, dass Steine reden. Steine schweigen.

ROLF DIETER BRINKMANN

Rom, Blicke

Rom 1972

Als ich aus dem Zug gestiegen war und an der langen Reihe Wagen entlangging zur Halle hin, verlängerte sich wieder der Eindruck einer schmutzigen Verwahrlosung beträchtlich, wieder überall Zerfall, eine latente Verwahrlosung des Lebens, die sich in der riesigen Menge der winzigen Einzelheiten zeigt – und vielleicht hatte ich immer noch Reste einer alten Vorstellung in mir, dass eine Weltstadt wie Rom funkelnd sein würde, bizarr, blendend und auch gefährlich für die Sinne – eben ein wirbelnder Tagtraum und voll rasanter Betriebsamkeit, stattdessen war da ein grauer Zug erschlaffter Reisender, die stumpfe Monotonie der Bahnhofshalle, zwischen den Ankommenden die italienischen Kulis mit großen eisernen Schubkarren – ich hatte vielleicht gedacht, ich würde bereits am Hauptbahnhof in ein verwirrendes Miniatur-Labyrinth kommen – schließlich ist Rom doch eine Weltstadt – ich fragte mich, ob inzwischen Italien eigene italienische Gastarbeiter einstelle – unterwürfig im Verhalten, wirklich Kulis: diese Atmosphäre habe ich weder in London gesehen, auch nicht in Amsterdam oder einem sonstigen großen Bahnhof – ratternde Eisengestelle, serviles Verhalten, bettelnde Angebote, die aus faden, verblassten Gestalten kamen. Sie drangen vom Rand des Blickfeldes her ein und erhielten tatsächlich bei näherem Hinsehen keine eindeutige Kontur. – So etwas gibt es tatsächlich! – «Auch ich in Arkadien!», hat Goethe geschrieben, als er nach Italien fuhr. Inzwischen ist dieses Arkadien ganz schön runtergekommen und zu einer Art Vorhölle geworden. [...]

19.10.72: / Via Veneto – Nachtaufnahme: ausgelaugt, leergesogen, das ist die Situation der Umgebung die verstaubt ist – und insofern lügt diese Postkarte nicht – kein Mensch ist zu sehen, aber 1 Volkswagen sieht man im Vordergrund. / Gespenstische Gegenwart auch hier – erschreckende Abwesenheit von Menschen – nur noch einige touristische Zuckungen, die sich an historischen Resten delektiert. / Ein Ersticken in Hässlichkeit wird gegen die Augen betrieben / Habe ich zu viel oder zu wenig geträumt? / Plötzliches Grauen – blind, taub, stumm müsste man sein, um die Gegenwart ertragen zu können, aber das ist ein Wunsch nach Selbstverstümmelung und kein erstrebenswertes Ziel. / So gehe ich durch die Straßen, in größer werdendem Widerwillen – immer weiter

von den Leuten fort? – sind die wahre Pest, egal ob arm oder reich / Was ist aber das, was noch da ist? / Überall Autos, nix Amore, umgekippter Müll plus Pizzas / Und noch ein Sonnenuntergang – tatsächlich arbeitet nur die Sonne umsonst, der Mond, die Wolken, der Wind, Sterne, Pflanzen, Tiere – Leben ist ganz wild durcheinander / Wohin? Weiter! / Das Viertel rundum leblos, lungernde Jugendliche, umgekippte schwarze Plastiksäcke voll Abfälle / genau genommen stolpert man durch nichts als Ruinen, und zwischen diesen Ruinen scharrt das alltägliche Leben zwischen den Abfällen nach einigen lebenswerten Brocken – sobald man dieses alltägliche Leben auch nur etwas wichtig nimmt – ein Leben in staubigen Resten der abendländischen Geschichte / : dazwischen Mietskasernen und Polizeiquartiere, Unkrautfelder und das Hotel Ritz / die Schüler gehen mit Comicheften und Comicbüchern zu Schule / ein alter runtergekommener Park voll Verstümmelter, die Glieder abgeschlagen, die Rümpfe zerfressen – je verstümmelter, desto schöner – was für eine menschliche

Umgebung! / Geld konfus / habe das Gefühl, ich wüsste jetzt hier Bescheid und könnte wieder abfahren – was ist los? / Ein Stück weißer Mond über kaputten Pinien – und? //:

[…]

Stundenlanges Warten an öffentlichen Stellen, für Briefmarken, für Taxis, die gewöhnlichsten Dinge, Hähnchen rotieren in grauer Bleiluft enger Straßen, Soldaten sitzen direkt vor Auspuffrohren draußen vor den Cafés und blicken leer drein, ständiges Grimassieren südländischen Temperaments, aber die Augen sehen starr aus, man muss sich einmal darauf konzentrieren, dann merkt man es, von Mode-Illustrierten verseuchte gewöhnliche Fotzen, aufgetakelt und miese Demi-Monde, eklig das ungenierte Sack-Kratzen auf der Straße von ondulierten Herren und Todesmelodie-Pop-Slum-Jungen großstädtischen Verschnitts, jucken und kratzen sich und verschieben ihre Schwengel in den zu engen Hosen, an Straßenecken faltige Maroni-Verkäufer, die heiße Maronen in Fetzen von Seiten alter Telefonbücher wickeln, wildes Gedränge und Gewühle auf den staubigen Straßen, aber der Himmel ist sehr hoch und klar und flammende Sonnenuntergänge wegen des nahen Meers, Amerikanerinnen wie falsche Fuffziger nach Parfum stinkend quaken breit herum, man trifft sie überall wie auch Deutsche, also rotgesichtiges fleischerhaftes Glotzen aus Touristenbussen, Busse vollgestopft mit deutschen Rentnern, Diabetikern, Magenkranke, mit Fußkranken Rentnerinnen, die dich aus den Fenstern anstarren, Vorgarten-Greise auf Sight-Seeing-Tour, schaukeln glotzig in Bussen vorbei, fliegende Händler bieten Nippon-Feuerzeuge und Postkarten an, am Sonntag, als ich nachmittags meinen ersten Spaziergang machte und mir die zerfallenen ochsenroten oder kotiggelb gestrichenen viereckigen Häuser ansah, dachte ich: ich gehe durch einen zerfallenen Traum und trat im gleichen Moment in Hundescheiße, ein paar Schritte weiter war eine Kachel neben dem Eingang der Villa mit dem antiken bellendem Hund und Cave Canem. Auf den Kanalisationsdeckeln steht S. P. Q. R. recht zutreffend. Um 6 Uhr spitze Pfiffe der Verkehrspolizisten an allen Ecken. Blicke in Kellerlöcher, wo sie kellnern und schneidern. Dann die hohen quäkenden italienischen Frauenstimmen. Straßenszenen, die ein durchgehender Non-Stop-Horror-Film der Sinne und Empfindungen sind. «Auch ich in Arkadien!», Goethe.

[…]

Im Hintergrund einer breiten mehrspurigen Asphaltstraße stand der Schutthaufen des Kolosseums, lehmig-gelb angeleuchtet und mit den schwarzen Rundbögen, die an Stolleneingänge denken ließen. – Neben mir, zur einen Seite der Via Dei Fori Imperiali, eine tiefer gelegene Schrotthalde und eingezäunt. – Altes Zeitungspapier über 3 Tausend Jahre geweht, Säulen-Reste, Rundbogen-Stümpfe, Stein-Klötze – wüst durcheinander, Bruchstücke von Wänden, Andeutungen von Treppenstufen – in der Ecke eine große Rolle rostender Stacheldraht – und eine Katze, die geräuschlos am Rand entlangstreicht. 3 Säulen standen sinnlos hoch.

Über schwarze große Basaltbrocken ging ich dann an dem Trümmerfeld hoch, vielleicht habe ich innerlich gegrinst – aufgerissene Rollbahnen eines Flugplatzes in Vechta – Bombentrichter voll Wasser – eingefallene Hallen – Zementmatten, die aus den Eisengerüsten hängen – grünes Sprühen einer Brandbombe – lautlos abbrennendes Stangenpulver nachmittags – Metallwracks von Flugzeugen – geborstene

Plexiglasscheibe der Flugkanzel – kleine schwarze Figuren, die unter geblähten Pilzkappen herunterschweben – Unkraut wuchert das Gelände zu. Hier und da eine Trümmerecke herausgerissen von elektrischem Licht.

[…]

Der Wahnsinn: in der schmalen, holprigen Straße, links und rechts noch geparkte Autos, durch stumpfe Schatten düster verhangen und aus der stumpfen Düsternis herausbrechend die hellen Löcher der zum Teil offenen Räume, ein schwerer Überland-Transporter, der hupt, weder vor noch zurückkann. – Der Unterschied zwischen Autos und Menschen hat aufgehört. Die einzelnen Gestalten drücken sich in die verschlissenen Schatten der Mauern, Eingänge, Torbogen, und hervor treten die Autos. –

Eine Straße nach der anderen verstaubter und überalterter, hier die Via Monserato, in altem Gemäuer vollgestopfte

Fahrradwerkstätten, ölgefleckte Wesen bewegen sich unter einer Glühlampe hin und her zwischen Felgen, Speichen, Schraubenschlüsseln, Schläuchen und Haken. – Im Vorübergehen fällt der Blick in einen bleichen kargen, etwas tiefer gelegenen Raum, nur Wände, ohne Schmuck, und Tische und Stühle und ein Fernsehgerät, in dem Raum nur Männer, älter, in Anzügen. – In der Nähe Campo dei Fiori: ein kleiner Platz mit der Statue Giordano Brunos, der da verbrannt worden ist – große Pfützen, mit aufgeweichten Lappen Papier darin, – und überall die irritierende, schummerige Düsterheit, in der die Gebäude nach oben hin verschwimmen – die anwesenden Leute sind nicht genau zu erkennen, man muss überall angestrengter hinstarren – erst, sobald sie in den Umkreis einer Straßenlampe treten, konturieren sich die Typen – an der Ecke noch einer der vielen Straßenzeitschriftenstände mit Playmate-Aushang: ein grünes Trikot spannt sich eng um den modischen Körper und zeichnet den Schamhügel genau nach – vor 450 Jahren wurden hier Menschen verbrannt – genau hier auf diesen Steinen, in dieser Häuserkulisse – «Dem Bruno gewidmet, von dem Jahrhundert, das er vorausahnte, hier, wo sein Scheiterhaufen brannte» – über die Sockelinschrift hängen schlaffe haarige verschwommene Gestalten – einige verlodderte Flötentöne – einer haut mich von der Seite an um eine Zigarette – die tief ins Gesicht gezogene Kapuze des ehemaligen Mönchs verwischt im Dunkeln darüber – «Zigarette? Signore?» […]

Donnerstag sind alle Läden nachmittags zu. Es war Donnerstag. – Muschelige Monstren, breit ausgefächert, Bernini, wieder mal, geronnen in römischem Nachtschwarz mit Lichtflecken, die Luft lau, weiß gefleckt, die Weite des rechteckigen Platzes angenehm. – Da sind diese heftigen Wechsel:

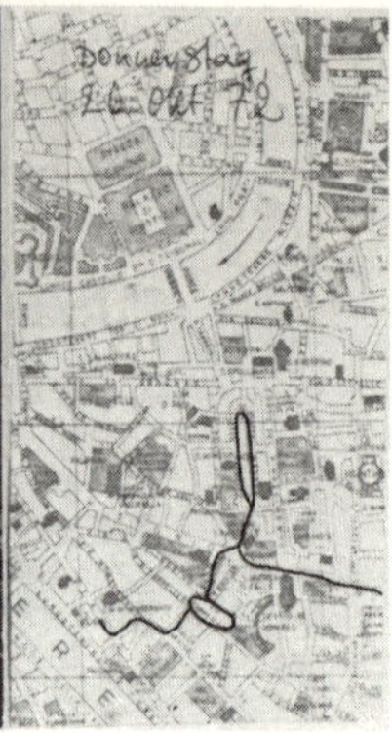

vergammelte elende Straßen, düstere Seitengassen, und dann so ein Platz, der Gegensatz kann nicht krasser sein, und auf dem Platz drängen sich hängend die Bewohner der Seitenstraße. – «Jubelruf in Stein?»: ach, Quatsch! – «Ewiges Rom?»: na, die Stadt jetzt ist das beste Beispiel dafür, dass die Ewigkeit auch verrottet ist und nicht ewig dauert – Rom ist, das habe ich schnell begriffen, eine Toten-Stadt: vollgestopft mit Särgen und Zerfall und Gräbern – wie kann man da von Ewigkeit faseln? […]

JOSEPH ROTH

Nichts ereignet sich – in Vienne

Vienne 1925

Aus dieser Stadt gibt es nichts zu berichten. In dieser Stadt geschieht nichts mehr. Es ist alles schon geschehn. Es ist eine Stadt der großen Ereignislosigkeit. In den Straßen schläft die endgültige Ruhe, aus der nichts mehr geboren werden kann. Es ist nicht die heitere Stille eines sommerlichen Kirchhofs. Es ist die wuchtende Schweigsamkeit aufgedeckter Katakomben: die Stille des Steins, der toter ist als Stein: verstorbener Stein.

Drei Tage lebe ich in Vienne, einer der ältesten, vielleicht der ältesten Stadt Frankreichs. Ich warte nicht mehr auf Ereignisse. Mir ist, als könnte in der ganzen großen Welt nichts mehr passieren. So überzeugend ist ein Tod, mit dem man sich längst abgefunden hat: ein historischer Tod; mit Sarkophagen, die sich längst geschlossen haben: ein großer Untergang, den man schon vergessen hat.

Vienne hat 24 887 Einwohner. Aber unter ihnen sind vielleicht tausend jung. Zweitausend sind arbeitende Männer und Frauen, die man nicht sieht. Der Rest besteht aus Kindern und Greisen. Wenn die Kinder alt sind, dass sie die Stadt verlassen, liegen die Greise auf den Totenbetten. Dann gibt es keine Menschen mehr in Vienne. Welch ein Wunder, dass es längst nicht mehr so ist! Vielleicht kommen diejenigen, die in Vienne geboren sind, wieder zurück, wenn sie den Tod nahen fühlen. Denn der Tod ruft den Tod herbei, das Gestorbene lockt die Sterbenden – und es gibt eine Vorfreude der endlichen Seligkeit.

Ich höre seit drei Tagen kein Lachen. Ich sehe kein Antlitz, das Sorgen von heute und morgen und Freuden von heute und morgen verraten könnte. Ich sehe nicht den Schmerz eines Hungrigen. Ich sehe nicht die Bewegung eines Geschäftigen. Ich höre keinen Gesang und keine Musik. Nur Glocken schlagen von Türmen aus alter Gewohnheit, nicht um die Zeit zu künden. Die Zeiger der Uhren drehn sich ohne Zweck. Diese Stadt rechnet nach Jahrhunderten, nicht nach Stunden. Sie müsste Uhren von jener Beschaffenheit haben, wie es sie vielleicht im Jenseits gibt.

Ich habe noch keinen Hund bellen hören. Es gibt hier Hunde. Sie liegen in der Mitte der kleinen Gassen und schlafen. Nichts kann sie wecken. Die Katzen hocken an den Schwellen und in den Fenstern und sind von einer unendlichen Weisheit. Die Türen aller Häuser sind offen. Es weht kein Wind, der den Scheiben oder den Menschen gefährlich werden könnte. Und gäbe es einen Wind, weder die Gegenstände noch die Menschen würden ihn fühlen. Am Abend zwitschern zaghaft ein paar Vögel. Sie machen immer wieder einen Versuch. Man hört sie nicht! Sie verstummen und fliegen fort.

Die alten Frauen, von den Katzen genährt und erhalten, sind taub und so schwachsichtig, dass sie geradeaus in die Sonne sehen können wie in eine kleine Glühbirne. Und die Sonne ist hier stark, eine zehnfach leuchtende Sonne. Auf dünnen Schnüren hängt trocknende Wäsche, die kein Luftzug bewegt. Es ist ein Rätsel, wer sie gewaschen hat. Ich traue keiner dieser Frauen die Kraft zu, Hemden zu waschen. Mir scheint, die Hemden hängen da seit undenklichen Zeiten.

Die Wohnungen sind in den dicken Festungsmauern wie offene Safes in den Kellern großer Banken. Die Menschen liegen drin wie Gegenstände ohne Wert, die man nicht mehr verschließt. Ich sehe durch die Fenster in die Stuben. Da sitzt ein lahmer Mann unbeweglich am Tisch vor einer Schüssel, die er nicht anrührt. Seine Augen sind aus grünem Glas und ohne Blick, sein Antlitz ist wächsern, sein gelber Bart aus Flachs. Vielleicht hat er nur Kopf und Hände wie die Puppen im Panoptikum – und wenn man ihn auszöge, würde man sehen, dass sein Inneres aus Sägemehl besteht.

Es gibt einen Schutzmann, meinen Konkurrenten. Nur wir beide sind lebendig. Wir kennen einander, wir hören unsere Schritte, welche die einzigen sind, die ein Echo gebären. Am Abend aber besteigt der Schutzmann ein Rad und gleitet auf sanften Gummireifen durch die Welt, um die Ruhe nicht zu stören. Dann schäme ich mich, allein einen blasphemischen Lärm zu machen – als ginge ich auf hallenden Sohlen durch eine Kirche voll Betender.

Dennoch hört mich niemand. Wünsche ich einer der alten Frauen einen guten Abend, sieht sie mich an wie einen, der die dümmsten und überflüssigsten Dinge macht. Wie kann ihr Abend gut oder schlecht sein? Um sie ist immer Abend. In der Nacht brennen die kleinen Lichter in allen Stuben, in jeder Stube nur ein gelbes Licht, nicht um Helligkeit zu verbreiten, sondern um die Schatten aus den Möbeln hervorzulocken.

Die alten Frauen beten manchmal in der Kathedrale. Sie stammt aus dem 11. Jahrhundert. Die alten Frauen sitzen unbeweglich, auf Stühlen aus geflochtenem Stroh, mit fortwährend zitternden Lippen, die nicht von Worten bewegt werden, sondern von einem fremden, leisen Wind. Die Kirche ist lang gestreckt und schmal, und ihre Decke ist ein dunkelblauer Himmel mit silbernen Sternen. An ihrem Portal sind zehn Reihen von Kronen aus Stein angebracht. In den Kronen wohnen silbergraue Tauben, die stillen, christlichen Vögel.

Zwei Gassen weiter ist der römische Tempel des Augustus, flach, weit, offen, mit korinthischen Säulen, er lässt den Wind einströmen und die Sonne, den Regen und die Zeit: Es ist ein heidnischer Tempel. Er war im Lauf der Zeiten Tribunal, Museum, Bibliothek. Heute ist er von einem Gitter umgeben. Man kann ihn nicht betreten wie noch zur Zeit der Burgunderkönige, deren Schloss gegenüberliegt und deren Kinder noch im Tempel gespielt haben. Es ist eine enge Burg, mit einem winzigen Türmchen, mit schmalen Erkern. Ich verstehe nicht, wie man, das Beispiel römischer Freiheit vor sich, im Anblick korinthischer Säulen eines Tempels, der von drei Seiten offen ist, sich mit einer engen und schiefen Burg zufrieden geben konnte. Heute ist diese Burg, was sie immer war: ein Gefängnis. Aber in Vienne gibt es keine Verbrecher und nicht einmal Trunkenbolde. Es gibt nur einen Gefängniswärter, der sein eigener Gefangener ist. Er führt eine sinnlose Existenz – wie ein Schlüssel, der zu keinem Schloss passt, oder wie eine Tür, was er aber immer bestritt; Furex, der Steinmetz aus dem Limousin, der Geizhals Roucolle – er starb jedoch vor meiner Zeit –, der alte Lumpensammler Laurent, der seine Unterschrift von einem Stück Papier abmalte, das er in seiner Tasche mit sich herumtrug. Es würde Spaß machen, ihre Lebensgeschichten aufzuschreiben, wenn man Zeit hätte. Ich will die Menschen in unserem Viertel nicht der bloßen Kuriosität wegen beschreiben, sondern weil sie alle zu meiner Geschichte gehören. Mein Thema ist die Armut, und zum ersten Mal bin ich ihr in diesem Slum begegnet. Dieses Elendsviertel mit seinem Schmutz und seinen verrückten Existenzen bot zunächst Anschauungsmaterial in Sachen Armut, war dann aber der Hintergrund meiner eigenen Erlebnisse. Aus diesem Grund möchte ich eine Vorstellung davon vermitteln, wie das Leben dort ausgesehen hat.

SEVERO SARDUY

Allein in Frankfurt

Frankfurt am Main 1989

Es gab niemanden, den er um Rat fragen konnte. Er war allein in Frankfurt. Das Hotel, in dem er gelandet war, in der Nähe des Bahnhofs, glich einer Flohkiste. Die ganze Nacht lang verfolgte ihn der Lärm der Betrunkenen – die Prosa des Bierdunstes hört sich auf Deutsch noch schriller als anderswo an – und der ranzige Geruch der Shrimps aus den chinesischen Garküchen. Auch das matte Kreischen der Trambahn drang in sein Zimmer und erinnerte ihn an seine ferne, insulare Heimatstadt; es fehlten nicht einmal die elektrischen Blitze, die der Wagenbügel aus der Oberleitung schlug. Dieses blaue Licht glich der rettenden Ambulanz oder einem Nordlicht. So stellte er sich die Traumgesichte vor, die einen Verstorbenen heimsuchen und ihm seine nächste Inkarnation ankündigen.

Wie viele andere Südamerikaner, die sich ungedruckt sehen und dieses Los wie eine heimliche Bürde mit sich herumschleppen, war er zwei Tage zuvor mit der Bahn angekommen, zweiter Klasse und ohne Liegewagenplatz, geblendet vom zweifelhaften Glanz der Frankfurter Buchmesse.

Der Vorwand, der ihm dazu diente, sich an die Welt der Literatur heranzumachen und für die Spesen aufzukommen, war der übliche: Er würde ein paar klebrige Reportagen für lateinamerikanische Blätter schreiben (lückenhafter Satz, verschmierter Druck), einige Interviews für kleine Sender aufnehmen (jaulende Kassetten, müde Tonköpfe) und vielleicht ein paar Fotos schießen.

Aber diese Tarnung galt nur den anderen. Er selbst war sich vollkommen darüber im klaren, dass er nur einen einzigen, brennenden Wunsch hegte: zu triumphieren oder, wie es korrekterweise hieß, «bleibendes Zeugnis von seinem Jahrhundert abzulegen».

Er reckte die Arme, gähnte, rieb sich die Augen. Das Aufstehen fiel ihm schwer; die Bahnreise hatte seiner Wirbelsäule nicht gut getan. Im Koffer lag sein Manuskript, das dank der fleißigen Hilfe einer französischen Freundin und ihres Computers einen tadellosen Eindruck machte. Er sah es unter der gebügelten, wenn auch nicht ganz sauberen Wäsche liegen wie ein frisches Beutestück und sagte sich, dass die junge Expertin aus der Logik-Branche sein Werk in eine perfekte Form gebracht hatte. Und da das Leben ein System von säuberlichen Wechselwirkungen war, hatte auch er es nicht versäumt, die Dame richtig zu behandeln.

Er wirkte ungekämmt und auf vage Weise schmutzig. Vor dem Spiegel fragte er sich, wo in Deutschland wohl der Turm stehen mochte, in dem Hölderlin dem Wahnsinn anheimgefallen und gestorben war. Er betrachtete die Buchstaben auf den Wasserhähnen und fragte sich, aus welchem das kalte und das warme Wasser kommen mochte. Ohne Überraschung stellte er fest, dass er wenigstens in einer Hinsicht fast vollkommen war: in seiner Unkenntnis der deutschen Sprache.

Ein Zweitagebart, den er sich auf der Reise aus Nachlässigkeit hatte stehen lassen, umschattete dicht und kratzig sein Gesicht und zeugte von jener unverschämten Energie, die ein Vorrecht der Jugend ist. «Steht mir nicht schlecht», sagte er sich. «Gibt mir einen Stich ins Romantische und Männliche. Wenigstens sehe ich damit nicht wie ein müder Boxer oder wie einer dieser Latinos aus, die der Welt mit ihrer Folklore-Musik auf die Nerven gehen. Mindestens noch einen Tag lang werde ich mir den Bart stehen lassen. Auf jeden Fall.» Und er strich sich mit dem Handrücken über seine Wange.

Im selben Moment begrub er seinen Bart, wie auf einen Befehl, der von einer unsichtbaren Instanz erging und gegen den jeder Widerstand zwecklos war, unter einer dicken Schicht von Rasiercreme, die er wütend aus der Tube drückte, und rasierte sich sorgfältig, bis das letzte Haar verschwunden war.

Er wusste nicht, was ihn dazu bewog. Aber so erging es ihm öfter, auch bei wichtigeren Entscheidungen, über die er lange zuvor gegrübelt hatte. War es seine Vernunft oder seine Unvernunft, der er gehorchte? Er wusste es nicht.

Eine Stunde später – der Straßenbahnfahrplan war nicht zu entziffern, und die Taxifahrer waren arrogant und verlangten sündhafte Preise – hatte er das Messegelände erreicht. Das heißt, er stand unter einem Baugerüst von piranesischen Ausmaßen, das den Eingang versperrte. Davor thronte, wie ein inquisitorisches Emblem oder eine Drohung, die Plastik-Maquette eines Wolkenkratzers. Dieses gigantische Arzneizäpfchen sollte sich demnächst an diesem Ort erheben. Er glaubte jemanden in der Menge sagen zu hören, das Gebäude sei bereits ausgebucht.

Die türkischen Bauarbeiter in ihren fluoreszierenden Helmen schienen sich beim Lärm der Presslufthämmer geradezu zu amüsieren. Er ging vorsichtig den Baugruben und den kurzsichtigen Chefs aus dem Wege, die ihm, wie anglikanische Pastoren gekleidet, mit beseligter Miene entgegenkamen, als folgten sie einer fernen Verheißung, und erreichte endlich die Pforte. Sie war umlagert von alternativen Straßenhändlern, die garantiert naturreines Sesamgebäck aus dem eigenen Backofen feilboten.

Für die ganze Messe gab es nur einen einzigen winzigen Einlass und einen ebenso winzigen Ausgang. Er überwand ein eisernes Drehgitter, kaufte eine Eintrittskarte, die er zweimal vorzeigen musste, und unterwarf sich einer minuziösen Taschenkontrolle unter der Aufsicht eines Albinos und seiner Assistentin. Vor ihm standen zwei Schwarze und ein Araber. Er als Latino vom Dienst, sagte er sich, hatte gerade noch gefehlt.

Er fand sich nun in einem Innenhof, dessen Grundfläche der eines botanischen Gartens oder eines gemäßigten Gulag entsprach. Der Platz war von vier Gebäuden, aber vor allem von sehr hohen und dichten Sperrgittern umgeben. Davor, an einer alten, von vier Polizisten bewachten Pforte, die geschlossen war, stand eine verwirrte und zerzauste Frau, mit schweren Plastiktüten beladen, die gegen die Eisengitter schlug und schrie: «Ich will raus! Ich will raus!»

Er überquerte rasch die breite Straße. Unter Pergolen aus Metall und entblätterten Herbstbäumen hatten Studenten Zuflucht gesucht, die an die Baumstämme gelehnt dahockten und eilig Frankfurter Würstchen und lauwarmes Bier aus Dosen verschlangen. Irgendwo klirrten Gläser. Ein Flugzeug durchbrach die Schallmauer.

In der Halle 4 fanden sich, zwischen wackligen Stellwänden und unter riesigen Fotos, die lauter ernste Gesichter zeigten, die Autoren nach Verlegern, die Verleger nach Ländern und die Länder nach dem Alphabet aufgereiht.

Das Geräusch des Lesepublikums empfing ihn, einer

ebenso disziplinierten wie fiebrigen Menge, die lässig auf einer gut geölten Rolltreppe emporstieg, als wäre sie jenseits aller Anstrengung, als erwarteten sie hier seit eh und je die Bücher mit ihrem Wissen, bereit, sich jedem Besucher auszuliefern, ohne die mindeste Gegenleistung. Auf einem Treppenabsatz schrien sich drei weiß gekleidete Nonnen mit weißen Hauben und Sandalen heiser, indem sie, unaufhörlich lächelnd, erbauliche Lieder zum Besten gaben, was das lärmende Echo der Halle bis ins Unerträgliche steigerte. Niemand beachtete sie.

Er wollte soeben die nächste Treppe in Angriff nehmen, als jemand ihm von hinten auf die Schulter klopfte.

«Da ist er ja, der Bestseller, den ich suche!»

Er wandte sich erschrocken um und erkannte einen Kolumbianer, den er vom französischen Rundfunk her kannte und dem er bei einem Besäufnis im Studio sein heimliches literarisches Laster gestanden hatte. Der Mann war dicklich und sehr klein, ein schwitzender, leicht stotternder metaphysischer Dichter, der sich, obwohl er kein Geld hatte, einen fabelhaften Luxus leistete: Er vermied den Winter, indem er, sobald es kühl wurde, einen längeren Urlaub in seinem Heimatland antrat.

«Mein Lieber», fuhr der Kolumbianer fort, ohne sich mit einer Begrüßung aufzuhalten, «endlich habe ich das Geheimnis der Literatur begriffen. Ihr einziges Geheimnis. Es ist ganz einfach der Agent.»

«Da ist was dran», sagte der andere rasch, um ihn loszuwerden, und schon war er auf der Treppe.

«Glaub mir», rief ihm der Hellseher nach. «Du musst bedenken – wo wäre García Márquez heute ohne die Balcells, seine Agentin?» Auch er war jetzt auf der Treppe, entschlossen, sich an die Fersen seines Bekannten zu heften.

«Vielleicht hat Gabos Erfolg auch etwas mit seinem Talent zu tun», erwiderte dieser ironisch.

«Sicher, mein Guter, sicher», gab der Kolumbianer zu, nicht ohne eine süffisante Miene aufzusetzen, so als käme ihm dieser Einwand naiv und laienhaft vor. «Aber das Talent ist nur der Rohstoff. Den Rest besorgt der Agent. Ganz im Gegensatz zu dem, was die Leute denken» – hier machte er eine theatralische Pause –, «ist der Agent keineswegs ein bloßer Zwischenträger. Er ist ein wahrer Künstler! Oder meinetwegen ein Fachmann, der den hoffnungsvollen, aber unsicheren Autor auf den rechten Weg bringt, wie ein Cicerone, bis an die Pforte des Ruhms, und das heißt an die Tür des Verlegers.»

Der andere zögerte vor den Rolltreppen und dachte daran, die nach unten zu nehmen, um seinem Verfolger zu entkommen. Aber es war zu spät. «Auf jeden Fall», fügte der Kolumbianer so rasch hinzu, dass er ins Stottern geriet, «habe ich mich entschlossen, dich zu übernehmen.»

«Mich zu übernehmen?», fragte der andere verblüfft.

«Ja, als dein Agent.» Der Kolumbianer lachte. «Natürlich ohne was dafür zu nehmen. Also reden wir lieber gleich Tacheles. Heute Abend Punkt acht treffe ich mich im *Frankfurter Hof*, in der Bar, mit einem Spitzen-Verleger für ausländische Literatur. Das ist der ideale Mann für dich. Also sei rechtzeitig da. Ich lade dich zu einer Bloody Mary ein. Du musst unbedingt kommen. Der Typ ist wirklich *the right man* …»

Von der folgenden komplizierten Erklärung verstand der andere kein Wort. Sie ging unter im Rumpeln der Rolltreppen und im Gesang der Nonnen. Er floh so schnell er konnte ins Untergeschoss. Natürlich würde er keinen Fuß in das berüchtigte Hotel setzen.

Er erholte sich in einer überfüllten, fensterlosen Bar bei

einem eiskalten Bier, das man ihm nach langem Warten in einem Tonkrug servierte.

Er brachte den ganzen Nachmittag auf der Messe zu, bis zu dem Punkt, an dem alle die Bücher, die man durchblättert, zu einem einzigen Buch werden. Dann vermischen sich sämtliche Autoren, alle Umschläge, alle Sprachen zu einem ekelhaften Brei ... Nach und nach ließ der Lärm der Besucher nach. Er trat auf den Hof. Die Dämmerung am deutschen Himmel schien ihm endgültig und unheilschwanger, als wäre sie die letzte, als kündigte sie den Weltuntergang an. Unter der verlassenen Pergola leistete er sich, an einem Stand auf Rädern, ein zweites Bier.

Eine Straßenbahn setzte ihn auf dem Rückweg zum Hotel an einem kleinen, blank geputzten Platz ab, der brandneu wirkte.

Der Porno-Shop, der diesen Ort belebte, bot so vielfältige und wohlgeordnete Perversionen an, dass ihm die Wahl schwerfiel. Trotzdem machte ein Bild einen besonders starken Eindruck auf ihn, vielleicht weil es sich, wenigstens in seinen Augen, am weitesten von allem, was Sexualität hieß, entfernte: eine untersetzte, pausbäckige, geile Frau, die ihre Brüste in einen Teller Cornflakes ausdrückte. Er musste sich abwenden, damit ihm nicht schlecht wurde.

Er hatte keine Ahnung, warum er sich zehn Minuten vor acht Uhr in der Bar des *Frankfurter Hofs* wiederfand. Vielleicht nur deshalb, weil das Hotel in der Nähe lag oder auch, weil er an diesem Abend absolut nichts anderes vorhatte.

«Warum nicht?», fragte er sich vor dem Spiegel. Er tupfte etwas Aftershave auf seine Wangen und band sich eine Krawatte um. Sein Gesicht erschien ihm plötzlich bleich.

Die Bar sah wie ein Hollywood-Set vor Drehbeginn aus.

Es herrschte eine plüschige Diskretion, ein alltäglicher Luxus. Drei rote Flecken leuchteten unter dem matten Gold des barocken Rahmenwerks hervor: der granatfarbene Sattelgurt eines Pferdes auf dem Reiterporträt, das an der Rückwand hing, die Samtstola in Silber und Purpurtönen der schemenhaften blonden Pianistin mit dem unbewegten Profil einer Kamee und das tiefe Tomatenrot der Bloody Mary, die er, ohne zu wissen, warum, augenblicklich bestellt hatte, als wäre das eine lebenslange Gewohnheit, eine Messe-Routine …

Wie war er nur hierhergeraten? Wie viel Zeit war vergangen? Er blickte auf die große, polierte Standuhr, die mit ihrem großspurigen, dumpfen Schlag das Klavier übertönte, und verglich sie mit seiner Armbanduhr: es war zehn. Er beeilte sich, den Kellner zu rufen, einen dienstfertigen, gepflegten Alten, der alle Sprachen zu sprechen schien, wenn auch schlecht, und der dem Gast stets in einer andern antwortete, als in der man ihn ansprach; er zahlte, ohne mit der Wimper zu zucken, die maßlose Rechnung, da die leeren Gläser längst verschwunden waren und da er keine Ahnung hatte, wie viele es gewesen sein mochten

Er war dabei, zu gehen, nachdem er ein üppiges Trinkgeld gegeben und ein paar freundliche Phrasen gewechselt hatte. Er hatte sie nicht kommen sehen. Als sie auftauchten, hatten sie die Drehtür schon hinter sich. Sie schwankten und waren ineinander eingehängt. Der Kolumbianer, das sah er auf den ersten Blick, war völlig betrunken, und kaum hatte er sein stockendes «Wie geht's, mein Alter?» vernommen, da begriff er, dass das übliche Gestotter des Mannes durch sein alkoholisiertes Brabbeln noch eine Steigerung erfahren hatte.

Der andere, der «ideale Mann für dich», war ebenfalls kleingewachsen. Sein Haar, das er in einer glitzernd starren

Welle über der Stirn trug, war schwarz und voller Pomade. Er hatte schwarze Augen, lange Wimpern, geschwungene Brauen und den tiefen Blick des wahren Profis. Er lächelte leutselig, drückte dem Fremden mit beiden Händen die Hand, und statt «Sehr angenehm» zu murmeln, fragte er sogleich in väterlichem Ton: «Und wie geht's dir heute?», ganz als hätte er es mit einem alten Bekannten zu tun oder als hätten sie sich am Tag zuvor miteinander unterhalten.

Eine neue Runde von Bloody Marys war unvermeidlich.

Es war beunruhigend, wie der Neuankömmling, statt wie alle andern in einer der Nischen Platz zu nehmen, mit einer großen, gleichsam rhetorischen Geste ein großes weißes Sofa beschlagnahmte, das, luxuriös von Knoll bezogen, mitten im Raum stand wie ein verwöhnter Schauspieler, der es gewohnt ist, sich an die Rampe zu spielen.

«Entschuldige die Verspätung!» Der Neue duzte ihn sofort, während er mit sämtlichen Fingern seiner rechten Hand ein Häufchen gesalzener Mandeln einsammelte, die ein aufmerksamer Kellner auf einer Silberschale hingestellt hatte.

Unter dem Glastisch zappelten seine wohlbeschuhten Füßchen. Er trug italienische Schuhe, möglicherweise sogar von Valentino, und blau karierte, etwas verschlissene Socken. Dieses Blau kehrte auf der Krawatte wieder, die vielleicht wirklich aus Seide war.

«Du verstehst, wir ertrinken hier in einer Sturzflut von Optionen, Manuskripten, Verträgen», fuhr er fort. Mit einem orangefarbenen Plastikspieß fischte er aus einer anderen Schale eine gefüllte Olive und, kaum hatte er diese verschluckt, eine eingelegte Paprika. Seine Erschöpfung rührte ganz ohne Zweifel von seinem Erfolg her, denn er fuhr fort:

«Wir werden aus diesem Verlag einen ganz großen Hit machen. Das ist doch klar.» Er warf dem Kolumbianer einen

Seitenblick zu, der wie ein verschworener Komplize zurücknickte.

«Die meisten Leute kommen nach Frankfurt» – eine Olive fiel ihm vom Gäbelchen, und er pickte sie, unfehlbar wie ein hungriger Eisvogel, mit einem Seitenhieb auf – «mit dem Namen eines arrivierten Autors im Kopf. Gierige Bücherfresser, japanisierte Erfolgsjäger. Ich nicht. Für mich ist die Verlegerei ein Epiphanie, nur dazu da, jenes bebende, gleichschenklige Dreieck zu erleuchten und zugleich zu sabotieren, dessen drei Spitzen der Autor, der Verleger und der Leser sind …» Plötzlich schien ihn die Klaviermusik zu stören, als ertrügen seine Aphorismen nicht die geringste Ablenkung. «Der Verleger ist, mit einem Wort, kein Anachoret, sondern ein Kreuzfahrer mitten im heilige Krieg der Lettern …»

Und ohne auf ein Zeichen des Kolumbianers zu warten, winkte er dem Kellner von weitem, indem er mit dem Zeigefinger einen Kreis in der Luft beschrieb, um die nächste Runde einzuläuten.

Der andere sah ihn mit einer Mischung von Ungläubigkeit und Faszination an. Er wusste nicht, ob er ihn bewundern oder verachten sollte. Hatte er es mit einem Idealisten der Literatur, einem heroischen Unternehmer in einer Zeit der schnellen Mark und der Windmacherei zu tun oder mit einem lächerlichen Hochstapler, der ein paar Schlagworte von gestern und ein paar platte Neologismen eigener Erfindung wie blasse Tauben aus dem Hut zog? Oder war der Mann am Ende beides zugleich?

Unterdessen hatte der Kolumbianer die neue Bloody Mary mit einem Zug wie einen Tomatensaft aus der Dose gekippt. Er gurgelte: «Ich habe ihm unendlich viel von dir erzählt.»

«Von mir?»

«Al-ler-dings.» Er schien stolz darauf, dieses Wort ohne Stottern hervorzubringen. Der Wodka oder der Angostura hatte ihm Mut eingeflößt, und er fügte hinzu:

«Ich habe ihm deinen Fall geschildert. Den F-fall eines Unbekannten, der ein großes Talent ist. Einen F-fall, um den man sich kümmern muss.»

Der andere lächelte, als hätte ihm diese stumpfsinnige Lobrede geschmeichelt. Insgeheim aber spürte er, wie sich schlagartig die deutsche Nacht über ihn niedersenkte. Etwas Schweres hüllte ihn ein wie ein Leichentuch, schnürte ihm die Brust zu und drückte auf seine Bronchien. Er hustete. Schließlich war er es, der mehr trinken wollte, aber diesmal, wie er sagte, etwas anderes, und nach einer Kunstpause: «Sonst kriege ich keine Luft mehr.» Und er bestellte drei Bier in seinem Anfänger-Esperanto – so nannte er das schüttere Deutsch, das ihm eine Freundin aus der Kindheit beigebracht hatte, eine Mexikanerin, die sich nach Berlin geflüchtet hatte. Eiskalt, hätte er gern hinzugefügt, aber dieser Nuance war seine Sprachkenntnis nicht gewachsen.

Und der «richtige Mann» wies mit tönender Stimme den Kellner zurecht: «Warum servieren Sie das Bier nicht im Krug? Wir sind schließlich in Deutschland!» In der gedämpften Atmosphäre des *Frankfurter Hofs* zog er sich tadelnde Blicke zu, doch das schien er nicht zu bemerken. «Der Fall», rief er förmlich durch den Saal, «ist für mich kein Problem. Ich bin schon mit ganz anderen Schwierigkeiten fertig geworden.»

Er sprach vom «Fall» des andern, als handelte es sich um einen unbelebten Gegenstand, ein abstoßendes Ding, das irgendjemand aus Zerstreutheit oder in perverser Absicht auf dem makellosen Knoll-Sofa hatte liegen lassen und das es so schnell wie möglich zu entfernen galt.

«Ich habe schließlich den schwierigsten Fall der zweiten

Jahrhunderthälfte erledigt» – die Behauptung glich einer Fanfare «Ich habe Verdaccio erst aus dem Knast und dann aus dem Irrenhaus herausgeholt, wo ihn seine früheren Patienten reingebracht hatten. Eine Verschwörung das Ganze, eine Rotte von Intriganten! Und ich habe dafür gesorgt, dass er wieder den Platz einnehmen durfte, der ihm zusteht. Verdaccio, der Mäzen einer neuen Renaissance, oder besser gesagt, der Rückkehr zum neo-hellenischen Paradigma. Dagegen ist dein Fall, mein Lieber, die reinste Bagatelle. Schließlich geht es da nur um Literatur.»

In der Bar war es still geworden. Die Pianistin hatte sich nach den letzten verdrossenen Noten von *Blue Moon* erhoben, ohne dass sich eine Hand geregt hätte, um ihr zu applaudieren, sie hatte, mit der Geste einer Hofdame, den schweren Umhang aus Samt abgeworfen und war durch die Drehtür verschwunden. Für einen Moment erloschen die Lichter, leuchteten wieder auf und erloschen von neuem.

«Das Einzige, was dazu nötig ist», sagte der Verleger, nicht ohne dem Kolumbianer ein Nicken der Zustimmung abzunötigen, «ist dein berühmtes Manuskript. Ich brauche es sofort, auf der Stelle. Ich fliege nämlich heute Nacht noch nach New York.»

Der Kolumbianer war längst in eine hopfengesättigte Lethargie versunken. Er schreckte hoch, nur um zwei ebenso kurze wie verhängnisvolle Sätze hervorzustoßen:

«Dein Hotel ist um die Ecke. Dein Schicksal liegt in deiner Hand.»

Wie einer, der plötzlich einen Ausweg aus tödlicher Gefahr entdeckt hat, reagierte der andere ruhig, tapfer, fehlerlos und sagte mit überraschender Deutlichkeit: «Meine Herren, ich danke Ihnen für Ihre ehrenvolle Anregung.»

«Es handelt sich um eine dringende und klare Bitte», entgegnete der Verleger.

«Das Problem ist» – der andere räusperte sich –, «dass ich nur das Original dabeihabe. Eine Kopie ist nicht vorhanden.»

«Na und?», sagte der Verleger sofort, mit einem protestierenden Unterton, ja fast beleidigt. «Na und? Es handelt sich hier um nichts anderes als um die Pascal'sche Wette.»

Er erhob sich, rief den Kellner und griff nach seiner Brieftasche.

«Verdammt! Ich habe mein ganzes Geld im Hotel gelassen. Na, macht nichts. Du wirst das für mich in Ordnung bringen. Morgen früh schicke ich dir aus New York einen Scheck.»

Dem anderen wurde schwindlig, ein Gefühl, das ihm seit seiner Kindheit vertraut war. Er kannte dieses betäubende, beinahe siedende Schwirren im Ohr. Jemand, er wusste nicht mehr, wer es war, schien ihn an sich zu drücken, sodass er fürchtete, sich zu erbrechen; er fühlte, wie etwas Rotes in ihm hochstieg, das nach verfaulten Tomaten und verdorbenem Wodka schmeckte. In diesem Augenblick der Seekrankheit fing er einen letzten Satz des Kolumbianers auf, der ihm, dem Verleger auf dem Fuße folgend, unter der Drehtür zurief: «Wir erwarten dich und dein Manuskript beim Chinesen gegenüber. Er hat die ganze Nacht lang geöffnet.» Dann zeigte er sich auf den Magen und fügte mit entsetzlicher Munterkeit hinzu: «Ja, mein Alter, jetzt heißt es auftanken!»

Der andere hatte auf einmal Schwierigkeiten mit seinem Englisch. Der mürrische, irritierte Kellner musste ihm dreimal die Summe wiederholen, die für diesen alkoholischen Exzess zu entrichten war. Nur eines begriff er sofort: Wenn diese Zeche beglichen war, stand er praktisch ohne eine Mark da.

Er verließ das Hotel, ohne ein Trinkgeld zu hinterlassen. Die Drehtür schien sich zu beschleunigen, als hätte sie jemand aus purem Hass angeschoben. Langsam und niedergeschlagen machte er sich auf den Weg zum Bahnhof.

Die Betrunkenen waren verschwunden. Ein leichter Nebel waberte um die Peitschenlampen. Nirgends war eine Straßenbahn zu hören. Der Sex-Shop war immer noch geöffnet, aber das flackernde Neonlicht der Schaufenster wirkte trüb und schmutzig. Einige Araber, für die Jahreszeit viel zu warm gekleidet, in weiten Wollumhängen und Mützen aus Filz, alles in der gleichen karmeliterbraunen Farbe, drängelten sich unter der Tür, zugleich fasziniert und schuldbewusst, ohne einzutreten.

Das Leuchtschild am Hoteleingang war erloschen, und der beleibte, angetrunkene Nachtportier öffnete ihm mit einem Grunzen die Seitentür. Er schaltete das Licht in seinem Zimmer an und lief sogleich zum Spiegel. Er kam sich abgemagert und verschwitzt vor. Unter den Augen waren schwarze Ringe, und obwohl erst ein Tag vergangen war, hatte er schon wieder einen Stoppelbart.

«Diese Lumpenhunde!», rief er laut vor sich hin. «Diese Saukerle! Sie haben mir meine Zeit gestohlen und mir das Geld aus der Tasche gezogen. So was kann nur mir passieren. Diesen Gaunern soll ich mein einziges Exemplar geben? Ich bin doch nicht verrückt!»

Und er begann sich auszuziehen, erschöpft, angewidert, flau im Magen. Er hatte das Gefühl, als müsste er sich erbrechen. Zu viele Bücher, zu viel Alkohol! Er öffnete den Koffer auf der Suche nach einem Schlafanzug. Das Manuskript lag obenauf, säuberlich und perfekt über einem Knäuel schmutziger Wäsche.

Er griff danach, ohne zu wissen, warum, zog ein Hemd

aus einer Schublade und knöpfte es hastig zu, ohne zu bemerken, dass er die falschen Knopflöcher erwischte, ließ die Krawatte liegen und schlüpfte in eine Jacke.

«Wenn du nichts riskierst, kannst du nicht gewinnen», sagte er laut zu seinem Bild im Spiegel.

Er lief die Treppen hinunter, das Manuskript an sich gepresst, als hätte er es aus einem brennenden Haus gerettet. Ohne auf den Fettwanst hinter dem Tresen zu achten, riss er die Tür auf und stürzte auf den Bahnhofsplatz. Ein paar Taxis hielten dort ihre Nachwache.

«Zum China-Restaurant», keuchte er, «gegenüber vom *Frankfurter Hof*. Es eilt.»

Der Taxifahrer gab ihm eine Antwort, die er nicht verstand, im somnambulen, aber lauten Ton des Morgengrauens. Er konnte sich denken, was gemeint war: «Das ist gleich um die Ecke, gehen Sie zu Fuß.»

Er hielt ihm seinen letzten Schein vor die Nase, und sie fuhren los. Die Reifen quietschten auf den feuchten Pflastersteinen. Zwei Minuten später setzte ihn das Taxi vor dem Chinesen ab und verschwand blitzartig in der Nacht.

In diesem Augenblick durchfuhr ihn der Zweifel wie ein Stromschlag, von Kopf bis Fuß, und er fragte sich: Trete ich ein oder nicht?

Er blieb mitten auf der Straße stehen und rührte sich nicht.

Sein Manuskript hielt er an die Brust gedrückt und betrachtete es, als hielte er ein krankes Tier im Arm.

Es hatte angefangen zu regnen.

Er strich sich mit dem Handrücken über seinen Bart. Erst jetzt begriff er, dass er allein in Frankfurt war und dass es niemanden gab, den er um Rat fragen konnte.

ALFRED DÖBLIN

Spießrutenlauf

Krakau 1925

Zu lange bin ich schon in Krakau. Endlich kommt der Punkt, wo man alles kennt, was einem zugänglich wird, und wo es heißt: entweder weggehen oder sich einleben, sich gefangen geben. Da besteige ich den Wagen. Das Martyrium des Abschieds von einer Stadt beginnt: nicht der Trennungsschmerz, sondern der Kampf mit dem Hotelpersonal, gegen die Frechheit des Trinkgeldzwanges, des Tributs an inferiore Menschen. Ich freier Mensch werde plötzlich verworfen und in die Hand beliebiger Geschöpfe gegeben. Die Wut auf die Begegnung mit diesen Menschen stört mir jede Nacht vor der Abreise. In Warschau ließ mir die Zimmerfrau durch einen Polen, der mich besuchte, sagen – sie hatte gegen mich schon geheimnisvolle Handbewegungen gemacht –: man zahle ihr wöchentlich Trinkgeld. Man zahle ihr. Ein Hausdiener in demselben Hotel, der mir morgens die Schuhe putzen musste, weil sein Kollege von dieser Zimmerreihe mich vergessen hatte, blickte kopfschüttelnd in seine Hand, als ich ihm fünfzig Groschen gab. Er blieb stehen, sagte nichts, ging erst, als er noch fünfzig bekommen hatte. In Lemberg ließ der Hausdiener meines Zimmers, der meinen Koffer heruntergetragen hatte, nicht von meiner Droschke, streckte drohend die Hand in den Wagen: «Es ist zu wenig, es ist zu wenig.» Er hatte für dieses Heruntertragen mehr bekommen, als wenn ich von einem andern den Koffer zweimal hätte zur Bahn bringen lassen.

Jetzt, in Krakau, gehe ich finster, frühmorgens, die Treppe meines Hotels hinunter. Es ließ sich hier gut wohnen. Aber von jetzt an bin ich nicht mehr Gast. Ich bin ausgestoßen, muss Spießruten laufen. Merkwürdig, wie sich unter dem Personal das Gerücht verbreitet, dass man abreist. Gestern Abend habe ich es dem Nachtportier gesagt, und heute weiß es das ganze Haus, Raubrittervolk. Das Leuchtfeuersystem des Agamemnon nach dem Fall Trojas ist nichts dagegen. Gehe ich sonst über die Treppen – sie sind sauber mit schönen Teppichen belegt –, so treffe ich niemanden. Putzte einer den Boden, so richtete er sich nicht auf, machte mir nicht Platz. Jetzt sind alle Wege belagert. Durch diese hohle Gasse muss er kommen. Sind alle da, von deren Vorhandensein ich nur aus dem Zimmeranschlag etwas geahnt habe. Warnend stand da: es gibt Hausdiener, Zimmermädchen, Kellner; jedes hat sein Klingelzeichen. Meine Abfahrt ist ihr Generalappell. Sie bewegten sich sonst harmlos irgendwo herum, hatten weiße Schürzen – dann waren es Zimmerfrauen – oder grüne – dann waren es Hausdiener – oder trugen aus einem Zimmer Geschirr heraus, nicht aus meinem, – und poussierten dabei mit einem Reinemachemädchen: die Herren Kellner in schwarzen Fräcken, tipp, topp, flugs die Treppe herunter. Jetzt heißt es sich Durchlass erkämpfen, Wegegeld zahlen, Passiergebühr. Ich trinke noch ein Glas Wasser dieses Hotels, das ich schon verfluche, dann öffne ich meine Tür, schleiche unhörbar über den Teppich des Ganges.

Heiliger Shiwa, was kann es Schlimmes sein. Heraus werde ich schon kommen. In einer halben Stunde – es ist kaum denkbar – werde ich im brausenden Zuge sitzen, nach Zakopane fahren. Weit wird hinter mir liegen, in einer halben Stunde, was jetzt kommt. Da blitzt der erste Gruß, der erste Schuss: «Guten Morgen.» Da der zweite. Wie freundlich die hinterlistigen Weiber sind, wie sie aufhören können, den Teppich zu putzen, gerade wenn ich vorbeimuss. Schon richten sie sich hoch, lächeln. Lächeln erwartungsvoll, die Weiber. Dieses Lächeln kenne ich. Es ist die Form, worin sie ihre Niedertracht kleiden. Sie reiten Attacken, blasen zum Sturm. Gelingt es mir nicht, dieses Lächeln festzuhalten, so erlebe ich den Zustoß, mokante Mundbewegungen, Injurien, in deren Vorgefühl ich zittere. Ich frage: «Welche von Ihnen gehört zu dem Zimmer, das ich hatte?» Die eine ist bei der Hand, steckt das Lächeln auf und nähert sich, dem Ritus entsprechend. Den Besen hat sie hingelegt, um die Hand freizuhalten. Schade, dass sie den Besen nicht im Gesicht hat, damit sie das verdammte Lächeln aufgibt. Sie bekommt einen Schein, besieht ihn – und ich habe das Examen bestanden! Sie nickt, die Räuberin nickt, ihre Augen blitzen. Sie spricht polnisch im Überschwang ihrer Gefühle. Auch die andere nickt. Sie haben die Börse, mein Leben ist gerettet. Ich wohne im zweiten Stock. Jetzt noch zwei Wegesengen; sie sind offen. Ich weiß: die Hauptbarriere ist unten. Da werden Barrikaden von den Raubrittern errichtet, die Klingelleitungen nach meinem Zimmer hatten und die das Hotel unter dem diskreten Namen Bedienung angestellt hat. Unten werden sie Spalier bilden; jeden Schritt werden sie mir erschweren, Fußangeln bis zur Tür, bis vor den Wagen legen.

Ich bitte den Portier um meine Rechnung. Unheilschwanger schnüffelt er: «Sie wird gleich fertig sein.» Ich warte. Ab und zu misst er mich, den Verurteilten, mit einem prüfenden schätzenden Blick. Er raucht, pfeift, ruft einen Pikkolo, tut unbefangen. Ich bemerke, dass im Vestibül mehr Menschen quasi dienstfertig, genauer lauernd herumschlendern als sonst. Alles ist besetzt bis an die Tür. Die ist eine vierteilige Drehtür. Zwei Jungen stehen da. Ich sehe voraus: ein Junge wird eine Bewegung machen, dann bin ich im Gehäuse. Dann macht der andere die zweite Bewegung. Vorher wird jeder die Mütze ziehen und die Hand ausstrecken. Gefällt ihnen nicht, was ich gebe, so lassen sie mich in der Drehtür stecken, trinken im Vestibül Kaffee und sagen, sie werden im Laufe des Tages einen Schlosser holen; jetzt schläft er. Das Hotel ist eigentlich kulant, es könnte auch vier Jungen an die Tür stellen. Wahrscheinlich fallen die andern beiden an einer andern Tür gerade über einen Leidensgefährten her. Plötzlich ruft der Portier: «Die Rechnung liegt drüben fertig beim Zimmermädchen.» Beim Zimmermädchen, wie ist das möglich. Die habe ich doch eben getroffen. Das war doch der erste Durchbruchsversuch. Sollte die hier noch mal erscheinen, diese Missgeburt, und wird sie noch einmal lächeln? Verblüfft, misstrauisch, zögernd nähere ich mich dem Zimmer gegenüber. Da steht eine ältere Person mit Papieren an einem Tisch. Ich denke: und wo ist das Zimmermädchen? Die Person spricht mich an, in einer Sprache, die man in Polen anscheinend mit Deutsch, in Deutschland unbedingt mit Polnisch bezeichnet. Sie sagt – und ich gerate in Verwirrung, eine Ohnmacht wandelt mich liebreich an –: sie sei das Zimmermädchen. Sie eigenhändig. Das angestammte Zimmermädchen meines Zimmers im zweiten Stock. Vollkommen sie. Ich sammle meine Gedanken: «Wie sind Sie denn die Treppe heruntergekommen? Und andererseits –» «Was andererseits?» «Andererseits sahen Sie doch eben anders aus. Oben. Jünger. Sie hatten einen Besen im Gesicht, in der Hand.» «Ich einen Besen?» «Ja, Sie haben sich verwandelt. Wie sind Sie plötzlich älter geworden. Was geht hier vor? Was sind das für Dinge? Wie sind Sie die Treppe heruntergekommen, was ist auf dem Wege von oben mit Ihnen passiert? Und überhaupt: was wollen Sie? Ich habe doch schon oben –» Da öffnet sich die Tür, das junge Mädchen von vorhin blickt einen Augenblick hinein und stäubt im Moment zurück. Ich gewinne Tenance, Haltung: «Also so ist es. Überrumpelung!» Ich sprühe Zorn: «Das war ja das Zimmermädchen. Sie ist das Zimmermädchen. Nicht Sie. Sie sind gar nicht älter geworden. Sie standen hier und lauerten. Sie waren schon vorher alt. Uralt. Sie kennen das Gewerbe.» Mitleidig gibt mir die Person einige Worte, ruft den Portier, der, mich von der Tür her mit inquisitorischer Strenge musternd, auftrumpft: sie sei das angestammte Zimmermädchen. Darauf schlägt er die Arme übereinander, bleibt napoleonisch auf der Schwelle. Er und die Person tauschen Blicke. Was planen sie. Ich bin allein auf weiter Flur. Ob ich zum Fenster hinausspringen soll. In Berlin hat man die Feuerwehr und das Überfallkommando. Ich habe mich schon gestern erkundigt: man kann von hier nicht nach Berlin telefonieren. Erst in Kattowitz kann man telefonieren. Soll ich nach Kattowitz reiten, das Überfallkommando alarmieren? Meine Wut, dass ich nichts machen kann, wächst. Wächst über mich hinaus. Wächst so, dass ich doch etwas machen kann. Ich verlange meine Rechnung. Ich fange an laut zu sprechen. Überlaut. Ausgesprochenermaßen zu schreien. Es sind Notschreie, gekleidet in das Gewand des Zornes. Ich verlange nichts weiter als meine Rechnung, und die Metamorphose von Zimmermädchen, das plötzliche Altern von Zimmermädchen, auch die Duplizität von Zimmermädchen in diesem Hotel geht mich gar nichts an. Ich bin nicht Theosoph. Und ich zahle. Und brülle. Dick kommt meine Brieftasche aus dem Mantel; geschwollen von Segen. Ich entblöße vor den Augen des Portiers und der Person schamlos mein Geld. Ich habe fabelhaft viel Geld. Auch Dollarscheine. Sie wagen es, einen Moment zu lächeln. Aber ich haue meinen Betrag hin, dass das Haus in seinen Grundfesten bebt, die Gäste aus ihren Betten stürzen, die Türen sich öffnen und ein allgemeines Wehklagen auf den Stockwerken sich erhebt. Noch einmal haue ich einen Nachtrag hin. Die Scheiben schmettern auf die Straße. Der Fahrstuhl schießt hoch. Die Person hat der Schreck erfasst bei den Detonationen. Auch mich hat der Schrecken über mich erfasst. Es ist angenehm, Wut zu haben. Ihr ist das künstliche Gebiss zum Mund hervorgerutscht, um mich zu betrachten. Das Zimmer verlasse ich, die Rechnung wie eine Trophäe schwinge ich. Der Hausdiener empfängt mich zitternd mit dem Koffer an der Tür. Die Jungs sind zerstoben. Die Drehtür bewegt sich von allein. Im Wagen sitze ich. Der Rücken des Kutschers ist vor mir. Ich bin sicher, ich werde auch dich niederringen.

ALBERTO MANGUEL

Fern von England

Dover 1969

In dem Jahr, als die Beatles ihre letzte LP herausbrachten, lebte ich in London, wo ich mir mit drei anderen jungen Leuten eine Wohnung teilte und für mein Zimmer wöchentlich fünf Pfund bezahlte. Da ich mit meinem argentinischen Pass in Europa keine Arbeitserlaubnis bekam, bestritt ich meinen Lebensunterhalt mit dem Verkauf bemalter Ledergürtel, die ich in der Carnaby Street und später in einem Laden mit Namen «Mr. Fish» anbot. Meine Glanzstunde kam, als Mick Jagger höchstpersönlich einen meiner Gürtel kaufte und ihn während eines Konzerts auf der Bühne trug. Das Leben war dann nie mehr so großmütig.

Aber wir spielen mit dem Schicksal. Aus einem spontanen Entschluss heraus begleitete ich einen Bekannten nach Paris, saß ein paar Tage bei einem Espresso im Café de Flore und beschloss dann, nachdem ich Visionen von wütenden Kunden hatte, die gürtellos Piccadilly hinauf- und hinunterstürmten, dass es Zeit sei, nach London zurückzukehren. Am billigsten war die Kombination Bus, Fähre und Bus. Ich kaufte eine Fahrkarte und machte mich am späten Nachmittag auf den Weg nach Calais.

Die Überquerung dessen, was die egozentrischen Briten als «English Channel» bezeichnen, ist, wie jedermann weiß, eine grässliche Sache, die auch nicht besser wird durch den

Anblick der weißen Felsen von Dover, die den seekranken Reisenden im bleichen Mondlicht begrüßen wie riesige Berge von leicht angegammeltem Hüttenkäse. Unsicheren Schritts ging ich die Gangway hinunter und reihte mich in die Schlange vor der Passkontrolle ein.

Der Beamte hinter dem Pult hatte große Ähnlichkeit mit Peter O'Toole in *Lawrence von Arabien*. Er guckte mit blassblauen Augen auf meinen Pass, sah mich an, blickte hinunter auf den Pass und wieder hoch zu mir. Was er sah, schien ihn mit unendlicher Traurigkeit zu erfüllen.

Meine Aufmachung entsprach der Mode, wie sie damals in der Carnaby Street üblich war. Ich trug Sandalen und ein wallendes weißes Baumwollhemd aus Indien, eine kirschfarbene Schlaghose sowie einen von mir selbst entworfenen Gürtel, auf den ich exakt in der Art von Poussin eine Darstellung von Leda und dem Schwan gemalt hatte. Das Haar fiel mir in koketten Löckchen über die Schulter.

«Was ist der Zweck Ihres Besuchs?», fragte Peter mit leiser, gequälter Stimme.

Plötzlich wurde mir klar, dass ich ihm – so, wie wenn mir sein himmlischer Namensvetter gegenüberstünde – einen guten Grund würde nennen müssen, wenn er mich in sein grünes und freundliches Land hineinlassen sollte. Mein Gehirn arbeitete blitzschnell. Dieser Mann war ein Bürokrat. Bürokraten lassen sich von Titeln beeindrucken. Mein Vater war fünfzehn Jahre zuvor argentinischer Botschafter in Israel gewesen. Es gibt kaum jemand Offizielleres als einen Botschafter. In meinem besten pseudoargentinischen Akzent (der, wie ich Jahre später merkte, genauso klang wie der des Manuel in *Fawlty Towers*) erklärte ich ihm, dass ich mich mit meinem Vater, dem früheren argentinischen Botschafter, treffen wollte.

Peter zog die Augenbrauen eine Spur in die Höhe.

«Und wo soll das Treffen mit dem … äh … Botschafter stattfinden?»

Wieder suchte mein Gehirn fieberhaft nach einer Antwort. Einmal war ich in London in einem Heim der Heilsarmee abgestiegen, genau gegenüber von einem Hotel, das mir damals sehr vornehm erschienen war. Mir fiel der Name ein.

«Im Hotel St. James», sagte ich.

(Jahre später stellte ich fest, dass das *St. James*, in dem eine ungewöhnlich große Anzahl von Mr. und Mrs. Smiths abgestiegen waren, das ist, was die Franzosen als *hôtel de passe* bezeichnen.)

«Haben Sie eine Reservierung für das … äh … *St. James*?», fragte Peter.

«Ich glaube … Vater hat gemacht Reservation.»

«Dann wollen wir dort mal anrufen», sagte Peter.

Inzwischen hatten alle anderen Reisenden die Kontrolle passiert, und der Busfahrer wurde nervös. Er wartete noch ein paar Minuten, zuckte dann mit den Schultern und winkte mir zum Abschied zu. Ich hatte keine Ahnung, wie ich von Dover nach London kommen sollte. Ich besaß 10 Franc und 2 Pfund. Trampen stand in keinem guten Ruf in England.

Peter legte den Hörer auf.

«Im *St. James* ist kein Zimmer für … äh … Botschafter Manguel reserviert.»

Ein zweiter Beamter trat zu uns. Auf Peters Gesicht erschien die Andeutung eines Lächelns, das ihm etwas von seiner Traurigkeit nahm.

«Dieser Herr hier sagt, sein Vater ist argentinischer Botschafter und dass er sich mit ihm in London im *St. James* treffen will.»

«Im *St. James?*»

Der andere Beamte verdrehte die Augen.

«Ah ja.»

«Aber es ist dort nichts reserviert. Vielleicht sollten wir die argentinische Botschaft anrufen.»

Ich gab zu bedenken, dass um diese Stunde niemand zu sprechen sei. Es war kurz vor Mitternacht.

«Wir versuchen es einfach, hm?», sagte der andere Beamte.

Er versuchte es. Am anderen Ende meldete sich jemand, der offensichtlich nur Spanisch sprach. Der andere Beamte reichte mir den Hörer.

«Fragen Sie ihn, ob er Ihren Vater kennt und ob er bereit ist, für Sie zu bürgen.»

Auf Spanisch fragte ich, mit wem ich spreche.

«José hier», sagte die Stimme.

«José», sagte ich. «Wer Sie auch sind, erklären Sie bitte dem Beamten, dass Sie meinen Vater kennen, Ex-Botschafter Manguel.»

«Klar», sagte José.

Insgeheim pries ich den argentinischen Sinn für Kameradschaft und reichte dem anderen Beamten den Hörer.

«Er wird Ihnen alles erklären», sagte ich.

Der andere Beamte lauschte Josés spanischen Worten.

«Ich verstehe Sie nicht. Könnten Sie wohl versuchen, es auf Englisch zu wiederholen? Aha. Ja. Und welchen Rang bekleiden Sie in der Botschaft, Sir? Verstehe. Vielen Dank.»

Er legte auf.

«Leider reicht die Bürgschaft des Hausmeisters nicht aus», sagte er.

Peter widmete sich währenddessen sehr interessiert meinem Rucksack. Er öffnete die Zahnpastatube, drückte etwas heraus und schmeckte daran. Er blätterte durch mein Exemplar des *Siddharta.* Er schnüffelte an meinen Räucherstäbchen. Schließlich fand er mein Adressbuch. Er verschwand damit in sein Büro. Als er wieder herauskam, lächelte er wie Lawrence nach dem Fall von Khartoum.

«Wie es aussieht, haben Sie uns verschwiegen, dass Sie in London mit anderen Personen zusammenwohnen. Einer Ihrer Freunde dort hat mir erklärt, dass Sie mit dem Verkauf von irgendwelchem Krimskrams in der Carnaby Street Geld verdienen. Ich nehme an, dass Sie keine Arbeitserlaubnis haben. Also, weshalb würde der Sohn des Botschafters so etwas tun?»

Man brachte mich in einen kleinen weißen Raum mit einer Pritsche und teilte mir mit, dass ich hier warten müsse und dass ich am nächsten Tag mit der ersten Fähre nach Frankreich zurückgeschickt würde. Die ganze Nacht dachte ich daran, was mir genommen würde: mein Zimmer, die Bücher, die ich gesammelt hatte, meine künstlerische Laufbahn, die den Segen Mick Jaggers erhalten hatte. Seit ich lesen konnte, war London in meiner Vorstellung eine Art Garten Eden gewesen. Meine Lieblingsgeschichten spielten dort; Chesterton und Dickens hatten mir die Stadt vertraut gemacht; London war für mich, was für andere der Nordpol oder Samarkand war. Und jetzt, wegen zwei mieser, pedantischer Beamten, war es genauso weit weg und unerreichbar. Bürokratie, ungerechte Einreisebestimmungen, die Macht blauäugiger Staatsdiener, die anderer Leute Zahnpastatuben ausdrücken durften – all das erschien mir damals (und erscheint mir noch heute) als verabscheuenswürdige Scheußlichkeit.

Und so kam es, dass ich im November 1969 ein gemäßigter Anarchist wurde.

P. J. O'ROURKE

Das unbegreifliche Stück Irland

Belfast 1988

Akzeptables Ausmaß an Gewalt» – diese Formulierung wurde 1973 von einem britischen Politiker geprägt, der in Bezug auf Nordirland britisch sein wollte. «Das Ausmaß der Gewalt ist akzeptabel», sagte Reginald Maudling, seinerzeit Innenminister. Das klingt wie der Luftverschmutzungsindex einer amerikanischen Großstadt. Während der Woche, die ich in Ulster verbrachte, war das Maß an Gewalt genau das – akzeptabel. Nicht ausgezeichnet wie in den Jahren 1972, 1916, 1798 oder 1690, aber für eine Provinz von der Größe Connecticuts und mit einer geringeren Bevölkerungszahl als derjenigen von Kansas City gar nicht so schlecht.

Am Sonntag, dem Tag vor meiner Ankunft, überfielen zwei protestantische «Paras» die Avenue Bar, einen katholischen Treffpunkt in Belfast, und schossen mit automatischen Waffen wahllos um sich, wobei sie drei Personen töteten und sechs verwundeten. Dies wird «Sprayen» genannt. Am Montag verlor ein protestantischer Reservist des Ulster Defence Regiments der britischen Armee auf seinem Bauernhof bei Dungannon durch eine Bombenexplosion ein Bein, und im katholischen West-Belfast wurden einem jungen Mann von der IRA zur Strafe für irgendetwas die Kniescheiben zerschossen. Am Dienstag fand die Polizei ein protestantisches Waffenlager in Whiteabby. Am Mittwoch wurde die Wohnung einer katholischen Familie in Dunmurry mit einer, wie die Zeitungen schrieben, «Höllenmaschine» attackiert. Am Donnerstag ging während der Royal Ulster Agricultural Show eine Bombe hoch, die vier Polizisten und zehn Zivilisten, darunter zwei Kinder, verletzte. Am Freitag wurden in West-Belfast erneut einer Person die Kniescheiben zerschossen, und Kinder, die Molotowcocktails warfen, fügten einem britischen Soldaten Brandverletzungen zu. Samstag wurde in South Armagh ein Sprengstoffexperte der Armee mitsamt Suchhund in Stücke gerissen, und ein Hilfspolizist wurde verletzt, als sein Auto von drei «Luftsackbomben» getroffen wurde, worunter man hier große, scharfe Versionen jener Fallschirmdinger versteht, wie sie früher jeder Knabe aus Spielzeugsoldaten und Vaters Taschentüchern gebastelt hat. Und am Sonntag, zum Auftakt einer neuen Woche, griff ein Heckenschütze eine Belfaster Polizeiwache an, und zwei Protestanten aus Londonderry wurden von einer Autobombe verletzt (Autobomben sind übrigens eine irische Erfindung).

Man hat wahrscheinlich die Vorstellung, dass Belfast genauso aussieht wie auf den Fotos von Belfast, die man immer sieht. Weit gefehlt. Es ist eine liebliche Hafenstadt an der Bucht von Belfast Lough, einer der größten Tiefseehäfen der Welt, umgeben von sanften Hügeln. Cave Hill erhebt sich nach Norden hin wie der Zuckerhut über dem Strand von Ipanema, weshalb manche so weit gehen, Belfast als «irisches Rio» zu bezeichnen (nicht, dass irgendjemand wirklich ein irisches Mädchen in einem knappen Bikini sehen möchte). Die Stadt ist in der besten und frühesten Periode viktorianischer Architektur erbaut worden, noch die einfachsten Lagerhäuser und Fabriken sind mit kunstvollem Mauerwerk versehen. Selbst die Arbeitersiedlungen weisen palladische Proportionen im Kleinen auf und Schieferdächer, die sich heutzutage niemand mehr leisten könnte.

Das Belfast, wie es von *Time* präsentiert wird, das Belfast voller Trümmer und Stacheldraht, voller Müll und Graffiti ist in Wahrheit ein höchst fotogen verwahrlostes Stück Erde, nicht mehr als anderthalb Kilometer mal einen Kilometer groß. Es ist, als ob *Architectural Digest* ein Haus vorstellen wollte und dann Aufnahmen vom Kleiderschrank im Kinderzimmer gemacht hätte. Die Trümmer stammen von Abrissarbeiten und nicht von Bomben (was schlimmer ist, darüber mögen die Kritiker des modernen Wohlfahrtsstaates sich den Kopf zerbrechen). Und der Stacheldraht läuft oben auf der «Friedensmauer» entlang, einer Art soziologischen Barriere, die die Briten errichtet haben, um die zerlumpten protestantischen Mordfanatiker aus der Shankill Road von den abgerissenen katholischen Killern in der Falls Road zwei Blöcke weiter zu trennen. Die Graffiti und der Müll sind echt.

Die Menschen, die auf diesem Hektar Hölle leben, sind so ausgiebig von Sozialwissenschaftlern studiert worden, dass es kaum noch jemanden gibt, der nicht eine Fußnote in irgendjemandes Diplomarbeit ist. Und inzwischen sind sie so medienerfahren, dass einem die Gören auf der Straße «Brauchen Sie O-Töne?» entgegenrufen und kritisch die gewählte Blende beurteilen.

Fotograf Tony Suau und ich hatten in Belfast einen Chauffeur engagiert, den ich Dick Cullen nennen werde, einen erfahrenen Lotsen für die Medienmeute. Cullen brachte uns ungefragt vom Flughafen sofort in das Herz der katholischen Falls Road. Hier in diesem Ghetto war eine üble Hochhaussiedlung für die unteren Einkommensschichten, die berüchtigten Divis Flats, gebaut in den Sechzigern, bevor die Stadtplaner entdeckten, dass man arme Leute, die trinken, nicht übereinanderstapeln kann. Aber Divis sollte abgerissen werden, und ansonsten standen lauter kleine, neue «Einfamilienhäuser» und *«garden apartments»* in der Gegend – zum Teil ziemlich deprimierende Bruchbuden, andere fast schön mit ihren Klinkersteinen.

Wie in allen Slumvierteln der Welt gab es auch hier viele arbeitslose junge Männer mit Bierdosen und Tätowierungen. (Die Arbeitslosigkeit in dieser Gegend liegt, wenn man den Zahlenangaben der Einheimischen glauben will, bei etwa 125 Prozent.) Die raubeinigen Jungs winkten Tony und mir freundlich zu und plauderten ausführlich über politische Ökonomie und Völkerrecht, sie analysierten die irische Geschichte seit der Schlacht am Boyne und erklärten schließlich, dass sie mit uns nicht sprechen dürften, solange wir uns nicht bei der Sinn Fein, dem (halbwegs legalen) politischen Zweig der IRA, angemeldet hätten.

«Ihr Iren müsst noch viel über Slums lernen», sagte ich zu Cullen, als wir wieder in das Auto stiegen. «Wo ist das ausgeflippte Wüten? Wo sind die Obdachlosen mit ihren Mülltüten? Wo sind die Crackampullen, die Erkennungszeichen der Gangs, die eins achtzig großen Transvestiten mit behaarten Beinen und Messern? Slum, haha! Ich könnte euch Straßen in New York zeigen, wo man am helllichten Tag dreimal überfallen wird, und das ist noch ein besserer Stadtteil.»

«Na ja, hier sollten Sie Ihr Auto auch nicht offen stehen lassen», sagte Cullen, ein bisschen in die Defensive gedrängt, «nicht mit der teuren Fotoausrüstung auf dem Sitz.»

«Hoffentlich habt ihr wenigstens ein paar Heroinsüchtige.»

«Nein», sagte Cullen, «die werden von der IRA erschossen.»

Das übrige Belfast besteht aus sauberen kleinbürgerlichen Vierteln, sauberen bürgerlichen Vierteln, ein paar reichen Vierteln – ebenfalls sehr sauber – und sauberen Geschäfts- und Industrievierteln. Die lokale Wirtschaft registriert einen milden Aufschwung. Ein gewisser Schick breitet sich vom alten Stadtzentrum, entlang der «Goldenen Meile» Dublin Road, nach Süden hin aus – hier eine Hängepflanze, dort eine dekorativ unverputzte Backsteinwand und hier und da ein Restaurant mit einem fremdländisch klingenden Namen. (Obwohl man noch immer Kartoffeln zu jeder Mahlzeit bekommt. Selbst beim Chinesen standen gekochte und gebackene Kartoffeln und Pommes frites auf der Speisekarte.)

Allerdings sind die Bewohner Nordirlands ihrem Schicksal in Gestalt von Vorstadttristesse und kleinbürgerlicher Anomie entgangen.

«Mord» steht in schwarzen Druckbuchstaben in der oberen Ecke der Titelseite der *Belfast News*, dort, wo in amerikanischen Zeitungen «Das Wetter» oder «Der Witz des Tages» stehen würde:

> MORD
>
> Wenn Sie irgendetwas über geplante terroristische Aktivitäten (Drohungen, Mord oder Sprengstoffanschläge) wissen, sprechen Sie *sofort* mit dem TELEFON DES VERTRAUENS …

Man gehe die ruhigste Straße in einem Wohnviertel entlang, und schon wird einem ein großer, gepanzerter Einsatzwagen der britischen Armee, donnernd wie der Moloch Vischnu, entgegenkommen, Soldaten stürzen heraus und richten ihre Waffen auf jedermann.

Das langweilige und banale Einkaufsviertel im Stadtzentrum ist von einer furchterregenden Absperrung umgeben. Bewaffnete Posten beobachten die Leute auf Schritt und Tritt.

Tony Suau und ich trieben uns eines Nachmittags, auf der Suche nach Bildern von Leid und Ungerechtigkeit, in den Divis Flats herum. Es war ein warmer und klarer Tag. Kinder spielten auf den Parkplätzen Fußball, und Frauen saßen mit ihren Babys auf dem Rasen in der Sonne und tranken Tee. Die Szene war für einen Reporter entschieden zu fröhlich. Wir wollten schon aufgeben und irgendwo etwas trinken gehen, als hinter einem Müllcontainer plötzlich eine Armeepatrouille in voller Kriegsbemalung auftauchte. Die Jungs liefen, das Schnellfeuergewehr im Anschlag, geduckt und in Kampfformation mitten durch die Picknickszene. Ein Soldat ging rückwärts und schwenkte dabei sein Gewehr von einer Seite zur anderen und behielt die Fußballspieler im Auge, während sich der Mann an der Spitze der Abteilung an den Kinderwagen vorbeipirschte.

Sobald der Trupp die Sicherheit der Schaukelanlage erreicht hatte, warfen sich alle auf die Erde und legten an. Durch ihre Zielfernrohre verfolgten sie alles, was ihnen verdächtig erschien – in diesem Fall Tony und mich. Wir schienen auch die Einzigen zu sein, die diese Kerle überhaupt sahen. Die Iren ignorierten die Briten nicht einmal, sie sahen und sprachen einfach durch sie hindurch. Vielleicht funktioniert die Dschungeltarnung besser, als man denkt, in einem Belfaster Slum, einem Ort, wo der beste Schutzanstrich vermutlich ein tüchtiger Schluck ist, um das richtige Schwanken in seinen Gang zu kriegen.

Jedenfalls standen wir da, auf einem sanften Rasen inmitten einer friedlichen Familienszene, und starrten in die Gewehrmündungen einer Antiguerillaeinheit, die aussah, als sei sie 1948 während eines Einsatzes im Dschungel von Malaya abhandengekommen, und vielleicht war sie ja auch wirklich unsichtbar. Schließlich lief ein Kind von etwa anderthalb Jahren los und schenkte einem Soldaten seinen Ball. Der Soldat drehte den Kleinen vorsichtig um und schickte ihn mit einem Klaps wieder zurück zu seiner Mutter, die währenddessen kein einziges Mal von ihrer Strickarbeit aufgeblickt hatte. Es war ein starkes Bild, aber Tony, der in Afghanistan eingekesselt gewesen war, in Sri Lanka, Angola und Haiti beinahe zusammengeschossen worden wäre und in Äthiopien einen Tieffliegerangriff überstanden hatte, war zu nervös, um ein einziges Mal auf den Auslöser zu drücken.

Auch der nordirischen Landschaft ist Banalität erspart geblieben. Noch das schlechteste Gedicht von Robert Frost könnte nicht eine Landschaft heraufbeschwören, die von so einlullender Anmut ist und auf das Auge so gnadenlos beruhigend wirkt. Und je weiter man in die katholischen Gegenden hineinfährt, desto sanfter wird die Szenerie, bis man nach South Armagh kommt, an der Grenze zur Republik Irland, einem der einschläfernd-bukolischsten Landstriche auf der ganzen Welt. Hier ist «Banditenland». Hier bleibt der britischen Armee nur der Luftweg, die Soldaten müssen im Helikopter herein- und hinausgeschafft werden, als befände man sich in Khe San.

Auf dem Hubschrauberlandeplatz der Militärbasis Bessbrook herrscht Hochbetrieb wie auf keinem anderen der Welt. Er liegt, abgeschirmt hinter Wellblechwänden, inmitten einer Stadt des 18. Jahrhunderts wie eine Ölbohrinsel im Innenhof des Louvre. Die Schafe und Einwohner des Ortes achten nicht mehr auf den Lärm.

Die Kuhweiden in South Armagh sind mit außergewöhnlichen Beobachtungstürmen der britischen Armee dekoriert –

schlaksigen, emporstrebenden Apparaten aus Spanndraht und Röhren, die aussehen wie eine Kreuzung aus Baugerüsten und Wells'schen Kampfmaschinen vom Planeten Mars.

Crossmaglen, wo der Bombenspezialist und sein Hund zerfetzt wurden, ist so schön wie eine Reiseprospektansicht. Die Menschen sind fröhlich und redselig. Der Marktplatz wird von Imbissbuden und Kneipen gesäumt. Und genau an der Hauptstraße steht ein großes, schwarzes Ungetüm aus Stahl und Beton, zwölf Meter hoch, mit einem Dinosaurierkamm von Sendemasten oben auf dem Dach, die Seitenwände bedeckt von Sichtblenden und Antibombennetzen. So sieht eine Polizeistation in IRA-Land aus.

Tony und ich waren nur ein paar Meilen von Crossmaglen entfernt, als die Bombe hochging. Wir fuhren sofort hin, obwohl es dort außer Dreck und ein paar Zweigen auf der Straße nichts zu sehen gab. Die Dschungelkämpfer waren wieder da und richteten von einer Hecke aus ihre Gewehre auf uns. Ihre Tarnung funktionierte noch immer nicht. Irland ist so grün und schmuck, dass man schwören möchte, es sei von Robert Trent Jones als Golfplatz angelegt worden. Die einzige Uniform, die in dieser kriegszerrissenen Landschaft nicht auffallen würde, wären orangefarbene Hose, lila Pullover, weiße Schuhe mit Troddeln und ein Eisen Fünf.

Tony und ich besuchten auch die Avenue Bar, in der protestantische Killer völlig grundlos ein Gemetzel unter Katholiken veranstaltet hatten. Es dauerte ein paar Tage, bis wir uns dazu durchringen konnten. Auf diese Bar war bereits 1976 und noch einmal 1983 ein Bombenanschlag verübt worden – wie freundlich mochten die Stammgäste da sein. Und würde die Kneipe überhaupt offen sein?

Natürlich war sie offen. Am Freitag nach dem Überfall war Hochbetrieb in der Avenue Bar. An der Tür stand ein

Aufpasser, doch als er Tonys Fotoapparate sah, zog er uns rein. «Amerikanische Reporter, stimmt's?», sagte jemand und drückte uns Biergläser in die Hand, bevor wir überhaupt eine Chance hatten, die subtilen Gesprächseinleitungen auszuprobieren, die wir uns ausgedacht hatten, um bei den feindseligen und misstrauischen Stammgästen der Avenue Bar das Eis zu brechen. «Was, ein O'Rourke?» Und schon bekam ich die ganze Geschichte meines Clans zu hören.

Anscheinend waren wir Könige in jener Vorzeit gewesen. Aber für wen galt das nicht. Es muss interessant gewesen sein, das Irland im Jahre null v. Chr.: «Ich bin der König – von diesem Felsen da bis zu der Schlucht, und von dieser Kuh bis zu dem Baum. Und das ist meine Frau, die Königin, und unser Hund Prinz.» Und es muss genauso friedlich zugegangen sein wie heute, mit ein, zwei Millionen Königen auf der Insel.

Ob jemand bereit sei, über das furchtbare Verbrechen vom letzten Sonntag zu sprechen? Nein, nein, sagten alle, es sei zu schrecklich, «wie die protestantischen Tiere dort zur Tür reinkamen, ganz normal sahen sie aus, und einer zieht eine AK-47 unter seinem langen Mantel hervor und schießt hier in diese Ecke, wo Damien Devlin und Paul McBride standen, und dann feuert er dorthin und trifft den armen Stephen McGaghan, und die Kugeln dringen bis in die Frauentoilette – wären Leute drin gewesen, sie wären mit Sicherheit gestorben».

Die meisten der sechzig oder achtzig Kneipenbesucher waren da gewesen, als das Massaker stattfand. «Ich war hier», sagte einer und betatschte seinen Hocker. «Ich dachte, ich bin tot. Ich habe ein Ave Maria gesagt und bin über die Rückwand gehüpft.»

Die junge Frau hinter dem Tresen musste hervorkommen und das Blei zeigen, das man von den Wänden gekratzt hatte.

Ihre Hände zitterten noch immer. Die Gäste ließen Tony auf einen Stuhl klettern, damit er die platt gedrückten Geschosse aus angemessen dramatischer Perspektive aufnehmen konnte, und hielten Lampen, damit die Belichtung stimmte. Zwanzig, dreißig Leute erzählten, was sich ereignet hatte. Manche Dinge sind zu schrecklich für Worte, fanden alle.

«Dieser Mord war wirklich eine furchtbare, gemeine und abscheuliche Tat.» «Das Werk von Geisteskranken.» «Eine schlechte Tat, sinnlos und außerdem feige.» «So was tun nur Protestanten.» «Die IRA würde so was nie tun.» «Nein.» «Die sucht sich ihre Leute genau aus.» «Und die drei Jungs, die sie umgelegt haben – völlig unpolitisch waren sie, harmlos wie die Lämmer.» «Kein bisschen Politik in ihren Köpfen.» «Das *Avenue* ist kein politischer Treffpunkt.» «Nein.» «Protestanten sind hier immer willkommen.» «Jawohl.» Ein Dutzend Hände wies auf gerahmte Fotos an der Wand – Angehörige der protestantischen Orange Lodge bei einer Feier in der Avenue Bar. «Hätte jeden erwischen können.» «Ein paar Stunden vorher sind Mütter mit ihren Babys hier gewesen.»

Die Abendnachrichten des Fernsehens brachten weitere Berichte über das Bombenattentat während der Royal Ulster Agricultural Show. «Na bitte, *das* nenne ich selektiv.» «Nur eine Siebeneinhalbpfund-Bombe.» «In einem Informationsstand der Polizei.» «Die Leute müssten wissen, dass sie dort nichts zu suchen haben.» «Jawohl.» «Ganz recht.»

«Wenn ich verhaftet würde und auf einer Polizeiwache säße, wäre ich stolz, wenn ich bei einem IRA-Bombenanschlag umkäme», rief ein junger Mann, der zwei Biere gleichzeitig trank.

Tony und ich blieben in der Avenue Bar, bis wir so voll waren, dass wir fast nicht mehr gehen konnten. Niemand ließ uns für unsere Getränke zahlen. Eine halbe Stunde lang mussten wir Hände schütteln und uns auf die Schulter klopfen lassen, ehe wir ins Freie kamen. Es war einer der schönsten Abende, den ich seit Jahren erlebt hatte.

Das Beste an der Gewalt in Nordirland ist die Tatsache, dass sie etwas Altehrwürdiges ist. Und ich kann voller Stolz sagen, dass sie im Haus meines Ahnen Tighernan O'Rourke begann. Prinz von Breffni. Im Jahre 1152 brannte Tighernans attraktive Frau Dervorgilla mit Diarmuid MacMurrough, dem König von Leinster, durch. Vetter O'Rourke machte so viel Stunk (auch militärisch), dass MacMurrough König Heinrich II. von England um Hilfe bitten musste. Die Briten trafen, ein wenig verspätet, im Jahre 1169 ein und begingen sofort den unverzeihlichen Fehler, Langbogen und Kettenpanzer einzusetzen. In den nächsten achthundertneunzehn Jahren (gezählt wird immer noch) haben die Engländer Land gestohlen, Aufstände niedergeschlagen, die Bevölkerung ausgebeutet, Katholiken verfolgt, schottische Siedler nach Ulster geschafft, weitere Aufstände niedergeschlagen, sie haben Hungersnöte überstanden, Patrioten gehenkt, die Sprache ausgemerzt, jedermanns Schwein besteuert, wieder Aufstände niedergeschlagen und sich überhaupt sehr viel anders verhalten, als die Iren sich verhalten hätten, wenn sie England erobert hätten und die Rollen umgekehrt verteilt gewesen wären.

Jedenfalls sind die Iren in einer ähnlich miesen Lage wie die Schiiten im Libanon, die Bauern in El Salvador, die Schwarzen in Amerika, die Juden in Palästina, die Palästinenser in Israel (und andere anderswo – wenn man seine Geschichte studiert) – die Barbarei, die den Iren angetan wurde, reicht aus, um alle Barbarei durch irische Barbaren zu entschuldigen.

Nicht, dass *mir* die Iren als Barbaren erschienen wären. Das Sinn-Fein-Büro an der unteren Falls Road sah genauso aus wie die Studentenbuden, in denen ich meine Revoluzzerjahre verbracht hatte. Die Wände waren mit linken Parolen geschmückt, und zwei Frauen in Birkenstockschuhen mit der Sorte fettigem Haar, das ernstes politisches Denken zu verursachen scheint, entwarfen einen Plakattext und diskutierten darüber, wie sich Begriffe wie «Frauen» oder «Freundinnen» oder andere Ausdrücke vermeiden ließen, an denen Feministinnen Anstoß nehmen könnten. Sie einigten sich auf die Formulierung «Partner von politischen Gefangenen».

Der Sinn-Fein-Sprecher, ich nenne ihn Tom, sah wie ein Kunstlehrer aus. Er war klein, etwa fünfunddreißig, trug Pullover und eine Drahtgestellbrille und hatte eine freundliche Art. Er war jedoch vier Jahre lang von den Briten interniert worden und hatte weitere vier Jahre in einem britischen Gefängnis gesessen, und an seinem Schreibtisch lehnte eine kugelsichere Weste.

«Gibt es für Sie wirklich nichts außer Gewalt?», fragte ich vorsichtig.

«Einen anderen Weg gibt es nicht – jedenfalls keinen gangbaren», sagte Tom, als wäre er Churchill und England Nazideutschland und ich ein dummer amerikanischer Pazifist (Vergleiche, die für jeden wahren irischen Patrioten durchaus zutreffend sind). «Wir stehen ganz allein da», sagte Tom. «Wir haben keine Verbündeten. Die englische Linke ist desinteressiert. Niemand sonst führt in Europa noch einen Befreiungskampf, außer vielleicht die baskische ETA.»

«Tony Suau hier ist Baske», sagte ich. Aber Tom fuhr fort. Es war offenkundig interessanter, allein zu sein in edlem Widerstand, verwundet, aber nicht gebeugt, immer wieder geschlagen, aber nie besiegt und so weiter.

«Aber selbst wenn Sie einmal zur Republik Irland gehören, die IRA ist dort genauso illegal», sagte ich.

«‹Der Krieg fängt erst richtig an, wenn die Briten abziehen›, wie es so schön heißt», sagte Tom lächelnd. «Ich möchte nicht, dass das Land unter dem System vereinigt wird, wie es heute in der Republik existiert. Die Leute von der Shankill Road wären damit wohl ebenso wenig einverstanden.» Womit er vermutlich sagen wollte, dass in Irland nicht nur Briten gegen Iren und Iren gegen Iren kämpfen, sondern auch ein Klassenkampf geführt wird. Tom drosch dann sozialistische Phrasen. Am Privateigentum schien ihn besonders zu stören, dass Engländer exklusive Angelrechte an irischen Forellengewässern besaßen. «Ich selbst bin begeisterter Angler», sagte er.

Ich möchte nicht den Eindruck vermitteln, als hätten nur die katholischen «Nationalisten» oder «Republikaner» allen Grund, zu metzeln und zu schlachten. Auch die protestantischen «Loyalisten» oder «Orangisten» können einiges zu ihrer Rechtfertigung vorbringen. Sie sind schließlich Patrioten. «Wir kämpfen gegen jeden, damit wir britisch bleiben, sogar gegen die Briten», sagen sie gern. Was könnte patriotischer sein? Und sie sind seit dem 17. Jahrhundert in Ulster, können nirgendwo sonst hingehen. Es ist ja nicht so wie in New York, wo die Armen aus den yuppisierten Vierteln wegziehen und unter Brücken und in Busbahnhöfen ein neues Zuhause finden können. Außerdem haben die Protestanten große Angst, dass der Papismus durch die Türritzen in ihre Häuser eindringen und die Zahl ihrer verdreckten Kinder, die keine Aussicht auf einen Job haben, plötzlich vervierfachen könnte.

Ich sprach mit Sammy Wilson, Ex-Bürgermeister von Belfast und prominente Figur in der Democratic Unionist Party, der von Schreihals Jan Paisley angeführten Gruppierung von protestantischen Hardlinern. Sammy, 34, sah ebenfalls wie ein Lehrer aus, was er tatsächlich auch ist, obwohl er früher Polizist war; so wie Tom von der Sinn Fein der Gegenspieler eines Polizisten gewesen war. Und genau wie Tom war auch Sammy sehr direkt und aufgeschlossen.

Sammy lieferte die kapitalistischen Phrasen. Aber wie Tom fand auch er, dass es eigentlich nichts gebe, weswegen man einen Menschen umbringen sollte, es sei denn, man könne nicht anders. Und wenn man Ire ist, dann kann man nicht anders.

In meinem Notizbuch steht:

SAMMY: … räumt ein, dass Katholiken in Nordirland mit Vorurteilen zu kämpfen haben, meint aber, dass es nicht mehr so stark ist wie früher.

TOM: «Die Bigotterie ist nicht so schlimm wie früher.»

SAMMY: … beklagt sich, dass Nordirland unmittelbar der Regierungsgewalt von London untersteht und eine Verfassung braucht.

TOM: «Die Briten können sich eine Verfassung nicht leisten; dieser Ministaat ist nicht auf demokratischem Weg zustande gekommen.»

SAMMY: «Ich hätte nichts dagegen, wenn Katholiken angemessen an der Aufrechterhaltung von Ruhe und Ordnung beteiligt würden.»

TOM: … sagt, dass es Protestanten in der IRA gibt.

SAMMY: «Loyalisten und Republikaner könnten argumentieren, dass Polizei und Armee gleichermaßen gegen sie gerichtet sind.»

Übereinstimmung ist für Iren aber nichts, wovon man nicht wieder abrücken könnte.

Und wie sieht es mit den Briten aus? Legal ist dies ein Teil ihres Landes. Haben sie nicht genauso viel recht, die Bevölkerung hier zu ermorden, zu verstümmeln und ins Gefängnis zu werfen? Ich traf mich zum Essen mit Brian Mawhinney, unter Maggie Thatcher Staatssekretär für Erziehungsfragen in Nordirland. Er war genauso liebenswürdig wie Sammy und Tom und ließ ein fürstliches Mahl mit drei Weinen auffahren.

Mawhinney erklärte, dass es sich für den Nationalstaat nicht gehöre, einzupacken und sich davonzustehlen. Er äußerte seine Verwunderung darüber, dass die Amerikaner so stolz auf ihren eigenen Bürgerkrieg seien und so wenig Verständnis für die Situation in Irland hätten. Ein simpler Rückzug der Briten aus Nordirland, sagte er, käme einem einseitigen Rausschmiss von Hawaii ohne Befragung der Bevölkerung gleich (wer in jüngster Zeit in Waikiki gewesen ist, könnte das jedoch in Erwägung ziehen). Mawhinney wollte nicht als Prinzipienreiter erscheinen. Wenn die Briten einfach abzögen, würde «viel Blut» fließen, sagte er. Ich hätte vielleicht erwidern können: «Wie darf ich das verstehen?» Doch es wäre unhöflich gewesen, mit vollem Mund eine solche Frage zu stellen. Außerdem erklärten Mawhinney und sein Pressesekretär Andy Wood, die Arbeit in Nordirland sei «unglaublich interessant» und «nie langweilig», und ich finde ja, mehr Menschen sollten Arbeitsplätze haben, die ihnen Freude machen.

Natürlich gibt es Spielverderber und Waschlappen, die die Nase voll haben und Dinge wie «Wir müssen wieder ein normales Leben führen» und Ähnliches sagen. Ich sprach mit einem Geschäftsmann, einem Katholiken aus einem der «Problemviertel», der mit Computern Millionen verdient hat und fand, dass das Gerede von den «Unruhen» Augenwischerei sei. Er wies darauf hin, dass man den Norden niemals mit dem Süden vereinen könne, da sich die irische Republik das Wohlfahrtssystem nicht leisten könne, das die Familien der Killer versorge, während die Jungs aufeinander schießen und Bomben werfen. Seiner Ansicht nach ist die Arbeitslosigkeit die einzige Ursache des Konflikts. Na ja, räumte er ein, *fast* die einzige Ursache. Er hatte einen Plan. Er wollte die gesamte Bevölkerung von Nordirland ins Ausland schicken, zu jeweils 5000 Personen, damit sie sehen konnten, wie normale Menschen ruhig, friedlich und arbeitsam lebten – beispielsweise New York am St.-Patricks-Tag. «Ich bin jetzt fünf- oder sechsmal da gewesen. Es ist ein irres Ding.»

Ein Studentenvertreter bei einer Friedensdemonstration in Belfast hatte eine ähnliche Idee. Er war ebenfalls aus West-Belfast und gab zu, dass ihm in seiner Kindheit die Unruhen einen Riesenspaß gemacht hatten. «Man sollte Kids von Nordirland», sagte er, «in die Welt hinausschicken, damit sie ihren Horizont erweitern und begreifen, dass sich die Welt nicht um Schießereien in der Shankill Road dreht, mit denen ein geheimnisvolles, magisches Ziel erreicht werden soll.» Höchstens vierzig Leute waren zum Friedensmarsch gekommen. «Vielleicht würde eine anständige Naturkatastrophe dieses Problem lösen», sagte der Student.

Und die Frauen, die ihre Söhne und Liebhaber bei dem Massaker in der Avenue Bar verloren hatten, sahen auch nicht so aus, als würden sie bei dem glänzenden Freiheitskampf der Iren und seiner altehrwürdigen Geschichte freudige Erregung empfinden.

Ich ging zu Damien Devlins Beerdigung. Seine Mutter hatte schon einen Sohn verloren, er war von der IRA wegen «Rowdytums» erschossen worden. Steinernen Gesichts folgte sie dem Sarg von der Kirche zum Friedhof und sah zu, wie ihr zweiter Sohn neben dem ersten beerdigt wurde.

Sechs Stunden später, nachdem ein weiteres Opfer vom Avenue-Massaker begraben worden war, kehrte ich mit dem Leichnam von Stephen McGaghan zum Friedhof zurück. Damien Devlins Freundin saß noch immer da, ganz allein inmitten der Blumengebinde auf der anderen Seite des Friedhofs, den Kopf in den Händen.

Bei beiden Begräbnissen zogen die Trauergäste verärgert ab, als sich die Priester kritisch über die Gewalt äußerten.

Tony und ich verbrachten unseren letzten Tag in Nordirland bei der Polizei, die ähnliche Aufgaben hat wie jede andere Polizeitruppe auf der Welt – Ladendiebe werden festgenommen und gestohlene Videorecorder gesucht, häuslicher Streit wird geschlichtet –, außer dass die Beamten bei der Erfüllung dieser Aufgaben mit kugelsicheren Westen und Maschinenpistolen ausgerüstet sind und in gepanzerten Fahrzeugen fahren.

«Der Job ist gar nicht so übel», sagte der Polizeisergeant, während wir in einem engen, olivgrün-braunen «Pig» herumfuhren, einem Achtsitzer, eigens für den Einsatz in Nordirland konstruiert – mit Bombenschutz, speziellen Reifen und einer Vorrichtung, die Farbbeutel von der kugelsicheren, vergitterten Windschutzscheibe entfernt. «Die Bevölkerung hier ist im Grunde gesetzestreu», sagte der Sergeant und spähte dabei aus einer Schießscharte. «Wir haben die höchste Aufklärungsquote im gesamten Vereinigten Königreich.» Ein Stein traf das gepanzerte Dach.

Der Sergeant verbreitete die offiziellen Angaben zur «Sicherheitslage». Es sind die gleichen Informationen, die man bei Armeepressekonferenzen oder von der Regierung in London bekommt – an den Gewaltakten scheint kaum jemand beteiligt zu sein. «Es sind drei Prozent der Bevölkerung, anderthalb Prozent auf jeder Seite, die es nicht lassen können», sagte der Sergeant. Die Behörden erklären immer, dass es in Wahrheit nur ein paar hundert protestantische und katholische Gewalttäter gibt. Allerdings schaffen es diese paar Leute irgendwie, 10 000 reguläre Soldaten, 6500 Angehörige des Ulster Defence Regiments, 8000 Polizeibeamte und 4500 Angehörige der Polizeireserve ständig auf Trab zu halten. «Wir haben es hier mit cleveren Burschen zu tun», meinte der Sergeant. Die Behörden sagen auch, dass es im Grunde nur Gangster seien. «Gehen Sie mal in eine republikanische Bar», sagte der Sergeant, «und Sie werden protestantische Killer dort sehen. Die teilen sich das Gebiet untereinander auf. Schauen Sie sich mal bei einem dieser Kerle zu Hause um, da stehen drei oder vier Farbfernseher – ich habe nur einen. Man versinkt in tiefen Teppichen. Dort drüben die Hausbar. Drei- oder Vierzimmervillen mit schönem Blick.» Er seufzte. «Es sind die Kleinen, die zahlen. Das Risiko fällt immer auf die Kleinen. Die zahlen ...»

«Mit ihrem Leben», hätte ich fast gesagt.

«... höhere Autoversicherung», sagte der Sergeant. Offenbar stehlen die Paras bei ihren «Aktionen» jede Menge Autos.

Wir stiegen aus, um in einem protestantischen Viertel unweit der Friedensmauer eine Zigarette zu rauchen. Ringsum kleine, blitzsaubere Häuser mit einem ordentlichen, gestutzten, handtuchgroßen Rasen und Keramiktieren in den Ringelblumenbeeten. «In den Loyalistenvierteln werden wir gewöhnlich nicht angegriffen», sagte der Sergeant, «meist werden wir zum Tee eingeladen.» Aber der erste Polizist, der in der jüngeren Runde des Nordirlandkonflikts umkam, wurde 1969 in der Shankill Road, eine Straße weiter, erschossen.

«Ich bitte Sie», sagte ich zu dem Sergeanten, «es muss doch mehr dahinter sein als organisiertes Verbrechen – oder eine Debatte über die Regierungsform oder verletzte Gefühle in Erinnerung an das, was König Billy vor vierhundert Jahren getan hat.»

«Oh», sagte der Sergeant, «arme Leute kann man immer für eine Sache begeistern. Man liest ja dauernd in Gedichten und Theaterstücken und in Büchern darüber, ich selbst bin sogar fast davon überzeugt.»

«Ist für Sie denn kein Ende abzusehen?»

Er guckte mich fragend an. «Das Ausmaß an Gewalt ist akzeptabel», sagte er.

II

Ich glaubte, etwas Neues und Kühnes zu tun, wenn ich die Wahrheit über Russland sage; bisher hat die Furcht und der Eigennutz übertriebene Lobeserhebungen, der Hass Verleumdungen hervorgerufen; ich fürchte weder die eine noch die andere Klippe.

Die Russen freilich werden nicht zufrieden sein; ist es die Eigenliebe jemals? Dennoch hat auf niemanden die Größe ihrer Nation und ihre politische Wichtigkeit einen tiefern Eindruck gemacht als auf mich. Das hohe Geschick dieses Volkes, das zuletzt auf der alten Weltbühne erschienen ist, hat meine Gedanken beschäftiget, so lange ich in Russland war. Die Russen im Ganzen kamen mir groß vor, selbst in ihren widerlichsten Lastern; im Einzelnen erschienen sie mir liebenswürdig, und das Volk besitzt gewiss einen interessanten Charakter. Diese schmeichelhaften Wahrheiten sollten minder angenehmen wohl das Gleichgewicht halten. Leider sind die Russen bisher von den meisten Reisenden wie verhätschelte Kinder behandelt worden.

Wenn die Disharmonie, welche ich in ihren gegenwärtigen Zuständen fand, wenn der Geist ihrer Regierung, der meinen Ideen und Gewohnheiten wesentlich widerstrebt, mir

Tadel, gleich einem Schrei des Unwillens, entriss, so wird mein eben so unwillkürliches Lob nur umso mehr Wert haben. Aber diese Orientalen werden nur noch für den Tadel empfänglich sein, da sie gewohnt sind, die stärksten Lobpreisungen in das Gesicht zu sagen und sich selbst sagen zu lassen und stets Glauben verlangen, wenn sie sich unter einander loben. Jede Missbilligung halten sie für einen Verrat; jede harte Wahrheit nennen sie eine Lüge, und sie werden deshalb schwerlich erkennen, welche zarte Bewunderung unter meinem scheinbaren Tadel und welches Mitgefühl, in gewisser Hinsicht, unter meinen strengsten Bemerkungen liegt.

ASTOLPHE DE CUSTINE

LIAM O'FLAHERTY

Der Leichnam des Zarismus oder Lügen über Russland

Leningrad 1931

Das öde und verfallene Aussehen von Kronstadt hätte mich auf die größeren Schrecken von Leningrad vorbereiten sollen. Aber in der Zwischenzeit, während der Vorbeifahrt an Kronstadt, hatte das alte irische Sprichwort, dass nämlich fremde Kühe lange Hörner haben, Macht über mich gewonnen und eine Täuschung über den Wohlstand jener Stadt bewirkt. In der Entfernung wirkte sie wie eine richtige Großstadt, etwa wie Liverpool, eine große, niedrig gehaltene Masse rauchender Schlote, großer Häfen und Schiffswerften, die von Leben wimmelten. Als ich aber näher kam, schwand diese Täuschung von Wohlstand; die Häfen, Werften und die großen Uferstrecken, auf denen riesige Holzhaufen zur Ausfuhr lagerten, zeigten keine besonderen Spuren menschlicher Tätigkeit. Kaum ein Hammerschlag erklang. Die Männer, die ich hie und da erblickte, schienen mehr damit beschäftigt, sich warm zu halten, indem sie die Arme ineinander schlugen, als zu arbeiten. War gerade ihre Essenszeit oder Ruhepause, oder hielten sie eine Generalversammlung ihres Sowjets ab, oder grübelten sie bloß über die materialistische Geschichtsauffassung?

Aber ich kann eine andere Erklärung für ihre Untätigkeit geben. Das Wetter war so kalt und trübe, dass es empfindlichen Leuten wie diesen Russen schwer oder sogar unmöglich war zu arbeiten. Tatsächlich klärte mich mein erster Blick auf das russische Festland zum großen Teil über die Ursache der russischen Melancholie auf und jener sonderbaren Ausbrüche anscheinend sinnloser Aktivität, die die russische Geschichte kennzeichnet. Das Land sah so riesengroß und unwirtlich aus, so bar aller köstlichen Stimmungen der Natur, dass die armen Menschen, die unter solchen Bedingungen zur Arbeit verdammt sind, sich gezwungenermaßen an den köstlichen Exzessen des Irrsinns erholen müssen. Im Ganzen genommen war die Landschaft von Horizont zu Horizont ohne jede Schönheit. Sie besaß die Großartigkeit der Unendlichkeit. Aber die Unendlichkeit hat eine seltsame und nihilistische Wirkung auf den menschlichen Geist. Indem er sie betrachtet und um sich fühlt, verfällt der Menschengeist in Träume. Er saugt sich voll mit mystischen Ideen und weitschweifenden Philosophien über das Weltall und seine eigene Beziehung dazu. Aber was kann der Mensch mit der Unendlichkeit anfangen? Sobald er versucht, sie zu bewegen oder sie nach einer der Weltanschauungen zu formen, die der Mensch in seiner rastlosen Energie geschaffen hat, um seinem Genius zu genügen, so wird er sich seiner Hilflosigkeit bewusst, wenn er sich einer so ungeheuren Masse der Materie gegenübersieht. So zuckt er denn die Achseln, vergisst, sich zu waschen, und wird melancholisch. Später wird er dann bösartig und findet Freude am Zerstören, um sich an der Unendlichkeit zu rächen.

Meiner Meinung nach ist die Unendlichkeit auch schuld an der russischen Verehrung der Masse; denn die Masse ist das menschliche Gegengewicht zu der Unendlichkeit der Natur. Der Russe arbeitet gern in Massen und denkt gern in Massen, in Verfolgung dieser Neigung hat er die Massenhandlung und das Massenbewusstsein entdeckt.

Als wir den Strom hinauffuhren, bemerkte ich eine Anzahl Schiffe, meist ausländische, die an den Kais festgemacht waren. Dort herrschte die gleiche Untätigkeit, der gleiche Zustand von Apathie, hervorgerufen offenbar durch die herrschende Überzeugung, dass die rauen Launen der Witterung und die Unendlichkeit der umliegenden Landschaft die gewöhnliche Arbeit unmöglich machten. Warum sollte man ein Schiff löschen, um Materie nach Russland hereinzubringen, wo es schon so unendlich viel Materie in Russland gab? Warum sollte man ein Schiff mit russischer Materie zum Export beladen, wo es so viel Materie in Russland gab, dass es ganz unmöglich war, sie jemals loszuwerden? Es war klar (den herumlungernden Russen auf den Kais war es klar), dass man notwendigerweise erst riesengroße Menschenmassen organisieren müsste, den Massen der Materie entsprechend, ehe man das kleinste bisschen davon anrühren konnte. Tat man das nicht, so sündigte man gegen die Theorie der Massenhandlung. Die ganze Gewalt der verfügbaren Menschenmassen musste zuerst regelrecht organisiert und für die Massenhandlung bereitgestellt werden, ehe ein einzelnes Individuum seinen Schafspelz ausziehen konnte.

Während sie auf diese Massenaktion der organisierten Millionen warteten, waren die Bevölkerungsschichten, die an Bord der russischen Schiffe als Besatzung, und jene, die auf den Kais als zukünftige Hafenarbeiter warteten, außerordentlich vergnügt in der festen Überzeugung, die vereinten Massen würden eines Tages in Tätigkeit ausbrechen und die gesamte Materie in Russland in Bewegung bringen und zur Hölle oder nach Europa befördern. In Massen auf ihren Decks und Kais stehend, brachten sie uns einen Massenwillkommensgruß dar. Sie schwenkten Tücher, Schafspelze und Metallstücke, die ihnen gerade zur Hand waren. Sie stießen

Rufe aus, die ich für revolutionäre Schlagworte hielt. Es war sehr eindrucksvoll und revolutionär.

Der Pier, an dem unser Schiff festgemacht wurde, war verlassen. Ich war etwas enttäuscht, weil keine Schar von Schauerleuten mit Haken im Gürtel bereitstand, an Bord zu stürmen. Es waren auch keine Krane da, bereit, mit ihren ungeheuren Zähnen die Zinkmassen für den Fünfjahresplan aus dem Bauch unsres Schiffes zu heben. In Wirklichkeit erblickte ich nichts auf dem Pier als einen einsamen Soldaten. Bei näherer Betrachtung indessen erwies sich dieser Soldat interessanter als die denkbar größte Masse.

Er stand am äußersten Ende des Piers und sah sehr traurig aus, weil die militärischen Dienstvorschriften ihn von der Masse seiner Genossen abtrennten. Obwohl ich ihn volle zwanzig Minuten lang beobachtete, regte der arme Kerl während dieser ganzen Zeit keinen Muskel. Das Gewehr lag ihm in den verschränkten Armen, als wäre es ein Baby, als hätte es irgendein flüchtender Familienvater ihm zu halten gegeben und sich dann davongemacht; und nun stand der Kerl da und wusste nicht, wie er es loswerden sollte, ohne sich in Ungelegenheit zu bringen. Aus dem trübseligen Anblick seiner Haltung und dem verkommenen Zustand seiner Kleidung ging zur Genüge hervor, dass der Besitz seines Gewehrs ihm keinerlei militärischen Stolz einflößte. Er trug eine gestrickte Mütze mit Ohrenklappen und Kinnband; als Kokarde an der Stirn trug er die Sowjetzeichen. Sein Mantel war mindestens um sechs Nummern zu groß für ihn. Ein Feind hätte ihn mit den überflüssigen Ärmelenden leicht binden können, denn sie fielen mindestens eine Elle über seine ausgestreckten Finger herab. Der Saum seines Mantels berührte den Boden, das erweckte den Eindruck, als hätte er um sich ein Zelt gebaut und steckte den Kopf durchs Dach wie ein Periskop.

Der Umstand, dass er sein Zelt auf dem äußersten Ende des Piers aufgeschlagen hatte, am Rande des ungeheuren Russland, und dass er düster aufs Meer hinausblickte, rief in mir die Vorstellung wach, sein Mantel wäre kein Zelt, sondern ein Luftballon, und bei günstigem Wind würde er augenblicklich, sein Gewehr liebevoll im Arm, aufschweben zur Eroberung Europas, ohne erst auf die Masse seiner Kameraden zu warten. Denn er sah tatsächlich aus, als hätte er das riesengroße Russland gründlich satt.

Indes ich beobachtete, überlegte ich den möglichen militärischen Nutzen dieses Geschöpfes. Ich konnte keinen entdecken. Sein Mantel machte ihm jede Bewegung praktisch unmöglich. Der völlige Stumpfsinn, der sich in seiner Haltung kundgab, machte es mir unmöglich, zu glauben, dass er im Fall eines Angriffs seine Waffe zu gebrauchen wüsste. Ja, hätte jemand versucht, mir einzureden, der Mann wäre ein komisches Denkmal, in dem neuen, grotesken Stil der Sowjetbildhauerei, geschaffen als Satire auf *stehende* Heere, so würde ich das ohne weiteres geglaubt haben.

Meinen Koffer und meine Schreibmaschine in der Hand, landete ich, begleitet vom Doktor, auf dem Pier und machte mich zu Fuß auf den Weg in die Stadt. Der Doktor hatte mich eingeladen, seine Familie zu begrüßen, ehe ich in ein Hotel ginge.

Die Hafenanlagen waren riesig. Menschliche Wesen waren kaum irgendwo zu erblicken, aber wir mussten weite Umwege machen um lange Eisenbahnzüge herum, die allenthalben herumstanden, bereit, Materialmassen irgendwann irgendwohin zu befördern. Gott allein weiß, wann und wohin. Wie ich über diesen riesigen und leeren Platz wanderte, über einen Grund, der uneben und aufgerissen war wie die Schlachtfelder Frankreichs während des Weltkriegs, da bemächtigte sich meiner eine schreckliche Melancholie, eine Melancholie, wie ich sie nicht empfunden habe, seit ich Dostojewskis *Totenhaus* gelesen hatte. Aber die Begeisterung des Doktors schützte ihn vor jeder Form von Melancholie. Er schwenkte die Pakete, in denen er seine Landrationen trug, und rief:

«Sehr groß! Gewaltig! Gigantisch!»

«Das stimmt, aber was wollen Sie damit anfangen?»

«Wieso?»

«Gigantisch ist es sicherlich, aber niemand scheint zu arbeiten.»

«Ja?»

Er blieb ein paar Augenblicke stehen, sah sich um, schüttelte den Kopf, runzelte die Stirn und lächelte dann in seiner ekstatischen Weise, wie immer, wenn er den Fortschritt der Sowjetunion mit besonderer Berücksichtigung des Fünfjahresplanes überdachte. Dann sagte er:

«Gegenwärtig die Situation ist diese: Die Tätigkeit sie ist noch unterirdisch. Mit Beendigung von Fünfjahresplan sie wird werden oberirdisch. Gehen wir.»

Ein Stück weiter machten wir halt, um uns auszuruhen. Der Doktor verbreitete sich über seine Idee von der unterirdischen und oberirdischen Tätigkeit in Hinblick auf den Hafen:

«In bürgerlichen Ländern die Situation ist diese: Sehr viel Aktivität in den Häfen; führt aber nicht zu positiven sozialen Ergebnissen. Stattdessen sehr viel negative Ergebnisse. Kartoffeln zum Beispiel werden von Frankreich gebracht nach England, dann gleiche Kartoffeln werden verschifft von England nach Argentinien und dann nach Kapstadt und dann zurück nach Marseille, wo Franzosen sie tun in ihre Suppe. Hier ist nicht solche Aktivität mit Kartoffeln und andere Güter. Hier nur solche Güterbewegung, wie sozial notwendig ist. So, statt zu machen sozial unnötige Bewegung mit Güter, die sind sozial nötig, wir uns konzentrieren jetzt auf Fünfjahresplan, und später wir werden exportieren große Warenmenge mit Hilfe von diese Hafen.»

«Aber sagen Sie mir doch bitte als besondere Freundlichkeit: Was *ist* der Fünfjahresplan?»

«Er ist Industrialisierung von Sowjetunion.»

Ich hatte den Gedanken, vorzuschlagen, die Hafenarbeiter könnten, während sie darauf warteten, die Gütermassen zu verfrachten, die der Fünfjahresplan hervorbringen sollte, sich inzwischen damit amüsieren, die Häfen zu reparieren, aber ich hielt mich zurück, weil der Vorschlag vielleicht unzart gewesen wäre.

Nachdem wir eine zweite Zolluntersuchung an den Hafentoren durchgemacht hatten, drangen wir in die Stadt ein. Da verfiel ich in eine wirklich fieberhafte Erregung. Wir alle haben Berichte gelesen von dem Mob, der nach der Französischen Revolution in den Straßen von Paris sich drängte, mit roten Kappen und ohne Hosen (oder zum mindesten mit ungenügenden Hosen), aber es ist unmöglich, sich die Röte dieses Mobs vorzustellen, ohne einen ähnlichen Mob in Russland in der vollen Blüte von roten Kappen und Hosenlosigkeit gesehen zu haben. Als ich die revolutionären Scharen von Männern, Frauen und Kindern erblickte, die sich aufgeregt auf den Straßen hinter dem riesigen Platz auf und ab bewegten, der die Hafentore umgab, da geriet ich beinahe in Ekstase.

Der dramatische Instinkt des russischen Volkes hatte einen schlagenden Gegensatz zu der aufgeregten Volksmenge geschaffen, um ihre revolutionäre Erregtheit noch stärker zu betonen. Denn eine große Reihe von schlafenden

Droschkenpferden und schlafenden Droschkenkutschern hielt zwischen mir und der Menge, Überbleibsel der vorrevolutionären Herrschaft, verschlafen und verkommen, im Gegensatz zu der glühenden Begeisterung der Geschöpfe der neuen Zeit.

Im ersten Augenblick bemerkte ich die Droschkenkutscher nicht. Ich wollte die rotkäppigen Frauen umarmen und ihnen danken für ihre Höflichkeit, weil sie dreizehn Jahre nach Ausbruch der Revolution noch immer die äußeren Abzeichen der Revolution trugen, wahrscheinlich mir zu Gefallen. Dann, als die erste Glut meiner Begeisterung sich gelegt hatte, gewahrte ich die Droschkenkutscher.

Erstaunlich! Das waren nun die berühmten Ist…v…tsch…ki (vollkommen unmöglich, sie zu buchstabieren), die in den Büchern, die Ausländer über Russland schreiben, eine so große Rolle spielen. Ihre Droschken ähnelten entfernt den Stuhlwagen des 18. Jahrhunderts. Sie waren unglaublich dreckig und alt. Das Geschirr war von grober Arbeit, das merkwürdigste Stück daran war das riesige Joch, das sich über dem Kopf des Pferdes türmte. Die Gäule waren ebenso; unansehnliche struppige Mähren, nahe am Umfallen. Die Kutscher waren seltsamer als irgendetwas, was das phantasiebegabteste Kind sich träumen könnte, in einem zoologischen Garten zu sehen, oder als irgendeine Merkwürdigkeit, die der weit gereiste Onkel Johann in Bangkok gesehen zu haben behauptet. Die Gäule wie die Kutscher befanden sich in jenem Zustand, der weder Wachen noch Schlafen ist, sondern eine Art müßiger Trance, aus dem ein plötzlicher Anruf oder ein Flohbiss sie mit Peitschenknallen, Aufbäumen, Wiehern und Fluchen in wilden Galopp hätte setzen können.

«Hurra!», rief ich dem Doktor zu. «Das ist wunderbar. Diese Szene würde ein amerikanischer Filmfabrikant sofort, wie sie geht und steht, für sein Studio kaufen. Ich weigere mich, mich von hier fortzurühren, es sei denn in einer von diesen Droschken.»

Aber der Mann war unmöglich, er sagte:

«Bitte verstehen Sie: die Situation ist diese: Diese Droschken sind Überreste von Zarismus. Es ist unsere proletarische Pflicht, sie zu liquidieren. Wir werden verwenden stattdessen moderne Taxi. Diese Kutscher sie sind alle konterrevolutionär. Sie sind Säufer, sie nicht haben Moral. Sie fordern eine sehr hohe Preis. Es ist unmöglich für eine Anhänger von Sowjetunion, ihnen zu helfen, indem er sich von ihnen lässt fahren an seinen Bestimmungsort. Wir werden fahren mit Trambahn, die ist ein wissenschaftliches Beförderungsmittel und wird allgemein benutzt von Proletariat.»

Darauf nötigte er mich weiter, und ich folgte ihm, halb betäubt und nach Atem ringend. Trotz der Menschenmassen herrschte überall eine Atmosphäre äußersten Elends. Die Häuser, die Straßen, die Gefährte, die ab und zu vorbeikamen, die Menschen, alle hatten sie den gleichen Anstrich von Armut, Hunger und Verkommenheit. Ich sah mich um und schnüffelte, weil ich mir einbildete, es müssten verwesende Leichen auf den Straßen liegen.

Ich lauschte und meinte, ich müsste sicher Geisterstimmen klagen hören. Tod, Tod, Tod! Oder ein Zustand zwischen Leben und Tod, wie wenn ein verstümmeltes Tier mit traurigen Augen auf die Erlösung von seiner Qual wartet.

Welches Schweigen! Niemand lächelte. Keiner lachte oder rief oder machte eine heitere Gebärde. Jedes Gesicht trug einen verkniffenen Ausdruck, verursacht durch Furcht, Hunger und nervöse Erschöpfung. Es war aufregend und doch herzbedrückend und erzeugte ein Verlangen nach sofortiger Flucht. Jetzt verstand ich, weshalb der melancholische Soldat, in seinen Mantel eingewickelt, wie in einem Zelt dastand, am Rande Russlands, bereit, nach Europa zu fliegen. Jetzt verstand ich, weshalb diese russischen Horden sich zur Eroberung Europas zusammendrängten: um der Trostlosigkeit ihres eigenen Landes zu entrinnen. Unter dem Druck des Lebens in dieser Stadt fühlte ich, ich würde verrückt werden, als ich diesen Leichnam einer Stadt betrachtete, die einst schön gewesen war.

«Nun, gefällt Ihnen?», fragte der Doktor mit begeisterter, aber etwas nervöser Stimme.

«Ich glaube, es ist der wundervollste Anblick, den ich je gehabt habe», antwortete ich mit jesuitischer Geschmeidigkeit.

Unsere Trambahn kam. Wir stürzten uns vom Bürgersteig auf den Fahrdamm mit der Absicht, an Bord zu gelangen. Unglücklicherweise stürzte sich der größere Teil einer Volksmenge gleichzeitig mit uns auf den Fahrdamm. Ich fand mich eingequetscht in eine stinkende Menschenmenge. Alle versuchten gleichzeitig die Trambahn zu erklimmen und schrien etwas, was wahrscheinlich Flüche waren. Einige gelangten an Bord, indem sie sich platt auf die Plattform warfen, von der aus ihre Freunde sie hineinzogen, oder von ihren Rivalen in das Innere des Fahrzeuges hineingestoßen wurden. Aber die Hauptmasse blieb an der Tür hängen, als die Tram, bis zum Bersten voll, ihre Fahrt fortsetzte. Vollkommen erschöpft und den Mantel bis zum Hals heraufgekrempelt, kehrte ich auf den Bürgersteig zurück. Noch einmal schlug ich dem Doktor vor, eine Droschke zu nehmen. Aber er blieb unerbittlich. Eine neue Trambahn kam daher, diesmal kamen der Doktor und ich gut vor den andern vom Start weg und erreichten die Tür der Tram glücklich mit der Spitzengruppe. Dann gelang es uns, mit Anwendung aller Kraft, an Bord zu klimmen, gerade als der Schaffner die weniger Glücklichen hinunterstieß. Der Wagen fuhr weiter. Ich seufzte erleichtert und bereitete mich vor, zu bleiben, wo ich war, bis ich wieder zu Atem gekommen wäre. Aber solche Frist war mir nicht vergönnt. Eine gewalttätige Bürgerin mit einer roten Kappe und einer Uniform, die der einer Londoner Polizistin ähnelte, verlangte barsch unser Fahrgeld. Ich besaß kein russisches Geld. Der Doktor musste akrobatische Kunststücke mit seinem Körper vollführen, um an seine Tasche zu gelangen, Kunststücke, wie Artisten sie vollführen, wenn sie zusammengekrümmt durch ein Fass springen oder den Kopf, einen Arm und ein Bein durch einen Reifen zwängen. Während er das tat, empfing er mehrere Kinnhaken und Rippenstöße von andern, die ähnliche Tricks vollführten.

«Das nennt er nun wissenschaftliche Beförderung», dachte ich boshaft.

Da bekam ich selbst eine gerade Linke ans Kinn, und als ich mich umwandte, um zurückzuschlagen, fiel ein ungeheures Frauenzimmer platt auf mich herauf, sodass ich fast zerquetscht wurde und jede Absicht der Selbstverteidigung aufgeben musste. Während ich so dalag, hielt die Trambahn an. Ein neuer Mob stürmte zum Angriff auf sie los mit dem Ziel, etwas wissenschaftliche Beförderung auf ihr zu bekommen.

«Stehen Sie doch auf», rief der Doktor.

Hätte ich noch etwas Atem gehabt, dann würde ich ihm gesagt haben, was ich von seiner wissenschaftlichen Beförderung hielt, von dem Fünfjahresplan und seinem ganzen verdammten Land. Aber ich war ja erdrückt von der Riesenmasse russischer Weiblichkeit, die schwer auf mir lag, und ich konnte nicht sprechen.

Alles ist organisiert in Russland, mit Ausnahme des gesunden Menschenverstandes. Die Verkehrsordnung auf den

Sowjettrambahnen ist so, dass die Passagiere den Wagen am Ende, wo der Schaffner ist, besteigen und beim Wagenführer aussteigen müssen. In der Theorie spart das Zeit, in der Praxis ist es Zeitverschwendung und legt außerdem den Fahrgästen unter den gegenwärtigen Verhältnissen scheußliche Martern auf. Da die Trambahnen überfüllt sind, werden die Gänge versperrt, und viele Fahrgäste sind gezwungen, Meilen über ihr Ziel hinauszufahren, einfach weil sie nicht aussteigen können. Ein Fahrgast muss im Allgemeinen, kaum, dass er eingestiegen ist, sozusagen anfangen auszusteigen, indem er sich durch die zusammengepressten Menschen im Wagen hindurchzwängt.

Der Doktor und ich fangen an, uns unseren Weg zu bahnen. Die vor uns Stehenden, die nun mal im Wagen waren und noch lange nicht aussteigen wollten, wollten keinen Platz machen. Sie hätten sich aber auch, selbst wenn sie wollten, nicht rühren können. Trotzdem mussten wir vorwärts, denn eine Menschenmenge presste uns von hinten.

«Praestiti», rief der Doktor.

Er hätte genauso gut um ein Glas Bier bitten können, so wenig Aussicht hatte er, Platz zum Durchgehen zu bekommen. Die Hälfte der Fahrgäste brüllte «Praestiti», und die andere Hälfte brüllte den Brüllern zu, nicht zu brüllen.

Trotz alledem kamen wir voran, bis wir die Wagenmitte erreichten. Dort wurden wir in einen Seitenstrom abgedrängt. Ich war jetzt schon so erschöpft, dass ich mich auf drei Jahre der französischen Fremdenlegion verschrieben hätte, unter der Bedingung, sofort aus diesem höllischen Ort befreit zu werden. Aber der Doktor hatte kein Atom von seiner revolutionären Begeisterung eingebüßt.

«Die Situation ist diese», begann er.

Ich verlor endlich die Geduld, unterbrach ihn und schrie:

«Jawohl. Die Situation ist diese, und das ist eine ganz infame Situation.»

«Es ist eine Transportkrise», schrie er zurück, weil er entweder wegen des allgemeinen Tumults nicht verstanden hatte, was ich sagte, oder weil es ihm gleichgültig war. «Diese Krise sie zeigt sich in alle große Städte von Sowjetunion. In Leningrad sie ist besonders schlimm. Nun, Leningrad ist große Industriestadt, jetzt viel mehr Fabriken als vor Revolution. Um Mittagszeit und Arbeitsschluss natürlich große Andrang auf Transportmittel.»

«Warum organisiert man nicht den Andrang?», brüllte ich.

«Ich verstehen nicht, Andrangsorganisation?», schrie er zurück. «Was bedeutet das?»

«Warum lässt man nicht die Leute nach der Anzahl der Plätze herein, damit die Trambahnen nicht überfüllt werden?»

«Nicht genug Trambahnen», brüllte er.

«Macht mehr», schrie ich wütend.

«Keine Zeit», johlte er.

«Quatsch!», kreischte ich. «Zeit wird hier kilometerweise verschwendet.»

«Kein Material», gellte er zurück.

«Dann solltet ihr euch lieber bankerott erklären», flüsterte ich, denn meine Stimme war gebrochen.

Auch er war erschöpft, und so verhielten wir uns schweigend bis ans Ende unserer Trambahnreise. Auf irgendeine unerklärliche Weise brachten wir es fertig auszusteigen, bloß zwei Stationen weiter, als wir gewollt hatten. Ich krabbelte zum Bürgersteig hinüber und vergoss beinah Tränen vor Erschöpfung und Erbitterung. So fühlt sich ein Rugbyspieler, wenn er bei einem Sturm zu Boden gegangen ist und dann hinauskraucht, den Körper zerquetscht, als wäre eine Rinderherde über ihn hinweggetrampelt.

«Wo sind wir jetzt?», fragte ich atemringend.

«Diese Straße hieß früher Newskij-Prospekt.»

«Erstaunlich», rief ich und blickte die prächtige Hauptstraße hinauf und hinunter. «Er ist kaum zu erkennen nach dem *Mantel.*»

«Welcher Mantel?»

«Von Gogol.»

«Oh! Sie meinen *XcVzPl?*»

Er nannte den Namen der Erzählung auf Russisch.

«Ja, in der Literatur sah er so prächtig aus. In Wirklichkeit, muss ich Ihnen sagen, sieht er grau und unromantisch aus.»

«Aber jetzt, Sie müssen wissen, er ist verändert. Er heißt Oktoberstraße.»

Ich sagte nichts weiter. Aber wie ich ihn betrachtete, dachte ich, es würde freundlicher gewesen sein, seinen Namen in Dezemberstraße umzuändern, nach jenem toten Monat, der nach dem Grabe riecht. In seiner Blütezeit musste der Prospekt prachtvoll gewesen sein. Selbst heute noch, im Verfall, erregen die Kirchen mit ihren Kuppeln, die hier und da seine Länge unterbrechen, die Einbildungskraft. In seiner Breite, mit seinen prächtigen Läden, die mit allem Luxus der Welt angefüllt waren, war der Newskij-Prospekt ein passender Paradegrund für all die Großartigkeit des Zarentums, jener sinnlichsten und üppigsten aller Aristokratien.

Obwohl die Hauptstraße eine Meile weit zu übersehen war, erblickte ich kein einziges Auto. Ein Kind hätte in Sicherheit mitten auf der Straße spielen können. Ein Blinder hätte sich ohne Stock hinübertasten können. Wie trostlos! Es war mir schmerzlich, mich daran zu erinnern, dass diese große Straße den Mittelpunkt meiner Vorstellung gebildet hatte, wenn ich mir ein Bild formte von dem Leben, wie es in der russischen Literatur dargestellt ist, als Umgebung für die glänzenden Persönlichkeiten Tolstois, als Gegensatz zu den verhungerten Idioten Dostojewskis. Und jetzt war das nur ein leerer Fahrdamm voller Löcher, begrenzt von Bürgersteigen, die zerfielen, und eingefasst von Häusern, die wie die schlimmsten Elendsquartiere aussahen.

«Diese Straße jetzt ist nicht interessant», sagte der Doktor. «Interessanter von soziale Gesichtspunkt aus sind die neuen Arbeiterviertel, wo die neue sozialistische Leben wird aufgebaut. Früher diese Straße war interessant, weil die bürgerliche Nichtstuer sich hier amüsierten und befriedigten ihre Gelüste. Jetzt es gibt keine Bourgeoisie mehr. Diese Straße sie ist tot. Früher in den Arbeitervierteln es gab nichts wie Dunkelheit und Verzweiflung. Jetzt es herrscht dort Leben und positive soziale Aktivität. Die Situation ist diese, wie ich sage.»

Dann fügte er hinzu:

«Es ist wie bei eine Uhr: die Pendel schwingt.»

«Ganz recht. Rom wird heute von Italienern bewohnt. Alexandria gleicht einigermaßen einem Dunghaufen. Karthago ist nicht mehr. Forscher graben nach den großen Städten der Azteken.»

«Bitte erklären Sie mir das», sagte er unbehaglich.

«Ich meine, dass Gibbon die Wahrheit redete, als er sagte, dass alle Dinge, die einen Anfang in sich tragen, auch die Elemente des Verfalls bergen.»

«Wer ist Gibbon?»

«Ein berühmter englischer Geschichtsschreiber.»

«Er ist eine Bourgeois», sagte der Doktor kurz. «Hier ist nicht Verfall, sondern Wachstum.»

«Es sieht mir mehr wie das Wachstum eines Krebses aus, was diese Straße anbetrifft.»

«Sie verstehen nicht. Die Situation ist diese: In New York,

wenn sie wollen bauen Wolkenkratzer, dann sie nicht nur reißen alte Häuser nieder, sondern sie schachten aus sehr tief für die Fundamente von neue, sehr hohe Häuser. Genau so hier, es war nicht nur nötig, Zar zu stürzen, sondern auch wegzufegen alle Zeichen von Zarenleben. Dann erst Sozialismus aufbauen.»

«Dann geben Sie also zu, dass Leningrad verfällt.»

«Nein. Es wird nicht werden wie früher, Vergnügungsstadt wie Paris, sondern große Industriestadt wie Manchester.»

«Ich zweifle daran. Man kann einen Leichnam nicht wiederbeleben. Diese Stadt ist der Leichnam des Zarismus. Selbst als Museum wäre sie nicht von genügender Weltwichtigkeit, um erhalten zu bleiben. Schließlich war das Zarentum keine Zivilisation. Es war nur ein zeitweiliger Versuch, von hier aus zu regieren, unternommen von einem erwachenden Nationalbewusstsein.»

«Ja? Ausländer sie betrachten unsre Union in dieser Weise. Sie sehen eine Minute, und dann sie urteilen. Vielleicht es wäre besser, zuerst ganze Stadt zu sehen und dann zu urteilen.»

«Lächerlich. Man braucht kein Jahr, um das Gebiss eines Pferdes zu untersuchen. Ich bin kein Volkswirt, kein Soziologe, kein Politiker. Es nutzt nichts, mir eine Stadt in allen Einzelheiten zu zeigen und mir Zahlen und Tatsachen zu nennen. Ich könnte nichts daraus sehen oder lernen. Ich kenne nur Intuition. Ich spüre das Wesen. Ich betrachte nicht Oberflächen. Ich erfasse das Ganze, auf meine eigne Art, für meine eignen Zwecke, ohne die Zusammensetzung der einzelnen Teile zu kennen. Euer Schiff, Kronstadt, die Übungen der Sowjetflotte, der Hafen, diese Straße erzählen mir genauso gut, dass diese Stadt Leningrad zum Untergang bestimmt ist, wie die Geschichte Russlands von der Zeit an, wo diese Stadt gebaut wurde, auf Grund und Boden, den man den Schweden abgenommen hatte, durch den Krieg mit Japan hindurch, der das Misslingen Russlands bedeutete, sich durch den Stillen Ozean hindurch auszudehnen; durch den Weltkrieg hindurch, der das Misslingen Russlands bedeutete, sich an der Ostsee entlang nach Europa hinein auszudehnen; und weiter bis zur Revolution, in der Russland sich nach Moskau zurückzog, um einen neuen Plan zur Ausdehnung zu schmieden. Warum sollte ich also nach den Häusern sehen, um mich der Wahrheit einer Überzeugung zu versichern, die ich schon hatte, als ich die Heimat verließ? Es würde sogar gefährlich für mich sein, das zu tun. Es könnte mir zeigen, dass ich mich irre. Schrecklicher Gedanke, denn ich irre mich nie. Russland geht nicht diesen Weg. Leningrad war nur ein Beobachtungsposten, ein …»

«Sie sind verrückt. Oder Sie scherzen vielleicht? Wie?»

«Nicht eigentlich. Ich wollte Ihnen nur ein Beispiel geben von dem, was ein Schurke schreiben könnte, der ein Buch verfassen wollte, sagen wir mit dem Titel *Lügen über Russland.*»

TIMOTHY FINDLEY

Eine unvergessliche Reise nach Russland

Moskau 1955

Die Reise, von der ich erzählen werde, fand zu einer Zeit statt, als ich noch Schauspieler war und in England lebte. Das war im November 1955. Ich war fünfundzwanzig Jahre alt.

Peter Brooks große *Hamlet*-Inszenierung mit Paul Scofield in der Titelrolle war in die Sowjetunion eingeladen worden, wo wir in Moskau als erste englischsprachige Schauspieltruppe seit der Revolution auftreten würden. Mir war der Osric zugefallen, jene verrückte Nebenrolle, um derentwillen junge Schauspieler Morde begehen – wenngleich sich in diesem Fall glücklicherweise keine Leichen angehäuft hatten.

Nachdem wir in London geprobt hatten, spielten wir in Brighton und Oxford, bevor es auf die historische Reise ging. Wir alle, einschließlich Scofield – normalerweise die Ruhe in Person –, waren furchtbar aufgeregt. Die Aussicht, bald an einem epochemachenden Bühnenereignis mitzuwirken, überwältigte uns. Immerhin war das vor dem Zeitalter von Düsenjets, und die Entfernung nach Moskau, allein in Stunden gerechnet, war immens. Der Flug inklusive Zwischenstopps in Berlin und Litauen sollte anderthalb Tage dauern.

Verstärkt wurde die Spannung natürlich durch das Klima des Kalten Krieges, in dem unsere Reise stattfand. Wir im

Westen waren eingezwängt in einer amerikanisch dominierten Außenpolitik, deren oberster Chef John Foster Dulles war, der schärfste aller kalten Krieger. Und in der Sowjetunion hing der Geist Josef Stalins, der zwei Jahre zuvor gestorben war, wie ein Nebeldunst über dem Präsidium. Hinzu kam, dass das Verhältnis zwischen Großbritannien und Russland durch die 1951 übergelaufenen britischen Diplomaten Guy Burgess und Donald Maclean noch immer belastet war. Der Zeitpunkt, zum Abgesandten einer kulturellen *détente* ernannt zu werden, war denkbar ungünstig. Es war jedoch eine überaus faszinierende Zeit.

Den ersten Teil der Reise, von London nach Berlin, legten wir an Bord einer riesigen BOAC-Maschine zurück – der Propellerversion einer 747. Wir flogen am Nachmittag los, erreichten Deutschland aber sehr viel später als erwartet, da wir über den Niederlanden in ein Unwetter gerieten, das anscheinend entschlossen war, uns nach England zurückzupusten. Die Darbietung von Donner und Blitzen hätte Steven Spielberg alle Ehre gemacht, und einmal sackte unser Flugzeug in ein dreißig Meter tiefes Luftloch. Der Sturz endete mit einem fürchterlichen Ruck, und ich erinnere mich noch heute an das Geräusch dieses Aufpralls und an das Geräusch von rüttelnden Bolzen und Schrauben. Wir alle glaubten, dass das Flugzeug auseinander gerissen würde. Da ich noch nie geflogen war, sah ich mich in diesem Moment nach den anderen Passagieren um, erfahrenen Flugreisenden zumeist, um zu beobachten, wie sie reagierten.

Das hätte ich nicht tun sollen …

Jedermann an Bord war bleich vor Angst – und es half auch nicht, als ich, fast erschrocken, zum ersten Mal das grimmige, schweigsame Gesicht des Mannes erkannte, der vier Reihen hinter mir auf der anderen Gangseite saß. Seine Anwesenheit – ich kann eigentlich nicht erklären, warum – irritierte mich irgendwie. Vielleicht lag es bloß daran, dass mich sein Anblick so überrascht hatte. Aber warum befand er sich unter uns? Was tat er an Bord unseres Flugzeugs?

Es war Graham Greene.

Niemand hatte uns gesagt, dass Graham Greene an unserer Exkursion teilnehmen würde. Immerhin flogen wir mit einer gecharterten Maschine, das heißt, er musste «einer von uns» sein. Er hatte in diesem Moment das graue Aussehen eines «blinden Passagiers», und als er merkte, wie ich ihn anstarrte, bat mich sein Gesichtsausdruck, niemandem etwas zu verraten. Es war ihm so wichtig, nicht erkannt zu werden, dass ich wegsehen musste. Ich gab mich wieder meiner Flugangst hin, doch es tröstete mich ein wenig, dass Graham Greene unser Sturz durch die Luft offenkundig ebenso erschreckt hatte wie mich. Seine Finger waren genauso kreideweiß und starr wie meine. Etwas beruhigte mich auch die vage Hoffnung, dass Gott «besonderen Leuten» vielleicht «besonderen Schutz» gibt. Die Starbesetzung von *Hamlet* und ihren soeben entdeckten Begleiter, den strahlenden Autor von *Brighton Rock* und *Die Macht und die Herrlichkeit*, würde ER gewiss nicht sterben lassen. Ob Gott sich Schlagzeilen leisten konnte?

Ich vermute, dass die meisten von uns in der nächsten Dreiviertelstunde, während unser verwundetes Flugzeug langsam dem Sturm entfloh, Schlagzeilen wie diese erfanden – GRAUENHAFTER FLUGZEUGABSTURZ – SCOFIELD, WYNYARD, CLUNES, URE, BROOK TOT. Bei meiner Version hieß es zusätzlich: MYSTERIÖS – BERÜHMTER SCHRIFTSTELLER UNTER DEN OPFERN!

Als unter uns schließlich Westberlin mit seinem hell erleuchteten Kurfürstendamm auftauchte, ging ein Freudenschrei durch die Kabine – wie von Schiffbrüchigen, die endlich Land erblicken. In Tempelhof kletterten wir aus dem Flugzeug, und einige von uns berührten mit zitternden, dankbaren Fingern den Boden und schworen, nie wieder zu fliegen. Aber vor uns lag ja noch der Flug nach Moskau, und niemand ahnte, welch ein Albtraum er sein würde.

Wir verbrachten den größten Teil der Nacht am Wannsee in einem dieser großen Hotels, die mit ihrer Mischung aus Marmor und Neon eine Art Kitsch hervorbringen, der für Berlin typisch ist. Niemand schlief. Jeder trank reichlich und wartete nervös auf den frühen Morgen. Um vier Uhr sollte der Konvoi offizieller Limousinen eintreffen, um uns im Schutz der Dunkelheit weit hinein nach Ostdeutschland zu bringen. Irgendwo in der Ferne lag der Militärflughafen, von dem aus wir in Richtung Moskau starten würden.

Ich erinnere mich noch an all die Geschmäcker und Gerüche jener Nacht – von türkischem Kaffee, Cognac und von deutschen Zigaretten und an das weiche Aroma von *Knize Ten*, die für mich Signale bevorstehender Verwicklungen geblieben sind. Wir saßen in dem großen Frühstücksraum neben dem Hotelfoyer, an kleinen Tischen unter Kübelpalmen. Und das, obwohl komfortable Zimmer mit Bad für uns reserviert worden waren. Niemand wollte schlafen, um nicht eine Sekunde des großen Abenteuers zu verpassen.

Ich guckte mich nach Graham Greene um und sah ihn mit zwei männlichen Begleitern hinter einer Palme sitzen, in ein Gespräch vertieft, das sich, soweit ich das erkennen konnte, um das Wetter drehen mochte. Andererseits vermutete ich, dass sich ihre Unterhaltung, weil es Graham Greene war, um Spionage drehte. Aufgrund der Themen einiger seiner Romane wurde seit längerem spekuliert, dass Greene in der einen oder anderen Weise für den britischen Geheimdienst arbeitete. Oder vielleicht verfolgte er gerade einen zweiten Harry Lime. Ganz bestimmt war er nicht bloß der Sehenswürdigkeiten wegen mitgekommen. Graham Greene ein Tourist …? Ausgeschlossen!

Mich beschäftigte auch, dass ich ihn, der bislang mit keiner der prominenten Figuren unserer Truppe gesprochen hatte und auch selber nicht angesprochen worden war, auf einem Hotelkorridor, in ein ernstes Gespräch mit einer unserer Komparsen vertieft, gesehen hatte. Es handelte sich dabei um eine wohlgemerkt durchaus sympathische Frau, deren Anwesenheit in der Truppe uns aufgrund ihres absoluten Mangels an schauspielerischem Talent ein wenig rätselhaft erschienen war. Dennoch hatte niemand weiter darüber nachgedacht, da es im Theater von solchen Menschen wimmelt. Diese charmante Frau spielte mit – und damit basta. Das heißt: bis ich sie mit Graham Greene im Flur unseres Berliner Hotels sah. Und als sie schließlich hinunterkam, völlig desinteressiert an Graham Greene vorbeiging und sich zu uns setzte, wurde mir schlagartig klar, dass diese Dame, wenn sie auf der Bühne auch nicht spielen konnte, im wirklichen Leben uns aber allesamt in den Schatten stellte. Was konnte sie anderes sein als eine Spionin – eine Agentin, die nach der Ankunft in Moskau irgendeinen Geheimauftrag übernehmen würde. Schließlich war sie, neben Peter Brook, das einzige Ensemblemitglied, das perfekt Russisch sprach.

Punkt vier Uhr trafen die Limousinen ein. Wir wurden in Sechser- und Achtergruppen eingeteilt, und man schärfte uns ein, unterwegs die Vorhänge nicht zu öffnen. Jeder Wagen wurde von einem uniformierten Chauffeur gefahren, und nachdem wir im Fond Platz genommen hatten, stieg vorn ein dunkel gekleideter Herr ein und rief auf Russisch: «Abfahren!» Es war alles sehr merkwürdig, aber auch sehr komisch, weil unsere Gastgeber genau das taten, was wir nach all den Kalten-Kriegs-Filmen schon erwarteten. Das Einzige, was sie nicht taten, war, uns mit «Genosse» anzureden.

Wir müssen eine ziemlich lange Zeit in den Autos gesessen haben – anderthalb Stunden vielleicht –, bevor das offizielle Schweigen gebrochen wurde. Ich habe mich oft gefragt, ob wir überhaupt eine reale Strecke gefahren sind. Oder wurden wir – um uns die Orientierung zu nehmen – immer nur im Kreis herumgefahren? Jedenfalls drehte sich irgendwann während der Fahrt die dunkel gekleidete Gestalt um und sagte auf Englisch: «Jetzt Sie müssen öffnen Vorhang.» Als wir das taten, fiel unser Blick auf eine flache, ländliche Gegend bei Sonnenaufgang, wir sahen viele deprimierende Zeugnisse des Krieges: Skelette zerbombter Häuser, nirgends ein Baum. Und obwohl es noch so früh war, liefen endlose Kolonnen von Männern und Frauen auf der Straße, die zu Fuß unterwegs zu ihrer Arbeit waren.

Angesichts dieser Landschaft mit ihrer verelendeten Bevölkerung wurde uns sehr bewusst, wie verwöhnt wir im Westen, der sich relativ rasch vom Krieg erholt hatte, gewesen waren. Hier war alles so düster und trostlos, wie es in meiner Erinnerung Ende der vierziger Jahre zu Hause gewesen war – eine Trostlosigkeit, aus der wir in den fünfziger Jahren in eine persilweiße und hochglanzpolierte Welt des Wohlstands eingetreten waren, die man heute «Eisenhower-Ära» nennt. Aber dort in Osteuropa, zehn Jahre nach dem Ende des Krieges, schienen die Menschen noch immer unter seinen Folgen zu leiden. Keiner von uns sagte während der Fahrt ein Wort.

Der Flugplatz, den wir schließlich erreichten, lag hinter einem hohen, zweifachen Drahtzaun. Soldaten, allesamt erschreckend jung und mit ebenso erschreckenden Maschinenpistolen bewaffnet, gingen auf und ab und beobachteten unser Eintreffen mit einer Mischung aus jungenhafter Neugier und altem Misstrauen. Das Gelände schien in jeder Hinsicht noch immer Kriegsgebiet zu sein, und wir wurden, wenngleich nicht offen feindselig, vorübergehend eher wie Gefangene denn als Gäste behandelt.

«Nix schauen!», rief jemand, während wir in einen Flugzeughangar eskortiert wurden. «Nix schauen und nix sprechen. Danke!»

Aber uns umschauen und sprechen – das war das Einzige, was wir alle tun wollten. Wo waren wir überhaupt? Wo gab es hier Toiletten? Und wo waren die Flugzeuge, die uns nach Moskau bringen sollten?

Für die Soldaten und Offiziere, die uns begleiteten, müssen wir ein merkwürdiger Anblick gewesen sein. Wir sahen nicht gerade «normal» aus. Schauspieler, jedenfalls in der damaligen Zeit, sahen immer wie Schauspieler aus: Sie hielten sich gerader, bewegten sich selbstbewusster, kleideten sich mit einem Sinn fürs Theatralische und präsentierten sich, statt sich zu verstecken. Hinzu kam die Tatsache, dass Diana Wynyard und Mary Ure für die Tour von den führenden britischen Modemachern eingekleidet worden waren – Werbung für englischen Chic. Nicht, dass Chic in jenen Jahren vor Raissa Gorbatschow in Russland ein Thema gewesen wäre, aber die westliche Presse berichtete über unsere Gastspielreise, und die britische Regierung hatte sich gesagt, dass dies eine günstige Gelegenheit sei, die Qualitäten der britischen Haute Couture zu präsentieren. Der Haken war nur, dass es in militärischen Einrichtungen nicht sehr viele Leute gibt, die Cocktailkleider von Hardy Amies oder Staubmäntel von Norman Hartnell tragen. Oder Pfennigabsätze …

Apropos Schauspieler und Haute Couture – zu unserer Truppe gehörte einer der wahren Exzentriker des Theaters, der köstliche Ernest Thesiger. Thesigers Besonderheit begann bei dem, womit die Natur ihn ausgestattet hatte: einem langen Pferdegesicht mit einer langen, gebogenen Nase. Er war lang, dünn und eckig, und seine Hände, die im Ersten Weltkrieg bei einem Bombenangriff an der Westfront schwer gelitten hatten, waren ebenfalls lang und dünn und eckig. Um sich in ihrem Gebrauch wieder zu üben, hatte er Nähen gelernt und es in dieser Kunst zu solcher Meisterschaft gebracht, dass Königin Mary ihn zu ihrem Nähgefährten erwählte. Tatsächlich bestand eine große Ähnlichkeit zwischen der Witwe Georgs V. und Ernest Thesiger – beide kurzsichtig, beide Freunde edwardianischer Kleidung, und beide hatten denselben Friseur, der ihnen die gleichen mauve getönten ondulierten Wellen und einen Löckchenpony verpasste. Bei der Vorstellung, wie die beiden, über ihre Näharbeit gebeugt, einander den neuesten Adelsklatsch erzählen, sehe ich vor meinem geistigen Auge eine erstklassige Music-Hall-Darbietung mit dem Titel:

MA'AM AND ERNIE – THE TATTING TATTLERS!

Ernests zweite auffällige Besonderheit war ebenfalls eine Folge der Verwundung seiner Hände. Aus der (unzutreffenden) Überzeugung, dass ihr Anblick unerträglich sei, hatte er sich angewöhnt, an jedem Finger einen Ring zu tragen, und manchmal sogar auf den Daumen. Diese Ringe waren oft riesig – und meistens Antiquitäten. Manche hatten früher historischen Figuren wie etwa Napoleon oder Marie Antoinette gehört. Sein wertvollster Besitz war ein Giftring, der von Lucrezia Borgia tatsächlich *benutzt* worden war. Ich kann Ernest noch heute hören: «*Benutzt*, mein Lieber – wenn du verstehst, was ich meine!»

Es war Ernest Thesiger, der, auf die Frage nach seinen Erlebnissen an der Westfront, jenen berühmten Ausspruch getan hatte: «Oh, der Lärm, mein Lieber! Und die Leute!» Und es war Ernest, der auf unserer Moskaureise als Einziger von uns einen Pelzmantel trug. Er hatte sich sein Leben lang gewünscht, einen Pelzmantel zu tragen, und nun hatte er den idealen Vorwand. Während er zum Schutz vor dem Wind, der in unseren Hangar blies, seinen luxuriösen Kragen hochklappte, beobachtete er die NKWD-Agenten, die als unsere Aufpasser fungierten, und sagte zu mir: «Weißt du, was wir tun sollten, sobald wir in Moskau angekommen sind, mein Lieber? Wir sollten direkt zum Kreml marschieren und in Buchstaben, so groß, wie es nur irgend geht, BURGESS LIEBT MACLEAN an die Mauern schreiben!»

«Wir haben aber keine Kreide», sagte ich.

«Keine Sorge», erwiderte Ernest. «Ich habe eine ganze Packung mitgebracht.»

Es stimmte tatsächlich.

Als wir schließlich vom Hangar hinaus auf das Flugfeld geführt wurden, konnten wir nur zwei, drei Maschinen vom Typ DC-3 sehen, einem Transportflugzeug, das die Amerikaner im Krieg verwendet und in großer Zahl an die Russen, für den gleichen Verwendungszweck, verkauft hatten. Diese alten Blechkisten, die ihre Jugend längst hinter sich hatten, taugten nur noch zum Ausmustern. «Gott sei Dank müssen wir nicht in diesen Dingern da fliegen!», dachten wir alle. Doch unsere Aufpasser führten uns gnadenlos zu den DC-3, und sinkenden Muts wurde uns klar, dass diese klapprigen Kisten uns nach Moskau bringen sollten.

Die Bühnenbilder und das technische Personal flogen zuerst. Dann gingen die Schauspieler und die Kostüme an Bord, und die Motoren wurden angelassen. Alles wurde durchgeschüttelt, die Propeller brüllten auf. In der Kabine saßen wir in Dreierreihen – jeweils ein Sitz links und zwei Sitze rechts des Mittelgangs, für uns eindeutig Todessitze. Während die Maschine die verschneite, antiquierte Startbahn entlangrumpelte, wurde mir zum ersten Mal klar, wie es war, die Welt mit den Augen von Carmen Miranda zu sehen: «Eins und zwei und drei … Wumm! Eins und zwei und drei … Wumm!

Und immer so weiter, bis wir abhoben.

Es war ein Albtraum.

Irgendwo im Baltikum (ich glaube, es war in Wilna) wurde eine Zwischenlandung eingelegt, und wir bekamen ein Mittagessen. Bis dahin waren wir über Polen geflogen, das, jedenfalls im Winter, sehr ähnlich aussah wie Teile von Ontario, die in die Prärie von Manitoba übergehen. Es gab viele kleine Seen unter uns, viele Bäume und gelegentlich ein Bauerndorf. Es war alles wunderschön und auch irgendwie beruhigend. Wenn wir abstürzten, würde ich mich zumindest wie zu Hause fühlen, was man von den anderen natürlich nicht sagen konnte.

Das Mittagessen war wunderbar. Wir saßen an großen, runden Tischen, auf denen saubere weiße Tücher lagen, um uns herum weitere Tische, an denen die verschiedensten Soldaten saßen und aßen – und bedient wurden wir von Frauen, die in Schichten von dicken weißen Kleidungsstücken steckten. Die Soldaten und Piloten kamen aus allen Teilen der Sowjetunion: exotische Mongolen und breitgesichtige Slawen, schwarzhaarige Armenier, blonde Ukrainer und rotgesichtige Moskowiter, und im Raum herrschte ein babylonisches Sprachgewirr. Einmal, als die Sonne herauskam, verstummten wir alle und riefen nach einem kurzen Moment «Aaaah!». Alle waren so verdutzt, dass jeder lachte. Selbst Graham Greene an einem kleinen weißen Tisch in einer Ecke lachte. Ich fragte mich, was aus ihm werden würde, nun, da der letzte Abschnitt unserer Reise vor uns lag. Ich fragte mich, ob er endlich sein Schweigen brechen und mit uns reden würde – oder ob er seine Distanz aufrechterhalten und nach unserer Ankunft verschwinden würde.

Der Nachmittag zog sich hin, und während die Erde unter uns von der früh hereinbrechenden winterlichen Dunkelheit verschluckt wurde, bot uns die Stewardess russischen Tee an. Dieser einzigartige, ausgezeichnete Tee wird mit Zitrone und Zuckerstückchen aus hohen, dünnen Gläsern in silbernen Haltern getrunken. Bald zeigte sich, dass der Vorrat an Gläsern und silbernen Haltern äußerst begrenzt war. Tatsächlich gab es von beidem nur vier Exemplare, und folglich konnte die Stewardess nur vier Passagieren gleichzeitig Tee servieren. Eine Erklärung dafür haben wir nie bekommen, aber ich kann mir nicht vorstellen, dass in ganz Russland nicht genügend Gläser aufzutreiben gewesen wären, um mehr als vier Passagiere gleichzeitig bedienen zu können. Ich vermute den Grund eher darin, dass wir zu jenem Zeitpunkt, als die ersten Gläser Tee gereicht wurden, in einen Schneesturm geraten waren, der viel heftiger war als irgendein Schneesturm, den ich hier in Kanada je erlebt habe. Und das will schon einiges heißen. Ernest erzählte mir, die Stewardess habe ihm in gebrochenem Englisch gestanden: «Ist meglich, wir nicht kennen landen ...»

«Oh?», sagte ich – kreidebleich.

Ich fragte mich, was wir stattdessen tun würden.

Je länger der Flug dauerte, desto offensichtlicher wurde es, dass wir wirklich in Schwierigkeiten waren. Es wurde eiskalt im Flugzeug. Jeder zog sich einen Mantel an. Decken wurden verteilt. Der Pilot versuchte zu steigen, um über dem Unwetter zu fliegen, was ihm aber nicht gelang. Der ganze Himmel war voll Schnee.

Niemand sprach – offenbar verhalten Menschen in Gefahr sich so. Nachbarn zogen sich in ihre eigenen Gedanken zurück. Jeder wandte sich ein wenig vom anderen ab. Die DC-3 wurde geschüttelt und gerüttelt. Ich dachte daran, wie jung wir alle waren – sogar Ernest in den Siebzigern. Der Tod kommt immer zu früh.

Schließlich erreichten wir Moskau. Zumindest ahnten wir, dass es da unten lag und versuchte, sich in unserem Funkgerät bemerkbar zu machen. Die Stewardess kam einmal aus dem Cockpit, strahlte jeden an und sagte einfach: «Ja!» – drehte sich um und verschwand wieder. Aber die Stadt war da. Wir konnten es spüren.

Kurz darauf begann der Pilot mit dem Sinkflug, und im nächsten Moment blinzelten uns – wie tags zuvor über Berlin – die Lichter der Stadt durch den Schneesturm entgegen. Zuerst sah man sie, dann verschwanden sie, dann waren sie wieder da, kamen näher, viele jetzt, wie Insekten sich vermehrend. Schließlich tauchten Scheinwerfer auf, Lichtstrahlen, die sich durch den Schnee tasteten. Jeder seufzte.

Aber wir waren noch nicht unten.

Immer wieder umkreisten wir den Flughafen, und mit jedem neuen Kreis legte sich das Flugzeug etwas schräger, bis es – wir waren von all dem Kreisen schon ganz schwindelig – buchstäblich hochkant flog und diejenigen von uns, die die «obere» Seite erwischt hatten, sich schlotternd festhielten. Und die ganze Zeit schienen die Scheinwerfer mit ihren sich kreuzenden Strahlen uns sicheren Halt bieten zu wollen.

Die Stewardess zeigte sich wieder und erklärte, praktisch auf dem Kopf stehend: «Bitte scheen, keine Angst. Pilot war in Militär, ist Bester von alle.»

Bestimmt!

Schließlich, nachdem die Landeerlaubnis erteilt worden war, kehrte das Flugzeug in seine Normallage zurück. Der Sturm raste nun an unseren winzigen Kabinenfenstern vorbei, und wir konnten nicht mehr sehen als sein weiß glühendes Licht. Als die Räder aufsetzten, konnten wir noch immer nicht sehen, was unter uns war.

Kaum hatte das Flugzeug seine Parkposition erreicht, applaudierten alle. Die Stewardess lächelte und winkte uns zu, als hätte sie es ganz allein geschafft. Tatsächlich war uns, als hätten *wir* es ganz allein geschafft: Das Leben ging weiter. Es war ein großartiger Augenblick.

Dann wurde die Tür geöffnet, das Heulen des Sturms drang mit einer Schneewolke herein – und alle lachten. Wir standen auf, um auszusteigen, einer nach dem anderen. Erst jetzt sahen wir, dass wir nicht allein waren.

Über das große, weite Flugfeld kamen Hunderte von Menschen durch das Scheinwerferlicht und das Schneetreiben auf uns zugelaufen – wie kleine Bälle aus Pelz sahen sie aus, die in unsere Richtung geweht wurden – jubelnd, in dicken schwarzen Mänteln und runden schwarzen Hüten – und jeder hatte den Arm voller Blumen. Und während wir aus dem Flugzeug stiegen, streckten sich unzählige Hände uns entgegen und warfen uns rote Rosen, Nelken, Löwenmäulchen, Tulpen, Lilien zu, sodass wir in Blumen geradezu ertranken, und dann wurden wir fortgezogen durch den Schnee und die Lichter und die Menschen in die Wärme von Wartehallen, Bars und Cafés, die uns erwarteten.

Erst da wurde uns klar, wer diese vielen Menschen waren. Es waren sämtliche Schauspieler sämtlicher Theater in Moskau. Ein schöneres Ende einer Reise kann man sich eigentlich nicht wünschen. Ein sehr kluger Kopf wusste, dass die Sprache von geistesverwandten Menschen – von Schauspielern und Bühnenleuten – überall auf der Welt verstanden wird.

Graham Greene verschwand übrigens genau in diesem Moment, wie ich es mir schon gedacht hatte. Er kehrte nicht mit uns zurück – und ich weiß nicht, wie seine Reise ausging. Wenn er aber, wie ich vermutete, mitgekommen war, um, aus welchem Grund auch immer, Kontakt mit Burgess und Maclean aufzunehmen – dann hatten wir eines gemeinsam. Auch ich begegnete Guy Burgess in diesem Monat in Moskau. Doch das ist eine ganz andere Geschichte, die erst erzählt wird, wenn ich alt bin. Das eigentliche Abenteuer war die Reise dorthin.

VENEDIKT JEROFEJEV

Die Reise nach Petuschki

Moskau–Petuschki 1969

Ein Aufschrei ging durch das ganze Abteil, schwoll und explodierte: «Die Kontrolleure!!!»

Meine Geschichte wurde an der interessantesten Stelle unterbrochen. Doch nicht nur sie. Der Schlummer des besoffenen Schnurrbarts, der Schlaf des Dekabristen – alles wurde auf halber Strecke unterbrochen. Der alte Mitritsch kam zu sich, tränenüberströmt, und der junge beglückte alle mit einem pfeifenden Gähnen, das in Lachen überging und mit einer Defäkation endete. Nur die Frau mit dem tragischen Schicksal hatte sich mit der Baskenmütze die ausgeschlagenen Zähne bedeckt und schlief wie eine Fata Morgana …

Im Grunde genommen hat auf der Strecke nach Petuschki keiner Angst vor den Kontrolleuren, weil alle ohne Fahrschein sind. Wenn irgendein Abtrünniger im Suff aus Versehen einen Fahrschein gekauft hat, ist es ihm natürlich furchtbar peinlich, wenn die Kontrolleure kommen. Wenn sie ihn nach dem Fahrschein fragen, kann er niemand in die Augen sehen, nicht dem Schaffner, nicht den Passagieren, er möchte am liebsten im Erdboden versinken.

Der Schaffner betrachtet seinen Fahrschein voller Abscheu und wirft dem Dreckskerl vernichtende Blicke zu. Die Passagiere sehen alle auf den «Schwarzfahrer» mit großen, schönen Augen, als wollten sie sagen: «Schlag die Augen nieder, du Schweinehund, du gewissenloser!» Und dem Schaffner sehen sie noch entschiedener in die Augen: «Schau uns an, so sind wir, uns kannst du nichts vorwerfen. Komm her zu uns, Semjonytsch, wir werden dich nicht enttäuschen …»

Bis zu dem Zeitpunkt, als Semjonytsch Oberschaffner wurde, hatte alles ganz anders ausgesehen: die Fahrscheinlosen jagte man damals in die Reservate, wie die Indianer, schlug ihnen den Brockhaus-Jefron über den Schädel, kassierte die Strafe und dann raus aus dem Zug. In jenen Tagen rannten sie in panischen Haufen durch die Wagen, um sich vor den Kontrolleuren zu retten, und zogen auch die mit sich, die einen Fahrschein besaßen. Einmal rannten zwei kleine Jungs, von der allgemeinen Panik ergriffen, zusammen mit der ganzen Herde davon und wurden vor meinen Augen zu Tode getrampelt. Sie blieben so im Durchgang liegen mit ihren Fahrscheinen in den blauen Händen …

Der Oberschaffner Semjonytsch veränderte alles: er schaffte sämtliche Strafen und Reservate ab. Er machte das einfacher: er nahm von jedem Fahrscheinlosen ein Gramm Wodka pro Kilometer. In ganz Russland nimmt das Fahrerpersonal von den Schwarzfahrern eine Kopeke pro Kilometer, aber Semjonytsch machte das anderthalbmal billiger: ein Gramm pro Kilometer. Wenn man zum Beispiel von Tschuchlinka nach Ussad fährt, das sind neunzig Kilometer, schenkt man Semjonytsch neunzig Gramm ein und fährt anschließend völlig ungestört weiter, hingeflackt auf seine Bank wie ein Pascha.

Nun, die Neueinführung von Semjonytsch hatte die Verbindung zwischen Schaffner und breiter Masse gestärkt, hatte die Verbindung verbilligt, vereinfacht und humanisiert. Das allgemeine Zittern und Beben, aus dem sich der Aufschrei «Die Kontrolleure!!» löst, hat heute nichts Erschreckendes mehr. Die Passagiere zittern vor Freude … Semjonytsch kam in den Wagen, gierig grinsend. Er stand kaum noch auf den Beinen. Gewöhnlich fuhr er nur bis Orechowo-Sujewo. In Orechowo-Sujewo stieg er aus und begab sich in sein Kontor, voll getankt bis zum Erbrechen …

«Schon wieder du, Mitritsch? Schon wieder nach Orechowo? Karussell fahren? Von euch beiden achtzig. Und du, Schnurrbart? Saltykowskaja–Orechowo-Sujewo? Zweiundsiebzig Gramm. Weckt mal die besoffene Büchse da auf und fragt sie, was sie schuldig ist. Und du, Covercoat, woher und wohin? Hammer-und-Sichel – Pokrow? Hundertfünf, wenn ich bitten darf. Die ‹Schwarzfahrer› werden immer weniger. Vor einiger Zeit noch hat das Wut und Entrüstung ausgelöst, aber jetzt ruft es legitimen Stolz hervor. Und du, Wenja? …»

Semjonytsch richtete seinen blutrünstigen Blick auf mich und tauchte mich in seine heiße Alkoholfahne.

«Und du, Wenja? Wie immer, Moskau–Petuschki …?»

«Ja, wie immer. Und diesmal für ewig: Moskau–Petuschki …»

«Du glaubst wahrscheinlich, Scheherezade, dass du mir auch diesmal wieder entwischen kannst! Was?»

An dieser Stelle muss ich ganz kurz abschweifen, und während Semjonytsch die ihm zustehende Strafdosis trinkt, erkläre ich euch schnell, warum er von «Scheherezade» und «entwischen» spricht.

Es ist schon drei Jahre her, seit ich mit Semjonytsch zum ersten Mal zusammengestoßen bin. Damals hatte er gerade erst diese Stelle angetreten. Er kam auf mich zu und fragte: «Moskau–Petuschki? Hundertfünfundzwanzig.» Als ich nicht begriff, worum es ging, erklärte er es mir. Und als ich ihm sagte, dass ich keinen einzigen Tropfen bei mir hätte, antwortete er: «Was soll ich denn mit dir machen? Soll ich dir eins in die Fresse schlagen dafür, dass du keinen einzigen Tropfen bei dir hast?» Ich erwiderte, dass er mich nicht schlagen solle, und murmelte irgendwas aus dem Bereich des Römischen Rechts. Dafür bekundete er starkes Interesse und bat mich, mehr über alles Antike und Römische zu erzählen. Ich begann zu erzählen und war bereits bei der skandalösen Geschichte von Lucrezia und Tarquinius, aber da hielt der Zug in Orechowo-Sujewo, wo Semjonytsch aussteigen musste. So war er um den Schluss der Geschichte gekommen und hatte nicht erfahren, was denn nun mit Lucrezia geschehen war: hatte Tarquinius, diese Flasche, das Seine erreicht oder nicht? Semjonytsch ist, unter uns gesagt, ein seltener Weiberheld und Schwärmer. Von der ganzen Weltgeschichte faszinierten ihn nur ihre Bettgeschichten. Als uns eine Woche später in der Gegend von Frjasewo die Kontrolleure wieder überfielen, da sagte Semjonytsch nicht mehr: «Moskau–Petuschki? Hundertfünfundzwanzig!» Nein, er stürzte sich auf mich und verlangte nach der Fortsetzung: «Wie ging's weiter? Hat er diese Lucrezia endlich doch noch gef…?»

Ich erzählte ihm die Fortsetzung. Ich ging von der römischen Geschichte zu der des Christentums über und war schon bei dem Zwischenfall mit Hypatia. Ich berichtete: «Angestiftet vom Patriarchen Kyrillos, rissen die von Fanatismus besessenen Mönche von Alexandria der wunderschönen Hypatia die Kleider vom Leib und …» Da blieb unser Zug wie angewurzelt stehen. Wir waren in Orechowo-Sujewo, und Semjonytsch sprang hinaus auf die Plattform, endgültig seiner Neugierde ausgeliefert … So ging es ganze drei Jahre, jede Woche. Auf der Strecke «Moskau–Petuschki» war ich der einzige Passagier ohne Fahrschein, der Semjonytsch noch nie ein Strafgramm gezahlt hatte und trotzdem mit dem Leben und ohne Schläge davongekommen war. Aber jede Geschichte hat einmal ein Ende und die Weltgeschichte auch … Letzten Freitag war ich bis zu Indira Gandhi, Moshe Dayan und Dubček gekommen. Weiter kann man nicht mehr gehen … Nun, Semjonytsch hatte seine Strafdosis ausgetrunken, rülpste und fixierte mich wie eine Boa oder Sultan Schehriyar.

«Moskau–Petuschki? Hundertfünfundzwanzig!»

«Semjonytsch», sagte ich, fast flehend, «Semjonytsch, hast du heute viel getrunken?»

«Ganz schön», antwortete Semjonytsch, nicht ohne Stolz. Er war sternhagelbesoffen.

«Heißt das, dass du voller Phantasie bist? Heißt das, dass du deinen Blick in die Zukunft richten kannst? Heißt das, dass du dich mit mir zusammen aus der dunklen Vergangenheit in das goldene Zeitalter versetzen kannst, ‹ja, ja, es ist nah›?»

«Kann ich, Wenja, kann ich! Heute kann ich alles! …»

«Kannst du vom Dritten Reich, vom Vierten Rückenwirbel, von der Fünften Republik und dem Siebzehnten Parteitag mit mir zusammen einen Schritt tun in die Welt des von allen Juden sehnlichst erwarteten Fünften Königreichs, des Siebenten Himmels und der Zweiten Ankunft des Herrn?»

«Kann ich», grunzte Semjonytsch. «Schieß los, Scheherezade!»

«Hör zu. Es wird kommen der Tag, ‹der auserwählteste aller Tage›. An diesem Tag wird der nach dem Herrn schmachtende Simeon endlich sagen: ‹Herr, nun lässest du deinen Diener in Frieden fahren …› Und der Erzengel Gabriel wird sagen: ‹Gegrüßet seist du, Maria, voll der Gnaden, du bist gebenedeit unter den Weibern …› Und Doktor Faust wird zum Augenblick sagen: ‹Verweile doch! Du bist so schön›. Und alle, deren Name im Buch des Lebens geschrieben steht, werden zu singen anheben: ‹Frohlocke, Jesaja!› Diogenes wird seine Lampe löschen, und es werden Güte und Schönheit herrschen. Alles wird gut sein, und alle werden gut sein, und außer Güte und Schönheit wird es nichts geben, und es werden sich im Kuss vereinigen …»

«Im Kuss vereinigen …?» Semjonytsch zappelte vor Ungeduld.

«Ja. Der Peiniger und sein Opfer, sie werden sich im Kuss vereinigen. Das Böse, die Absicht und die Berechnung werden aus dem Herzen entweichen, und die Frau …»

«Die Frau!!» Semjonytsch zitterte vor Erregung. «Was, was ist mit der Frau?»

«Die Frau des Orients wird ihren Schleier abwerfen, für immer wird die unterdrückte Frau des Orients ihren Schleier abwerfen! Und es wird sich niederlegen …»

«Niederlegen?!!!» Semjonytsch zuckte und schlotterte am ganzen Leib.

«Ja. Es wird sich niederlegen der Wolf neben dem Lamm, und es wird keine Träne mehr vergossen werden, und die Kavaliere werden sich nach Herzenslust ihre Damen aussuchen und …»

«O-o-o-oh!», stöhnte Semjonytsch. «Wie lange noch? wann kommt sie endlich …?»

Plötzlich verrenkte er die Hände, wie eine Zigeunertänzerin, begann hastig an seiner Kleidung herumzufummeln und sich Dienstrock, Diensthose und alles bis auf seine intimste Intimität auszuziehen …

So betrunken ich war, das sah ich doch mit Erstaunen. Die Passagiere, die nüchternen, sprangen beinahe von ihren Plätzen, und in Dutzenden von Augen stand ein riesiges «Oho!». Sie, die Passagiere, hatten das alles nicht so verstanden, wie es zu verstehen war …

Ich muss nämlich darauf hinweisen, dass die Homosexualität in unserem Land zwar endgültig abgeschafft ist, aber doch noch nicht ganz. Genauer: ganz, aber nicht gar. Noch genauer: eigentlich ganz und gar, aber nicht vollkommen. Was haben die Passagiere in diesem Moment wohl im Kopf? Einzig und allein die Homosexualität. Sicher, sie haben auch die Araber im Kopf, Israel, die Golanhöhen, Ben Gurion und Moshe Dayan. Aber wenn man nun Moshe Dayan von den Golanhöhen vertreiben und die Araber mit den Juden aussöhnen würde, was bliebe dann in den Köpfen der Leute? Nichts als Homosexualität.

Stellen wir uns mal vor, die Leute sitzen beim Fernsehen: General de Gaulle und Georges Pompidou treffen sich auf einem diplomatischen Empfang. Beide lächeln und drücken sich die Hand. Klar. Und das Publikum schreit «Oho! Sieh dir General de Gaulle an!» oder «Oho! Sieh dir Georges Pompidou an!».

Genauso sahen sie uns jetzt an. Jedem stand in seinen runden Augen dieses «Oho!» geschrieben.

«Semjonytsch! Semjonytsch!» Ich packte ihn und zog ihn auf die Plattform hinaus. «Man sieht uns doch zu! Komm zu dir! Komm, vorwärts!»

Er war furchtbar schwer, aufgeweicht und schwammig. Ich brachte ihn mit Mühe und Not bis zur Plattform und lehnte ihn an die Tür …

«Wenja! Sag, die Frau des Orients, wenn sie den Schleier abnimmt, wird darunter noch irgendwas sein? Wird sie unter dem Schleier noch etwas anhaben?»

Ich kam nicht mehr dazu, ihm zu antworten. Der Zug

blieb wie angewurzelt stehen; wir waren in Orechowo-Sujewo. Die Tür öffnete sich automatisch …

Der Oberschaffner Semjonytsch, dessen Interesse ich zum tausendundeinten Mal geweckt hatte, flog halb lebendig und halb nackt auf den Bahnsteig hinaus und schlug mit dem Kopf am Geländer auf. Zwei oder drei Sekunden blieb er noch auf den Beinen stehen, nachdenklich und schwankend, wie ein Schilfrohr im Wind, und dann brach er vor den Füßen der aussteigenden Passagiere zusammen. Alle Strafen für fahrscheinlose Fahrten brachen aus seinem Schädel hervor und zerflossen am Bahnsteig …

All dies habe ich ganz deutlich gesehen und bezeuge es vor der Welt. Aber alles andere habe ich nicht mehr gesehen und kann deshalb auch nichts bezeugen. Mit einem Zipfel meines Bewusstseins, mit einem ganz winzigen Zipfel, erinnere ich mich daran, wie die Lawine der in Orechowo aussteigenden Passagiere mich überrollte und in sich aufsaugte, wie ekelhafte Spucke, die man im Mund sammelt, um sie am Bahnsteig von Orechowo auszuspucken. Nur mit dem Ausspucken klappte es einfach nicht, weil die einsteigenden Passagiere den aussteigenden das Maul stopften. Ich wurde hin- und hergeschleudert, wie ein Stück Scheiße im Abfluss.

Und wenn der Herr mich eines Tages dort fragen wird: «Ist es denn möglich, Wenja, dass du dich an nichts mehr erinnern kannst? Ist es denn möglich, dass du sogleich in jenen Schlaf verfallen bist, mit dem dein ganzes Unglück begonnen hat …?» Dann werde ich ihm antworten: «Nein, Herr, nicht sogleich …» Mit einem Zipfel meines Bewusstseins, mit jenem winzigen Zipfel, erinnere ich mich daran, dass es mir endlich gelang, Herr über das Inferno zu werden und mich in den leeren Raum des Wagens zu retten, um auf irgendjemandes Sitzbank zu fallen, die erste von der Tür …

RYSZARD KAPUŚCIŃSKI

Am Feuer erfrieren

Syktywkar–Workuta 1991

Es sollte Workuta sein und Nacht, doch wir landen bei Tag, im Sonnenschein. Folglich muss es ein anderer Flughafen sein.

Welcher?

Ich rutsche unruhig im Sessel hin und her, doch ich sehe bald, dass nur ich unruhig bin, die anderen zucken mit keiner Wimper. Ich habe in diesem Land vielleicht hunderttausend Kilometer mit dem Flugzeug zurückgelegt. Zwei Beobachtungen von diesen Reisen: Die Flüge sind immer ausgebucht – auf jedem Flughafen warten auf jeden Flug Scharen von Menschen, oft wochenlang, es ist also völlig undenkbar, dass irgendwann ein Sitz frei bleibt. Zweitens: Den ganzen Flug über herrscht in der Kabine Totenstille. Die Passagiere hocken reglos und schweigend in ihren Sesseln. Wenn man Lärmen, Lachen und Gläserklirren hört, heißt das, dass eine Gruppe Polen im Flugzeug sitzt: Aus unerfindlichen Gründen versetzt sie jede Reise in einen Zustand grenzenloser Euphorie, beinahe des Amoks.

Ja, es ist nicht Workuta, es ist Syktywkar.

Ich weiß nicht, wo Syktywkar liegt, und habe vergessen, eine Karte mitzunehmen. Durch tiefen Schnee stapfen wir zum Flughafengebäude. Drinnen ist es heiß, stickig und überfüllt. Keine Rede davon, einen freien Platz auf einer Bank zu ergattern. Auf allen Bänken schlafen Menschen, so tief und fest, fast möchte ich sagen, so endgültig, als hätten sie längst jede Hoffnung fahren lassen, jemals wieder von hier wegzukommen.

Ich beschließe, die Passagiere meines Fluges nicht aus den Augen zu lassen, damit sie nicht abfliegen und mich allein zurücklassen können. Wir stehen in der Mitte eines großen Saals, denn selbst die Plätze an den Wänden sind alle besetzt.

Wir stehen, mehr können wir nicht tun.

Wir stehen und stehen.

Ich trage einen Lammfellmantel (immerhin bin ich zum Polarkreis geflogen) und beginne daher in dem überfüllten, furchtbar überheizten und ungelüfteten Saal bald zu schwitzen. Soll ich den Mantel ausziehen? Doch was soll ich damit anfangen? In den Händen halte ich mein Gepäck, und Kleiderhaken sind nirgends zu sehen. Wir stehen schon über eine Stunde so da, und dieses Stehen wird immer beschwerlicher.

Doch nicht die stickige Luft und der Schweiß sind am schlimmsten. Am schlimmsten ist, dass ich nicht weiß, was weiter geschehen wird. Wie lange werde ich so in Syktywkar stehen müssen? Noch eine Stunde? Einen Tag? Den Rest meines Lebens? Und warum stehe ich eigentlich da? Warum sind wir nicht nach Workuta geflogen? Werden wir überhaupt je hinfliegen? Wann? Besteht eine Chance, irgendwann den Mantel ausziehen, sich setzen und ein Glas Tee trinken zu können? Wird das je möglich sein?

Ich mustere meine Nachbarn.

Sie stehen da und starren stur vor sich hin. Genau das: Sie stehen da und starren vor sich hin. Ihnen ist keine Ungeduld anzumerken. Keine Beunruhigung, Verärgerung, Wut. Vor allem aber stellen sie keine Fragen. Vielleicht fragen sie nicht, weil sie alles wissen?

Ich erkundige mich bei jemandem, ob er weiß, wann wir abfliegen. Wenn man hier unvermutet eine Frage stellt, muss man sich mit Geduld wappnen. Man kann dem Gesicht des Befragten deutlich ablesen, dass er erst unter Einwirkung dieses Reizes (der Frage) gleichsam zum Leben erwacht und die mühselige Reise von einem anderen Planeten zur Erde antritt. Und das braucht seine Zeit. Dann beginnt sich auf seinem Gesicht leise, sogar amüsierte Verwunderung abzuzeichnen – was hat dieser Dummkopf zu fragen?

Zweifellos hat der Befragte recht, wenn er den Fragenden einen Dummkopf nennt. Denn all seine Erfahrung lehrt ihn, dass es zwecklos ist, Fragen zu stellen, dass der Mensch ohnehin nur so viel erfährt, wie man ihm – auch ungefragt – mitteilt (oder eher: nicht mitteilt), und dass es, im Gegenteil, sogar sehr gefährlich sein kann, Fragen zu stellen, weil der Mensch, der sie stellt, großes Unglück auf sich ziehen kann.

Seit der Zeit des Stalinismus sind zwar etliche Jahre verstrichen, doch die Erinnerung daran ist immer noch wach, und die Lehren, Traditionen und Gewohnheiten von damals sind geblieben, haben sich ins Bewusstsein eingegraben und werden noch lange das Verhalten der Menschen prägen. Wie viele von ihnen (oder von ihren Angehörigen und Bekannten) sind nur deshalb ins Lager gewandert, weil sie bei Versammlungen oder auch privaten Zusammenkünften dieses oder jenes fragten? Wie viele haben sich damit die Karriere ruiniert? Wie viele die Arbeit verloren? Wie viele ihr Leben?

Jahrelang kannten Bürokratie und Polizei ein ausgeklügeltes System der Nachforschung und des Zuträgertums, das einer einzigen Frage nachspürte: Hat jemand Fragen gestellt? Was hat er gefragt? Nenne den Namen des Fragers!

Das Gespräch zweier enger Freunde vor der Versammlung: «Weißt du, ich möchte auf der Versammlung eine Frage stellen.» – «Ich bitte dich, tu das nicht, sie werden dich einsperren!»

Oder das Gespräch zweier anderer Freunde: «Fedja, ich will dir einen Rat geben.» – «Bitte schön.» – «Ich habe bemerkt, dass du zu viele Fragen stellst. Willst du dich ins Unglück stürzen? Sei gescheit, beherrsch dich, hör auf zu fragen!»

In der Literatur (etwa bei Grossman) finden sich Szenen, die die Heimkehr aus dem Lager beschreiben. Der Mensch kommt nach zehn Jahren Lagerhaft in Sibirien zurück. Er sitzt am ersten Abend zu Hause am Tisch, mit seiner Frau, den Kindern, den Eltern. Sie essen gemeinsam zu Abend, vielleicht unterhalten sie sich sogar, doch keiner fragt den Ankömmling, wo er in all diesen Jahren war, was er gemacht hat, was er ertragen musste.

Warum soll man ihn fragen?

Der weise Satz aus dem Ekklesiastes: «Wo viel Weisheit ist, da ist viel Grämen.»

In Weiterführung dieses bitteren Gedankens schrieb Karl Popper einmal (ich zitiere aus dem Gedächtnis), dass Unwissen nicht einfach ein passiver Mangel an Wissen ist, sondern eine aktive Haltung, die Weigerung, Wissen anzunehmen, die Abneigung, sich dieses anzueignen, die Ablehnung von Wissen. (Mit einem Wort: Unwissen ist eher Anti-Wissen.)

Das weite und, wie man meinen sollte, für das Leben unverzichtbare Gebiet der Fragen war nicht nur ein verbotenes Minenfeld, es wurde geradezu zu einem feindlichen, verhassten Teil der menschlichen Sprache erklärt, weil in der sowjetischen Praxis das Monopol, Fragen zu stellen, den Untersuchungsrichtern vorbehalten war. Als ich einmal mit dem Zug von Odessa nach Chişinău fuhr, wollte ich mit einem Mitreisenden ein Gespräch anknüpfen. Er war ein Kolchosbauer vom Dnjestr. Ich fragte ihn nach seiner Arbeit, seinem Zuhause, seinem Einkommen. Je mehr ich fragte, umso misstrauischer wurde er. Schließlich schaute er mich argwöhnisch an und knurrte: «Was wollen Sie, sind Sie etwa ein Untersuchungsbeamter?» Und er weigerte sich, weiter mit mir zu sprechen.

Genau das ist es! Wäre ich ein Untersuchungsbeamter, würde er es verstehen, der Untersuchungsbeamte darf Fragen stellen, dazu ist er ja da. Doch ein gewöhnlicher Mensch? Einer, der im Abteil des Zuges von Odessa nach Chişinău sitzt?

«Hier bin ich es, der die Fragen stellt!», brüllt der Untersuchungsrichter Liwanow die verschreckte, unschuldig eingesperrte Jewgenija Ginsburg an (Jewgenija Ginsburg, *Marschroute eines Lebens*). Ja, nur er, der Untersuchungsbeamte, hat das Recht, Fragen zu stellen.

Alle wissen, dass die Frage des Untersuchungsbeamten nicht akademisch, uneigennützig ist, dass er nicht fragt, um in mühevollem, doch anregendem Forschen die düsteren Geheimnisse unserer Existenz zu ergründen. Jede Frage des Vernehmers enthält eine tödliche Sprengladung, denn sie wird nur gestellt, um dich zu vernichten, in den Boden zu stampfen, auszuradieren. Es ist kein Zufall, dass der Begriff *Kreuzverhör* an *Kreuzfeuer* erinnert, an die Sprache des Kampfes, der Front, des Krieges, des Todes.

In der Folge gab es im Imperium immer weniger Menschen, die Fragen stellten, und überhaupt immer weniger Fragen. Weil die Untersuchungsrichter, die sogenannten *Organe*, die Diktatur sich die Fragesätze angeeignet hatten, signalisierte jeder Satz, der irgendwie den Wunsch ausdrückte, etwas in Erfahrung zu bringen, schon eine Bedrohung, die Ankündigung eines unheilvollen Fatums.

Daher kam auch langsam die Kunst abhanden, Fragen zu formulieren (denn das ist eine Kunst!, siehe die Studie Roman Ingardens *Über essentielle Fragen*), und sogar die Notwendigkeit überhaupt, nach etwas zu fragen. Alles stellte sich immer mehr so dar, wie es sein sollte. Es obsiegte die Wirklichkeit, die nicht in Frage gestellt, nicht angezweifelt werden durfte. Aus diesem Grund gab es dann auch keine Fragen mehr.

An ihre Stelle traten zahllose Sprüche, Ausrufe und Wendungen, die eine Billigung des herrschenden Zustands, Gleichgültigkeit, mangelnde Verwunderung, ergebenes Gewährenlassen und Resignation zum Ausdruck brachten.

«Sollen sie doch!» – «Was kümmert es mich!» – «Möglich ist alles!» – «Ist schon recht!» – «Was geschehen soll, wird geschehen!» – «Gegen die ganze Welt kannst du nichts ausrichten!» – «Wir werden schon sehen!» – «Die oben wissen es besser!» – «So ist das Leben!» – «Was Besseres kriegst du nicht!» – «Ein folgsames Kalb saugt bei zwei Müttern!» «Den Vogel im Flug kannst du nicht fangen!» An solchen Sprüchen ist die Sprache ungemein reich.

Doch eine Zivilisation, die keine Fragen stellt, die alle Unruhe, alle Kritik, alles Suchen – die ja in Fragen ihren Ausdruck finden – aus ihrem Gesichtskreis verbannt, ist eine Zivilisation, die stillsteht, gelähmt ist, sich nicht bewegt. Und genau das wollten die Menschen im Kreml, denn eine unbewegte, stumme Welt ist am leichtesten zu regieren.

Nach ein paar Stunden fliegen wir von Syktywkar nach Workuta (bis heute weiß ich nicht, was hinter diesem Zwischenstopp und dem sinnlosen, ermüdenden Warten steckte).

Wenn man diese Strecke am Abend fliegt, erlebt man einen großartigen Kunstgenuss. Nachdem das Flugzeug eine Höhe von ein paar tausend Metern erreicht hat, gleitet es plötzlich hinter die Kulissen eines gigantischen kosmischen Theaters. Die Bühne ist nicht mehr zu sehen, sie versinkt irgendwo auf der Erde im Dunkeln. Wir sehen nur den vom Himmel wallenden Lichtvorhang. Ein leichter, pastellfarbener Vorhang, ein paar hundert Kilometer hoch, in gelben und grünen Farbtönen.

Dieser Vorhang schimmert in einem pulsierenden, bebenden Licht. Das Flugzeug scheint durch diese hellen, farbigen Draperien zu irren, als hätte es den Weg, die Orientierung verloren und kreise unruhig zwischen den über den Himmel gespannten bunten Faltenwürfen. Grün! Am frappierendsten ist das Grün! «Grün und Blau verstärken ihre Farbe im Halbschatten», schreibt Leonardo da Vinci in seinem *Traktat über die Malerei.* Und wirklich, vor dem Hintergrund des schwarzen, ölschwarzen, abgrundschwarzen Himmels verliert das Grün seinen natürlichen Frieden und Gleichmut und nimmt einen so intensiven, starken Ton an, dass die anderen Farben vor ihm verblassen und zurücktreten.

Wir sind schon über dem Flughafen, als das Polarlichttheater plötzlich verlöscht, von der Dämmerung verschluckt wird.

Eine Temperatur von minus 35 Grad. Ich spüre sofort die Kälte, die wütenden Bisse des Frostes, bekomme Probleme mit dem Atmen, Schüttelfrost. Alle fahren in verschiedenen Richtungen davon. Der Platz vor dem kleinen Flughafengebäude ist leer. Leer und schwach beleuchtet. Was tun? Ich weiß, dass ich es in diesem Frost nicht lange aushalten kann. In dem Gebäude gibt es einen Milizposten. Ein in einen riesigen Schaffellmantel gehüllter Milizionär sagt, gleich komme ein Autobus, mit dem ich in die Stadt, zum Hotel fahren könne. «Hier gibt es nur ein Hotel», fügt er hinzu, «das findest du ohne Probleme.»

Ein kleiner, alter Autobus, überfüllt, gerammelt voll. Die Menschen dick eingewickelt, eingehüllt, eingemummt in Pelzmäntel, Kopftücher, Filzüberwürfe – große, steife, reglose Kokons. Wenn der Autobus bremst, neigen sich die Kokons ruckartig nach vorn, wenn er plötzlich wieder anfährt, schaukeln sie nach hinten. An jeder Haltestelle verschwinden ein paar Kokons im Dunkeln, und ihre Plätze nehmen andere ein (das heißt, ich glaube, dass es sich um andere handelt, denn alle Kokons sehen gleich aus). Manchmal tritt mir jemand mit solcher Wucht auf die Füße, dass mir scheint, meine Knochen würden zermalmt: Ein kleiner Kokon kämpft sich zum Ausgang durch. Die Frage nach dem Hotel muss ich an den oberen Teil des Kokons richten, das heißt an das sichtbare kugelförmige Objekt, ganz so, als spräche ich in ein Mikrophon. Dann muss ich die Ohren spitzen, weil die Antwort nicht an mich gerichtet wird, sondern dorthin, woher beim Kokon die Stimme kommt. So eine Fahrt hat den Nachteil, dass man neben einem wunderschönen Mädchen stehen kann, ohne es auch nur zu ahnen, weil die Gesichter unsichtbar sind. Man kann auch nicht ausmachen, wo man sich befindet, weil die Fenster von einem dicken Eispanzer und einem üppigen Bukett von Rokokoblumen bedeckt sind. Mein Aufenthalt unter den Kokons währt nicht lange, nach einer halben Stunde sind wir in der Nähe des Hotels angelangt. Als die Tür ächzend aufgeht, weichen die Kokons freundlich zur Seite, damit sich der Ankömmling aus der großen Welt aus dem Autobus zwängen, aussteigen und in der Dunkelheit und Kälte verschwinden kann.

Kein Louvre, keine Loire-Schlösser sind imstande, so einen angenehmen, unvergesslichen Eindruck zu vermitteln wie das düstere und ärmliche Innere des Hotels *Workuta.* Hier kommt das ewige Gesetz der Relativität zur Geltung. In Paris ist ein Ausflug in den Louvre nicht gleichzusetzen mit dem Eintritt ins Paradies, wenn man jedoch in Workuta von der Straße in die Hotelhalle tritt, hat man sehr wohl diesen Eindruck. Die Halle rettet einem das Leben, weil es hier warm ist, und Wärme ist an diesem Ort wertvoller als alles andere.

Ich nehme meinen Schlüssel und laufe auf mein Zimmer. Doch kaum habe ich die Tür geöffnet, pralle ich entsetzt zurück: Nicht nur, dass das Fenster offen steht, nein, der Rahmen ist so dick mit einer massiven Eisschicht überzogen, dass gar nicht daran zu denken ist, das Fenster wieder zu schließen. Mit dieser Hiobsbotschaft eile ich zum Zimmermädchen. Das Zimmermädchen ist nicht im geringsten verwundert. «So sind unsere Fenster nun einmal», versucht es mich zu beruhigen. Was kann man tun, so ist das Leben, so sind die Fenster im Hotel *Workuta* nun einmal.

Die alte Lenin'sche Frage (die vielleicht noch in die Zeiten Dobroljubows und Tschernyschewskis zurückreicht) – was tun? Wir beratschlagen lange. Schließlich muss ich erkennen, dass dem Mädchen keine Lösung einfallen wird, solange ich nicht meine Vorräte an wertvollem Eau de Cologne *made in New York* hervorhole. Sofort blitzt eine ebenso einfache wie praktische Idee in ihrem Kopf auf. Sie verschwindet kurz, um dann aus dem dunklen Korridor mit einer Axt aufzutauchen, die sie triumphierend schwingt wie ein Indianerhäuptling seinen Tomahawk nach einem siegreichen Kampf gegen die Yankees.

Wir machen uns ans Werk. Es ist eine Arbeit, deren sich kein Schweizer Uhrmacher schämen müsste. Es geht darum, riesige Eiskrusten von den Fensterrahmen zu schlagen, ohne gleichzeitig die Scheiben zu beschädigen. «Wenn wir die Scheibe einschlagen, ist die ganze Arbeit umsonst», erläutert das Zimmermädchen, «denn eine neue Scheibe kann man erst im Sommer einsetzen», das heißt in einem halben Jahr, wenn ich längst über alle Berge bin. «Und bis dahin?» – «Bis dahin müssen wir uns abrackern», antwortet sie achselzuckend und seufzt. Es dauert lange, doch schließlich haben wir in den rechteckigen Eisrahmen Rillen gehauen, tief genug, dass sich das Fenster irgendwie schließen lässt, wobei es mit einem für diesen Zweck gedachten Brett, das unter dem Bett liegt, festgeklemmt werden muss. Um mich aufzuheitern, bringt das Zimmermädchen noch einen Kessel heißes Wasser. Der Dampf soll das Zimmer für einige Zeit erwärmen.

Ich habe die Telefonnummer eines Menschen dabei, den ich treffen will. Ich rufe an. Ein krächzendes Geräusch am anderen Ende der Leitung. «Gennadi Nikolajewitsch?», frage ich. Ich höre ein gekrächztes Ja. Ich freue mich, und auch er freut sich, er weiß von meinem Kommen, hat mich schon erwartet. «Steig in den Autobus und komm», sagt er. Ich denke, es ist doch Nacht, doch dann erinnere ich mich, dass es hier die meiste Zeit finster ist, und ich sage: «Ich bin schon unterwegs.»

Ich sage: «Ich bin schon unterwegs», ohne zu wissen, dass ich in den Tod gehe.

Problem, Drama und Grauen Workutas sind aus der Verbindung von Kohle mit dem Bolschewismus entstanden. Workuta liegt in der Republik Komi, jenseits des Polarkreises. In den zwanziger Jahren wurden hier große Kohlevorkommen entdeckt. Rasch entstand ein Kohlenrevier. Es wurde vor allem von Sträflingen ausgebaut, den Opfern des stalinistischen Terrors. Dutzende Lager entstanden. Bald wurde der Name Workuta, neben Magadan, zu einem Symbol, das Furcht und Schrecken verbreitete, zu einem gespenstischen Ort der Verbannung, oft ohne Wiederkehr. Dazu trugen der Terror des NKWD in den Lagern, die mörderische Arbeit in den Gruben, der Hunger, der die Häftlinge unbarmherzig dezimierte, und die furchtbare, unerträgliche Kälte bei. Denn die eisige Kälte schüttelte hilflose, halb nackte, chronisch hungrige, bis zum Umfallen erschöpfte Menschen, die raffiniertesten Grausamkeiten ausgeliefert waren.

Workuta ist nach wie vor ein Kohlenrevier. Es besteht aus dreizehn Gruben, die in einem weiten Ring um die Stadt liegen. Jede Grube hat ihre eigene Bergmannssiedlung. Einige dieser Siedlungen sind ehemalige Lager, in denen immer noch Menschen leben. Die Siedlungen und Gruben sind durch eine Ringstraße verbunden, auf der, in beiden Richtungen, ein Autobus verkehrt. Autos sind immer noch eine Seltenheit, deshalb ist der Bus das einzige Verkehrsmittel.

Also fahre auch ich mit dem Autobus zu Gennadi Nikolajewitsch, wobei ich nur weiß, dass ich nach der Komsomolsiedlung, Haus Nummer 6, fragen soll. Nach einer Stunde hält der Fahrer an einer Stelle, wo sich angeblich die Haltestelle Komsomolsiedlung befindet, öffnet die Tür und deutet in eine Richtung, in die ich gehen soll, allerdings tut er es so unbestimmt, dass ich ebenso gut auf einen der Millionen Sterne des Milchstraßensystems zugehen könnte. Andererseits finde ich bald heraus, dass die Richtung ohnehin keine Bedeutung hat, weil ich, kaum dass der Autobus verschwunden ist, sofort die Orientierung verliere.

Zunächst weiß ich nur, dass es um mich herum völlig finster ist. Anfangs vermag ich nichts zu sehen, doch nachdem sich meine Augen an die Dunkelheit gewöhnt haben, kann ich immerhin ausmachen, dass sich um mich herum hohe Schneeberge türmen. Mächtige Windböen toben gegen die Gipfel dieser Gebirge und wehen dichte Schneewolken hoch; es sieht aus, als spien die Gipfel immer wieder Fontänen weißer Lava aus. Ringsum nur Schneeberge, keine Lichter, keine Menschenseele. Und ein Frost, der mir den Atem raubt, weil jeder tiefe Atemzug meine Lungen vor Schmerzen zu zerreißen droht.

Mein Selbsterhaltungstrieb müsste mir sagen, dass der einzige Ausweg in dieser Situation darin liegt, an der Haltestelle zu bleiben und auf den nächsten Autobus zu warten, der schließlich irgendwann kommen muss (obwohl es schon nach Mitternacht ist). Doch mein Instinkt lässt mich im Stich, und getrieben von verhängnisvoller Neugierde oder vielleicht auch einfach Gedankenlosigkeit, mache ich mich auf, die Komsomolsiedlung und dort Haus Nummer 6 zu suchen. Diese Gedankenlosigkeit erklärt sich durch den Umstand, dass ich keine Ahnung habe, was es heißt, nachts am Polarkreis herumzuirren, in einer Schneewüste, in grimmiger Kälte, die mein Gesicht gepackt hat und mich so würgt, dass ich kaum mehr atmen kann.

Ich stapfe vor mich hin, ohne zu wissen, wo ich mich befinde und was ich tun soll. Ich wähle einen Hügel als Ziel, doch ehe ich ihn – im tiefen Schnee einsinkend, nach Luft schnappend und immer mehr Kraft verlierend – erreicht habe, ist er schon wieder verschwunden. Der unablässig tobende polare Schneesturm trägt die Hügel von einem Ort zum anderen, ändert ihre Lage, ihre Umrisse, die gesamte Landschaft. Es gibt nichts, worauf ich meinen Blick heften, was ich als Anhaltspunkt nehmen könnte.

Mit einem Mal sehe ich vor mir eine Vertiefung und darin

ein ebenerdiges Holzhaus. Ich rutsche und kollere den vereisten Hang hinunter. Doch es ist ein Laden, fest verriegelt und verschlossen. Der Platz scheint angenehm und heimelig, und ich will schon bleiben, als ich mir die Warnungen von Polarforschern in Erinnerung rufe, dass so eine warme Kuhle in der Schneewüste nur zu leicht zum Grab wird.

Ich kämpfe mich also wieder den Hügel hinauf und stapfe weiter. Aber wohin? Wohin soll ich gehen? Ich sehe kaum mehr etwas, der Schnee verklebt mein Gesicht, meine Augen. Ich weiß nur, dass ich weitergehen muss, dass ich, wenn ich mich im Schnee niederlege, unweigerlich verloren bin. Ich spüre Angst, die tierische Angst eines Menschen, der von einer schrecklichen Kraft, die er nicht kennt und der er nichts entgegenstellen kann, gehetzt und weitergetrieben wird, immer weiter in den weißen Abgrund, während er immer schwächer und willenloser wird.

Ich bin am Ende meiner Kräfte, doch ich raffe mich immer wieder zu ein paar Schritten auf, bis ich schließlich die vom Wind gebeutelten, gekrümmten Umrisse einer Frau entdecke. Ich grabe mich zu ihr durch und krächze: «Haus Nummer 6.» Ich wiederhole: «Haus Nummer 6», mit so viel Hoffnung in der Stimme, als verspräche diese Adresse meine Erlösung.

«Du gehst in die falsche Richtung, Mann», ruft sie, bemüht, den Wind zu überschreien. «Du gehst auf die Grube zu, du musst aber dorthin», und ähnlich wie der Busfahrer deutet sie auf einen der zahllosen Sterne im Milchstraßensystem.

«Ich will auch dahin», sagt sie. «Komm mit, ich zeige dir den Weg.»

In das Haus, in dem Gennadi Nikolajewitsch wohnt, gelangt man genauso wie in alle anderen Häuser dieser Siedlung.

Das heißt: Wenn wir aus der Entfernung einen Schneehügel ausmachen, können wir annehmen, dass in seinem Inneren, auf seinem Grund ein Haus steht. Wir müssen nun den Gipfel des Hügels erklimmen. Von dort sehen wir, unter uns, das Dach eines einstöckigen Gebäudes. Von der obersten Kuppe des Hügels bis zur Tür führen Stufen, aus einer eisigen Schneewand gehauen. Wir machen uns nun voll Mühe, ängstlich und vorsichtig an den Abstieg. Unten angekommen, stemmen wir, mit Hilfe der Hausbewohner, die zugeschneite Tür so weit auf, dass wir ins Haus schlüpfen können.

Die Ankunft eines Menschen ist hier so ein außergewöhnliches Ereignis, dass alle Bewohner zur Begrüßung erscheinen (es gibt in dem Haus mehrere Wohnungen). Jeder möchte den Ankömmling wenigstens für einen Moment sehen.

Gennadi Nikolajewitsch, Bergarbeiter, ist eben fünfzig geworden und in Pension gegangen. Diese frühe Pension ist das einzige Privileg, das einem für die Arbeit unter diesen schrecklichen polaren Bedingungen zusteht. Im übrigen ein eher zweifelhaftes Privileg, denn nur rund zwanzig Prozent der Bergarbeiter erreichen das fünfzigste Lebensjahr. Ein breiter, mächtiger Brustkasten. Er spricht heiser und pfeifend – Anzeichen einer fortgeschrittenen Staublunge. Er kam mit 16 Jahren zur Arbeit hierher. Ins Lager? Nein, in seiner Kolchose in der Nähe von Kursk herrschte damals schrecklicher Hunger. Irgendjemand sagte ihm: «Wenn du essen willst, musst du nach Workuta fahren, dort gibt es angeblich zu essen.» Und wirklich konnte er hier Brot kaufen und manchmal sogar ein Stück Fleisch. Jetzt hat sich die Versorgung verschlechtert, man bekommt höchstens Rentierfleisch, das steinhart ist. «Schade um die Zähne!», sagt Gennadi Nikolajewitsch und zeigt lachend sein Gebiss. Einige Zähne sind aus Gold, andere aus Silber. Die Farbe der Zähne ist wichtig, sie zeigt, welchen Platz in der sozialen Hierarchie man einnimmt. Je höher eine Person gestellt ist, desto mehr goldene Zähne besitzt sie. Die niedriger Gestellten haben Zähne aus Silber. Die Untersten – künstliche Zähne, die in Farbe und Aussehen den natürlichen gleichen. Ich würde gern fragen, was für Zähne Stalin hatte. Aber ich kenne die Antwort im Voraus: Das weiß keiner, weil Stalin nie lächelte.

Ich frage ihn nach den Baracken, die ich auf dem Weg hierher gesehen habe. «Das sind alte Lager», erklärt er. «Aber ich habe Licht in den Fenstern gesehen!» – «Ja», sagt er, «weil dort Menschen wohnen.» Die Lager wurden nur insofern geschlossen, als es keine Urteile, keine Wächter, keine Folter mehr gibt. Viele ehemalige Lagerinsassen sind weggezogen. Doch ein Teil ist geblieben – sie haben keinen Ort, wo sie hinkönnten, keine Familien, keine Freunde. Hier haben sie immerhin ein Dach über dem Kopf und Arbeit und Kollegen. Workuta ist der einzige Ort, wo sie zu Hause sind.

Für Gennadi Nikolajewitsch ist die Grenze zwischen dem Lager und der Welt außerhalb des Lagers verwischt. Es gibt keine Trennlinie zwischen Unfreiheit und Freiheit. Eher handelt es sich um verschiedene Abstufungen von Unfreiheit. Denn was heißt es, er ist freiwillig nach Workuta gekommen? Freiwillig? Er ist gekommen, weil ihn der Hunger von zu Hause vertrieben hat! Oder was soll das heißen, er könnte jederzeit wegfahren. Wegfahren?

III

Ein Ungar ist angekommen. Er hat kürzlich einen Monat im Krankenhaus von Kandahar verbracht, und sein Magen ist noch immer so angegriffen, dass er nicht essen kann. Tatsächlich stirbt er einen langsamen Hungertod. Ich gab ihm etwas Suppe und Ovomaltine, was ihm guttat, und in schlechtem Französisch begann er zu erzählen.
«Fünf Jahre, Monsieur, bin ich jetzt schon auf Reisen. Ich werde noch weitere fünf Jahre reisen. Dann werde ich vielleicht etwas schreiben.»
«Reisen Sie gern?»
«Wer reist in Asien schon gern, Monsieur? Ich habe eine gute Erziehung gehabt. Was würden meine Eltern sagen, wenn sie mich an so einem Ort sähen? Es ist nicht wie in Europa. Beirut ist wie Europa. Beirut könnte ich noch aushalten. Aber dieses Land, diese Menschen … was ich alles gesehen habe! Ich kann es Ihnen nicht beschreiben. Ich kann nicht. Aaaaah!» Und überwältigt von der Erinnerung, vergrub er den Kopf in den Händen.
«Kommen Sie, Monsieur», sagte ich und tätschelte ihn leicht. «Sie können mir diese schlimmen Erfahrungen ruhig anvertrauen. Sie werden sich besser fühlen.»

«Ich bin nicht der Typ, Monsieur, der sich dem Rest der Menschheit überlegen fühlt. Ich bin wirklich nicht besser. Vielleicht sogar schlechter. Aber diese Leute, diese Afghanen, das sind keine Menschen. Es sind Hunde, Monster. Sie stehen unter den Tieren.»
«Warum sagen Sie das?»
«Verstehen Sie nicht, Monsieur? Haben Sie keine Augen? Sehen Sie sich die Männer da drüben an. Essen sie nicht mit den Händen? Mit den Händen! Es ist schrecklich. Ich sage Ihnen, Monsieur, in einem Dorf habe ich einen Verrückten gesehen, er war nackt … nackt.»
Er schwieg eine Weile. Dann fragte er mich ernst: «Kennen Sie Stambul, Monsieur?»
«Ja.»
«Ich habe ein Jahr lang in Stambul gelebt, und ich sage Ihnen, Monsieur, es ist eine Hölle, aus der kein Weg führt.»
«Verstehe. Aber Sie sind ja nun hier, haben Sie einen Ausweg gefunden?»
«Jawohl, Monsieur, Gott sei Dank!»

ROBERT BYRON

STUART STEVENS

Schätze aus Xinjiang

Kashgar–Ürümqi 1986

Am dritten Tag unseres Wartens am Flughafen beschloss der Sicherheitsdienst, den Metalldetektor zu überprüfen. Die Prozedur begann damit, dass aus einer Kiste mit der Aufschrift TREASURES FROM XINJIANG eine dicke Hami-Melone genommen wurde. Die Soldaten legten die Melone in den Röntgenapparat. Ernst beobachteten sie das Ergebnis und nickten einander wie Chirurgen zu. Dann machten sie die Maschine wieder auf und stießen einen langen, mit einem goldenen Griff versehenen Dolch – jene Art Messer, wie es von allen Moslems in Kashgar getragen wird – in die Melone. Dies wurde durchleuchtet. Weitere Dolche wurden in der Melone versenkt und geröntgt.

Als die Melone schließlich auseinanderfiel, aßen die Soldaten sie auf, wobei sie die Platte des Apparates als Tisch benutzten.

Nach drei Tagen Warten auf ein Flugzeug fühlten wir uns auf dem Flugplatz von Kashgar langsam heimisch. Jeden Morgen um sieben luden wir unsere Sachen in ein Taxi und fuhren zum Flugplatz hinaus. Obwohl es noch dunkel war, warteten schon immer viele Chinesen vor dem Abfertigungsschalter. Jeden Tag stellten wir unser Gepäck zu den anderen aufgereihten Gepäckstücken. Da wir nur Stand-by-Tickets hatten, kam es entscheidend auf die Position an. Auf einer großen Tafel stand, dass das Flugzeug um elf Uhr starten werde. Obwohl mit Kreide geschrieben, vermutlich zwecks müheloser Korrektur, blieb die Abflugzeit unverändert.

Jeden Tag warteten wir, während sich die Halle mit erwartungsfrohen Passagieren füllte. Elf Uhr kam und verstrich. Wir warteten den ganzen Tag. Und dann, gegen sieben, nachdem kein einziges Flugzeug gelandet oder gestartet war, kehrten wir in das Hotel zurück.

Am dritten Tag kam mir der Verdacht, dass der Flughafen in Wahrheit eine Requisite für irgendein raffiniertes Täuschungsmanöver war, ebenso wenig nutzbar wie die Hafen- und Schiffsattrappen, mit denen die Alliierten den deutschen Geheimdienst von den Invasionsvorbereitungen abgelenkt hatten.

Die Szene hatte auch tatsächlich etwas Militärisches. Junge Han-Chinesen in Uniform wurden von früh bis spät auf dem Rollfeld gedrillt. Diese Teenager mit ihren Holzgewehren waren die glücklichste Gruppe, die ich in China gesehen hatte. Sie bemühten sich sehr, ihre schlanken, gut aussehenden Ausbilder zufrieden zu stellen, und der Drill schien ihnen Spaß zu machen. Auf der Latrine am Rand der Startbahn, der einzigen Toilette des Flugplatzes, bewunderten die Rekruten ihre Uniformen, fuhren mit dem Finger über den groben grünen Wollstoff, die glänzenden Metallknöpfe. Sie trugen weiße Handschuhe aus rauer Baumwolle, die wie Gartenhandschuhe aussahen, und braune Fellmützen, an denen ein roter Stern prangte.

Der Flugplatz sah wie ein Busbahnhof aus, denn nirgends fanden sich deutliche Hinweise – ein Radarschirm etwa oder ein Kontrollturm –, die man normalerweise mit Luftverkehr in Verbindung bringt. Das einzige Zeichen, dass es sich um einen Ort handeln könnte, der von Flugzeugen – offenbar selten – besucht wurde, war die lange Asphaltbahn, auf der die Soldaten exerzierten. Nach ihrer Nachmittagsübung bekamen sie Schaufeln und hackten das Eis am Rand der Landebahn weg.

Während wir warteten, wurden keine Bekanntmachungen durchgegeben, dafür schwirrten stündlich Gerüchte durch die Wartehalle, die mittlerweile wie ein Flüchtlingscamp aussah. Der Mangel an Informationen führte zu einer gewissen Spannung zwischen Mark und mir. Mein Bedürfnis, immer Bescheid zu wissen, kämpfte mit seiner Neigung, abzuwarten. «Wir werden schon mitkriegen, wenn ein Flugzeug landet», erwiderte er, wenn ich ihn drängte, jemanden zu finden, der vielleicht wusste, was los war. Am zweiten Tag traf ich auf einen jungen Beamten, der etwas Englisch sprach. Er lungerte mit seinen Kollegen in einem Hinterzimmer, Zigaretten rauchend und in Luftfahrtzeitschriften blätternd. (Ich befürchtete, dass dies ihr einziger Kontakt mit Flugzeugen war.) Sie freuten sich über ein neues Gesicht, und unbeholfen diskutierten wir über die Eigenschaften verschiedener Flugzeugtypen. Sie waren sehr enttäuscht, als ich ihnen erzählte, dass die Concorde eng und unbequem und furchtbar laut sei.

Gegen Ende des dritten Tages traf das Flugzeug ein. Eine Durchsage wurde nicht gemacht. Das schwache Dröhnen von entfernten Motoren elektrisierte die Menschenmenge. Nach einem Augenblick der Verblüffung setzte ein wilder Ansturm auf den Abfertigungsschalter ein. Obwohl ich mit den anderen vorwärts stolperte, war mir die Logik der Drängelei nicht klar. Da alle in Frage kommenden Passagiere ihr Gepäck vor dem Schalter in einer langen Reihe aufgestellt hatten, stand bereits fest, welchen Platz jeder Reisende in der Schlange einnahm.

Doch dem war nicht so. Der eine oder andere stellte sich zwar tatsächlich neben sein Gepäck, doch die meisten benutzten diese Stelle als Ausgangspunkt, um sich heldenmütig an die Spitze vorzukämpfen. Ich kam mir vor wie in einer Menschenmenge, die, von einem Brand eingeschlossen, zum Notausgang flieht.

Das Dröhnen des Flugzeugs erfasste das Gebäude, was die Panik nur verstärkte. Fenster klirrten. Ich konnte das Vibrieren durch den Fußboden spüren, und einen Moment lang dachte ich, die Maschine werde in die Abfertigungshalle krachen.

Doch das Flugzeug landete, und eine vage Ordnung kehrte in die Menschenschlange zurück, wie bei einer größeren Schlacht, die zu Ende gegangen ist, während an den Flanken noch Scharmützel stattfinden. Ein Angestellter tauchte hinter dem Schalter auf. Jetzt geht es wirklich los, dachte ich. Dann drängten alle zum Ausgang. Irgendeine Durchsage hatte ich nicht gehört. Dieses unangenehme Gefühl, der Letzte zu sein, der etwas mitbekommt – inzwischen ein mir sehr vertrautes Gefühl –, machte sich wieder bemerkbar.

Kurz darauf erfuhren wir, was alle anderen – offenbar im Besitz telepathischer Fähigkeiten – längst wussten: Das Flugzeug würde an diesem Tag nicht mehr abfliegen. Es war zu spät, der Pilot mochte nach Einbruch der Dunkelheit nicht mehr fliegen.

Wir schlichen uns in das Hotel zurück.

Es war der schönste Flug meines Lebens. Ich lehnte mich wohlig dösend zurück, sah gelegentlich aus dem Fenster, um mir die Entfernung bewusst zu machen, die wir zurücklegten. Niemand hatte auf meine Füße gespuckt oder neben mir gekotzt. Es war warm. Der Sessel war weich. Dann tauchte das Flugzeug aus klarem Himmel in die Wolkenschicht ein. Wir waren im Begriff, in Ürümqi zu landen, knapp anderthalb Stunden nach dem Start in Kashgar. Das war phantastisch.

Da hörte ich Fran aufschreien. Ich guckte über den Mittelgang zu ihr hinüber. Sie starrte entsetzt aus dem Fenster.

Das Flugzeug war durch die Wolkendecke gestoßen. Wir befanden uns über einer Stadt, irgendetwas stimmte nicht.

«Mein Gott», sagte Fran. «Diese Schornsteine …»

«Was?»

«Sie sind höher als wir.»

Das Flugzeug zog plötzlich hoch, verschwand wieder in den Wolken. Ein nervöses Lachen drang leise rauschend durch die Kabine.

«Ich habe zu den Schornsteinen *hochgeguckt*», sagte Fran. «Ich schwör's dir, echt.»

Lange Zeit kreisten wir in den Wolken und tauchten gelegentlich hinunter wie eine verwundete Taube. Eine Frau neben mir kotzte in die bereitliegende CAAC-Papiertüte. Sie schien außerdem zu weinen. Ihr Mann sah angewidert zu.

«Habe ich dir schon mal erzählt, was CAAC bedeutet?», fragte Mark. Er las Stephen King und wirkte völlig gelassen.

«Nein.»

«Chinese Airlines Always Crashes.»

Das Flugzeug begann einen steilen Sinkflug. Wir stießen durch die Wolken und plumpsten fast im selben Moment auf eine Landebahn. Mit quietschenden Reifen schlitterte das russische Flugzeug dahin, bis es schließlich zum Stehen kam.

«Gott sei Dank», murmelte Fran. Ich dachte etwas Ähnliches. Wir erhoben uns, wurden aber von einer der Stewardessen mit einer Handbewegung zum Hinsetzen aufgefordert.

Wir standen über eine Stunde auf der Rollbahn. Niemand beschwerte sich. Niemand gab eine Erklärung. Die Stewardessen verteilten kleine Plastikbeutel mit Kamm und Zahnbürste. Das roch nach einem längeren Zwischenaufenthalt der Über-Nacht-Variante und machte mich äußerst unruhig. Ich sah Mark an, in der Hoffnung, er möge eine der Stewardessen fragen, wie lange es dauern würde, bis wir aussteigen könnten, aber er hatte sich hinter *Salem's Lot* vergraben. Als ich aufstand, um zur Toilette zu gehen, drückte mich eine Stewardess sanft auf meinen Sitz zurück.

Das Ganze wirkte auf mich wie eine höfliche Entführung.

Wir saßen noch eine weitere Stunde da. Kinder urinierten auf den Fußboden, der Gestank in der Kabine war unbeschreiblich. Schließlich sprach ein besonders eindrucksvoll aussehender Kadertyp mit einer der Stewardessen.

«Niemand hat einen Fehler gemacht. Das Wetter war einfach schlecht», erklärte sie barsch.

Da begriff ich. Wir waren nicht in Ürümqi. Wir waren in der falschen Stadt gelandet.

Dies versetzte Fran in Panik. «Du meinst, das alles steht uns noch mal bevor?»

«Was alles?»

«Starten, landen.»

«Wir müssen herausfinden», sagte ich zu Mark, «wie weit es bis Ürümqi ist. Wenn es nicht weit ist, dann sollten wir verlangen, dass sie uns rauslassen, die restliche Strecke können wir dann mit dem Bus fahren.»

«Soll das ein Witz sein?»

Die Motoren wurden wieder angelassen. Die hohe Stimme der Stewardess kam über den Lautsprecher. Mark lehnte sich zurück.

«Wir fliegen nach Ürümqi», sagte er erleichtert.

«Warten wir's ab», sagte ich und zog einen Kompass heraus. «Ich traue ihnen nicht. Wenn wir wieder nach Westen in Richtung Kashgar fliegen, dann musst du die Stewardess rufen und verlangen, dass der Pilot umdreht.»

«Ich bring dich um!»

Bald beendeten wir unsere Unterhaltung, da sich uns ein verblüffender Anblick bot. Offenbar verunsichert von der Wolkendecke, hatte der Pilot beschlossen, unter den Wolken bis nach Ürümqi zu fliegen. Diese Wolken hingen sehr tief. Oft schien es mir, als strichen wir knapp über dem Boden dahin. Ich schaute aus dem Fenster und sah, dass wir einer Straße folgten. Ich konnte Fahrer in ihren LKWs sehen; einige steckten den Kopf aus dem Fenster und blickten, von Panik ergriffen, zu uns hoch. Andere fuhren eiligst querfeldein, in der verständlichen Annahme, das Flugzeug werde auf der Straße landen oder zerschellen. Die Frau neben mir riss den Mund auf zu einem stummen Schrei. Sie hatte schlechte Zähne, wie zerklüftete Felsen.

Als wir gelandet waren, rührte sich niemand, bis die Stewardess uns nachdrücklich versicherte, dass wir in Ürümqi seien und dass der Flug zu Ende sei.

An der Kabinentür schenkte mir die Chefstewardess eine kleine Anstecknadel mit Flügeln und dem Schriftzug CAAC. Ich habe sie wie einen Orden getragen.

DAVE BARRY

Verloren in Tokyo

Tokyo 1991

Die schlechte Nachricht möchte ich direkt – und möglichst diskret – loswerden: Tokyo ist hässlich. Es sieht aus, als sei es von einer Anti-Charme-Rakete getroffen worden. Tokyo hatte das Pech, im Zweiten Weltkrieg total zerstört zu werden, und es musste komplett wiederaufgebaut werden, in einer Zeit, die die Architektur-Historiker als eine Periode beschreiben, in der alle Gebäude wie öffentliche Parkhäuser aussahen, aber ohne deren Wärme.

Man kann auch nicht gerade von einer sorgfältig geplanten Stadt sprechen. Wohnhäuser stehen direkt neben Fabriken, Fabriken neben Restaurants, Restaurants neben mehrstöckigen Stadtautobahnen, Stadtautobahnen neben Parkanlagen, Parkanlagen neben Lagerhäusern, Lagerhäuser neben Klöstern, Klöster neben Spielhallen, Spielhallen neben Bürohäusern, Bürohäuser neben religiösen Schreinen, religiöse Schreine neben Verkaufsautomaten, Verkaufsautomaten neben Friedhöfen, Friedhöfe neben Bars, Bars neben Schulen, Schulen neben Sex-Comic-Läden, Sex-Comic-Läden neben teuren Kaufhäusern, Kaufhäuser neben Krankenhäusern, Krankenhäuser neben Straßenverkäufern, die irgendeine Art Meeresfrüchte-Delikatessen feilbieten, die aussehen wie ein in Scheiben geschnittenes Gaumenzäpfchen eines Wals. Und das alles ist *ein* Block.

Und das kilometerlang. Tokyo ist riesig. Ungefähr 15 Millionen Menschen leben dort, und nach meiner Schätzung verirren sich zu jedem gegebenen Zeitpunkt 14,7 Millionen. Der Grund dafür ist, dass das Tokyoter Straßennetz den Weltrekord in der maximalen Freiluft-Zufallsbebauung hält. Die Straßenkarte von Tokyo sieht aus wie das Sammelbecken hyperaktiver Fischköder. Im Grunde genommen verläuft keine einzige Straße von irgendwo nach irgendwo.

Die Spannung wird zusätzlich dadurch erhöht, dass *fast keine dieser Straßen einen Namen hat.* Sie denken, ich scherze, nicht wahr? Oh, Sie wussten es? Egal. Sehen Sie sich eine Karte von Tokyo an! Eine Karte in großem Maßstab! Suchen Sie nach den Straßennamen! Es gibt kaum welche. Dies ist eine der größten, belebtesten, wichtigsten Städte der Welt, und *die meisten Straßen haben keinen Namen.* Ha ha! Da hat man Sie – den Besucher – ganz schön reingelegt.

Aber Moment! Noch etwas. Die Nummerierung der Gebäude in den Straßen ist heillos durcheinander. Ja! Es kann sein, dass Nummer 17 gleich neben Nummer 341 ist und kilometerweit entfernt von Nummer 342 oder 15.

Die Suche nach einem unbekannten Ziel in Tokyo gleicht im Wesentlichen einer Schatzsuche von der Hölle aus, insbesondere, wenn man weder Japanisch sprechen noch schreiben kann. Man braucht außerordentlich detaillierte Wegbeschreibungen. «In Ordnung», lautet die Wegbeschreibung, «wenn Sie bei der Metrostation ankommen, nehmen Sie Ausgang 3A neben der Whisky-Werbung, auf der eine mit einem Roboter tanzende Frau abgebildet ist, und gehen Sie nach der Treppe *links* an einem kleinen Schrein mit einer Buddha-Statue vorbei, die wie ein von Kortison abhängiger Telly Savalas aussieht, dann gehen Sie die Straße hinunter, bis Sie das Spielzeuggeschäft sehen, das in der Auslage

Portemonnaies für Mädchen mit Motiven von Fritz the Cat hat, und genau dort ist eine andere kleine Straße, in die Sie links einbiegen müssen, dann gehen Sie auf einen Straßenverkäufer zu, der Gaumenzäpfchen von Walen verkauft, dann gehen Sie …»

Und so weiter. Eines Nachts versuchten Beth und ich, mit einer Gruppe von Leuten eine Bar ausfindig zu machen, von der wir gehört hatten. Diese Leute lebten alle in Tokyo, und einer von ihnen war Japaner. Es handelte sich um eine bekannte Bar, und wir hatten die Adresse und befanden uns ganz in der Nähe. Wir benötigten ungefähr eine Stunde, um sie zu finden. Wie Agenten, die ein geheimes Treffen verabreden, mussten wir eine Reihe von Telefongesprächen führen, in denen uns der Weg mitgeteilt wurde.

«Wo befinden Sie sich jetzt?», fragten die Leute in der Bar.

«Wir sind an einem grünen Telefon neben einem Zigarettenautomaten», antworteten wir.

«Sie sind in der Nähe», sagten die Leute in der Bar. «Rufen Sie noch einmal an, wenn Sie ein gelbes Telefon neben einem parkenden roten Fahrrad sehen.» Und so weiter.

Taxifahrten in Tokyo waren in die Irre führende Abenteuer. Gott allein weiß, woher die Fahrer den Weg kannten, den sie nahmen. Wir fuhren auf einer normalen Straße, dann bog der Fahrer plötzlich in eine dunkle Gasse ein, die ungefähr so breit war wie Peewee Herman, und dann, nachdem wir mehrere Blöcke lang die Fußgänger nur um Haaresbreite verfehlt hatten, drehten wir plötzlich ab auf eine andere Hauptstraße, aber dann, *eeeem*, waren wir wieder in einer Gasse, und oh, nein, wir fuhren in ein Gebäude, die Treppen hinauf in eine Wohnung, bittebittebitte langsamer, Vorsicht, die Badewanne

Ich übertreibe nur leicht. Aber genau so *empfanden* wir es.

Das ist keine Kritik an den Taxifahrern, die höflich sind und sehr viel Berufserfahrung besitzen. Viele von ihnen tragen Uniformen, manchmal sogar Handschuhe, und sie halten ihre Autos klinisch rein. Einige von ihnen legen diese kleinen Zierdeckchen auf die Sitze. Sie bilden einen starken Kontrast zu Taxifahrern in New York beispielsweise, wo Dritte-Welt-Soziopathen ihre Taxilizenz erst dann erhalten, wenn die Rücksitze mindestens ein halbes Jahr in der Intensivpflege einer Körpergeruchsklinik waren.

Wir fuhren in Tokyo nicht oft mit einem Taxi, denn wir konnten den Taxifahrern unser Ziel nicht erklären. Wir benutzten oft die Metro, die (natürlich) auch sauber und schnell, manchmal aber sehr überfüllt ist. Sie haben zweifellos schon Fotos von japanischen Metroarbeitern gesehen, die Pendler in ein Zugabteil schieben, das bereits sichtbar zum Bersten voll ist. Die Metroarbeiter in den Vereinigten Staaten würden so ein wahnsinniges Kunststück niemals wagen. Sofort würden sich fünfundsiebzig Pendler auf dem Bahnsteig winden und «Körperverletzung!» schreien. Aber Japaner sind weit kooperativer und fugsamer und gruppenorientierter. Die gesamte Bevölkerung Tokyos einigt sich eher darauf, farblich abgestimmte Kleidung zu tragen, als zwei willkürlich ausgewählte Amerikaner auf eine Pizzasorte.

Tatsächlich schien es manchmal so, als *trage* die gesamte Bevölkerung Tokyos bereits farblich abgestimmte Kleidung. Alle Männer tragen dunkle Anzüge, weiße Oberhemden und dunkle Krawatten. Alle Frauen tragen konservative Kleider in dunklen Tönen, häufig mit Hüten und Stöckelschuhen. Alle Kinder tragen eine Art von Schuluniform. Wie auf einer Riesenbeerdigung. Wir kleideten uns dort nicht mal besonders lässig, fühlten uns aber trotzdem die ganze Zeit wie

Hippie-Touristen. Nicht dass uns jemand was gesagt hätte. Wir hatten nie mit jemandem eine Auseinandersetzung, denn in Japan wird jede offene Meinungsverschiedenheit als unerhört peinlich angesehen. Wir erregten jedoch Aufsehen. Immer wenn ich in der Metro aufblickte, bemerkte ich, dass wir angestarrt wurden, nicht feindselig, sondern offenkundig neugierig, weil wir anders waren, und ich glaube, dass Japaner alles andere faszinierend finden, weil sie in erster Linie dazu erzogen werden, nicht aufzufallen.

Außerdem fiel mir auf, dass sie in dichtem Gedränge dazu neigten, uns gegenüber ein bisschen mehr Abstand zu halten. Ich habe gehört, dass einige Japaner von Ausländern denken, dass sie – da wir gerade von der Körpergeruchsklinik gesprochen haben – schlecht riechen. Es geschah vielleicht ein halbes Dutzend Mal, dass Leute lieber standen, als sich auf einen Platz direkt neben mir zu setzen. Zweimal erhob sich jemand, als ich mich neben ihn setzte, ging einige Meter weg und blieb dort stehen. Nach einiger Zeit ertappte ich mich dabei, dass ich laufend unauffällig an meinen Achselhöhlen roch. Ich zog in Betracht, mir gewisse mit Körperhygiene verbundene Aussagen auf Japanisch anzueignen, um mich in der Metro an Beth wenden zu können und im Plauderton zu sagen: «Na ja, wir sind vielleicht Ausländer, aber wir duschen uns trotzdem jeden Tag.»

Einen Satz dieser Größenordnung hätte ich wahrscheinlich nie lernen können, in Anbetracht der Schwierigkeiten, die ich mit «Vielen Dank» hatte. Die Sprachbarriere in Verbindung mit dem verrückten Straßennetz von Tokyo führte dazu, dass wir viel Zeit mit der Suche nach dem richtigen Weg verloren. Ich gab es auf, nach einem bestimmten Weg zu fragen, weil die Menschen mich nie verstanden, sich aber verpflichtet fühlten, mir trotzdem zu helfen. Ganz anders als in einer amerikanischen Großstadt, wo die Leute gleich zur Sache kommen, wenn sie den Weg nicht kennen oder sich belästigt fühlen, und einem mit erfrischender amerikanischer Offenheit den Ratschlag geben, dass man sich am besten selbst ins Knie fickt.

Ich fand heraus, dass ich in Japan einem Fremden mit der Frage nach dem Weg eine schreckliche Last aufbürde. Das erste Mal geschah dies in einem Bahnhof in Tokyo, als wir den Informationsschalter der japanischen Eisenbahn suchten. Ich ging auf einen Geschäftsmann mit Aktentasche zu und fragte ihn hoffnungsvoll: «Entschuldigung, sprechen Sie Englisch?» Er sprach kein Englisch, eine Tatsache, die er erkennen ließ, indem er mich außerordentlich verlegen und betreten ansah und mit der Körpersprache die Botschaft vermittelte: «Welch ein *Idiot* ich bin! Ich befinde mich – als Japaner – in Japan und kann nicht mal *Englisch* sprechen! Ich sollte ein Schwert aus meiner Aktentasche ziehen und mir direkt hier im Bahnhof den Bauch aufschlitzen!»

Ich versuchte, mein Problem zu schildern, indem ich «Information» sagte, während ich auf meinen Prospekt der japanischen Eisenbahn deutete, übertrieben mit den Schultern zuckte und einen sehr verwirrten Gesichtsausdruck aufsetzte, der schon an Blödheit grenzte. Er zeigte großes Interesse, nahm den Prospekt und sagte «In-fo-ma-schon». Er wiederholte dies ein paar Mal und blickte stirnrunzelnd auf den Prospekt. Dann sah er auf und blickte sich eine Weile ratlos im Bahnhof um.

«In-fo-ma-schon», sagte er noch einmal. Er hatte offensichtlich keine Ahnung, was es bedeutete, aber ich hatte ihn um Hilfe gebeten, und er konnte nicht so ungemein unhöflich sein und mich einfach stehen lassen.

«In-fo-ma-schon», wiederholte er. Dann ging er einige

Schritte, wahrscheinlich um einen Fortschritt anzudeuten, und blickte wieder stirnrunzelnd auf den Prospekt.

«In-fo-ma-schon», sagte er.

Langsam wurde mir klar, dass dieser Mann wahrscheinlich den ganzen Tag mit mir verbringen würde, vielleicht mehrere Tage, vielleicht würde er lieber seine Arbeit verlieren, als vor dieser Pflicht davonzulaufen. Also nahm ich ihm freundlich den Prospekt aus der Hand und sagte «Vielen Dank! Vielen Dank!», während ich rückwärts lief und meine Hände ausstreckte, um ihm zu verstehen zu geben, dass er mir nicht folgen muss. Er war ungeheuer erleichtert. Er verbeugte sich heftig vor mir, lächelte, überwältigt von Dankbarkeit, und dachte offenbar: *Welch ein großzügiger Ausländer! Erlaubt mir, die Arbeit zu behalten! Und so schlecht roch er auch nicht!*

Das war eine typische Erfahrung. Die Japaner waren nicht gerade erpicht darauf, sich mit uns einzulassen, weil sie nur sehr schwer ein Gespräch mit uns führen konnten, aber *wenn* wir sie ansprachen, nahmen sie die Sache ungemein ernst. Wir erkannten, dass es meistens besser war, sich einfach zu verlaufen.

Die Hälfte der Dinge, die wir suchten, fanden wir nie. Wir verbrachten zum Beispiel einen langen Nachmittag in Tokyo damit, auf der Suche nach Nachtigallenmist ungefähr 157-mal um ein und denselben Block zu laufen. Wirklich. Beth hatte in einem Reiseführer, den ich jetzt nicht mehr finden kann, gelesen, dass es in dieser bestimmten Gegend ein Geschäft mit seltenen Kosmetika aus … Nachtigallenmist gibt. Als kulturell interessierter Forschungsreisender war ich fasziniert, also versuchten wir, dieses Geschäft zu finden.

Wir fanden es nie. Wir machten aber den Bezirk für Plastikgerichte ausfindig. Das war ziemlich einfach. Ich kann mir vorstellen, dass in Tokyo die größte Plastikgerichteindustrie ansässig ist, denn viele japanische Restaurants stellen im Fenster Nachbildungen von verschiedenen Vorspeisen, Nachspeisen und Getränken aus. Viele dieser Gerichte sind äußerst detailliert und naturgetreu nachgebildet, was einem Touristen Angst einjagen kann, weil Japaner Dinge mit Augäpfeln oder Saugnäpfen oder anderen abscheulichen, unappetitlichen Organen zu essen pflegen. Diese werden keineswegs verheimlicht. Sie scheinen im Gegenteil ein zugkräftiger *Verkaufsgrund* zu sein. Man geht an dem Schaufenster eines Restaurants vorbei und sieht das Plastikmodell eines ansonsten gut aussehenden Gerichts mit Nudeln, aus denen jedoch ein gefährlicher Greifarm herausragt, ähnlich dem Riesenkraken, der das U-Boot in *20 000 Meilen unter dem Meer* angreift. (Man erwartete fast ein lebensechtes Modell von Kirk Douglas, der sich daran festklammert.)

Tintenfische sind in Japan sehr beliebt. Man kann sie als Belag für eine Domino-Pizza bestellen. Eine weitere beliebte Spezialität mit Greifarmen ist der Oktopus. Man sieht Lebensmittelstände dekoriert mit Cartoons von Mister Happy Octopus, der mit hin- und herschwenkenden Armen freundlich dazu auffordert, ihn aufzuessen. Man kann den Oktopus am Spieß oder als frittiertes Oktopus-Bällchen essen.

Bei unserem Aufenthalt in Japan waren Aale die große Spezialität. Es war Aalsaison. In allen Schaufensterauslagen wurden – manchmal lebendige – Aale angeboten. Straßenverkäufer grillten in aller Öffentlichkeit Aale am Spieß. Ich war entsetzt, denn jeder vernünftige Mensch muss zugeben, dass Aale nur große, mit Schleim bedeckte, im Wasser lebende Würmer sind. Der einzige Amerikaner, den ich kenne, der freiwillig Aal isst, ist mein ehemaliger Chefredakteur Gene

Weingarten, der zur Entspannung auch auf Gummibändern kaut und einmal wissentlich ein Stück Hundefleisch gegessen hat. Aber die Japaner schlangen Aale herunter, als ginge morgen die Welt unter – bis zu dem Tag, an dem Aale knapp wurden, wie wir aus dem englischsprachigen Kabelprogramm in unserem Hotel erfuhren. Diesem Bericht zufolge essen Japaner 100 000 Tonnen Aal pro Jahr. Um Ihnen eine ungefähre Vorstellung von der Menge zu vermitteln: Wenn Sie in San Francisco beginnen würden, 100 000 Tonnen Aal hintereinander zu reihen, Ihre Hände sähen abscheulich aus.

Als mutige kulinarische Abenteurer experimentierten wir fünfzehn Minuten lang mit allen möglichen japanischen Gerichten, den Rest unserer Reise verbrachten wir mit der Suche nach Kentucky Fried Chicken. Natürlich mussten wir manchmal japanische Speisen bestellen; dann entschieden wir uns für ein Gericht, das einem westlichen am ähnlichsten sah, wie Spaghetti. Man weiß allerdings nie, was man darin findet. Getreidekörner tauchen zum Beispiel überall auf, sogar in Spaghettisaucen, auf Spiegeleiern und in einem Gericht, das ich aß und das angeblich ein Hamburger war. Im Schaufenster eines Restaurants, an dem wir vorbeikamen, war eine riesige, ungefähr fünf Meter lange Getreideähre aus Plastik ausgestellt. Sie nahm das gesamte Schaufenster ein. Ich vermute, dass Japaner Körner gern mögen. Ich vermute, dass die Männer manchmal nach Hause kommen und zu ihren Ehefrauen sagen: «Ich habe heute Lust auf Körner. Gehen wir ins Riesenähren-Restaurant.»

In dem beliebten kleinen Seeort Beppu gingen wir an einem Restaurant vorbei, wo ein Schild auf Englisch verkündete, dass dies «Das liebliche, singende, essende, italienische Tomatenrestaurant» sei. Im Mittelpunkt der Auslage von Plastikspeisen standen Plastikspaghetti mit großen, fast lebensechten, hervorstechenden Krebsscheren, die einem entgegenwinkten. «Hilfe!», schrie Mr. Krebs. «Ich bin in einem Spaghettigericht gefangen.»

Wenn wir kein westlich aussehendes Restaurant fanden, bestand unsere Restaurant-Taktik in der Regel darin, ein Gericht zu bestellen, das äußerst gründlich verarbeitet und durchgekocht war und dem das natürliche Augapfel-Stadium nicht mehr anzusehen war. Sogar dann konnten wir nie ganz sichergehen. In Kyoto gingen wir eines Abends in ein Restaurant, in dem verschiedene Dinge am Spieß serviert wurden. Wir saßen an einer Theke, während drei Köche um uns herumwirbelten und die Gerichte zubereiteten, und alle drei oder vier Minuten legten sie einen Spieß mit irgendetwas Essbarem vor uns auf den Tisch. (Nach dem Essen zahlt man einen Betrag, der sich nach der Anzahl der leeren Spieße richtet.)

Die drei Köche sprachen ein wenig Englisch, und immer, wenn sie einen neuen Spieß vor uns hinlegten, teilten sie uns mit, was es war. «Krebs!», sagten sie. Oder: «Kartoffel!» Das gefiel uns, weil es interessant war und das Essen gut schmeckte, und als sie ungefähr zum zehnten Mal vorbeikamen und uns die neuen Spieße brachten, biss ich ohne Zögern hinein. Ich kaute bereits auf einer knusprigen Substanz, als die drei zufrieden wirkenden Köche verkündeten: «Grille!»

«Igitt», machte ich und spuckte es aus, wobei ich mich bemühte, nicht genau hinzusehen.

«Du kannst meins haben», sagte mein Sohn, der den Rest unserer Reise praktisch nichts anderes aß als weißen Reis und Brezeln.

JAMES FENTON

Angst vor dem Verrücktwerden

Saigon 1970

Saigon war eine süchtige Stadt, und wir, die Ausländer, waren die Droge. Die Verrohung der Kinder, die Verstümmelung der jungen Männer, die Erniedrigung der Frauen, die Demütigung der Alten, die Spaltung der Familie, die Spaltung des Landes – das alles war in unserem Namen geschehen. Die Menschen dachten mit einer sentimentalen Wärme an das französische Saigon zurück, als hätte das Problem mit den Amerikanern angefangen. Aber die französische Stadt, das «Saigon des Piasters», wie Lucien Bodard es nannte, hatte die Opiumphase der Sucht dargestellt. Mit den Amerikanern hatte die Heroinphase begonnen, und was ich jetzt sah, waren die ersten Entziehungserscheinungen. Überall spürte man nervöse Gereiztheit. Es war unmöglich, sich auch nur einen Moment lang zu entspannen. Saigon war ein gigantischer Dienstleistungsbetrieb, der eine immer geringere Zahl von Kunden lautstark umwarb. «Hey, du! Amerikaner! Du Geld wechseln, du kaufen *Time*, du zurückgeben *Time* ich dir gestern verkauft, du kaufen *Stars and Stripes*, du mir zurückgeben *Stars and Stripes*, du Nummer eins Yankee, du okay Yankee, du Scheißyankee, du wollen Nummer Eins Fick, du wollen *Quiet American*, du wollen *Ugly American*, du Geld geben, ich Schuhe putzen, Nummer Eins, kein Problem ...» Und immer so weiter, die wütende Jagd nach Geld.

Die Bar im *Hotel Royale* lag halb geöffnet zur Straße hin. Der Frühstückskaffee schmeckte nach Durchfall. Man spülte ihn mit Bireley's Limonade hinunter *(«Erfrischend … und ohne Kohlensäure!»)*. Durch die Fenster guckten die Schuhputzjungen – «Hey, du!» –, es ging wieder los. Eines Morgens ignorierte ich ein besonders abstoßendes Exemplar, der sich daraufhin eine Handvoll Erde griff, als wollte er sie im nächsten Moment essen: «Du! Du nicht geben Geld, du wollen, ich essen Scheiße!» Der Gesichtsausdruck, mit dem er die Hand zum Mund führte, war entsetzlich. Unvorstellbar, wie ein Junge dieses Alters solche Züge erworben hatte: Er war etwa zehn Jahre, aber in seinem Gesicht steckten mindestens dreißig Jahre Entmenschlichung und Elend. Ein paar Tage später ließ ich ihn tatsächlich meine Schuhe putzen. Er hockte sich in eine Ecke der Bar und machte sich an die Arbeit, zunächst mit einem Streichholz und etwas Wasser, mit dem er peinlich genau Dreck und Staub vom Oberleder entfernte, und dann mit Schuhcreme. Alles in allem brauchte er etwa eine halbe Stunde, und der Barmann und ich sahen ihm die ganze Zeit fasziniert zu. Er wollte unbedingt beweisen, dass er der Beste in seinem Gewerbe war. Ich fand das witzig und gab ihm eine größere Summe. Er war wütend: es war nicht annähernd genug. Wir feilschten eine Weile, und schließlich lenkte ich ein. Ich gab ihm etwa ein Pfund. Am nächsten Tag kam er um die gleiche Zeit in die Bar; glasigen Blicks stolperte er hilflos zwischen Tischen und Stühlen umher; ich weiß nicht, welche Droge er genommen hatte, aber ich wusste, womit er sie gekauft hatte.

Von all den phantasievollen und verzweifelten Formen des Gelderwerbs erschien mir die Methode, sein eigenes Baby unter Drogen zu setzen und den kleinen Wurm vor den Ausländer auf die Straße zu legen, als eine der abscheulichsten. Man brauchte nicht lange, um zu bemerken, dass diese Kinder tagsüber nie wach waren, oder um die Art, wie sie schliefen, irgendwie merkwürdig zu finden. Unter den Ausländern kursierten Geschichten über ein und dasselbe Baby, das innerhalb einer Woche in den Armen von fünf verschiedenen Müttern gesehen worden war, aber die Bettlerin, die regelmäßig vor dem *Royale* saß, hatte immer dasselbe Kind dabei, eine Tochter von etwa anderthalb Jahren. Ich habe ihnen nie Geld gegeben, weder dem Mädchen noch seiner «Mutter» oder irgendeinem anderen dieser Teams.

Eines Tages aber, als ich von einem ausgezeichneten Lunch zurückkehrte, sah ich, dass die alte Frau, jammernd und gestikulierend, von einer Menschenmenge umringt wurde. Die Kleine war grauer als üblich, und auf ihrem Gesicht klebten Spuren von Erbrochenem. Die Leute drehten sie um, versetzten ihr leichte Schläge ins Gesicht, zogen die Augenlider hoch. Dann wurde die alte Frau mit ihrer Kleinen in ein Taxi bugsiert. Dann zerrte man die beiden wieder heraus, und die Schläge wurden fortgesetzt. Ich ging ins Hotel und bat die junge Frau an der Rezeption, einen Arzt zu rufen. «Nein», sagte sie. – «Aber das Kind ist krank.» – «Wenn Baby in Hospital oder zu Doktor», sie imitierte jetzt eine Injektion, «dann Baby sterben.» – «Nein», erwiderte ich, «wenn Baby *nicht* in Hospital, dann Baby vielleicht sterben.» – «Nein.»

Ich ging mit der jungen Frau auf die Straße hinaus, wo sich mittlerweile eine außerordentlich groteske Szene abspielte. Sämtliche Bettler, denen ich je in Saigon begegnet war, schienen sich versammelt zu haben, und aus ihren Lumpen holten sie Nadeln, die sie dem Kind unter die Zehennägel stachen. «Sehen Sie», sagte ich zu der jungen Frau, «nix gut, Nummer Zehn. Baby brauchen Nummer Eins Hospital.» – «Nein, meine Großmutter hatte auch. Baby brauchen das hier –

Nummer Eins.» Sie zauberte ein Fläschchen Eukalyptusöl hervor. «Das ist nicht Nummer Eins», sagte ich. Und zur Betonung fügte ich hinzu: «Das ist Nummer Zehn, Nummer Zehntausend.» Doch es war zwecklos, weiterzudiskutieren oder an irgendwelche Leute in der Menge zu appellieren. Alle behaupteten steif und fest, von einem Arzt im Krankenhaus würde das Kind mit einer Spritze umgebracht werden. Während ich mir immer sicherer war, dass jede Verzögerung zum Tod des Kindes führen werde.

Schließlich, nachdem eine längere Eukalyptusmassage und wiederholtes Stechen in Finger und Zehen zu keinen erkennbaren Ergebnissen geführt hatten, sah es so aus, als sollte sich meine Ansicht durchsetzen. Falls ich bereit sei, für das Taxi und das Hospital zu bezahlen, würde die Frau mitkommen. Ich drängte mich durch die Menge und zerrte die Frau zu einem Taxi – einem klapprigen alten Renault, der mit Bindfaden zusammengehalten wurde. Das Baby wurde in eine Plane gewickelt und sein Gesicht mit einem roten Taschentuch bedeckt. Jedes Mal, wenn ich das Taschentuch wegnehmen wollte, unter dem ein heiseres, nichts Gutes verheißendes Keuchen hervorkam, legte die alte Frau es wieder zurück. Ich bat den Taxifahrer, uns zu einem Nummer Eins Krankenhaus zu bringen, und dann fuhren wir los. Doch von Anfang an ging alles schief. Nach hundert Metern mussten wir anhalten, um zu tanken. Dann blieb ein Lieferwagen vor uns stehen, sodass wir festsaßen. Als Nächstes standen wir zu meiner Verwunderung vor einem Bahnübergang – dem einzigen von ganz Saigon, wie mir schien, und natürlich wurde für die nähere Zukunft auch ein Zug erwartet. Hier erwischten uns auch die Ausläufer des Taifuns «Sarah», der seinerzeit in den Nordprovinzen für Chaos sorgte. Ein Reifen ging auch kaputt, was aber erst später bemerkt wurde.

Immer weiter fuhren wir durch den Wolkenbruch, doch der Taxifahrer schien es merkwürdigerweise überhaupt nicht eilig zu haben. So saß ich hinten, die eine Hand auf der Hupe, und mit der anderen versuchte ich, der Kleinen das Luftholen etwas zu erleichtern. Ich entsinne mich auch, dass ich mit einem dritten Arm von Zeit zu Zeit die alte Frau tröstete und dass ihre Schulter, wenn meine Hand darauf lag, sich sehr schmal und hart anfühlte. Alles, sagte ich, würde Nummer Eins, okay werden, Nummer Eins Hospital, Nummer Eins Doktor, Babysan okay. Wir fuhren durch Cholon, das Chinesenviertel, dirigiert von westlichem Mitleid.

Wenn ich alles bedenke, dauerte es reichlich lange, bis mir dämmerte, dass wir überhaupt nicht zu einem Hospital fuhren. Wir kamen sogar an einer Sanitätsstation vorbei, die der Fahrer keines Blickes würdigte. Ich sah deutlich vor mir, was nötig war: ein großes, kühles Gebäude, von den Franzosen errichtet, in jüngster Zeit mit amerikanischen Regierungsmitteln und Spendengeldern renoviert, ausgestattet mit einigen der besten medizinischen Apparate in Asien. Ich sah sogar schon die Gedenktafeln an den Wänden. Eine Abteilung war vielleicht nach dem ehemaligen US-Botschafter benannt.

Erst als die alte Frau Anweisungen gab, wurde mir klar, dass ich hereingelegt worden war. Wir fädelten uns mittlerweile durch moderne Slumviertel, die wie eine chinesische Version von Dog Island aussahen. «Wo ist das Krankenhaus? Das hier ist kein Krankenhaus», sagte ich. «Doch, doch», erwiderte der Taxifahrer, «wir fahren zu Krankenhaus, Nummer Eins Doktor.» Wir hielten vor einer Ladenfront, und der Fahrer stieg aus. Ich sprang aus dem Auto, packte ihn am Arm und brüllte: «Ich habe gesagt: Nummer Eins Hospital. Du lügen. Du dreckiger Charlie. Du Nummer Zehntausend

Saigon.» Kinder umringten uns, es schüttete in Strömen, der Taxifahrer wand sich in meinem Griff, ich hielt ihn am Arm fest. Es blieb der Frau mit dem kleinen Bündel im Arm vorbehalten, herauszufinden, wo der Doktor wohnte. Schließlich gab ich nach und lief ihr hinterher, eine Stiege hoch, einen offenen Korridor entlang, der von Schneidern und Händlern gesäumt war. Wenigstens ist es nicht meine Schuld, dachte ich, wenn das Kind stirbt – ein Gedanke, der sich sofort in einen Wunsch verwandelte: Ein kleiner Huster hätte gereicht, ein schwaches Gurgeln, dann Stille, und meine Theorie von der westlichen Medizin hätte sich zu meiner Genugtuung bewahrheitet. Ich hätte mich natürlich sehr anständig verhalten, ich hätte bezahlt und wäre selbstverständlich zur Beerdigung gegangen.

Im Nachhinein war unschwer zu erkennen, weshalb dieses Etablissement Vertrauen genoss. Das dunkle Zimmer mit seiner traditionellen Einrichtung, an den Wänden Fotografien von Ahnen in traditionellen vietnamesischen Gewändern, ein gerahmtes Puzzle von italienischen Seen. Und im Hinterzimmer (natürlich im Hinterzimmer!) massierte eine dicke, ältere Frau einer dicken, älteren Frau den Rücken. Sie sahen kaum auf, als wir eintraten. Es war nicht die leiseste Aufregung zu spüren. Mir wurde vielmehr klar, dass ich der Einzige war, der Hektik verbreitete. Sobald die Frau mit der Massage aufgehört hatte, wandte sie sich dem Baby zu. Zunächst entnahm sie einer schmutzigen Schale etwas Salbe und rieb den kleinen grauen Körper überall damit ein. Dann nahm sie aus einer anderen Schale eine rosa Substanz, die wie Euthymol-Zahnpasta aussah, und rieb damit den Mund aus. Innerhalb weniger Minuten musste sich das Kind übergeben, es weinte und erholte sich langsam. Ich war noch nie in meinem ganzen Leben so wütend gewesen. Und um mich vollends zu demütigen, weigerte sich die Ärztin, Geld anzunehmen. Sie gab der Alten eine in Zeitungspapier eingewickelte Arznei, und wir gingen wieder. Wir fuhren zu der armseligen Hütte, in der die alte Frau lebte. «Setz dich», sagte sie und wies auf das Holzbett, aus dem, abgesehen vom Dach, ihre Wohnung bestand (Wände gab es nicht). In jeder anderen Stimmung hätte mich gerührt, dass das einzige Englisch, das sie sprach, abgesehen von den grauenhaften Pidgin-Phrasen der Bettler, ein Ausdruck der Gastfreundschaft war. Doch in diesem Moment hasste ich sie so abgrundtief, dass ich ihr nur ein paar Pfund geben konnte und sinnlose Ratschläge, das Baby warm zu halten, es nicht auf die Straße zu legen und so weiter.

An einer Werkstatt unweit des *Royale* ließ ich mich vom Taxifahrer absetzen. Ich gab ihm auch etwas Geld für die Reparatur des kaputten Reifens. «Du Nummer Eins Saigon,» sagte er mit leicht verängstigter Stimme. Das Wetter hatte aufgeklart, und ich schlenderte an den Marktständen vorbei. Man konnte en gros U.S.-Army-Fußpuder kaufen, eiserne Rationen, Rationen für Fernaufklärerpatrouillen, Souvenirfeuerzeuge (mit der Aufschrift «Ob ich schon wandere im finsteren Tal, fürchte ich doch kein Übel, denn ich bin der übelste Dreckskerl im Tal»), Militärzahnbürsten und -waschlappen und aus benutzten Injektionsspritzen gebaute Spielzeughelikopter. Es gab auch Jacken zu kaufen, bunt bestickt mit den Worten «Wenn ich sterbe, komme ich in den Himmel, denn ich habe mein Leben in der Hölle zugebracht – Saigon», und eine Sammlung von GI-Karikaturen und Witzen mit dem Titel *Sorry 'bout that, Vietnam.* Vor dem Hotel fragten mich die Leute, wie es dem Baby gehe, und sie lächelten, als ich «Okay» sagte.

Da kam mir der Gedanke, angenommen, sie steckten alle

unter einer Decke? Angenommen, die alte Frau, der Taxifahrer, der Mann, dessen Lieferwagen liegen geblieben war, der Lokomotivführer – angenommen, sie teilten gerade die gesamten Einnahmen untereinander auf und lachten herzlich auf meine Kosten und lobten das Kind, wie hervorragend es seine Rolle gespielt hatte? Am Abend würde ich die Geschichte einem alten Saigon-Experten erzählen, und ein seltsam mitleidiges Lächeln würde auf sein Gesicht treten. «Nach Cholon sind Sie gefahren? Beschreiben Sie die Ärztin … hmmm … Gab es dort ein Puzzle von italienischen Seen? Ist ja 'n Ding. Sogar den Trick mit der Zahnpasta haben sie also angewendet. Komisch, dass die ältesten Nummern immer noch am besten ziehen …»

Wenige Tage später führte ich mit einer jungen Amerikanerin tatsächlich ein Gespräch in dieser Art. «Sie müssen natürlich wissen, dass der Taxifahrer der Mann der alten Frau war … Ich glaube aber nicht, dass es abgesprochen war.» Außerdem müsse ich erkennen, dass die Beteiligten recht hatten, das Kind eines Bettlers nicht Krankenhausärzten anzuvertrauen. Deshalb, so erfuhr ich später, habe die Frau von der Hotelrezeption meine Anweisungen an den Taxifahrer rückgängig gemacht, und viele Leute hätten ihr zugestimmt.

Als die alte Frau wieder auf der Straße erschien, erkannte ich weder sie noch das Kind, das zum ersten Mal gesund aussah und bei Bewusstsein war. «Babysan okay jetzt, nicht krank», sagte sie und sah mich mit einem furchtbar ehrerbietigen Ausdruck an, wenngleich sie die Hand nicht zum Betteln ausstreckte. Und als ich nichts erwiderte, wandte sie sich an das Kind und flüsterte ihm in der gleichen pathetischen Art etwas zu. Dieses Schauspiel wiederholte sich während meines ganzen Aufenthalts: Sobald ich auftauchte, musste das Kind den freundlichen Ausländer ansehen, der ihm das

Leben gerettet hatte. Ich hatte das Leben dieses Kindes tatsächlich retten wollen, aber nicht *so*, nicht zu den Bedingungen der alten Frau.

Ich empfand Abscheu, nicht bloß über das, was ich um mich herum sah, sondern über die Dinge, die ich in mir sah. Ich erkannte, wie schnell der Impuls des Helfenwollens etwas Mörderisches bekommen konnte, wie stark die Kraft selbstgerechter Empörung war. Ich konnte mir durchaus vorstellen, dass die meisten derjenigen, die als Soldaten nach Vietnam kamen, nicht die übelsten Dreckskerle im Tal waren. Es war einfach so, dass sie jenseits des Kreises, den ihre Intelligenz beleuchtete, in dem sie alles im Griff hatten und jeder Mensch ein fügsames Objekt war, etwas anderem begegneten – einer Person oder einer Nation, die über einen eigenen Willen verfügte, über eigene Arzneien, sei es Fischfutter oder rosarote Zahnpasta, und über eigene Zukunftsvorstellungen. In dem Zusammenstoß, der sich daraus ergab, war alles entschuldbar zu Asche geworden. In Saigon konnte man kein passiver Beobachter sein. Saigon wies einem zwangsläufig die Rolle des Amerikaners zu.

BOB GELDOF

Ich will fort!

Bangkok–Pattaya 1980

Es war schön, wieder in Bangkok zu sein. Mir gefielen die Gegensätze Südostasiens, die in dieser Stadt so extrem sind. Die Gerüche des Straßenverkehrs, der Orchideen, der Abwasserkanäle, der Jasminblüten, die Hitze auf der Straße und die Kälte in den Gebäuden, die Brutalität der Masse, die Sanftheit des Einzelnen, der wütende Verkehrslärm bei Tag und das wohltuende Summen der Dschungelgeräusche bei Nacht, die Offenheit der Menschen und die Verschlossenheit des politischen Systems. Ich schlenderte zum thailändischen Pendant von Soho oder Times Square, dem Patpong, so genannt nach Mr. Patpong, dem die beiden Straßen gehören, aus denen das Viertel besteht. Es gibt hundert Bars dort und in jeder von ihnen hundert Mädchen. Ich stieß eine Tür auf, und wir setzten uns. Zu meinem Erstaunen tanzten die Mädchen auf den Tischen zu *When the Night Comes*, einem meiner Songs.

Es waren wunderschöne Geschöpfe, stumpf und gleichgültig und fast nackt drehten sie sich auf den Tischen wie kleine Kolibris, nichts anderes wahrnehmend als das Hämmern der Musik. Als The Clash drankamen, erhob sich ein Mann, der in einer Ecke gesessen und einsam getrunken hatte, um für sich allein zu tanzen. Er sah aus wie eine Figur aus *Apocalypse Now*: kahl, ohne Augenbrauen, ohne Haare auf den Armen, wie ein übrig gebliebener Fronturlauber. Er stand vor dem großen Videobildschirm und tanzte mit langsamen, mörderischen Karatebewegungen, in starrer, rhythmischer Präzision zum Viervierteltakt des Stroboskops. Die Mädchen tanzten lustlos auf kleinen Flächen rechts und links daneben. Niemand tanzte mit ihm. Im Lichterwirbel sah man nur die Leere in seinen Augen. Er war abwesend, völlig versunken im tiefsten Nichts. Er sah niemanden, weder die Mädchen noch die Jungen. Niemand bettelte ihn um einen Drink an, so wie die Mädchen es bei den anderen Kunden machten. Keine schlug ihm vor, die Nacht bei ihr zu verbringen. Niemand beachtete ihn. Man verstand seine Abwesenheit und hütete sich, ihn zu stören. Vier oder fünf Songs lang tanzte er dort oben, dann hielt er plötzlich inne. Er trat ein wenig zur Seite. Hinter ihm ritt Mowgli auf einem Elefanten, und zwei Mädchen zogen ihre Nummer ab. Dann rief er laut: «Was für ein Scheißladen ist das hier, eh?» Niemand hielt es für notwendig, zu antworten. «Wisst ihr was», sagte er, «leckt mich doch.»

Ich war inzwischen ziemlich voll. Jemand sagte: «Willst du Girls?»

«Nein.»

«Willst du Boys?»

«Nein.»

Jetzt fing der Film in meinem Kopf an. Jetzt wollte ich diese ganzen Dinge sehen, von denen ich gelesen hatte. Ich stellte mir vor, wenn wir tief genug hinunterstiegen, würden wir die Szene mit dem russischen Roulette aus *The Deerhunter* erleben.

«Willst du Esel, Tiere?»

«Nein, nein. Etwas anderes, zeig uns was anderes.» Zeig mir etwas, bei dessen Anblick ich mich frage, warum ich es sehen möchte, etwas, das mich mit Ekel und Trauer um uns alle erfüllt, zeig mir etwas, worin die andere Seite in uns Wirklichkeit wird, nur dass wir sie nicht zu leben oder zu sterben brauchen.

Er führte uns durch die verschiedensten Stufen menschlicher Erniedrigung. Wie weit geht es noch, dachte ich. «Etwas anderes», sagte ich.

Er brachte uns zu einer kleinen Tür an der Seite eines weißen Gebäudes. Es war heiß, und in der schmalen Gasse, die wir zwischen zwei Mauern entlanggingen, roch es feucht und nach Müll. Wir gelangten zu einer winzigen Bar in einem kleinen, schiefen Raum mit fleckigen Betonwänden. Am Bartresen unter dem Neonlicht saßen vier völlig ausgemergelte Opiumsüchtige mit leerem Blick.

Hinter dem Tresen stand eine alte Frau mit kalten, harten Augen. Ihr Gesicht war verzerrt von der Bosheit, mit der sie ihr Leben lang die hoffnungslos Süchtigen mit Stoff versorgt und ausgebeutet hatte. Außer den Junkies waren wir die einzigen Kunden in dem stinkenden Raum. Sie sprach Englisch. «Was zu trinken?», bellte sie. Da ich es für sicherer hielt, den Whisky nicht mit Wasser zu mischen, bestellte ich Scotch und Coke. Sie rief in das Hinterzimmer, woraufhin ein nacktes Mädchen mit dem gleichen leeren Blick herauskam. Sie baute sich vor mir auf, stellte ein Bein auf den Barhocker, steckte sich die Coke-Flasche in die Vagina und öffnete die Flasche. Die Alte klatschte in die Hände und brüllte wieder, und aus dem Hinterzimmer kam ein zweites, genauso verbrauchtes Mädchen und breitete eine schmutzige Decke auf dem Fußboden aus. Sie war nackt und sehr hässlich. Sie legte sich auf die Decke und hob dann die Beine über den Kopf, sodass ihre Genitalien sich uns entgegenstreckten. Sie nahm eine Packung Zigaretten und steckte sich zwei in den Hintern und drei in die Scheide. Sie zündete sie an. Wir sahen zu, wie sie sie aufrauchte. Ich kicherte, und mir war schlecht. Dann stand sie auf und nahm mit dem gleichen leeren Gesichtsausdruck zwei Kerzenstummel, zündete sie an und tröpfelte sich heißes Wachs auf die Brüste. Sobald das Wachs eine feste Schicht gebildet hatte, nahm sie die Kerzen und drückte sie in das Wachs, sodass aus jeder Brust eine Kerze hervorstand. Das Wachs tropfte ihr auf den Bauch. Die Kerzen noch immer balancierend, öffnete sie die Beine und zog eine Reihe von Rasierklingen aus ihrer Scheide. Kunststücke voller Brutalität. Der Zauber des Selbsthasses. Ich bekam allmählich Angst. Ich hatte Angst vor körperlichen Gefahren, wenn unsere Reise in die Erniedrigung weiterging, aber noch mehr Angst hatte ich vor den seelischen Gefahren.

«Willst du mehr sehen?», fragte die Frau. «Mädchen sich aufschneiden mit Messer?»

«Ich will fort», sagte ich. Etwas später kehrten wir in unser Hotel zurück. Ich glaube, wir hätten die *Deerhunter*-Szenen gefunden, wenn wir gewollt hätten. Aber wer braucht das schon?

Pattaya – das war eine Aneinanderreihung von Hotels und Tripperkliniken extra für die amerikanischen Soldaten in Vietnam, die dort ihren Fronturlaub verbrachten. Inzwischen versuchte man, Familien anzusprechen. Das war nicht leicht: eine normale Urlauberfamilie hat keinen Bedarf an Tripperkliniken. Am einen Ende der Häuserreihe ist eine Ansammlung von riesigen offenen Bars. Die Barmädchen dort scharen sich um die überwiegend deutschen Gäste. Die Deutschen sind meist rotgesichtig und haben dicke, bleiche Körper. Die zierlichen und perfekt gebauten Mädchen, die sie umringen, erinnerten mich an die Ameisen, die in Spanien über die blinde weiße Motte auf dem Fußboden gekrabbelt waren. Sogar das Aftershave, mit dem ich sie vernichtet hatte, hatte denselben Geruch wie diese glattrasierten Deutschen. Die Mädchen verfolgten ein simples Ziel: sich einen Mann für die Nacht angeln und hoffen, ihn durch ihre Schönheit und ihre Geschicklichkeit und ihre Anschmiegsamkeit so weit zu bringen, dass er sie am nächsten Tag aushält und so weiter, bis er nach Düsseldorf oder sonstwohin zurückfliegt. Je länger sie «ihren Mann behalten», desto mehr Ansehen genießen sie unter den Konkurrentinnen. Das Höchste ist es natürlich, wenn einer von diesen Burschen in Erwiderung für ferne Liebe und Treue monatlich Geld überweist. Es kommt gar nicht selten vor, dass die Mädchen nach Europa geholt werden und dort Gott weiß was für ein Leben führen. Bargirls werden aus irgendeinem Grund anders angesehen als Prostituierte, vielleicht, weil sie andere Erwartungen haben.

Joe war in Pattaya abgestiegen. Er hatte ein Barmädchen kennengelernt und war wenig später bei ihr eingezogen. Sie ging weiterhin ihrem Gewerbe nach, ohne dass Joe im geringsten eifersüchtig wurde. Fälschlicherweise dachte er, dass diese Lockerheit auf Gegenseitigkeit beruhte, und ging mit ihren Freundinnen ins Bett. Eines Nachts, nachdem sie sich gerade geliebt hatten und sie noch auf ihm saß, griff sie über den Bettrand, stieg von ihm herunter und schnitt mit einem Krummdolch seinen Penis ab. Sie steckte ihn in eine Plastiktüte voller Eisstücke und rief eine Klinik an, erklärte, was passiert war, und forderte einen Ambulanzwagen an. Sie erklärte Joe: «Du hast eine Stunde.»

«Und?», fragte ich.

«Sie haben ihn wieder angenäht.»

«Glaub ich nicht», sagte ich.

Schon etwas betrunken, wankten wir zur Toilette, wo er

mir einen dicken, hässlichen violetten Wulst rund um die Peniswurzel zeigte.

«Funktioniert er?», fragte ich.

«So gut wie neu, aber die Mädels lasse ich nicht mehr auf mich rauf.»

Später kämpfte ich mich zu meinen Wagen zurück. Mit dem Beginn der Sperrstunde gingen die Lichter aus. Fast wäre ich über einen am Boden liegenden Körper gestolpert, der aufsprang und mir einen Revolver an die Schläfe hielt. Ich wedelte heftig mit meinem Ticket, woraufhin der Soldat eine Taschenlampe nahm und es sorgfältig studierte. Schließlich gelangte ich zu meinem Bett. Vor dem Schlafengehen musste ich noch zur Toilette. Ich suchte am Ende des Waggons und stieß eine Tür auf, während ich schon den Reißverschluss meiner Hose öffnete. Die winzige Kabine gehörte dem jungen Steward, der nicht älter als achtzehn gewesen sein konnte und zweifellos verwirrt war über diesen Europäer, der zu ihm hereinpolterte, auf seinen Sack zeigte und betrunken etwas von «Toiletten» murmelte. Er deutete zum anderen Wagenende, aber es war dunkel, und ich konnte nichts sehen, und in der klaren Logik von Betrunkenen holte ich ihn heraus und versuchte, auf der Plattform zwischen den beiden Waggons zu pinkeln. Der Zug schwankte, und da ich selbst auf unsicheren Beinen stand, den einen Fuß im einen Waggon, den anderen im nächsten, traf ich mein Ziel nicht besonders gut. Ich gab es auf und torkelte zum anderen Ende des Wagens, zur offiziellen Toilette. Schließlich kroch ich in mein Bett und wurde zu meinem Entsetzen gegen 4 Uhr früh von dem Steward geweckt, der meinen Auftritt in seinem Abteil offensichtlich falsch interpretiert und meine fieberhaften Handbewegungen am Unterleib als Einladung aufgefasst hatte. Er stieg zu mir ins Bett, zweifellos auf Geld hoffend.

«Verschwinde», brüllte ich. Erschrocken und verwirrt ergriff er die Flucht. Ich konnte nicht mehr weiterschlafen und stand schon auf, während wir durch eine wunderschöne Berglandschaft fuhren. Ich frühstückte im Zug und stieg in Chiang Mai aus, wo ich mich von einem Rikschafahrer ins Hotel bringen ließ.

NORMAN LEWIS

Allerhand Tiere

Birma 1951

In der gnadenlosen Mittagshitze krochen wir durch einen Tunnel grün glitzernder Vegetation voran. Dann, am frühen Nachmittag, kam die offizielle Frühstückspause. Wir waren in einem winzigen Dorf, ein paar Hütten aus Blättern und Zweigen rings um einen Brunnen. Ein einsamer, halb blinder, räudiger Hund schlich heran, um uns zu begutachten, und wurde sofort von zwei mageren Borstenschweinen verscheucht, die aus einer der Hütten herbeistürmten. In die Felswand hinter dem Dorf war eine Höhle gehauen worden, und durch eine Art Bambusveranda, die vor dem Eingang errichtet worden war, stieg dünner Rauch auf. Dieser infernalische Ort war das Restaurant.

Nun war der Moment gekommen, alle europäischen Vorurteile hinsichtlich des Essens über Bord zu werfen, die Sorge vor Typhus oder Durchfall ein für alle Mal aus dem Kopf zu verbannen. Selbst wenn ich jetzt stehen blieb und mich weigerte, diese düstere Grotte zu betreten, so erwarteten mich doch noch viele andere, und letzten Endes würde sich das Problem ganz einfach über den Hunger regeln. Reisen in ferne Länder hatten ihre Vorteile – das gelegentliche Gefühl von Abenteuer, die neuartigen Erfahrungen –, aber auch ihre Nachteile, Und da man ihnen ohnehin nicht entging, sah man ihnen lieber gleich unerschrocken ins Gesicht.

Im trüben Inneren der Höhle – einem Prototyp fernster asiatischer Garküchen – erwartete uns ein Koch mit nacktem Oberkörper. Tätowierte Drachen wanden sich zwischen kabbalistischen Figuren auf Brust und Armen. Er schnipste sich ein Stück Darm vom Finger, das von einer aufmerksamen Katze in der Luft gefangen wurde. Tin Maung gab eine Bestellung auf, und zu gegebener Zeit erschien der Oberkellner, ein jovialer Shan mit polierter Glatze und Mandschu-Bärtchen, und brachte einen Teller mit knochigen, vor lauter Curry gelbsüchtigen Hühnerteilen, eine Schale Reis und zwei Aluminiumteller. Wenn man nicht genau weiß, wie man sich bei Tisch verhalten soll, dann beobachte man die anderen. Wenige Minuten später löste ich die Sehnen sauber von den safranfarbenen Knochen und knetete den Reis zu einer Form, die ich mit den Fingern zum Mund führen konnte. Doch die *spécialité de la maison* war ganz ohne Frage der mit Knoblauch und Chilis eingelegte Kohl. Diese Shan-Delikatesse wurde uns von Tin Maung feierlich als «sehr vitaminreich» empfohlen. Sie hatte einen säuerlich scharfen Geschmack, an den man sich schnell gewöhnte. Diese und viele andere, ähnliche Erfahrungen hätte ich bestimmt nicht gemacht, wenn ich den Empfehlungen des *Burma Handbook* gefolgt wäre: «… Es gibt keine Hotels. Für den Reisenden, der mit der Eisenbahn oder dem Irawadi-Dampfer ins Landesinnere fährt, stehen nur die Regierungsbungalows zur Verfügung, deren Benutzung vom Verwaltungschef des Bezirks genehmigt werden muss. Es wird empfohlen, Bettzeug, einen Koch und einige Küchenutensilien mitzubringen.»

Obwohl Tin Maung nicht damit gerechnet hatte, dass wir es in einem Tag bis Lashio schaffen würden, waren wir am späten Nachmittag nur noch wenige Meilen von der Stadt entfernt.

Wir hatten gerade den Fluss Nam Mi überquert, wo ich fasziniert beobachtet hatte, wie leuchtend rote Erdmassen den Berghang hinunter in das tiefe grüne Wasser stürzten, als wir von einer Militärpatrouille angehalten wurden. Die Soldaten erklärten uns, nationalchinesische Banditen hätten die Straße zeitweilig gesperrt, nur vier Kilometer vor Lashio, und den Lastwagen vor uns zusammengeschossen und geplündert. Da dies mehrere Stunden zuvor passiert war, fanden wir nicht, dass wir knapp davongekommen waren. Trotzdem wurden wir aufgehalten, bis ein Shan-Polizeioffizier eintraf und erklärte, dass wir die Reise fortsetzen dürften. Als wir die Ausläufer von Lashio erreichten, ging die Sonne gerade unter. Scharen von Hirtenstaren und Sittichen waren in den Baumkronen aufgetaucht und lärmten dort genauso wie die Stare in der Dämmerung eines Londoner Parks.

Gemäß den bereits zitierten Empfehlungen im *Burma Handbook* bat ich den Fahrer des Lastwagens, mich am Dak Bungalow abzusetzen, aber anscheinend gab es ein Problem. Tin Maung erklärte mir, dass der Bungalow von der Armee besetzt worden sei. Er lud mich zu sich nach Hause ein, ich könne das Gepäck dort lassen und währenddessen weitere Erkundigungen einziehen. Lashio war teilweise zerbombt, aber nach Art der britischen *hill station*, die es einmal gewesen war, wieder aufgebaut worden – überall einzelne Bungalows mit dazugehörigem Garten. An einem dieser Bungalows hielten wir an. Es war inzwischen fast dunkel geworden, und ein junger Mann, nur mit Shorts bekleidet, kam den Weg entlanggelaufen und öffnete das Tor. Er trat mit gekreuzten Armen auf uns zu und verneigte sich auf japanisch anmutende Art, und als er wieder kehrtmachte, richtete er sich nur halb auf. Tin Maung deutete mit einer Kopfbewegung auf unser Gepäck und sagte etwas, woraufhin die noch immer gebeugt dastehende Gestalt beide Koffer schnappte und mit ihnen ins Haus eilte. Es war kein Diener, wie ich zunächst vermutet hatte, sondern ein jüngerer Bruder.

Dann wurde ich auf den Balkon des Hauses gebeten, wo ich von Tin Maungs Vater begrüßt wurde. U Thein Zan sah aus wie eine schlanke, birmanische Variante eines dieser jovialen chinesischen Glücksgötter. Selbst wenn sein Mund entspannt war, die Augen waren humorvoll zusammengekniffen. Tatsächlich hatte er gelernt, wie ich bald feststellte, seine Gefühle durch unterschiedliche Arten von Lächeln auszudrücken: ein heiteres Lächeln (kam am häufigsten vor), ein verständnisvolles Lächeln (für die Unzulänglichkeiten anderer), ein schelmisches Lächeln (wenn seine eigenen Schwächen zur Debatte standen), ein wehmütiges Lächeln (für seine herben Verluste, für den Staat Birma und die Menschheit im allgemeinen).

Im Hintergrund wuselte die Mutter herum. Ihr wurde ich nicht vorgestellt. Wir drei – Vater, Sohn und ich – saßen auf dem Balkon und machten beiläufige Bemerkungen über die politische Situation. Von Zeit zu Zeit kam der jüngere Bruder aus dem Haus, verbeugte sich und ging wieder hinein. Die Mutter erschien, machte es sich in einem Sessel bequem, der genügend weit entfernt von der wichtigen Männerversammlung stand, und steckte sich einen Stumpen an. Nirgendwo bemerkte ich ein Anzeichen von Unruhe oder Erregung. Später erfuhr ich, dass an diesem Tag der älteste Sohn nach zweijähriger Abwesenheit heimgekehrt war, einer Zeit, in der der zweitälteste Bruder von Aufständischen ermordet worden war. Ich konnte mir vorstellen, dass chinesische Etikette solch rigide Normen der Selbstbeherrschung verlangte, aber es überraschte mich, dass sich traditionsbewusste birmanische Familien so verhielten.

Als Nächstes musste die Frage der Unterbringung geklärt werden. Also wurde der jüngere Sohn losgeschickt, um Erkundigungen über einen Bungalow des Ministeriums für Öffentliche Arbeiten einzuholen. Er kehrte bald wieder zurück und berichtete, dass der Bungalow von Soldaten belegt sei, für die Nacht darauf aber vielleicht ein Zimmer frei werde. Daraufhin meinte Tin Maung, dass ich im Haus seines Vaters übernachten müsse, und gab Zeichen, mein Gepäck ins Haus zu holen. Ich entschuldigte mich bei dem alten Mann für die Unannehmlichkeiten, die ich ihm bereitete, woraufhin er großzügig erklärte: «Wen mein Sohn mit nach Hause bringt, der wird mein Sohn», und dazu so herzlich lächelte, dass es unmöglich war, sich nicht wohlzufühlen.

Vor dem Zubettgehen, erklärte U Thein Zan, seien aber noch Formalitäten zu erledigen. Er war der Ansicht, dass ich mich aufgrund der unsicheren Situation unverzüglich beim örtlichen Polizeichef melden sollte, und nachdem er sich sorgfältig angekleidet hatte, nahm er eine Laterne und begleitete mich dorthin. Der Polizeichef, überrascht von meinem Besuch, hatte sich jedoch bald gefangen und schien erleichtert, dass eine so einflussreiche lokale Persönlichkeit wie U Thein Zan sich meiner angenommen hatte, und gab mir einige Formulare mit, die ich ausfüllen sollte. Am nächsten Morgen, sagte er, müsste ich mich im Büro des Sonderbeauftragten für die Region und beim Garnisonskommandanten melden. Von letzterer Vorschrift war in Rangun nie die Rede gewesen, und ich beschloss, sie, wenn irgend möglich, zu ignorieren. Angesichts der Präsenz chinesischer Banditen in der näheren Umgebung konnte ich mir durchaus vorstellen, dass dieser Offizier es für angebracht halten könnte, mich unter eine Art militärische Schutzhaft zu stellen oder gar eskortiert nach Mandalay zurückzuverfrachten.

Als ich den Angriff auf den Lastwagen erwähnte, erklärte der Polizeichef mit fester Stimme, dass dies auf das Konto lokaler Shan-Gruppen gehe.

Wir fuhren wieder nach Hause und saßen eine Weile da, plaudernd und Radio hörend. Zwei Sender kamen vergleichsweise gut herein: La Voix d'Islam, der von Radio Toulouse ausgestrahlt wurde, und eine Station, die möglicherweise aus Peking sendete, weil die Ansagen auf Chinesisch gemacht wurden und die Musik, abgesehen von einem Marsch der Roten Armee, westlich klang und etwas Propagandistisches hatte. U Thein Zan war ein leidenschaftlicher Buddhist, und sooft er die Gelegenheit hatte, sprach er über seine Religion. Er war voller Vorfreude, weil am folgenden Tag ein berühmter Abt mehrere Predigten halten würde und er selbst bei der Empfangszeremonie im Kloster eine wichtige Rolle spielen sollte.

Bald darauf zog sich die Familie zurück. Das Haus war ein leichter Bau, der von etwa einen Meter hohen Pfeilern getragen wurde. Es bestand aus zwei Zimmern und Küche, das Dach war mit Palmblättern gedeckt, und der Fußboden war aus Bambus. Ich hatte ein Zimmer für mich ganz allein, während die fünfköpfige Familie – ein weiterer Bruder war kurz zuvor eingetroffen – in dem zweiten Zimmer schlafen musste. Die alte Mutter war offensichtlich nicht einverstanden mit dieser Regelung, die, wie ich ihren Gebärden entnahm, vermutlich nicht ihren Vorstellungen von wahrer Gastfreundschaft entsprach. Vielleicht fand sie, dass ich nicht wie ein Familienmitglied behandelt wurde. Jedenfalls protestierte sie und wurde nur mit Mühe von Tin Maung überstimmt, der ihr wahrscheinlich klarmachte, dass gemeinsames Schlafen in einem Raum in Europa nicht üblich sei; mit verwundertem, resigniertem Achselzucken fügte sie sich. Die Tür wurde mit Stangen verriegelt und der Fensterladen geschlossen. Der jüngere Bruder brachte ein Feldbett, das er in einer Ecke aufbaute. Daneben stellte Tin Maung einen Hocker mit einer Lampe, einem Glas Wasser, einem Teller mit Nüssen und mehreren gigantischen Stumpen. Bevor er in das andere Zimmer verschwand, schärfte er mir ein, das Licht nicht zu löschen. Ich überlegte, warum.

Ich entkleidete mich und zog den baumwollenen Longyi an, den ich in Mandalay gekauft hatte, weil er mir als besonders kühl empfohlen worden war. Ich stellte die Lampe etwas kleiner, streckte mich auf dem Bett aus und wollte gerade eindösen, als ich ein leises Knarren hörte. Mit halb geöffneten Augen sah ich Tin Maung langsam durch das Zimmer gehen und dabei mit einer Taschenlampe über Wände und Decke fahren. Ich fragte ihn, was er suche, und er sagte: «Manchmal gibt es hier Motten.» Dann ging er auf Zehenspitzen schnell aus dem Zimmer. Meine Lider klappten wieder zu und öffneten sich, widerstrebend, bei einem leisen Scharrgeräusch. Der Bungalow bestand aus einem Holzgerüst, auf das Platten aus irgendeinem weißgetünchten Material genagelt worden waren. Es sah aus wie ein sehr wackliges Exemplar eines kleinen schwarz-weißen Bauernhauses in Essex. An einer Wand, knapp über meinen Füßen, befand sich ein Schrein, der einen eher unüblichen, sich zurücklehnenden Buddha nebst Trockenblumen in Vasen enthielt. Hinter diesem Schrein krochen jetzt mehrere Ratten hervor, nicht sehr groß, aber durchaus lebhaft, die in raschen, vorsichtigen Bewegungen dem Lichtstrahl quer durch das Zimmer folgten. Bald waren sieben von ihnen in Sicht.

Ich beobachtete diese Bewegung eine Zeitlang mit schlaftrunkener Neugier und nickte dann wieder ein. Plötzlich trat ein ungewöhnlicher Schutzmechanismus in Kraft. Während des letzten Weltkriegs hatte ich einmal bemerkt, dass ich durch unsere eigenen Geschütze nicht beim Schlafen gestört wurde, dass ich aber unweigerlich aufwachte, wenn die feindlichen Geschosse hoch über unseren Köpfen durch die morgendliche Stille pfiffen. Jetzt war es so, dass ich die Bewegung von winzigen, krabbelnden Beinen eher unbewusst als leises Kratzen in meinem Schädel registrierte, als dass ich es hörte. Halb wach, halb träumend, spürte ich, dass irgendetwas am Bein des Feldbettes hochkrabbelte. Ich drehte den Kopf zur Seite und sah undeutlich ein kleines schwarzes Tierchen auf dem Kopfkissen neben meiner Backe. Dann war es plötzlich verschwunden. Es war ein Skorpion, dachte ich, oder eine haarige Spinne, vielleicht eine Art Tarantel. Ich dachte an Tin Maungs mysteriöse Inspektion des Zimmers im Schein seiner Taschenlampe. Was sollte ich tun? Ich stand auf, weil ich mir sagte, dass dieses Tier, was immer es sei, zurückkehren und, sobald ich eingeschlafen war, sein Ziel verwirklichen werde. Ich dachte daran, die Nacht wach im Stuhl zu verbringen, doch als ich zur Lampe griff, um den Docht hochzudrehen, fühlte sie sich leicht an, und es war nur ein leichtes Plätschern im Ölreservoir zu hören, als ich sie schüttelte. Binnen kurzem würde die Lampe also ausgehen, und mein Skorpion, oder was es auch war, würde mit anderen seinesgleichen kühn durch die Ritzen im Bambusfußboden krabbeln. Mein nächster Impuls war, die ganze Nacht in Lashio herumzuspazieren, und ich ging los, um den Türriegel zu lösen. Sofort brach der räudige Hund, der unter dem Haus wohnte, wo er die ganze Nacht über schnüffelte und wimmerte, in lautes Kläffen aus, das von allen Hunden des Distrikts wütend beantwortet wurde. Mir fielen die schießwütigen Polizisten von Lashio ein, die an chinesische Banditen denken würden.

Das Beste, sagte ich mir, würde es sein, das Moskitonetz zu benutzen und zu hoffen, dass ich es während des Schlafs mit keinem Körperteil berühren würde. Nachdem ich es, so gut ich konnte, befestigt hatte, kletterte ich hinein und stopfte es sorgfältig unter die Matratze. Eine Zeitlang beobachtete ich durch das Netz die undeutlichen Bewegungen der Ratten; dann nickte ich wieder ein. Ein nicht sehr starker Schmerz an der Lippe weckte mich auf. Ich führte die Hand an die Stelle und entdeckte eine Küchenschabe, die sich dort festgebissen hatte. Das war die letzte Störung; wach wurde ich erst wieder durch das laute Schwirren von Nashornvögeln über mir, während das Tageslicht durch die Fensterläden drang.

PATRICK MARNHAM

Unterwegs nach Katmandu

Patna–Raxaul 1968

Die indischen Züge waren schmutzig, unzuverlässig, stickig und hoffnungslos überfüllt. Und die dritte Klasse zeichnete sich noch durch etwas anderes aus. In ihr fuhr man praktisch umsonst. Wegen der großen Anzahl von Reisenden konnte im Zug keine Fahrscheinkontrolle stattfinden, und auf den Bahnhöfen drängte sich die Menge einfach durch die Sperre.

Beflügelt durch die Aussicht auf eine kostenlose Fahrt bis zur nepalesischen Grenze, stiegen wir in den falschen Zug und erkannten unseren Irrtum erst, als wir Patna am Südufer des Ganges erreichten. Das war nicht nur viel zu weit südlich, sondern auch viel zu weit östlich. Nach dem langen Treck in Richtung Südosten mussten wir wieder ein Stück in nordwestlicher Richtung zurückfahren. Ermattet kletterten wir in Patna aus dem Zug und erkundigten uns nach der Ganges-Fähre. In Delhi war zuverlässig berichtet worden, dass der Monsun einige Wochen zuvor Patna erreicht habe. Die Männer in Delhi sollten nicht alles glauben, was im Wetterbericht steht. Patna lag unter der gleichen gelben Dunstglocke, und apathisch warteten die Menschen auf den Regen.

Wir fanden den Fluss mit Hilfe eines jungen Rikschafahrers. Da in der Stadt keine Busse verkehrten, erlagen wir seinen Schmeicheleien und packten uns und unsere Sachen in seine Karre. Mit sehnigen Beinen trat er in die Pedale und bahnte sich unter heftigem Geklingel einen Weg durch die überfüllten Straßen und die bleierne Luft. Auf dieser kurzen Strecke gelang es uns beiden sogar, zu schlafen; kostenlose Zugfahrten sind nicht erholsam. An der Anlegestelle hatte sich eine große Menschenmenge versammelt und wartete geduldig auf das Fährschiff. Neben dem Fahrkartenschalter saß eine alte Frau in ihrem eigenen See, unweit davon schliefen ihre Enkel auf der Erde. Andere Kinder spielten am Flussufer, tollten in der braunen Brühe herum und fischten gelegentlich verkohlte Holzplanken heraus, die flussabwärts trieben. Mit diesen droschen sie aufeinander ein: Es waren die Überreste der Flöße, die in Benares zur Leichenverbrennung benutzt worden waren.

Endlich kam ein gedrungener Schaufelraddampfer mit einem dünnen Schornstein und machte am Kai fest. Erregt drängte alles zur einzigen Laufplanke. Irgendwie zwängte sich die Masse an Bord, und nach einer weiteren sinnlosen Verzögerung legten wir ab. Wir schaufelten hinaus auf den heiligen Ganges, während die dickflüssigen Fluten, gesprenkelt mit Asche und Girlanden, am Schiff vorbeischwappten. Zum ersten Mal seit der Bosporus-Fähre mussten wir mehr als nur einen Strom überqueren – für Insulaner eine ungewöhnliche Erfahrung. Niemand wusste, wann wir das andere Ufer erreichen würden oder ob dort ein Zug stehen würde. Draußen auf dem Wasser war nichts zu sehen außer dem Dunst und der vorbeitreibenden Asche. Kurz nach dem Ablegen liefen wir auf Grund.

Die Fahrt zog sich weit in den Nachmittag hinein. Perkins saß fest schlafend auf einer Bank, umringt von einer neugierigen Menge, die sich stumm über den Gegensatz zwischen seinen abgerissenen Schuhen und seinen teuren Kameras wunderte. Rußpartikel hatten bald jeden Passagier bedeckt. Bei uns fielen sie weniger auf als bei den weiß gekleideten Indern. Gegen Abend hob sich der Dunst ein wenig, und wir konnten am Horizont ein schlammiges Ufer ausmachen. Langsam, lautlos kamen wir näher – die Bodenerhebung hinter dem Ufer stellte sich als Kopfbahnhof heraus. Während das Schiff anlegte, stürzten unter wildem Geschrei fünfzig Männer in schwarzen Shorts und ausgeblichenen roten Unterhemden hinzu und kletterten, ohne auf die sich drehenden Schaufelblätter zu achten, an Bord. Es waren keine Piraten, sondern Träger, die grüppchenweise um das Privileg kämpften, die reicher aussehenden Gepäckstücke von Bord zu tragen. Wir stolperten an Land und stiegen die Anhöhe hinauf zum Zug. Jemand hatte uns gesagt, dass er zur nepalesischen Grenze fuhr.

Selbst nach indischen Maßstäben (in Delhi hatten wir von einem Zug gehört, der mit vierundzwanzig Stunden Verspätung abgefahren sein soll) war dieser Zug bemerkenswert. Tatsächlich war es der vollste Zug, den wir bislang gesehen hatten. Es war absolut unmöglich, ihn zu besteigen. Menschen standen schon außen an den Waggons, hielten sich an den Fenstergittern fest oder waren auf das Dach geklettert. Dass wir und unser Gepäck mitkommen würden, war völlig ausgeschlossen. Entweder wir oder das Gepäck. Wir waren übrigens nicht die einzigen enttäuschten Reisenden. Hinter uns wuchteten zwei Männer eine Sänfte den Hügel hinauf. Ein Mädchen lag darin, dünn und aus allen Poren schwitzend. Bei jedem Ruck schrie sie vor Schmerzen auf; dahinter kamen die Familienangehörigen, die Mutter murmelte ihr Worte zu, der Rest schwieg. Für sie gab es offenbar auch keinen Platz.

Der Zug hatte schon eine Stunde Verspätung, und alles sprach dafür, dass er den Rest der Nacht hier herumstehen würde. Schließlich fand sich aber eine bessere Lösung, als wir der Sänfte bis an die Spitze des Zuges folgten und dort einen fast leeren Erster-Klasse-Waggon entdeckten. Das Mädchen wurde in das eine Abteil gehoben. Wir nahmen das andere in Augenschein. Es saßen vier Generalmajore darin. Zwei Plätze waren frei. Wir kletterten hoch. «Einen Augenblick. Das hier ist ein Erster-Klasse-Abteil.»

Das sei uns klar. Ob wir Tickets hätten? Natürlich. Ob sie unsere Tickets sehen könnten? Nein, sie seien keine Zugschaffner. Sorry, wenn wir die Tickets nicht vorzeigten, dürften wir nicht einsteigen. Die Generäle würden schon dafür sorgen. Also zogen wir widerstrebend los, um zwei Fahrkarten erster Klasse von Manendru Ghat nach Raxaul zu lösen. Und widerstrebend ließen uns die Generalmajore in ihrem Abteil Platz nehmen. Zumindest hatten wir herausgefunden, wo wir waren und wohin der Zug fuhr.

Die Generäle beschlossen dann, uns zu verhören. Ein eindrucksvolles Gebiss fing an. «Wohin fahren Sie?» «Woher kommen Sie?» «Auf welchem Weg?» «Sind Sie vom Peace Corps?» «Sind Sie Studenten?» Mit unseren Antworten konnten sie nichts anfangen. Warum wir in Indien in diesem ungepflegten Aufzug zu dieser Jahreszeit herumfuhren? «Was ist das *Ziel* und der *Zweck* Ihres Herumreisens?» Müde versuchten wir, es zu erklären, hatten aber keinen Erfolg. «Bekommen Sie von der Regierung Geld?»

Den Rest der Fahrt über starrten sie uns an und prägten sich ernst jedes Detail ein, für den Fall, dass sie uns später beschreiben müssten. Der Zug rumpelte langsam durch die Nacht, von einem umdrängten Halt zum nächsten. Die elektrischen Ventilatoren funktionierten nicht. Die Eisenstäbe vor den Fenstern erwiesen sich als nützliche Haltegriffe für die Leute draußen auf den Trittbrettern. Im schwachen

Schein zweier Glühbirnen konnte ich die fetten Schaben auf dem Fußboden erkennen. Ich machte es mir zur Aufgabe, jede, die sich bewegte, zu töten. Die Generäle fanden das seltsam. «Diese Tiere sind völlig harmlos!»

Langsam schmolzen wir in der Hitze des Abteils dahin; wir sahen aus wie zwei halb abgeleckte Lutscher auf dem Fußboden eines Kinos. Um unsere Moral zu stärken, puderten wir uns reichlich mit Babypuder ein. Dann rollten wir uns auf den Bänken zusammen und schliefen. Gepuderte Lutscher, wie Babys in einem Nest von Generälen schlafend. Wer so roch wie wir, konnte nicht wirklich schmutzig sein. Die Generäle in ihren gestärkten britischen Uniformen saßen aufrecht da, mit übergeschlagenen Beinen, unbestrumpft in braunen Straßenschuhen, und starrten uns unergründlich an.

Wieder ging die Fahrt in eine Traumphase über, die mir nur noch in Wellen der Erschöpfung und Verwirrung erinnerlich ist. Der Zug kroch ohne die geringste Eile dahin. Zu jeder halben Stunde blieb er eine halbe Stunde lang stehen. Bei jedem Halt konnte man vage die dicht gedrängt auf dem Bahnsteig liegende Menge erkennen. Niemand rührte sich. Wenn wir ausstiegen und die Lokomotive inspizierten, stand sie jedes Mal verlassen da. Auch im Stellwerk war nie jemand. Urplötzlich, ohne Ankündigung und ohne Motiv, rumpelte der Zug weiter durch die Nacht. Allmählich verstand man die enormen Unfallzahlen der indischen Eisenbahn. Auf der Tür des Stellwerks stand ein hübsch gemalter Sinnspruch: «Nur dem sorgfältigen gebührt Lob.»

Im verwaisten Büro des Stationsvorstehers gab es einen Holzofen und eine Batterie von glänzenden Messinggriffen, mehrere Kakaobecher mit dem Monogramm der Eisenbahngesellschaft und ein Wirrwarr von telegraphischen

Apparaten aus viktorianischer Zeit. Der Raum strahlte die Behaglichkeit und Wärme eines nordeuropäischen Weihnachtsabends aus. Man fühlte sich fünfzig Jahre zurückversetzt, in einen kleinen Nebenstreckenbahnhof im walisischen Bergland. Die Maschinen waren vorhanden, die Einrichtungsgegenstände authentisch, der Ofen war in Derby gegossen worden. Es fehlte nur der Wille, die Anlage zu betreiben. Aber die Relikte dieses grandiosen Unternehmens blieben – und sie verliehen dem Chaos, das ihm gefolgt war, etwas ausgesprochen Groteskes. In der dunklen Ecke hinter dem Besenschrank erwartete man den Geist Isambard Kingdom Brunels, der angesichts dieser raffinierten und nun ungenutzten Apparate die Hände rang. Er hätte sich den Legionären nahe gefühlt, die am Hadrianswall herumspuken.

Irgendwie gelang es uns, nachdem wir auf Bahnhöfen mit unleserlichen Namen herumgeirrt waren, im Laufe der Nacht zweimal umzusteigen. An einer Station wurde uns erklärt, dass wir auf den Zug nach Raxaul ein paar Stunden warten müssten. Auf den überfüllten Bahnsteig konnten wir uns nicht mehr hinlegen. Wir besorgten uns aus dem stickig heißen Büro des Stationsvorstehers zwei Küchenstühle und schliefen darauf. In der Morgendämmerung wachten wir auf. Es war kalt und neblig. Langsam erinnerten wir uns wieder, dass wir die Nacht auf einem Bahnsteig verbracht hatten. Weiter unten wurden Feuer angemacht, an denen sich Leute wärmten. Irgendetwas stimmte nicht mit dem Tag, irgendetwas war anders. Regen. Der erste seit Teheran. Steif gingen wir zu dem wartenden Zug. Wir hofften, dass der letzte Tag angebrochen war.

NICOLAS BOUVIER

Die Hauptstadt

Colombo 1977

Vor unseren Handelsniederlassungen, unseren Plünderungen, unseren hochbordigen Schiffen, die diesen Hafen und diese Stadt gemacht haben, war hier nur ein Marktflecken von akrobatischen Kokosnusspflückern, von Fischern, die vom Meeresschaum in den Himmel geschleudert wurden, und von Zimthausierern unter dem Hirtenstab eines Pastors der Holländischen Kirche, der eine Perücke trug und sich sicher mit Quecksilber zu heilen versuchte. Die alten Chroniken erwähnen sie nicht. Kein Heiliger hat sich je nach ihr umgewandt. Kein erwähnenswertes Genie hat sie zu seinem Schlupfwinkel gemacht. Es ist also kaum ein Ort: nur die schweren Schiffe vor Anker und die Sirenen der Schleppdampfer, die sich so tief wie die Stille zwischen den Wassermelonen- und Mangopyramiden mit ihrem betäubenden Geruch durchwinden, geben ihr etwas Nostalgie und Wirklichkeit. Man könnte sie zum Verschwinden bringen, indem man darauf bläst, ohne dass jemand – jedenfalls nicht ich – etwas dagegen hätte. Es würden auf dem Boden einige schäbige Kirchen übrig bleiben, Dagoben in Form von Geiereiern, Lastelefanten, die Baumstümpfe tragen mit ihrem Ausdruck von frustriertem Vieh und von Das-soll-mir-nicht-wieder-Passieren, und die Gebäude der alten Kolonialmacht: Gericht, Banken, Zollamt.

Und doch ist es die Hauptstadt, wo bis anhin alle meine Bemühungen gescheitert sind: die japanische Botschaft ist geschlossen für ein «Blütenfest», die französische Schifffahrtsgesellschaft «Messageries» macht keine Überfahrt in den Osten mehr vor dem Herbst, und die Journalisten, die ich zu sehen wünschte, sind nicht zu den Verabredungen gekommen, die sie mit mir getroffen hatten. Unser neuer Konsul – er ist eben von Hongkong eingetroffen –, auf den ich ein wenig zählte, wurde am Tag seines Amtsantritts von einem Taxi umgefahren. Besuchte ihn im Spital. Mehrfache Brüche. Er war in seine Bandagen gewickelt wie eine Pharaonsmumie, segelte unter Morphium, träumte von vorzeitiger Pensionierung, redete unzusammenhängendes Zeug über die Undankbarkeit von Bern und die Pilze des nördlichen Waadtlands.

Mein schäbiges Hotel ist viel zu teuer für das, was es mir bietet: Von meiner Mansarde aus sehe ich die Dächer aus glasierten Ziegeln und ein immenses Blättermeer voll Wasser, das sich gegen den tiefen Himmel kräuselt. Dumme Krähen spielen da in allen Ecken in einem unaufhörlichen Gekrächze. Schmachtende und arrogante Boys. Lange, von Wichse glänzende Korridore. Dunkle Müßiggänger, unbeweglich vor ihrer Schale Tee, während eine Fliegenfamilie eifrig von ihren Lippen zu ihren Augenbrauen geht. Das Waschbecken gluckst zu einem rötlichen Wasserfaden; und die Hälfte der Kunden sind nicht an die «westlichen» Toiletten gewöhnt: sie verrichten ihre Notdurft aufs Geratewohl, kauern auf die Schüssel und verlassen sie würdevoll, überzeugt, dass ein Kastenloser nur auf ihren Weggang wartet, um sich «darum» zu kümmern. Sie irren sich: die Spuren ihrer Besuche türmen sich in Ringen auf der Klosettbrille, die aussieht wie ein Scherzartikelgebiss. Es wäre gescheiter gewesen, unter einem Baum zu schlafen, aber diesmal fehlte mir der Mut dazu, und ich habe weder die Courage, weiter hinunterzusteigen, noch die Mittel, weiter oben zu wohnen. Jede Stadt muss uns doch etwas beizubringen haben, aber ich verstehe nichts von dem, was mir hier gesungen wird. Ich finde in mir nur Unwille und, zum ersten Mal seit langem, Angst vor dem morgigen Tag. Ich weiß nicht, wie die Gesprächspartner bannen, die sich mir entziehen, die Türen, die sich schließen, diese abwesende Hauptstadt in ihrem Brandgeruch, noch wie ich mich so viel Leere entgegenstellen soll mit dem wenigen, das ich geworden bin.

V. S. NAIPAUL

Schiff nach Bombay

Bombay 1961

Sowie die Quarantäneflagge unten war und die letzten barfüßigen, blau uniformierten Polizisten der Bombay Port Authority das Schiff verlassen hatten, kam Coelho aus Goa an Bord, winkte mich mit langem gekrümmtem Finger in den Aufenthaltsraum und flüsterte: «Haben Sie *Cheej*?»

Coelho kam vom Reisebüro, um mir durch den Zoll zu helfen. Er war groß und dünn und unansehnlich und nervös, und ich bildete mir ein, er spreche von Schmuggelware. Das tat er auch. Er wollte Käse. Das war eine Delikatesse in Indien. Er durfte nur begrenzt importiert werden, und die Inder hatten noch nicht gelernt, wie man Käse macht, so wie sie noch nicht gelernt hatten, die Druckerschwärze der Zeitungen zu bleichen. Doch ich konnte Coelho nicht helfen. Der Käse auf dem griechischen Frachter war nicht gut gewesen. Die ganze drei Wochen lange Reise von Alexandria über hatte ich mich bei dem teilnahmslosen Chefsteward darüber beschwert, und ich hatte das starke Gefühl, dass ich ihn jetzt nicht bitten konnte, mir welchen mit an Land zu geben.

«Na gut, na gut», sagte Coelho, der mir nicht glaubte, aber keine Lust hatte, seine Zeit damit zu verschwenden, Entschuldigungen anzuhören. Er ging aus dem Aufenthaltsraum und schlenderte leichtfüßig einen Gang entlang, taxierte die

Namen über den Türen. Ich ging in meine Kajüte. Ich öffnete eine neue Flasche Scotch und trank einen Schluck. Dann öffnete ich eine Flasche Metaxa und trank auch davon einen Schluck. Diese beiden Flaschen wollte ich mit nach Bombay nehmen, das damals «trocken» war, und diese Vorsichtsmaßnahme hatte mir mein Freund im indischen Fremdenverkehrsministerium geraten: Volle Flaschen würden konfisziert werden. Coelho und ich trafen uns später im Speisesaal. Er war weniger nervös jetzt. Er trug eine sehr große griechische Puppe, deren folkloristische Tracht knallig bunt gegen seine abgewetzte Hose und sein schäbiges Hemd wirkte und deren rosige Wangen und starre blaue Augen neben der rastlosen Melancholie seines langen, schmalen Gesichts gelassen dreinblickten. Er sah meine angebrochenen Flaschen und wurde wieder nervös.

«Offen. Aber warum?»

«Ist das nicht Vorschrift?»

«Verstecken Sie sie.»

«Die Flasche Metaxa ist zu groß, um sie zu verstecken.»

«Legen Sie sie flach hin.»

«Ich traue dem Korken nicht. Erlauben sie einem denn nicht, zwei Flaschen mitzunehmen?»

«Ich weiß nicht, ich weiß nicht. Halten Sie doch mal bitte diese Puppe für mich. Tragen Sie sie in der Hand. Sagen Sie Souvenir. Sie haben Ihren Touristenausweis? Gut. Sehr wertvolles Dokument. Mit so einem Dokument wird man Sie nicht durchsuchen. Warum verstecken Sie die Flaschen nicht?»

Er klatschte in die Hände, und auf der Stelle erschien ein barfüßiger Mann, krumm und knochig, der begann, unsere Koffer fortzutragen. Er wartete schon, ohne gesehen oder gehört zu werden, seit Coelho auf das Schiff gekommen war.

Nur die Puppe und den Beutel mit den Flaschen tragend, kletterten wir in die Barkasse hinunter. Coelhos Mann verstaute die Koffer. Dann hockte er sich auf den Boden, drückte sich in den kleinstmöglichen Raum, als wolle er sich selbst in dem offenen Heck für seine Anwesenheit in der Barkasse entschuldigen, mit der sein Herr fuhr. Der Herr, der nur gelegentlich einen Blick auf die Puppe in meinem Schoß warf, starrte geradeaus, das Gesicht von düsterer Vorahnung erfüllt.

Wir waren in Afrika gewesen, und vier der Passagiere waren nicht gegen Gelbfieber geimpft. Eine aus Pakistan eingeschleppte Pockenepidemie tobte in Großbritannien, und wir fürchteten, dass man in Karachi unerbittlich sein würde. Die pakistanischen Beamten kamen an Bord, tranken ziemlich viel, und unsere Quarantäne wurde aufgehoben. Die indischen Beamten in Bombay jedoch lehnten Alkohol ab und tranken nicht einmal die Coca-Cola aus, die man ihnen anbot. Es tue ihnen leid, aber die vier Passagiere müssten in die Quarantänestation in Santa Cruz; entweder das oder das Schiff müsste draußen auf dem Fluss bleiben. Zwei der nicht geimpften Passagiere waren die Eltern des Kapitäns. Wir blieben auf dem Fluss.

Es war eine langsame, gemächliche Reise gewesen, mit vielfältigen und oberflächlichen Eindrücken. Aber sie war eine Vorbereitung auf den Osten gewesen. Nach dem Basar in Kairo war der Basar in Karachi keine Überraschung mehr; und *Bakshish* hieß das Gleiche in beiden Sprachen. Der Wechsel vom mediterranen Winter zum klebrig-heißen Sommer des Roten Meeres war rasch gewesen. Doch andere Veränderungen waren langsamer gewesen. Zwischen Athen und Bombay hatte sich allmählich eine andere Vorstellung vom Menschen herausgeschält, ein neuer Typ von Autorität und Untertänigkeit. Der Körperbau Europas war erst in dem Afrikas aufgegangen und dann, durch das semitische Arabien, in dem arischen Asiens. Die Menschen hatten klein und entstellt gewirkt; sie bettelten und heulten. Meine Reaktion war hysterisch und brutal gewesen, diktiert von einem neuen Bewusstsein meiner selbst als menschlichem Wesen insgesamt und der festen Entschlossenheit, unterlegt von Angst, zu bleiben, was ich war. Durch wessen Augen ich den Osten sah, spielte eigentlich keine Rolle; für diese Art Selbsteinschätzung war noch nicht die Zeit gewesen.

Oberflächliche Eindrücke, unangebrachte Reaktionen. Doch eine Erinnerung war mir geblieben, und an diesem Tag draußen im Strom vor Bombay versuchte ich, mich daran festzuhalten, als ich den Sonnenuntergang hinter dem Taj-Mahal-Hotel beobachtete und mir wünschte, dass Bombay bloß ein weiterer Hafen sei, so wie die, in denen wir auf der Reise angelegt hatten. Ein Hafen, den der Schiffspassagier entweder erforschen oder zurückweisen konnte. Es war in Alexandria. Hier waren wir am schlimmsten von Droschken und Taxis belästigt worden. Die Pferde waren bis auf die Rippen abgemagert, ihr Zaumzeug so zerschlissen wie die Kleidung der Kutscher. Die Kutscher grüßten einen; sie fuhren mit der Droschke neben einem her und verließen einen nur, wenn ein möglicher anderer Fahrgast auftauchte. Es hatte gut getan, ihnen zu entkommen und vom sicheren Schiff aus zu beobachten, wie sie andere angriffen. Es war, als sehe man einem Stummfilm zu. Das Opfer wurde erspäht, die Droschke trabte hin, das Opfer wurde angesprochen, gestikulierend in ein Gespräch verwickelt, das Taxi fuhr neben dem Opfer her und passte sich seinem Schritttempo an, zuerst schnell, dann übertrieben langsam, dann gleichmäßig.

Dann belebte sich eines Morgens die wüstengleiche große Fläche um den Hafen, und es war, als sei der Stummfilm ein stummes Epos geworden. Lange Reihen zweifarbiger Taxis fuhren vor dem Hafengebäude vor; überall im Hafengebiet verstreut, als warteten sie auf den Befehl des Regisseurs zum Spielen, standen kleine Gruppen schwarzer Droschken; und unablässig rollten durch die Hafentore ganz rechts weitere Taxis und Droschken heran. Die Pferde galoppierten, die Hand, mit der der Kutscher die Peitsche hielt, arbeitete. Es war eine kurze Erregung. Schnell genug kam jedes Fahrzeug zum Stillstand, am Rande einer Gruppe von Taxis oder Droschken. Den Grund für die Erregung sah man schnell: ein großer weißer Überseedampfer, möglicherweise mit Touristen, möglicherweise mit Auswanderern nach Australien. Langsam, leise lief er im Leerlauf ein. Und immer noch schossen Taxis durch die Tore, und immer noch rasten Droschken fieberhaft der Antiklimax von Futterbeuteln und Gras entgegen.

Der Überseedampfer legte frühmorgens an. Doch erst gegen Mittag traten die ersten Passagiere aus dem Hafengebäude auf die Brachfläche vor dem Hafen. Das war wie der Befehl des Regisseurs. Gras wurde vom Asphalt gerafft und in Kisten unter der Kutschbank gestopft; und jeder Passagier wurde Zielscheibe mehrerer konvergierender Angriffe. Rosahäutig, unerfahren, schüchtern und verwundbar kamen diese Passagiere uns vor. Sie hielten Körbe und Kameras; sie trugen Strohhüte und helle Baumwollhemden für den ägyptischen Winter (vom Meer wehte ein bitterkalter Wind herein). Doch unsere Sympathien hatten sich verlagert; wir waren auf der Seite der Alexandriner. Sie hatten den ganzen Morgen gewartet; sie waren mit großem Aufwand und Eifer angekommen; wir wollten, dass sie ihre

Opfer ansprachen, eroberten und mit ihnen durch die Hafentore davonfuhren.

Aber das sollte nicht sein. Gerade als die Passagiere von Droschken und Taxis umzingelt und Gesten des Widerspruchs Stille gewichen waren, sodass es aussah, als sei jedes Entkommen unmöglich und die Gefangennahme gewiss, kamen zwei glänzende Autobusse durch die Hafentore. Vom Schiff aus sahen sie aus wie teure Spielzeuge. Sie bahnten sich einen Weg durch Taxis und Droschken, die erst wieder zusammenkamen und dann wieder auseinander fuhren, damit die Autobusse sich langsam und in einem großen Wendekreis drehen konnten; und wo zuvor Touristen in bunter Baumwollkleidung gewesen waren, war nun nur noch Asphalt. Die Droschken fuhren, als wollten sie die Endgültigkeit dieses Verschwindens nicht hinnehmen, wie bei einer Verfolgungsjagd vorwärts und rückwärts. Dann kehrten sie ohne Eile zu ihren vorherigen Standorten zurück, wo die Pferde das Gras, das dem eiligen Zugriff der Kutscher entgangen war, vom Asphalt aufhoben. Den ganzen Nachmittag blieben die Droschken und Taxis da stehen und warteten auf Passagiere, die nicht mit den Bussen weggefahren waren. Diese Passagiere waren nicht zahlreich; sie kamen zu zweit oder allein heraus; und sie schienen die Taxis vorzuziehen. Doch der Eifer der Kutscher ließ nicht nach. Immer noch sprangen sie, wenn ein Passagier auftauchte, auf die Sitze, trieben ihre dürren Pferde an und rasten davon, um einen Passagier anzusprechen, von Müßiggängern in alten Mänteln und Schals in geschickte und zielbewusste Gestalten verwandelt. Manchmal nahmen sie jemanden für sich ein; oft folgten dann Dispute zwischen verschiedenen Kutschern, und die Passagiere zogen sich zurück. Manchmal begleitete eine Droschke einen Passagier bis zum Tor. Manchmal sahen wir dann den winzigen Fußgänger innehalten; und dann sahen wir ihn mit Triumph und Erleichterung einsteigen. Aber das war selten der Fall.

Es wurde dunkel. Die Droschken galoppierten nicht mehr, um jemanden für sich einzunehmen. Sie drehten sich und fuhren im Schritttempo. Der Wind wurde schärfer; der Hafen wurde dunkel; Lichter gingen an. Doch die Droschken blieben. Erst später, als der Dampfer im hellen Lichterkranz erstrahlte, sogar der Schornstein erleuchtet war und jede Hoffnung ausgelöscht, fuhren sie einer nach dem anderen weg und hinterließen Grasbüschel und Pferdeäpfel, wo sie gestanden hatten.

Später an dem Abend ging ich an Deck. Nicht weit weg stand unter einer Laterne eine einsame Droschke. Sie hatte seit dem späten Nachmittag dagestanden; sie hatte sich früh aus dem Tumult um das Hafengebäude zurückgezogen. Sie hatte keine Fahrgäste gehabt, und jetzt konnte es keine mehr geben. Die Laterne der Droschke war niedrig eingestellt; das Pferd fraß Gras von einem kleinen Haufen auf der Straße. Der Kutscher, gegen den Wind eingehüllt, polierte das stumpf glänzende Dach seiner Kutsche mit einem großen Lappen. Als er mit dem Polieren fertig war, wischte er Staub; dann rieb er kurz und kräftig das Pferd ab. Kaum eine Minute später war er wieder aus seiner Droschke ausgestiegen, polierte, staubte ab, rieb ab. Er stieg ein; er stieg aus. Sein Tun war zwanghaft. Das Tier kaute, sein Fell glänzte, die Kutsche schimmerte. Und es gab keine Fahrgäste. Und am nächsten Morgen war der Dampfer weg und der Hafen wieder verlassen.

Als ich jetzt in der Barkasse saß, die gleich am Pier in Bombay anlegen würde, wo die Namen auf den Kränen und Gebäuden so merkwürdig englisch waren; als ich mich so unwohl bei dem Gedanken an das stumme Wesen fühlte, das da hinter dem Rücken seines Herrn auf dem Fußboden kauerte, und ähnlich unwohl beim Anblick der Gestalten am Pier – nicht romantisch, wie die ersten Gestalten es sein sollten, die man an einer ausländischen Küste sieht –, deren Gebrechlichkeit und Zerlumptheit in scharfem Kontrast zu den Steingebäuden und Metallkränen standen; da versuchte ich mich zu erinnern, dass es in Bombay wie in Alexandria in der puren Macht keinen Stolz geben konnte und dass Wut und Verachtung nachzugeben hieß, sich später vor sich selbst zu ekeln.

Und natürlich hatte Coelho, der Führer, der alles regelte, der die Regierungsformulare kannte, recht. Bombay war absolut trocken, und meine zwei angebrochenen Flaschen mit Alkohol wurden von den Zollbeamten in Weiß konfisziert, die einen deprimiert aussehenden Mann in Blau herbeiriefen, damit er sie «in meiner Anwesenheit» versiegelte. Der Mann in Blau verrichtete seine Hand- und deshalb erniedrigende Arbeit mit langsamer Häme; sein Gebaren wies ihn als etablierten Staatsdiener aus, ganz gleich wie niedrig. Man gab mir eine Quittung und sagte mir, ich bekomme die Flaschen zurück, wenn ich eine Genehmigung für Alkohol beibringe. Coelho war sich dessen nicht so sicher; diese konfiszierten Flaschen, erklärte er, würden gewöhnlich zerbrechen. Doch seine eigene Sorge war vorüber. Es hatte keine allgemeine Durchsuchung gegeben; seine griechische Puppe war ohne Beanstandung durchgekommen. Er nahm sie und seine Gebühr und verschwand in Bombay; ich sah ihn nie wieder.

In Bombay zu sein hieß, erschöpft zu sein. Die feuchte Hitze nahm einem jegliche Energie und Willenskraft, und es vergingen ein paar Tage, ehe ich beschloss, meine Flaschen zurückzuholen. Ich beschloss es am Morgen; ich begann damit am Nachmittag. Ich stand im Schatten der Churchgate

Station und überlegte mir, ob ich genügend Kraft hätte, die in der Sonne liegende Straße zum Fremdenverkehrsbüro zu überqueren. Das Überlegen ging in einen Wachtraum über; es dauerte Minuten, bis ich die Straße tatsächlich überquerte. Eine Treppe lag noch vor mir. Ich setzte mich unter einen Ventilator und ruhte mich aus. Eine Verlockung, größer als die Genehmigung für Alkohol, munterte mich auf: Das Büro oben war klimatisiert. Dort war Indien ein geordnetes, sogar luxuriöses Land. Die Inneneinrichtung war zeitgenössisch; an den Wänden hingen Landkarten und Farbphotographien; und es gab kleine Holzregale mit Broschüren und Pamphleten. Zu schnell kam ich an die Reihe; meine Ruhepause war vorüber. Ich füllte mein Formular aus. Der Angestellte füllte seine Formulare aus, drei im Gegensatz zu meinem einen, machte Einträge in verschiedene Aktenordner und überreichte mir dann einen ganzen Stapel gefalteter Papiere. Ich dankte ihm. Nicht nötig, sagte er; es sei nur ein wenig Papierkram.

Ein Schritt pro Tag: das war meine Regel. Und erst am folgenden Nachmittag nahm ich ein Taxi zurück zum Hafen. Der Zollbeamte in Weiß und der erniedrigte Mann in Blau waren erstaunt, mich zu sehen.

«Haben Sie etwas hier vergessen?»

«Ich habe zwei Flaschen Alkohol hiergelassen.»

«Nein, das stimmt nicht. Wir haben zwei Flaschen konfisziert. Sie wurden in Ihrer Gegenwart versiegelt.»

«Genau das meinte ich. Ich bin gekommen, um sie zu holen.»

«Aber konfiszierten Alkohol bewahren wir nicht hier auf. Alles, was wir konfiszieren und versiegeln, wird sofort zum Neuen Zoll geschickt.»

Beim Verlassen des Geländes wurde mein Taxi durchsucht. Der Neue Zoll war in einem großen, zweistöckigen öffentlichen Gebäude, düster wie alle Regierungsgebäude und so überfüllt wie ein Gericht. Es waren Menschen in der Auffahrt, in den Treppenumläufen, auf der Treppe, in den Gängen. «Alkohol, Alkohol», sagte ich und wurde von Büro zu Büro geführt, jedes voll mit in sich zusammengesunkenen, bebrillten jungen Männern in weißen Hemden, die an Pulten saßen, die über und über mit Papier bedeckt waren. Einer schickte mich nach oben. Auf dem Treppenabsatz stieß ich auf eine barfüßige Gruppe, die auf dem Steinfußboden saß. Erst dachte ich, sie spielten Karten: damit vertrieb man sich in Bombay gern auf dem Bürgersteig die Zeit. Doch sie sortierten Pakete. Ihr Anführer sagte mir, man habe mich in die Irre geschickt; ich müsse zum Hinterhaus. Dieses Gebäude schien, nach der Menge der zerlumpten Kleidung zu urteilen, die man in einem der unteren Räume sah, eine Mietskaserne zu sein; und dann schien es, der Anzahl der zerbrochenen Stühle und staubigen Möbelstücke nach, die man in einem anderen Raum sah, ein Trödelladen zu sein. Doch es war die Stelle für nicht abgeholte Gepäckstücke und deshalb die Stelle, die ich brauchte. Oben stand ich in einer langsam voranrückenden Schlange, an deren Ende ich bloß einen Buchhalter entdeckte.

«Ich bin der Falsche. Sie brauchen den Beamten in der weißen Hose. Dort drüben. Er ist ein netter Kerl.»

Ich ging zu ihm.

«Sie haben Ihre Alkoholgenehmigung?»

Ich zeigte ihm den abgestempelten und unterschriebenen Papierstapel.

«Sie haben Ihre Transportgenehmigung?»

Von dieser Genehmigung hörte ich zum ersten Mal.

«Sie müssen eine Transportgenehmigung haben.»

Ich war erschöpft, in Schweiß gebadet, und als ich den Mund zum Sprechen öffnete, merkte ich, dass ich den Tränen nahe war. «Aber sie haben es mir so gesagt.»

Er war voll Mitgefühl. «Wir haben es ihnen viele Male gesagt.»

Ich hielt ihm alle Papiere unter die Nase, die ich hatte: meine Alkoholgenehmigung, meine Zollquittung, meinen Pass, meine Quittung für das Löschgeld, meinen Touristenausweis.

Pflichtgemäß schaute er sich alles an, was ich ihm anbot. «Nein, ich hätte sofort gesehen, wenn Sie eine Transportgenehmigung gehabt hätten. An der Farbe des Papiers. So eine Art Braungelb.»

«Aber was ist eine Transportgenehmigung? Warum haben sie mir keine gegeben? Wozu brauche ich eine?»

«Ich muss sie haben, ehe ich irgendetwas aushändigen kann.»

«Bitte.»

«Tut mir leid.»

«Ich schreibe in der Zeitung darüber.»

«Ich wünschte, das würden Sie tun. Ich sage ihnen ständig, dass sie die Leute über diese Transportgenehmigung informieren müssen. Nicht nur wegen Ihnen. Gestern hatten wir einen Amerikaner hier, der sagte, er würde die Flasche auf der Stelle zerschlagen, sowie er sie habe.»

«Helfen Sie mir. Wo kann ich diese Transportgenehmigung bekommen?»

«Die Leute, die Ihnen die Quittung gegeben haben, hätten Ihnen auch die Transportgenehmigung geben müssen.»

«Aber ich komme gerade von ihnen.»

«Das weiß ich nicht, aber wir sagen es ihnen wirklich immer wieder.»

«Zurück zum Alten Zoll», sagte ich dem Taxifahrer.

Diesmal erkannten uns die Polizisten am Tor und durchsuchten das Auto nicht. Dieser Hafen war mein eigenes Tor nach Indien, mein «Gateway to India», gewesen. Erst vor wenigen Tagen war alles dort neu für mich gewesen: der klebrige schwarze Asphalt, die Stände der Geldwechsler, die Verkaufsstände, die Leute in Weiß, Khaki oder Blau. Alles war daraufhin betrachtet worden, was es von dem Indien hinter dem Tor verriet. Nun sah ich bereits nichts mehr, und es lag mir auch nichts mehr daran. Meine Benommenheit wurde nur durch den Gedanken an den kleinen Triumph, der vor mir lag, im Zaum gehalten: Ich hatte diese Zollbeamten in Weiß und den erniedrigten Mann in Blau erwischt.

Sie sahen nicht erwischt aus.

«Transportgenehmigung?», sagte einer. «Sind Sie sicher?»

«Haben Sie ihnen gesagt, dass Sie Bombay verlassen?», fragte ein Zweiter.

«Transportgenehmigung?», sagte ein Dritter, ging zu einem Vierten und fragte: «Transportgenehmigung, je von Transportgenehmigung gehört?»

Er hatte. «Sie haben uns deswegen geschrieben.»

Man brauchte eine Transportgenehmigung, um Alkohol vom Zoll zu einem Hotel oder Haus zu transportieren.

«Bitte geben Sie mir eine Transportgenehmigung.»

«Wir stellen keine Transportgenehmigungen aus. Sie müssen zum …» Er blickte auf, zu mir hoch und wurde milder. «Hier, ich schreibe es Ihnen auf. Und schauen Sie, ich gebe Ihnen auch Ihre Registriernummer. Das wird denen da drüben beim Neuen Zoll helfen.»

Der Taxifahrer war bis jetzt ganz gelassen gewesen; und jetzt sah es aus, als passten meine Fahrten in ein Muster, das ihm vertraut war. Ich begann, ihm die Adresse vorzulesen, die man mir gegeben hatte. Er unterbrach mich und raste ohne ein weiteres Wort durch den immer dichter werdenden nachmittäglichen Verkehr zu einem großen Ziegelgebäude, an dem schwarz-weiße Regierungsschilder hingen.

«Gehen Sie», sagte er mitfühlend. «Ich warte.»

Vor jedem Büro stand eine kleine Menschentraube.

«Transportgenehmigung, Transportgenehmigung.»

Ein paar Sikhs führten mich hinters Haus zu einem niedrigen Schuppen neben einem Tor mit der Aufschrift *Betreten verboten*, aus dem im Gänsemarsch Arbeiter kamen, die einer nach dem anderen die Hände hoben, während bewaffnete Soldaten sie abtasteten.

«Transportgenehmigung, Transportgenehmigung.»

Ich trat in einen langen Korridor und fand mich zwischen ein paar Sikhs. Es waren LKW-Fahrer.

«Alkoholgenehmigung, Alkoholgenehmigung.»

Endlich kam ich zu dem Büro. Es war ein langer, niedriger Raum zu ebener Erde, geschützt vor der sengenden Sonne und so dunkel wie ein Souterrain in London, aber warm und staubig vom Geruch alten Papiers, das einfach überall war, auf Regalen, die bis zu der grauen Decke reichten, auf Schreibtischen, auf Stühlen, in den Händen von Angestellten, in den Händen von khakifarben gekleideten Boten. Schnellhefter hatten Eselsohren, die Ränder waren schlapp, weil sie so oft ehrfurchtsvoll angefasst worden waren; und an vielen hingen rosafarbene Zettel, genauso verblichen, genauso schlapp, auf denen stand *Dringend*, *Sehr dringend* oder *Eilig*.

Zwischen diesen Bergen und Säulen und Stützpfeilern aus Papier saßen völlig bedeutungslos Angestellte, Männer und Frauen mit sanften Gesichtszügen, indisch bleich, die Schultern hochgezogen; Papier war ihre perfekte Tarnung.

Ein älterer Mann mit Brille saß in einer Ecke an einem Schreibtisch, das Gesicht leicht aufgeschwemmt und gallig. Ihm oblag die kaum merkliche Kontrolle des papiergefüllten Raumes: Bei seinem Verschwinden wären die Angestellten wahrscheinlich völlig überwältigt gewesen.

«Transportgenehmigung?»

Er schaute langsam auf. Er zeigte keine Überraschung, kein Missvergnügen darüber, gestört zu werden. Papiere, mit rosafarbenen Umlaufzetteln, lagen auf seinem Schreibtisch ausgebreitet. Ein Tischventilator, strategisch aufgestellt, blies darüber, ohne sie aufzustören.

«Transportgenehmigung.» Er sprach das Wort sanft aus, als sei es ein seltenes Wort, aber ein Wort, das er, nachdem er es nur eine Sekunde lang in den Aktenordnern seines Gehirns gesucht hatte, aufgespürt hatte. «Schreiben Sie einen Antrag. Nur einer ist nötig.»

«Haben Sie das Formular?»

«Formulare werden nicht ausgegeben. Schreiben Sie einen Brief. Hier, nehmen Sie ein Blatt Papier. Setzen Sie sich hin und schreiben Sie. An den Verwaltungsleiter, Finanzabteilung für indirekte Steuern und Prohibition. Haben Sie Ihren Pass mit? Schreiben Sie die Nummer auf. Oh, Sie haben einen Touristenausweis. Schreiben Sie auch die Nummer auf. Das beschleunigt die Angelegenheit.»

Und während ich schrieb, die Nummer meines Touristenausweises, TIO (L) 156, notierte, gab er, die Angelegenheit beschleunigend, meine Dokumente an eine Angestellte weiter mit den Worten: «Miss Desai, würden Sie bitte anfangen, eine Transportgenehmigung auszustellen?»

Ich meinte, einen merkwürdigen Stolz aus seiner Stimme herauszuhören. Er war wie ein Mann, der auch nach Jahren noch die Reichhaltigkeit und Abwechslung seiner Arbeit neu entdeckte und eine Erregung unterdrückte, die er seinen Untergebenen dennoch vermitteln wollte.

Selbst einfache Sätze zu buchstabieren und zu formulieren fiel mir schwer. Ich zerknüllte das Blatt Papier.

Der erste Angestellte sah mich sanft mahnend an. «Nur ein Antrag ist notwendig.»

Hinter mir füllte Miss Desai die Formulare mit diesem stumpfen, unleserlichen Kopierstift aus, den die Regierungsämter im gesamten früheren Empire benutzen, weniger um des Geschriebenen als um der verlangten Kopien willen.

Es gelang mir, meinen Antrag zu Ende zu bringen.

Und genau da sackte meine Begleiterin auf ihrem Stuhl in sich zusammen, ließ den Kopf zwischen die Knie hängen und fiel in Ohnmacht.

«Wasser», sagte ich zu Miss Desai.

Sie hielt kaum im Schreiben inne und zeigte auf ein leeres staubiges Glas auf einem Regal.

Der erste Angestellte, der sich bereits mit gerunzelter Stirn anderen Papieren zugewandt hatte, betrachtete die zusammengesunkene Gestalt vor sich.

«Sie fühlt sich nicht gut?» Seine Stimme war sanft und gleichmäßig wie zuvor.

«Sie soll sich ausruhen.» Er drehte den Tischventilator von sich weg.

«Wo ist das Wasser?»

Weibliche Angestellte, hinter Papier versteckt, kicherten.

«Wasser!», rief ich einem männlichen Angestellten zu.

Er erhob sich ohne ein Wort, ging zum Ende des Raums und verschwand.

Miss Desai war mit Schreiben fertig. Sie warf mir einen quasi schreckerfüllten Blick zu, als sie ihren langen, dicken Schreibblock zum ersten Angestellten brachte.

«Die Transportgenehmigung ist fertig», sagte er. «Sowie Sie bereit sind, können Sie sie unterschreiben.»

Der Angestellte kehrte ohne Wasser zurück und setzte sich an seinen Schreibtisch.

«Wo ist das Wasser?»

Angewidert gaben seine Augen zu verstehen, wie ungeduldig ich war. Er sagte nichts, zuckte nicht einmal die Achseln; er machte mit seinen Papieren weiter.

Es war schlimmer als Ungeduld. Es zeugte von schlechter Erziehung und Undankbarkeit. Denn gleich darauf, seine Uniform so stolz präsentierend wie ein Offizier, erschien ein Bote. Er trug ein Tablett, und auf dem Tablett stand ein Glas Wasser. Ich hätte es wissen sollen. Ein Angestellter war ein Angestellter; ein Bote war ein Bote.

Die Krise ging vorüber.

Ich unterschrieb dreimal und erhielt meine Genehmigung.

Der erste Angestellte öffnete einen weiteren Schnellhefter.

«Nadkarni», rief er einem Angestellten leise zu. «Ich verstehe dieses Memo nicht.»

Ich war bereits vergessen. Es war drückend heiß im Taxi, die Sitze glühten. Wir fuhren zur Wohnung eines Freundes und blieben dort, bis es dunkel war.

Ein Freund unseres Freundes kam herein.

«Was ist los?»

«Wir wollten eine Transportgenehmigung holen, und sie ist in Ohnmacht gefallen.» Ich wollte nicht kritisch klingen. Ich setzte hinzu: «Vielleicht ist es die Hitze.»

«Es ist überhaupt nicht die Hitze. Bei euch Leuten von draußen ist es immer die Hitze oder das Wasser. Es fehlt ihr gar nichts. Ihr macht euch einfach euer Bild von Indien, ehe ihr ins Land kommt. Ihr habt die falschen Bücher gelesen.»

Der Beamte, der mich auf die Spur der Transportgenehmigung gesetzt hatte, freute sich, mich wiederzusehen. Doch die Transportgenehmigung reichte nicht. Ich musste zu Mr. Kulkarni gehen, um herauszufinden, wie hoch die Gebühren für das Lager waren. Wenn ich herausgefunden hatte, wie hoch die Gebühren waren, sollte ich zu diesem Angestellten dort drüben zurückkommen, dem mit dem blauen Hemd; dann musste ich zur Kasse gehen, um die Lagergebühren zu bezahlen; dann musste ich zurück zu Mr. Kulkarni, um meine Flasche zu holen.

Ich konnte Mr. Kulkarni nicht finden. Die Papiere befanden sich in meiner Hand. Jemand versuchte, sie zu nehmen. Ich wusste, dass er damit nur Freundlichkeit und Neugierde zum Ausdruck brachte. Ich zog die Papiere zurück. Er schaute mich an; ich schaute ihn an. Ich gab nach. Er schaute meine Papiere durch und sagte mit Bestimmtheit, dass ich im falschen Gebäude sei.

Ich brüllte: *«Mr. Kulkarni!»*

Alle um mich herum erschraken. Jemand kam zu mir, beruhigte mich und führte mich ins Nebenzimmer, in dem Mr. Kulkarni die ganze Zeit gewesen war. Ich stürzte zum Kopf der Schlange und begann, mit meinen Papieren herumfuchtelnd, Mr. Kulkarni anzubrüllen. Er schnappte sie, während ich damit herumwedelte, und begann zu lesen. Ein paar Sikhs in der Schlange beschwerten sich. Mr. Kulkarni erwiderte, dass ich in Eile sei, dass ich eine wichtige Persönlichkeit und auf jeden Fall jünger sei. Merkwürdigerweise gaben sie sich damit zufrieden.

Mr. Kulkarni rief nach Hauptbüchern. Sie wurden ihm gebracht. Er blätterte, ohne aufzuschauen, die raschelnden, steifen Seiten um und machte mit seinem gelben Bleistift aus dem Handgelenk heraus eine Bewegung unbeschreiblicher Eleganz. Die Sikhs teilten sich sofort in zwei unterbrochene

Reihen auf. Mr. Kulkarni setzte die Brille auf, studierte den Kalender an der gegenüberliegenden Zimmerwand, zählte etwas an den Fingern ab, nahm die Brille ab und kehrte zu seinen Hauptbüchern zurück. Er machte eine weitere zerstreute Geste mit dem Bleistift, die Sikhs reihten sich hintereinander auf und verdeckten den Kalender wieder.

Wieder oben. Der Angestellte mit dem blauen Hemd drückte einen Stempel auf Mr. Kulkarnis Blatt Papier auf und machte Einträge in zwei Hauptbücher. Der Kassierer fügte noch einen Stempel hinzu. Ich bezahlte ihn, und er machte Einträge in zwei weitere Hauptbücher.

«Jetzt ist alles in Ordnung», sagte der Beamte, der das zweimal abgestempelte und dreimal unterschriebene Blatt Papier überprüfte. Er setzte seine eigene Unterschrift darunter. «Jetzt kann nichts mehr schiefgehen. Gehen Sie hinunter zu Mr. Kulkarni. Und beeilen Sie sich, sie machen gleich zu.»

ROBERT BYRON

Ein Antrag

Mazar-i-Sherif 1934

Offenbar will man nicht, dass wir zum Oxus reisen. Der Gouverneur und der Mudir-i-Kharija halten sich in Haibak auf, und wir müssen uns mit dem Stellvertreter des Letzteren begnügen, einem desinteressierten, wichtigtuerischen jungen Mann, der unsere Ersuchen geringschätzig entgegennahm. Aber offenkundig hat er in dieser Angelegenheit keine Entscheidungsbefugnis. Wir müssen den Wesir, wie Mohammad Gul heißt, um Unterstützung bitten.

Vor dem Hotel liegt ein öffentlicher Park, in dem Bartnelken, Löwenmäulchen, Stockrosen und Nachtkerzen wachsen. Zwischen den Beeten hat man kleine Bänke aufgestellt und die beliebteren Strohmatten ausgelegt, auf denen die Leute sitzen und Tee trinken, während Musik gespielt wird. Es gibt zwei Orchester. Das eine steht in der Sonne, eine Reihe alter Männer mit Blechblasinstrumenten; sie kennen drei europäische Melodien und werden begleitet von zwei jungen Männern hinter ihnen, die auf Triangel und Trommel den Takt schlagen. Das andere sitzt lustlos auf einem Podium unter einem Baum und spielt indische Musik auf einer Gitarre, verschiedenen Trommeln und einem kleinen Harmonium. Von unseren Zimmern, deren Balkontüren auf eine Terrasse hinter dem Garten hinausgehen, können wir zuhören.

Nachmittags, wenn sich die Wolken an den Bergen versammeln, legt sich eine unüberwindbare Mattigkeit auf uns. Das Zimmer wird von Fliegen und einer stickigen Hitze erfüllt. Beim Geräusch von gluckenden Rebhühnern träume ich von einem englischen Septembernachmittag, bis mir einfällt, dass solche Träume darauf warten, bekämpft zu werden. Warum diese Wolken? Es ist heiß, aber der Sommer hätte schon vor sechs Wochen zu Ende gehen sollen. So ein Jahr hat man hier noch nie erlebt. Nach dem Regen, der in der Nacht unserer Ankunft fiel, war die Straße nach Kabul einen Monat lang unpassierbar; ein ganzes Dorf ist bei Haibak in die Schlucht gestürzt. Wenn wir von hier aus weiterreiten, was vielleicht notwendig wird, müssen wir im Freien kampieren, aber abgesehen von zwei Moskitonetzen haben wir uns noch nicht um eine Ausrüstung gekümmert. Wasser ist das Hauptproblem einer solchen Reise, weil die zahlreichen Syphilitiker, die es hier in der Gegend gibt, vorzugsweise in Brunnen spucken.

Unsere Hoffnungen, den Oxus zu sehen, haben einen weiteren Dämpfer erhalten.

Der Muntazim des Hotels, ein fetter und unsympathischer älterer Mann, betätigt sich als unser Aufpasser. Heute Morgen folgte er uns, als wir in Mohammad Guls Büro vorsprachen und erfuhren, dass der Wesir bis elf Uhr schlafe. Um elf folgte er uns wieder dorthin. Der Wesir schlief noch immer. Dann folgte er mir zum Telegraphenamt, in der Hitze keuchend und schwitzend; je mehr er keuchte, desto schneller ging ich. Der Muntazim-i-Telegraph, von dem mir sein Kollege in Herat erzählt hatte, sagte, er habe vor lauter Anstrengung, russisch sprechen zu müssen, sein ganzes Englisch vergessen; ein Russe war bei ihm im Büro.

Er schlug mir vor, den Doktor aufzusuchen. Unterwegs zum Krankenhaus sprang ich in einen Pferdekarren und ließ den Muntazim-i-Hotel auf der Straße stehen. Den Bericht über meine Bewegungen wird wohl der Kutscher vervollständigen müssen.

Es stellte sich heraus, dass der Doktor, Abulmajid Khan, in Cambridge studiert hat. Er ist ein liebenswürdiger und kultivierter Mann, dessen natürliche Zurückhaltung, so selten bei Indern, bald zu Freundlichkeit aufblühte. Er ist seit acht Jahren hier und erklärte, als er meine Überraschung bemerkte, dass er den Dienst im indischen Gesundheitswesen wegen eines Vorfalls im Zusammenhang mit der Nicht-Kooperations-Kampagne quittieren musste. Er sprach recht wehmütig von dieser jugendlichen Unvorsichtigkeit, die seine Laufbahn ruiniert hatte, und fügte hinzu, dass die Bewegung inzwischen anscheinend tot sei, als wollte er damit andeuten, dass das Engagement, das ihn so teuer zu stehen kam, einer verlorenen Sache gedient hat. In seiner Stimme lag aber keine Verbitterung und nichts von diesem peinlichen Trotz, den indische Nationalisten gegenüber einem Engländer oft an den Tag legen. Ich versuchte, ihm zu vermitteln, ohne dabei übertrieben zu wirken, dass die Nationalisten meine Sympathie besäßen, und die von sehr viel mehr Engländern als noch vor zehn Jahren. Auch in seinen Worten über Afghanistan war keine Bitterkeit. Er liebt die Menschen und seine Arbeit, was ihn von den anderen Indern unterscheidet, die ich hierzulande kennengelernt habe.

Seine Arbeit ist nicht leicht. Für das Krankenhaus stehen ihm jährlich 10 000 afghanische Rupien, etwa 250 Pfund Sterling, zur Verfügung. In einem schattigen Garten voll zwitschernder Vögel befinden sich zwei oder drei einstöckige Bungalows, in denen die Betten untergebracht sind. Sie sahen primitiv, aber sauber und ordentlich aus. Die Patienten leiden hauptsächlich an grauem Star, Steinen und Syphilis.

Ich erzählte dem Doktor, dass wir den Oxus sehen wollen und versucht haben, mit Mohammad Gul zu sprechen. Er meinte, die Schlafkrankheit, die jenen befallen habe, sei nur ein höflicher Hinweis, dass er über die Angelegenheit nicht mit uns zu sprechen wünsche. Ich fragte ihn, was wir noch unternehmen könnten. Er regte an, dem Wesir einen Brief auf Englisch zu schreiben, aber so gewunden formuliert, dass der Muntazim-i-Telegraph ihn nicht übersetzen kann. In diesem Fall wird einer der ortsansässigen indischen Händler vorgeladen, der ein gutes Wort für uns einlegen könnte.

Dieser Vorschlag führte zu folgendem Ergebnis:

Seine Exzellenz Mohammad Gul Khan,
Innenminister von Turkestan

Exzellenz,

da wir aus persönlicher Erfahrung wissen, dass der Tag Euer Exzellenz schon für das öffentliche Wohl viel zu kurz ist, haben wir, in Anbetracht der Tatsache, dass Ihre Exzellenzen, der Wali und der Mudir-i-Kharija, sich in Haibak aufhalten, uns nach langem Zögern erlaubt, Euer Exzellenz eine unbedeutende Anfrage zu unterbreiten.
Wenn wir von England nach Afghanisch-Turkestan eine Reise unternommen haben, deren Strapazen und Mühsal durch den Anblick Euer Exzellenz wohltätiger Verwaltung schon dreifach gelohnt wurde, dann vornehmlich deswegen, um mit eigenen Augen die Gewässer des Amu Darya zu sehen, der in Geschichte und Literatur als Oxus berühmt und das Thema eines gefeierten englischen Ge-

dichts aus der heiligen Feder Matthew Arnolds ist. Heute, nach siebenmonatiger Vorfreude, sind wir nur noch vierzig Meilen von seinen Ufern entfernt.

Da der Sekretär Seiner Exzellenz des Mudir-i-Kharija uns darüber in Kenntnis gesetzt hat, dass für die Reise zum Fluss eine außerordentliche Genehmigung erforderlich ist, ersuchen wir hiermit um dieselbe, hoffend, dass Euer Exzellenz nicht der Versuchung erliegen mögen, aus der ganz und gar natürlichen Neugier eines gebildeten Menschen ein politisches Motiv herauszulesen.

Die Tatsache, dass andere, weniger weise Menschen Opfer dieses Irrglaubens sein könnten, ruft uns in Erinnerung, dass Afghanistan und Russland nicht die einzigen Länder auf der Welt sind, die einen gemeinsamen Grenzfluss haben. Wir erlauben uns die Bemerkung, dass ein afghanischer Bürger, der Frankreich oder Deutschland bereist, keiner Vorschrift begegnen wird, die ihn daran hindern würde, die Schönheiten des Rheins zu genießen.

Es gibt tatsächlich einige Länder, wo das Licht des Fortschritts noch nicht durch die Nacht mittelalterlicher Barbarei gedrungen ist und der ausländische Besucher damit rechnen muss, dass ihm aufgrund von haltlosen Verdächtigungen Hindernisse in den Weg gelegt werden. Während unseres Aufenthaltes in Persien haben wir uns jedoch mit dem Gedanken getröstet, dass wir bald in Afghanistan einträfen und uns auf diese Weise vor einem Haufen eitler und hysterischer Frauen zu einem aufrechten und mannhaften Volk würden retten können, das gefeit ist gegen lächerliche Besorgnis und diese Freiheit, die es zu Recht für sich fordert, bereitwillig auch Fremden zugesteht.

Hatten wir recht? Und werden wir nach der Rückkehr in unsere Heimat erklären können, dass wir recht hatten?

Die Antwort liegt bei Ihnen, Exzellenz. Gewiss, wir werden vom Hotel in Mazar-i-Sherif berichten, das über allen Komfort verfügt, wie man ihn in den großen Metropolen des Westens kennt; von einer Stadt, auf deren Bautätigkeit selbst London neidisch wäre; von Basaren, in denen alle Errungenschaften der Zivilisation angeboten werden. Aber sollen wir etwa hinzufügen, dass Euer Exzellenz Hauptstadt alles besitzt, was den Besucher erfreut, die berühmteste, die einzigartige Attraktion des Distrikts ihm freilich vorenthalten wird? Dass, kurzum, wer nach Mazar-i-Sherif kommt, als Spion behandelt wird, als Bolschewik, als Ruhestörer, wenn er bittet, das Flussufer betreten zu dürfen, an dem Rustam einstmals kämpfte? Wir glauben, Exzellenz, dass Sie, besorgt um den guten Namen Ihres Landes, solche Feststellungen missbilligen würden. Wir glauben auch, dass derlei nicht nötig sein wird, wenn Sie diesen Brief gelesen haben.

Wir hatten ursprünglich gehofft, am Fluss entlang von Pata Hissar nach Hazrat Imam zu reiten. Sollte dies unratsam sein, wären wir zufrieden, von hier aus einfach nach Pata Hissar und zurück zu reiten oder zu fahren. Wir begehren nicht mehr, als einen Blick auf den Fluss zu werfen, und jeder Ort wird diesem Zweck dienen, wenn Euer Exzellenz einen anderen vorschlagen möchten. Wir haben Pata Hissar erwählt, weil es der nächstliegende Punkt ist und von dort aus die Ruinen des antiken Termez auf dem gegenüberliegenden Ufer zu sehen sind.

Indem wir um Verzeihung bitten, Euer Exzellenz mit einem so langen Brief in einer fremden Sprache belästigt zu haben, verbleiben wir

etc. etc.

Die Formulierung dieses grotesken Dokuments hat uns fast zu viel Vergnügen bereitet. Mohammad Gul muss noch dümmer sein, als er aussieht, wenn er sich in seiner Eitelkeit davon täuschen lässt.

Der Brief hat zumindest eine Reaktion bewirkt. Ablehnung.

NICOLAS BOUVIER

Die Fliegen

Isfahan–Kandahar 1960

Gestern Abend Spaziergang den Fluss entlang. Ist es wirklich ein Fluss? Selbst bei höchstem Wasserstand verliert er sich, kaum hundert Kilometer östlich der Stadt, im Sande. Jetzt war er fast ganz ausgetrocknet; ein breites Delta, von ein paar leuchtenden Flecken durchlöchert, darin Wasser, das sich kaum von der Stelle rührt. Beturbante Greise durchschreiten es auf einem Eselchen, in einer Wolke von Fliegen. Zwei Stunden lang einen Weg aus heißem Staub verfolgt, der vom Quaken der Frösche eingesäumt ist. Durch die Lücken zwischen den Weiden- und Eukalyptusbäumen sah man schon die weißliche Wüste und die malvenfarbenen Berge von stark provenzalischem Zuschnitt. Und in der Natur genau die gleiche weiche, gefährliche Intimität, die man in manchen Sommernächten in der Gegend von Arles oder Avignon empfindet. Aber eine Provence ohne Wein, ohne Großmäulerei, ohne Frauenstimmen, also eigentlich ohne die Hindernisse oder das Getöse, das uns gewöhnlich gegen den Tod isoliert. Kaum hatte ich das bei mir gedacht, als ich ihn überall zu spüren begann – den Tod: die Blicke, denen man begegnete, der dunkle Geruch einer Büffelherde, die erleuchteten Zimmer, die auf den Fluss hinausgähnten, die hohen Säulen von Moskitos. Er holte mich mit rasender Geschwindigkeit ein. Unsere Reise? Ein Pfusch – ein einziges Versagen. Wir reisen, wir sind frei, wir kommen nach Indien – und dann? Ich mochte mir noch so oft wiederholen: Isfahan! Kein Isfahan, das standhielt. Diese Stadt, die sich nicht greifen ließ, dieser Fluss, der nirgends mündete, waren im übrigen nicht sehr geeignet, einen im Gefühl für die Wirklichkeit zu bestärken. Alles war bloß noch Zusammenbruch, Verweigerung, Abwesenheit. Bei einer Biegung des Ufers wurde das Unbehagen so stark, dass wir umkehren mussten. Auch Thierry ging es nicht prächtig – auch er fühlte sich betroffen. Dabei hatte ich ihm nichts gesagt. Wir kehrten im Laufschritt zurück.

Sonderbar, wie die Welt auf einen Schlag verdirbt und verelendet. Vielleicht der Schlafmangel? Oder die Wirkung der Impfungen, die man uns gestern gemacht hatte? Oder die Dschinns, die einen überfallen, wenn man abends einem Wasserlauf folgt, ohne den Namen Allahs zu nennen? Ich, ich glaube eher Folgendes: Es gibt Landschaften, die einem böse gesinnt sind und die man unverzüglich verlassen muss, sonst stößt einem etwas Undenkbares zu. Es gibt nicht viele davon, aber es gibt sie. Für jeden von uns existieren auf dieser Welt fünf oder sechs.

Abaghu

Ist dieses eingestürzte, verlassene, lautlose Labyrinth überhaupt noch eine Stadt? Wo man auch steht, hört man dieselbe Kornmühle im Inneren desselben Hauses knirschen. Wohin man auch geht, stößt man auf denselben bloßfüßigen Eseltreiber im schwarzen Rock, der seine Zunge verloren zu haben scheint. Nach einer Stunde Suchen haben wir immerhin vier Eier erstehen können; wir schlürfen sie angesichts einer halb zusammengefallenen Moschee, gekrönt von einem schwindelerregenden Holzkäfig, den der Muezzin soeben betreten hat. Wir sehen ihn hinter dem Gitter herumzappeln, klein und fern, wie das dem Hohepriester verfallene Opfer, wie ein wildgewordener Heuhüpfer. Dann beginnt er mit schmelzender Negerstimme über dieser Stadt, in der die Stille der Großen Pest herrscht, zu schreien und zu psalmodieren. Es klingt nicht so sehr nach Gebet wie nach wütenden Vorwürfen und fürchterlichen Klagen.

Neben dem Wagen schlecht geschlafen und bei Morgengrauen weitergefahren.

???

Wir hatten uns über den Lehmkuchen, der weit vor uns am Rande der Piste stand, mächtig den Kopf zerbrochen: der Form nach etwa wie ein umgekehrter Würfelbecher oder ein auf sein breites Ende gestelltes Ei. Es ist aber eine quadratische, blinde Einfassungsmauer, deren gezahnter Rand sich dreißig Meter über diese Salzwüste erhebt. Absolute Stille, senkrechte Sonne. Ein Bächlein, das die Piste überquert, fließt unter einer Tür hinein, die für einen bepackten Esel kaum breit genug ist. Wir stießen die Tür auf. Dahinter, unter einer Wölbung hängend, ein abgehäutetes Schaf, Kindergeschrei, von mehrstöckigen Häusern gesäumte Gässchen, eine große türkisfarbene Wasserfläche, umgeben von Nussbäumen, Maispflanzen, kleinen Feldern, die stufenförmig bis zum Rande der Mauer aufsteigen, kurz, eine ganze Stadt, die von diesem Rinnsal lebt. Wenn man den Kopf hob, sah man schmale Treppchen im Zickzack bis zur Höhe der Zinnen klettern und die Sonne wie aus einem Brunnenschacht. Die paar Seelen, die in diesem befestigten Platz lebten, hatten sich rascher als wir von der Überraschung erholt, und der Kühnste lud uns zum Tee in sein Haus ein. Etwa hundert Einwohner klammern sich noch an diesen Ort, der Fachrabad heißt, und schlagen sich dank der kleinen Herden durch, die, zwei Tagesmärsche von hier entfernt, oben in den Bergen weiden. Manchmal bleibt eine Fuhre mit Lebensmitteln aus Jezd vor der Tür stehen, manchmal vergeht auch eine ganze Woche, ohne dass man etwas an der Mauer vorbeifahren sieht.

Nicht einmal der Wind dringt hier ein. Welke Blätter von mehreren Jahren bedecken die Dächer, die Terrassen, die halsbrecherischen Treppen, und rascheln unter den Füßen.

Jezd

In Jezd kommen schon die meisten Waren per Lastwagen aus dem Westen, das Leben ist teuer, und die Jezdi, die als die größten Feiglinge, die besten Gärtner und die pfiffigsten Kaufleute von Iran gelten, verstehen sich darauf, es noch teurer zu machen. Aber Hitze, Durst und Fliegen – das bekommt man zu Anfang Juli gratis.

In der Wüste von Jezd genügen Schutzhelm und dunkle Brille nicht mehr; man müsste sich einmummeln wie die Beduinen. Aber wir fahren mit offenem Hemd und bloßen Armen, und im Lauf des Tages entziehen uns Sonne und Wind hinterrücks mehrere Liter Wasser. Abends glaubt man das Gleichgewicht mit zwanzig Glas leichtem Tee wieder herzustellen. Man schwitzt ihn unverzüglich wieder aus und wirft sich, mit der Hoffnung, ein bisschen zu schlafen, auf das siedend heiße Bett. Doch im Schlaf schafft und schwelt die Trockenheit weiter wie ein Buschfeuer. Der ganze Organismus röhrt und lechzt. Man fährt plötzlich keuchend aus dem Schlaf, die Nase wie mit Heu verstopft, und die pergamentenen Finger tasten im Dunkeln nach einer Spur Feuchtigkeit, einem Rest brackigem Wasser oder alten Melonenrinden, in die man sein Gesicht vergraben kann. Diese Panik reißt einen jede Nacht drei- oder viermal auf, und wenn man endlich schlafen könnte, beginnt es zu dämmern, die Fliegen summen, und im Hof der Herberge schnattern alte Männer im Pyjama mit schrillen Stimmen über ihrer ersten Zigarette. Dann geht die Sonne auf und beginnt wieder zu pumpen …

Auch unsere Haare machen uns zu heiß. In einem verfallenen qualmigen Vorort am Ausgang der Stadt lassen wir uns von einem Barbier, der im Schatten einer Platane arbeitet, den Schädel rasieren. Während er mein Kinn festhält, betrachte ich die «Mauern des Schweigens», in denen die Anhänger des Zoroaster, die in der Stadt zahlreich sind, einst ihre Toten aussetzten. Ich betrachte auch die Platane. Merkt sie euch gut! Wenn ihr nach Osten reist, werdet ihr lange keine mehr sehen.

Faragh–Nosratabad

Bis zum Tagesanbruch chauffiert, um diesen Knoten zu durchhacken, der mich am Schlaf hinderte. Die Wüste hatte eine unheilvolle aschgraue Farbe angenommen. Der Mond erhellte den Horizont und die riesenhaften «Steinmännchen», die den Fahrern auf dieser Strecke als Anhaltspunkte dienen, wenn der Sandsturm die Piste weggewischt hat. Hier sind wir im äußersten Süden der Wüste Lut, wo Jahr um Jahr ein halbes Dutzend Chauffeure um einer gebrochenen Achse oder ausgetrockneten Batterie willen ihr Leben lassen. Sie hat auch sonst einen schlechten Ruf. Hier sah Lot, dessen Namen sie trägt, seine Frau zur Salzsäule erstarren. Dämonen und leichenfressende Wesen treiben sich in rauen Mengen herum, und die Perser verlegen eine der Wohnungen des Teufels hierher. Wenn die Hölle die Gegen-Welt ist, deren bedrohliche Stille nur vom Gesumm der Fliegen gestört wird, haben sie recht.

Dafür, dass man uns seit tausend Kilometern damit droht – man hatte uns schon in Teheran gewarnt –, ist die Sandwehe von Schurgas gar nicht so schlimm. Die Piste war auf ungefähr dreihundert Meter Länge verschwunden, und das geschwärzte Gerippe eines Lastwagens zeigte wenigstens an, wohin man sich beim Umfahren *nicht* wagen durfte. Der Himmel wurde schon grünlich. Wir ließen die ganze Luft aus den Reifen, um die Tragfläche zu vergrößern, und drei Kinder – wo kamen die her? –, die bei dem Wrack geschlafen hatten, halfen uns stoßen. Nach einer Stunde waren wir durch.

Fünf bis sieben Uhr früh

Hier gab es einen allerletzten Militärposten.

Alle Achtung vor den Soldaten, die in dieser Hölle zu bestehen vermögen. Zwei Einsamkeiten, zwei Reitkamele, zwei Essgeschirre, ein Sack Bohnen oder Mehl, zwei Revolver. Oder eher zwei Futterale, denn die Waffe steckt oft nicht mehr drin. Ein bewaffneter Mann, der so völlig sich selbst überlassen bleibt, das ist gefährlich. Er könnte zu viel Sonne abbekommen und blindlings drauflosschießen oder am Ende gar auf sich selber schießen. Und eine Waffe erweckt die Habgier. Wenn einen ein paar Strolche überfallen, um sie zu rauben? Nein, dann schon lieber vorbeugen und die Pistole verkaufen, vielleicht gerade denen, die man zu überwachen hat. Auf die Art fürchtet einen niemand, und man kann beruhigt schlafen. Mit dem Geld kauft man etwas zu essen oder Opium, um die Zeit hinzubringen, bis man versetzt wird. Es ist das beste Mittel, die Sache zu überstehen, und wie schwer das Leben auch ist, möchte man es doch nicht verlieren.

Wir – wir wollten sie nach dem Zustand der Straße fragen. Thierry stieg aus und ging auf den Posten zu. Ich ließ das Lenkrad los, um ihm zu folgen, fiel beim zweiten Schritt mit dem Gesicht in den Sand – er brannte noch nicht – und war schon eingeschlafen. Auf dem Rückweg zog mich Thierry an den Armen bis zur Wagentür und hievte mich auf den Beifahrersitz, ohne dass es ihm gelang, mich aufzuwecken. Das besorgte alsbald die Sonne. Um sieben erhob sie sich schon wie eine drohend geballte Faust, und das Blech begann glühend heiß zu werden. Ich hatte oft an die Sonne gedacht, aber nicht daran, dass sie mordete. Als ich wieder zu mir kam, hörte ich Thierry vor sich hin murmeln: «Abhauen von hier, nichts wie abhauen ...» – Er sagte mir auch, dass laut Auskunft der Gendarmen vor Nosratabad eine weitere Sandwehe zu passieren war.

Zehn Uhr vormittags

Wegen dreißig Metern beinahe flüssigem Sand: das Gepäck abladen, um den Wagen zu entlasten; schippen und ausebnen; Zweiglein und Kiesel zusammentragen, um die Piste zu pflastern, und diese Armierung mit allen Kleidungsstücken, die wir besitzen, bedecken. Luft auslassen, einkuppeln und schieben – unter lautem Geheul, um Luft in die Lungen zu kriegen. Die Reifen aufpumpen und alles wieder aufladen.

Bei dieser Sonne sahen wir alles schwarz. Wir merkten aber doch, dass unsere Arme, Gesicht und Brust mit dicken Salzkrusten bedeckt waren.

Mittag

Wir taten, als hätten wir ihn nicht gesehen, aber es ist wirklich ein Berg, und die Piste überquert ihn mit einer unmöglichen Steigung. Der kleine Gaulach-Pass – ich habe den Namen erst zwei Jahre später auf einer alten deutschen Landkarte entdeckt. Nicht so furchtbar imposant: ein Chaos von schwarzen rauchenden Felsen, drei Tamarisken-Skelette, die mit melancholischen Flechtenbärten bedeckt waren, und ein paar wilde Kurven. Auch nicht besonders hoch – aber mit solcher Präzision genau an den Punkt gestellt, wo das Leben sich aufgibt, wo der Mut es nicht mehr schafft, wo das Wasser aus dem Körper rinnt wie aus einem lecken Topf. Und zu dieser Jahreszeit, zu dieser Stunde! Wir mussten viermal die Höhe erklettern, um das Gepäck hinaufzuschaffen. Dann umfassten wir den Wagen mit Fetzen, weil man das Blech nicht mehr anrühren konnte. Erster Gang, einkuppeln, herausspringen, schieben – bis sich alles verdunkelt. Oben auf dem Pass klopften die Kolben mit einem hässlichen Lärm, und die Tränen liefen uns aus den Augen. Ich legte Thierry, der laut schluchzte, in den Schatten unter den Wagen. Es war Zeit, irgendwo anzukommen.

Zwei Stunden später glaubten die Schläfer im Tschaikhan von Nosratabad zu träumen, als sie zu dieser unmöglichen Stunde Motorengeräusch hörten. Im Süden der Wüste Lut fährt im Juli niemand nach Sonnenaufgang auf der Straße herum.

Im Tschaikhan von Nosratabad, vierzehn bis sechzehn Uhr

Auf der Lehmbank gestrandet, vor Erschöpfung so heftig zitternd, dass an Schlaf nicht zu denken ist, betrachten wir den Trinkwasserkrug, der dicke Tropfen schwitzt. Er steht auf einer Art Altar und ist von Dornenzweigen umgeben – wie ein Gott. Wir sehen auch, wie die weißen Gewänder der Teetrinker im Halbdunkel die Lichtladung, die sie im Lauf des Tages aufgenommen haben, in aufeinanderfolgenden Wellen wieder von sich geben. Und wir merken, dass dieser verfluchte kleine Pass uns in eine andere Welt versetzt hat und dass die Gesichter nicht mehr jenen ähneln, die man kannte. Mit ihren weißen Turbanen, ihren schwarzen Haarfransen, ihren ausgeglühten Spielkartenbubengesichtern und ihrer allgemeinen Ähnlichkeit mit Holzscheiten, die man halb verkohlt aus dem Feuer gezogen hat, sind sie schon Belutschen.

Die Zeit vergeht, man verliert den Faden – und wenn man ihn wiederfindet, sieht man den Wirt mit langen, drohenden Schritten ein Huhn verfolgen, dem er die Gurgel abschneiden will, und seine Hände zucken wie Flammen hinter dem verschreckten Federvieh her.

Kandahar

Ich hätte lange leben können, ohne viel vom Hass zu wissen. Heute hasse ich die Fliegen. Der bloße Gedanke an sie treibt mir Tränen in die Augen. Ein Leben, das ausschließlich ihrer Vernichtung geweiht wäre, würde mich schön und edel dünken. Ich meine natürlich die asiatischen Fliegen, denn wer Europa nicht verlassen hat, kann nicht mitreden. Die europäische Fliege hält sich an die Fensterscheiben, an Himbeersaft und dämmrige Korridore. Manchmal verirrt sie sich sogar auf eine Blume. Sie ist nur mehr ihr eigener Schatten, vom bösen Geist befreit, will sagen, unschuldig. Die asiatische Fliege ist vom Überfluss an Sterbendem und von der Vernachlässigung des Lebenden verwöhnt und von verhängnisvoller Dreistigkeit. Ausdauernd, hartnäckig, die Schlacke eines scheußlichen Materials, erhebt sie sich mit dem ersten Morgenstrahl, und die Welt gehört ihr. Sobald es Tag wird, ist nicht mehr an Schlaf zu denken. Wenn der Mensch sich nur einen Augenblick Ruhe gönnt, hält sie ihn für ein krepiertes Pferd und macht sich über ihre Lieblingsbissen her: Mundwinkel, Bindehaut, Trommelfell. Ist der Mensch eingeschlafen? Sie wagt sich weiter vor, verirrt sich und explodiert schließlich auf ihre ureigene Manier in den allerempfindlichsten Nasenschleimhäuten, sodass er, von Brechreiz erfasst, auffährt. Ist aber eine Wunde, ein Abszess, eine nicht ganz verheilte Narbe bei der Hand, kommt er vielleicht doch zu einem Moment Schlaf, denn dann macht sie sich schleunigst darüber her, und man muss gesehen haben, welch trunkene Bewegungslosigkeit jetzt ihre widerliche Unruhe verdrängt. Man kann sie bequem betrachten: natürlich keine Spur von Eleganz, keine Linie, und von ihrem zerfahrenen, erratischen, absurden Flug wollen wir lieber gar nicht reden. Er ist einzig dazu angetan, einem auf die Nerven zu gehen. Die Mücke, die man ja auch lieber missen möchte, ist dagegen eine Künstlerin.

Schaben, Ratten, Raben, Geier, die fünfzehn Kilo wiegen und nicht den Mumm haben, eine Wachtel zu töten: eine

Zwischenwelt von Aasfressern, in allen Grautönen, in verschmiertem Braun, arme Leute in kümmerlichen Farben, in subalternen Uniformen, stets bereit, beim Übergang mitzuhelfen. Aber diese Bedienten haben ihre schwachen Seiten: Die Schabe scheut das Licht, die Ratte ist furchtsam, der Geier hätte nicht in der hohlen Hand Platz – und die Fliege hat leichtes Spiel, es dem Gesindel zu zeigen. Nichts hält sie auf, und ich bin überzeugt, wenn man den Äther durchseihte, würde man noch ein paar Fliegen darin finden.

Überall, wo das Leben weicht, zurückebbt, vergeht – schon ist sie da und tut sich mit ihren armseligen Kreisbahnen wichtig. Sie predigt das große Minus: Schluss machen – auf dieses lächerliche Herzklopfen verzichten – die große Sonne machen lassen … Mit ihrer Krankenschwesternhingabe und ihrer verfluchten Art, sich ewig mit den Tatzen zu putzen.

Der Mensch verlangt zu viel. Er träumt von einem erwählten, persönlichen Tod, der den Umriss seines Lebens auf seine individuelle Art vollendet. Darauf arbeitet er hin und erreicht manchmal auch sein Ziel. Die asiatische Fliege macht nicht so feine Unterscheidungen. Für diese Schlampe kommt tot oder lebendig aufs Gleiche heraus, und man braucht nur die schlafenden Kinder im Basar zu sehen (sie schlafen unter den stillen schwarzen Fliegenschwärmen, als wären sie niedergemetzelt), um zu begreifen, dass sie als perfekte Dienerin des Gestaltlosen alles nach Herzenslust durcheinanderbringt.

Die Alten, die sich ihren klaren Blick bewahrt hatten, waren stets der Ansicht, sie wäre vom Bösen gezeugt. Sie besitzt alle entsprechenden Eigenschaften: die trügerische Bedeutungslosigkeit, die Allgegenwart, die niederschmetternde Fruchtbarkeit und die hündische Anhänglichkeit (wenn alle dich verlassen haben, wird sie noch da sein).

ERIC NEWBY

Der sterbende Nomade

Bayazid 1956

Da wir abends unbedingt an der persischen Grenze sein wollten, fuhren wir mit halsbrecherischer Geschwindigkeit weiter nach Osten. Es dämmerte schon. Die Straße war leer. Sie verlief durch eine trockene Ebene; rechts lagen niedrige Berge und davor die schwarzen Zelte der Nomaden. In der Hochebene um den Ararat hatten wir schon den ganzen Tag zahlreiche Gruppen von ihnen entlangziehen sehen, Ochsen antreibend, die mit Zeltstöcken und riesigen Kochtöpfen beladen waren; wild aussehende Esel mit Packsätteln, Ziegen- und Schafherden; die Männer und Frauen zu Fuß, die Frauen in weiten roten Röcken mit einer Art schwarzem Überrock und schwarzen Mützen, die jüngeren mit Pillboxhütchen und Zöpfen, die Knaben trugen Lammfellmützen, die Kleinsten ritten, auf weißen Kissen sitzend, auf schlanken, kleinen Pferden; alle zogen in westlicher Richtung, entlang der Linie von Telegraphenmasten, jede Familie in ihre eigene Staubwolke gehüllt.

Etwa einen Kilometer vor der türkischen Zollstation sahen wir, im letzten Schein der Dämmerung, etwas schemenhaft Dunkles vor uns auf der Straße liegen. Wanda schrie auf, aber Hugh trat schon voll auf die Bremse. Es würde einen Unfall geben, und bis zum Aufprall würde viel Zeit vergehen. Ich überlegte, ob Hugh das Steuer herumreißen und das Auto sich überschlagen würde. Hugh rief, wir sollten uns festhalten, die Räder blockierten, und dann ging es los, wir rutschten unaufhörlich, die Hupe brüllte, das Gepäck fiel auf uns herab und drückte uns gegen die Windschutzscheibe, alles passierte gleichzeitig, während wir auf den Zusammenprall warteten, doch ein, zwei Meter vor dem Objekt auf der Straße blieb das Auto schließlich stehen.

Dann war Stille, nur unterbrochen von furchtbarem Stöhnen. Wir ahnten schon, welcher Anblick sich uns bieten würde, doch die Realität war schlimmer als alles, was wir uns vorgestellt hatten. Auf der Straße, mit dem Gesicht nach unten, lag ein unförmiges, schwarzes, staubbedecktes Bündel, ein Nomade. Es war ein alter Mann von etwa siebzig Jahren, sonnenverbrannt, mit grauen Stoppelhaaren. Er war von hinten überfahren worden und sah böse zugerichtet aus; die Nase war fast völlig abgerissen, und auf dem Rücken war durch sein zerfetztes Hemd eine große Schwellung zu sehen; er war aber noch immer bei Bewusstsein und keuchte wie eine Dampfmaschine.

Wir wickelten ihn in eine Decke, verbanden das Loch, wo früher die Nase gewesen war, stillten das Blut, das aus dem Hinterkopf trat, und überlegten, was wir als Nächstes tun sollten. Wir wagten nicht, ihn zum Straßenrand zu tragen, weil wir nicht wussten, welche inneren Verletzungen er davongetragen hatte, und konnten ihm auch kein Morphium geben, weil das Gehirn vermutlich ebenfalls verletzt worden war.

Inzwischen kamen, angezogen vom Licht, die Männer des Stammes herbeigelaufen, dahinter die Kinder und dann die Frauen. Unter ihnen war die Frau des Mannes, eine zerzauste, schwarzhaarige Gestalt von etwa dreißig Jahren, die sich mit ihrem klirrenden Goldschmuck in den Staub warf und in lautes Wehklagen ausbrach. Die anderen standen halbkreisförmig im Scheinwerferlicht und starrten uns schweigend an.

In diesem Moment kam ein mit Soldaten besetzter Jeep an. Einer der Insassen war ein Arzt, der Englisch sprach. Es erschien uns wie ein Wunder.

Er hob den Verband an und zuckte zusammen. Dann sah er die große blaue Schwellung, die immer größer wurde.

«Sie müssen ihn ins Lager bringen.» (Sieben Kilometer hinter uns war ein Armeecamp.)

«Aber er stirbt vielleicht, wenn er transportiert wird.»

«Er wird sowieso sterben. Sehen Sie hier» – er deutete auf die Schwellung – «Blutung. Vielleicht lebt er bis morgen. Er ist ein starker alter Mann, aber hier kann man nichts mehr machen.»

«Begleiten Sie uns?»

«Ich fahre nach …» (Er nannte einen Ort, von dem wir noch nie gehört hatten.) «Sie müssen ihn hinbringen.»

Wir erklärten ihm, dass wir unterwegs nach Persien seien. Noch immer war uns nicht klar, in welcher Lage wir uns befanden.

Dann kam es, wie eine Bombenexplosion.

«SIE KÖNNEN NICHT JEMANDEN TÖTEN UND WEITERFAHREN. ES WIRD EINE UNTERSUCHUNG GEBEN.»

«ABER WIR SIND ES NICHT GEWESEN. WIR HABEN IHN GEFUNDEN! SCHAUEN SIE, HIER!» Wir zeigten ihm die Bremsspuren. Sie hörten etwa zwei Meter vor dem Körper auf.

«So ein Schaden setzt hohe Geschwindigkeit voraus.» Er wies auf die Beule am rechten Kotflügel, die Hugh nach einer Begegnung mit einem Londoner Taxi geblieben war. «Aber keine Sorge, *er* ist bloß ein Nomade. *Sie* tun mir leid.»

Seine Männer halfen uns, den Verletzten auf den Hintersitz zu legen. Nachdem er weggefahren war, fiel uns ein, dass wir ihn nicht nach seinem Namen gefragt hatten.

Im Camp, ein paar Baracken am Fuß des Bergs, war kein Arzt. Und es gab niemanden, der Persisch, Französisch oder Deutsch verstand – alle sprachen nur Türkisch.

«Bayazid, Bayazid» war alles, was sie sagen konnten, und damit schickten sie uns weiter. Begleitet vom Stöhnen des alten Mannes und den herzergreifenden Klagen seiner Frau, die hinten saß und ihn stützte, fuhren wir in die zwanzig Kilometer entfernte Stadt.

Die ganze Nacht saßen wir im Gang des Militärhospitals, im Licht einer nackten Birne, rauchten Zigaretten und dösten und gingen in das Zimmer, in dem er lag, und hörten seinen immer lauter werdenden Atem. Er starb einen schrecklichen Tod, früh am nächsten Morgen, als es hell wurde, auf einem Feldbett, umringt von Richtern und Staatsanwälten und Dolmetschern, die ihn anbrüllten, um herauszufinden, wer oder was ihn überfahren hatte, und von offiziellen Beobachtern, die seine Familienangehörigen aus dem Zimmer scheuchten.

Kaum war der Mann tot, begann der Albtraum. In einem Fahrzeugkonvoi kehrten wir zum Schauplatz des Unfalls zurück. In unserem Wagen saßen ein Richter, der feindselig wirkte, ein junger Staatsanwalt, der nicht feindselig wirkte, ein hochgewachsener Oberst mit gebrochener Nase, hart wie ein Liverpooler Polizist, ein Hauptmann, der desinteressiert war, weder freundlich noch unfreundlich – nichts; ein Dolmetscher, der aussah, als hätte man ihn gerade aus einem Bordell geholt, und ein außergewöhnlich schlechtes levantinisches Französisch einer deklamatorischen Sorte sprach; ein paar wirklich übel riechende Polizisten und einige Soldaten. Vom Dolmetscher einmal abgesehen, sprach der

Staatsanwalt etwas Französisch, tat sich aber sehr schwer damit, der Hauptmann nicht mehr als ein Dutzend Wörter Englisch, aber er nützte auch nicht viel. Die Übrigen sprachen nur ihre Muttersprache. Paradoxerweise war es der Staatsanwalt, der uns am ehesten Hoffnung machte. Am schlimmsten war der Dolmetscher, der es offenbar darauf angelegt hatte, uns fertigzumachen.

«Vous êtes Carless?», fragte er höhnisch, als ich in das Auto stieg, um zum Unfallort zu fahren. Da alle höheren Beamten in unserem Wagen saßen, der zu diesem Zweck völlig leer geräumt worden war, erschien es nicht ratsam, dass Hugh fuhr.

«Non, M'sieur.»

«Il faut que Monsieur Carless conduit l'automobile.»

«Pourquoi?»

«Monsieur le Juge l'a dit.»

Unterwegs beobachteten sie Hugh wie die Habichte. Es sah nicht gut für ihn aus. Auf der Schotterstraße zeichnete sich die lange, geschwungene Bremsspur ab, die dort aufhörte, wo der Körper gelegen hatte. Das Stück dazwischen war von zahllosen Fußabdrücken schon zerwühlt, aber selbst wenn wir den alten Mann angefahren hätten, sein Körper wäre durch die Wucht des Aufpralls mehr oder weniger an derselben Stelle gelandet, wo wir ihn gefunden hatten.

Die Befragung zog sich durch die glühende Mittagshitze bis zum Abend hin. Ein halbes Dutzend Mal mussten wir den Unfall nachstellen; die Straße wurde abgemessen, die Nomadenkinder mussten Steine aufsammeln, mit denen die wichtigsten Punkte markiert wurden; Skizzen wurden angefertigt, Erklärungen protokolliert. Wir konnten immer nur wiederholen, dass wir ihn gefunden hatten und dass es keine anderen Zeugen gegeben habe – die nächsten Nomaden seien anderthalb Kilometer von der Straße entfernt gewesen. Es sei nicht unsere Schuld, sagten wir, man müsse uns glauben. Aber die Männer des Stammes waren auch noch da, sie schworen Meineide, beschrieben den Unfall, schenkten dem Richter Blumen, während der Dolmetscher, der unsere Antipathie spürte, die zu verbergen wir uns eifrig bemühten, sich umso mehr anstrengte, uns zu schaden, indem er jede Aussage von uns durcheinanderbrachte. Und zu allem Überfluss hieß es, unser Auto sei das einzige gewesen, das am Abend des Unfalls unterwegs zur türkischen Zollstation gewesen sei.

Hugh saß in der Tinte. Die einzige Hoffnung schien der Staatsanwalt zu sein, der die Züchtigung mehrerer Stammesangehöriger angeordnet hatte. «Sie lügen», sagte er, während er einem Polizisten zusah, der in der glühenden Hitze auf sie einschlug. «Ich will nur die *Wahrheit* wissen. Und ich werde sie herausfinden.» Ein bemerkenswerter Mann. Aber als wir wieder allein waren, drängten wir Hugh, nach Ankara zu telegraphieren. Er ließ sich nicht dazu bewegen.

«Ich werde die Sache selber durchstehen», sagte er. «Wenn es zu einem Prozess kommt, wird es jedenfalls den allergrößten Skandal geben. Ob sie mich schuldig sprechen oder nicht, irgendjemand wird die Sache aufs Tapet bringen. Ich muss sie einfach davon überzeugen, dass ich es nicht war, und zwar noch in dieser Phase, bevor Anklage erhoben wird. Außerdem, was wird mein Vorgesetzter in Teheran denken, wenn ich mit dem Makel eines Verdachts in Persien ankomme?»

Erschöpft fuhren wir in die Stadt zurück. Unterwegs blieb einer der Polizeijeeps mit Motorschaden liegen. Der Richter befahl uns, weiterzufahren. Die Polizisten taten niemandem leid, sie waren ein brutaler Verein. Während wir uns entfernten, hupten sie verzweifelt in der Dunkelheit; die Soldaten freuten sich.

Doch es gab unerschöpflichen Nachschub an Polizisten. Aus der Station in Bayazid kamen sechs oder noch mehr herausgeströmt und umringten uns.

«Mein Gott, sie werden mich die Nacht über einsperren.» Den ganzen Tag über war Hugh bewundernswert ruhig geblieben. Jetzt ließ er zum ersten Mal Anzeichen von Nervosität erkennen.

«Malheureusement», sagte der Dolmetscher zu Wanda und mir und bleckte dabei seine ungesunden, gelben Zähne, *«Monsieur Carless doit rester ici, mais* VOUS, VOUS *êtes libre.»*

«Ich brauche keinen Polizisten», sagte Hugh. So erregt hatte ich ihn noch nie gesehen. «Ich gebe Ihnen mein Wort. Ich werde nicht weglaufen.»

«Noch sind Sie nicht verhaftet. Wir wollen Sie nur vor Zwischenfällen schützen. Die Leute sind vielleicht aufgebracht.»

Während ein Polizist draußen vor dem Gasthaus stand und die Passanten weiterscheuchte, aßen wir Reis und Kebab und seltsame Gemüse und tranken eine ganze Flasche Raki aus. Wir drei hatten einen Bärenhunger, da wir seit dem vorangegangenen Abend nichts mehr gegessen hatten.

Am Nebentisch saß ein Militärarzt in Uniform. Es war ein Armenier, der die Sprachbegabung seines Volkes besaß. «Ich heiße Niki», sagte er. Nach dem Essen saßen wir mit ihm auf dem Dach unter einem rostfarbenen Mond. «Dies ist eine Stadt ohne Frauen», sagte er und zeigte auf die Soldaten, die unten auf der Straße entlangschlenderten. «Sehen Sie nur, es sind Tausende. Sie werden alle verrückt, weil es hier für sie nichts gibt – ebenso wenig wie für mich», fügte er realistisch hinzu.

«Ist das Ihr Land?»

«Das war es einmal. Es gibt kein Armenien mehr. Die ganzen Geschäfte dort …», er deutete auf die verrammelten Geschäfte mit ihren heruntergelassenen Läden, «armenisch – tot, tot, alles tot. Morgen wird die Entscheidung fallen, ob man Sie anklagt oder nicht», sagte er, an Hugh gewandt. «Wenn Sie mich brauchen, werde ich kommen. Es wäre wohl besser, wenn Ihnen nicht der Prozess gemacht wird. Ich habe gehört, dass es hier einen Deutschen aus Teheran gibt, einen Lastwagenfahrer, der einem Kind den Fuß abgefahren hat. Er wartet schon seit drei Monaten auf seinen Prozess. Sie haben ihm seine Hose abgenommen, sodass er nicht weglaufen kann.»

Am nächsten Morgen verwendeten wir besonders große Sorgfalt auf unsere Toilette. Die hygienischen Einrichtungen des Gasthauses waren so widerwärtig, dass Hugh und ich einen Benzinkanister mit Wasser nahmen und uns auf dem Dach rasierten, bestaunt von der Bevölkerung, die in großer Zahl draußen versammelt war. Wanda, der ein solcher öffentlicher Auftritt versagt war, musste im Haus bleiben. Und zum Schluss bearbeitete ein Schuhputzer unsere Schuhe, weigerte sich aber, dafür Geld zu nehmen. Ich war beeindruckt, Hugh nicht.

«Ich glaube nicht, dass man im Old Bailey was bezahlen muss.» Nichts konnte ihn aus seinem unerschütterlichen Trübsinn reißen.

Um neun Uhr standen wir, in unseren besten Sachen, vor dem Gerichtsgebäude und reihten uns schweißgebadet in die Schlange der anderen Missetäter ein.

Nach kurzem Warten wurden wir aufgerufen. Der Raum war einfach, weiß getüncht, ausgestattet mit einem halben Dutzend Stühle und einem Tisch für den Staatsanwalt. Darauf stand ein Telefon, das wir liebevoll betrachteten. Hinter dem Staatsanwalt lauerte sein böser Geist, der Dolmetscher.

Der Staatsanwalt begann zu sprechen. Uns war klar, dass

er, so oder so, eine Entscheidung getroffen hatte. Er sei, sagte er, nur an Gerechtigkeit interessiert, und der Gerechtigkeit werde Genüge getan werden. Es sei bedauerlich für Monsieur Carless, dass er kein Diplomatenvisum für die Türkei besitze, denn in diesem Fall könne man ihn nicht festhalten. Wir wussten nun, dass Hugh mit dem Schlimmsten rechnen musste. Aber, fuhr der Staatsanwalt fort, da das Visum nur für Iran gelte, schlage er vor, die Verhandlung für eine Woche zu unterbrechen, um sich in dieser Zeit mit den Behörden in Ankara in Verbindung setzen zu können.

«Malheureusement, ce n'est pas possible pour Monsieur Carless», sagte der Dolmetscher mit besonders schadenfroher Miene, *«mais vous êtes libre d'aller en Iran.»*

Zwei Stunden lang debattierten wir; als Hugh erlahmte, schaltete ich mich ein; dann übernahm Wanda den Kampf; Argumente flogen wie Tennisbälle durch den Raum – über diplomatische Immunität, über Kinder in Europa, die ohne ihre Mutter verkümmerten, über verpasste Schiffe und Flugzeuge, ruinierte Expeditionen, über das Fehlen von Zeugen.

«Gestern wurden mehrere Stockhiebe verabreicht, um vor falschen Aussagen zu warnen, und die Zeugen werden nicht zugelassen», erklärte der Staatsanwalt, aber er wirkte unnahbar, unzugänglich.

«Malheureusement vous devez rester ici sept jours pour qu'arrive une réponse à notre telegramme», sagte der Dolmetscher in seinem grauenhaften Französisch.

«Monsieur le Procureur a envoyé une telegramme?»

«Pas encore», erwiderte der Dolmetscher mit einem triumphierenden Grinsen. Ich hatte ihn noch nie so zufrieden gesehen.

Wir beschworen Hugh, ein Telegramm nach Ankara zu schicken. Er war unnachgiebig, erklärte sich aber bereit,

Niki, den armenischen Arzt, rufen zu lassen. Es war nicht ganz leicht, in einer Garnisonsstadt einen namenlosen armenischen Militärarzt zu finden, aber eine Stunde später traf er in einem Jeep ein, rund und dick, doch für uns ein Ritter in voller Rüstung. Der Dolmetscher wurde aus dem Raum geschickt, und Niki begann zu übersetzen, Satz für Satz, vom Englischen ins Türkische, vom Türkischen ins Englische. Hugh sprach von der NATO, und da flackerte leises Interesse auf, er erwähnte, dass die beiden Länder in Korea Seite an Seite gekämpft hatten, sprach von den großen Vorzügen der türkischen Nation, vom politischen Kapital, das die Russen daraus zu schlagen wüssten, wenn die Sache bekannt würde, und dass derlei in England nicht passieren würde. Schließlich erklärte Hugh, er wolle ein Telegramm schicken. Wir wussten, wie schwer ihm diese Entscheidung gefallen war.

«Das ist sehr, sehr kompliziert. Es gibt keine direkte Verbindung. Wir werden es zunächst nach Erzurum schicken müssen.»

«Dann schicken Sie es nach Erzurum.»

«Es wird drei Tage dauern. Sie wollen noch immer?»

«Ja.»

Hugh schrieb den Text des Telegramms nieder. Auf dem Papier sah es furchtbar aus. Ich begriff, warum er sich so lange gesträubt hatte.

«verhaftet bayazid mit reiseziel teheran erwarte anklage tot schlag zivilist stop diplomatenvisum nur gültig iran.»

Niki übersetzte ins Türkische; der Staatsanwalt verließ den Raum mit dem Text in der Hand. Nach ein paar Minuten kam er zurück, begleitet von einem hemdsärmeligen Schreiber mit mächtigem Schnurrbart. Über zehn Minuten diktierte er ausgesprochen flüssig. Es wurde ein langes Schriftstück. Als er fertig war, las Niki es laut vor. Es war eine

Darstellung der ganzen Angelegenheit und brachte Hughs Unschuld zum Ausdruck.

Der letzte Stempel wurde unter das Dokument gesetzt, der Staatsanwalt klatschte in die Hände, und es wurde Kaffee gebracht.

Es geschah so schnell, dass man kaum glauben konnte, dass alles schon vorbei war.

«Aber was hat ihn zu diesem Sinneswandel gebracht?» Es war eine unglaubliche Kehrtwendung.

«Der Staatsanwalt lässt Ihnen sagen», erklärte Niki, «dass er die Sache nicht weiter verfolgen will, weil Monsieur Carless sich in dieser Sache wie ein Gentleman verhalten hat, weil Sie sich alle» – er verneigte sich vor Wanda – «wie Gentlemen verhalten haben.»

ROBERT BYRON

Der freundliche Service

Bagdad 1933

Wenn irgendetwas diese Stadt reizvoll macht, dann ist es die Anreise. Wir fuhren in einem bananenförmigen, einachsigen Anhänger, der an einen Buick-Zweisitzer angekoppelt war und den euphemistischen Namen «Aero-Bus» trug. Ein größerer Bus, der Vater aller Omnibusse, fuhr hinterher. Hermetisch abgeschlossen wegen des Staubs, aber von Wasser besprüht, das aus einem undichten Trinkwassertank kam, rumpelten wir mit sechzig Stundenkilometern durch die Wüste, unter einer glühenden Sonne, taub vom Bombardement der Steine, die gegen den dünnen Boden prasselten, und erstickt am Geruch von fünf schwitzenden Reisegefährten. Mittags wurde Rast gemacht; wir bekamen von der Busgesellschaft einen Lunchkarton mit der Aufschrift «Der freundliche Service». Wenn wir in dieser Gegend jemals das Transportwesen organisieren sollten, wird der Service von einem Stirnrunzeln begleitet sein. Butterbrotpapier und Eierschalen wurden weggeworfen und verschandelten die arabische Landschaft. Bei Sonnenuntergang erreichten wir Rutba, das, seit ich 1929 auf einer Reise nach Indien dort einmal zu Mittag aß, inzwischen von Kulischaren und einem Camp umringt ist – Ergebnis der Pipeline von Mossul. Hier speisten wir; ein Whiskysoda kostet sechs Shilling. Nachts hob sich unsere Laune; der Mond schien zum Fenster herein;

unter Führung von Mrs. Mullah sangen die fünf Iraqis. Wir passierten einen Konvoi gepanzerter Limousinen, die Feisals Brüder, Ex-König Ali und den Emir Abdullah, vom Begräbnis Feisals zurückbrachten. Die Morgendämmerung enthüllte nicht die goldene Wüste, sondern Schlamm, endlosen Schlamm. Je näher wir Bagdad kamen, desto größer wurde die Trostlosigkeit. Mrs. Mullah, die bislang so kokett gewesen war, verbarg ihre Reize unter einem dichten schwarzen Schleier. Die Männer holten schwarze Feldmützen heraus. Und als wir um neun Uhr die Stadt der Arabischen Nächte erreichten und ihren einsamen Boulevard entlangfuhren, fühlten wir uns fast an das untere Ende der Edgware Road versetzt.

Es ist kaum ein Trost, sich daran zu erinnern, dass Mesopotamien *früher einmal* so reich war, so fruchtbar auf dem Gebiet der Künste und der Erfindungen, so gastfreundlich zu den Sumerern, den Seleukiden und Sassaniden. Das Wesentliche in der mesopotamischen Geschichte ist, dass Hulagu im 13. Jahrhundert das Bewässerungssystem zerstörte. Und dass Mesopotamien seither, bis auf den heutigen Tag, ein Land des Schlamms ist, dem der einzig mögliche Vorteil des Schlamms fehlt: die Fruchtbarkeit. Es ist eine Schlammebene, so flach, dass ein einsamer Reiher, der auf einem Bein an einem der seltenen Rinnsale steht, so hoch wie eine Radioantenne zu sein scheint. Aus dieser Ebene erheben sich Dörfer aus Schlamm und Städte aus Schlamm. Die Wasserläufe bestehen aus flüssigem Schlamm. Die Luft besteht aus Schlamm, der zu Gas raffiniert wurde. Die Menschen sind schlammfarben, sie tragen schlammfarbene Kleidung, und ihre nationale Kopfbedeckung ist nicht mehr als ein in eine feste Form gebrachter Schlammkuchen. Bagdad ist die Hauptstadt, wie man sie von diesem gottgesegneten Land erwartet. Sie schlummert verborgen in einem Schlammdunst; wenn die Temperatur unter 44 Grad sinkt, klagen die Leute über die Kälte und holen ihre Pelze heraus. Nur für eine einzige Sache ist sie heute zu Recht berühmt: eine Art Wallung, die nach neun Monaten abklingt und eine Narbe hinterlässt.

JONATHAN RABAN

Arabia Demens

Sanaa 1977

Die Nacht draußen kam mir besonders schwarz vor. Ich lud mein Gepäck in ein Taxi und bat den Fahrer, mich zum Rowdah Palace Hotel zu bringen. In Bahrain war es mir als das beste Hotel von Sanaa empfohlen worden, und von Abu Dhabi aus hatte ich schriftlich ein Zimmer reserviert. Wir rumpelten einige Kilometer durch völliges Dunkel und kamen schließlich zu einem hell erleuchteten steinernen Innenhof, wo ein fuchsartiger Hund bei unserer Ankunft in lautes Bellen ausbrach. Der Fahrer warf mit einem Ziegelstein nach ihm, woraufhin er sich verzog und uns aus sicherer Entfernung anknurrte.

In der Eingangshalle entdeckte ich einen Jemeniten, der, in eine Decke eingerollt, am Fuß eines steinernen Treppenaufgangs schlief. Ich musste auf den Fliesen herumtrampeln, um ihn wachzukriegen. *«Yallah!»*, stöhnte er in meine Richtung, verschwinde!

«Ich habe aber eine Reservierung …»

Unter weiterem theatralischen Grunzen und Ächzen kam er langsam zu sich. Es gebe keine Reservierungen, sagte er: Ich existierte nicht. Zum Beweis schlurfte er in ein Hinterzimmer und schleppte ein Kästchen an, in dem eine Postkarte und vier Luftpostbriefe lagen, die so aussahen, als hätten Mäuse sich an ihnen zu schaffen gemacht. Keiner stammte von mir. Die Stempel waren Monate alt. Da das Hotel, soweit ich sehen konnte, nicht gerade übermäßig belegt war, schien mir das kein überzeugender Grund zu sein, mich wieder in die Nacht hinauszuschicken. Murrend und sich noch tiefer in seine Decke wickelnd, zeigte mir der Mann ein Zimmer.

Die Wände waren aus massivem Stein, gut einen Meter dick. Es war sauber, fast hübsch möbliert, sah aber trotzdem wie eine Zelle aus. Eher wie eine Mönchszelle vielleicht und weniger wie die eines Gefangenen, aber dennoch war es eine Zelle. Ich probierte das Unwahrscheinliche und fragte den Mann, ob er mir einen Whisky besorgen könne. Zum ersten Mal, seitdem ich ihn geweckt hatte, kam Leben in ihn. Ein breites, schläfriges Grinsen ging über sein Gesicht.

«Kein Whisky», sagte er. «Kein Bier. Kein Alkohol.»

Es ist vermutlich keine Ironie, dass der Hauptbeitrag des prohibitionistischen Arabiens zu den Sprachen der Welt das Wort *Alkohol* ist.

«Dann eben Kaffee. Können Sie mir einen Kaffee bringen?»

«Kaffee schläft.»

Leise vor sich hin kichernd, stolperte er die Treppe hinunter, um seinerseits weiterzuschlafen. Ich machte es mir, so gut es ging, gemütlich, indem ich meinen Vorrat an Büchern auf dem wackligen Tisch ausbreitete. Trollope und Wilkie Collins waren eindeutig fehl am Platz. Thesiger und Freya Stark wirkten ebenfalls deplatziert. Lévi-Strauss schüchterte bloß ein. Das einzige Buch, das gute Gesellschaft und Unterhaltung zu versprechen schien, war Evelyn Waughs *When the Going Was Good.* Waugh war im Jahre 1930 nach Aden gereist – heute die Hauptstadt des kommunistischen Südjemen. Mit hämischer Freude weidete ich mich an seiner

Beschreibung der Jemeniten. «Sie sind durchweg kleinwüchsig und nicht sehr muskulös; ihre Gesichter sind unbehaart oder nur mit einem leichten Flaum bedeckt, ihr Ausdruck ist degeneriert und leicht verwirrt, ein Eindruck, der durch ihren federnden, schwankenden Gang noch verstärkt wird.»

Das war der Mann dort unten. Wie gern wäre ich imstande gewesen, diese Stelle ins Arabische zu übersetzen, sie auf eine Gedenktafel einzubrennen und sie über diesem mürrischen kleinen Mistkerl aufzuhängen. Tief getröstet, las ich im Licht der nackten Birne weiter. Die jemenitische Elektrizität schien ebenfalls leicht verwirrt. Ich konnte tatsächlich zusehen, wie der Strom, vorsichtig um den Glühfaden in der Birne sich windend, einmal zu einem blassen Glimmen verkam, dann wieder ein gefährlich brillantes Weiß aufbaute. Gelegentlich wurde es dunkel im Zimmer, doch dann flackerte das Licht zögernd wieder auf. Die Seiten von *When the Going Was Good* waren mit Rotwein befleckt, den ich bei Ralph Izzard in Bahrain verschüttet hatte. All das schien sehr lange her.

Als ich, noch immer angekleidet, aufwachte, glaubte ich am Ende eines Regenbogens zu liegen. Das niedrige Fenster war ein Geflecht aus unregelmäßigen Löchern in der Mauer, die mit faustgroßen bunten Glasstücken gefüllt waren, wodurch das Sonnenlicht eine scharlachrote, pupurrote, grüne und goldene Färbung erhielt. Ich fühlte mich wie ein beschwipster Pierrot. Benommen trat ich ans Fenster und guckte durch eines der Löcher, in dem das Glas fehlte.

Den ersten visuellen Eindruck vom Jemen sollte man tunlichst nicht vor dem Frühstück bekommen: man riskiert einen Schwindelanfall und die schockierende Gewissheit, dass man an einer ernsten Sehstörung leidet.

Rings um das Hotel standen hohe Lehmtürme in groteskem Tudorstil. Sie sahen aus wie die erhaltenen Beiträge für einen antiken Sandburgenwettbewerb. Jeder Quadratzentimeter ihrer Außenmauern war mit Fensterflügeln, Bögen, Giebeln, Zinnen versehen und mit groben Friesen aus Spiralen, Rhomben und Schnörkeln verziert. In ihrer atemberaubend schiefen Haltung forderten sie dem Rohmaterial, aus dem sie gebaut waren, das Letzte ab. «Die Arabeske», erinnerte ich mich an Dr. Faroukis Vortrag in Doha, «kennt keine Grenze. Sie ist der wahren Natur entrückt, frei von jedem Stil … ein Loblied.» Diese Türme waren Arabesken aus Lehm und rohen Steinen. Ich hätte nicht sagen können, wie alt sie waren. Manche waren Ruinen. Einige waren offensichtlich bewohnt, Wäschestücke hingen zum Trocknen über Balkonen und Zinnen.

Eine Frau, vollständig eingehüllt in ein dickes scharlachrotes Tuch, wodurch sie das Aussehen eines wandelnden Bienenkorbs bekam, überquerte den staubigen Platz unter mir. Über mir schwebte ein Bussard. Es gab einzelne Tupfer und größere Flächen von leuchtendem Grün: ich erkannte Zedern, Zypressen, Weinstöcke, Feigenbäume. Zwei gelbe Hunde scharrten lustlos unter ein paar umgestürzten Benzinfässern; ein Mann auf einem Lehmtürmchen saß rauchend im Himmel; von irgendwoher kam das helle Klingeln eines Zweitaktmotors; in diesem ganzen Ensemble aus Stuck, Staub und Grün war keine Logik zu erkennen, nirgends ein Punkt, auf dem das Auge ruhen konnte. Es war eine Landschaft aus Kommas und Semikolons – nirgendwo ein Zusammenhang zwischen den Dingen. Selbst die mauvefarbenen Berge am Horizont waren zerklüftet, unglaubwürdig grün durchzogen. Der Blick aus dem Fenster ließ meine Augen wie tropische Fische tanzen und zucken. Alles war zu intensiv, zu reich an Überraschungen. Drei Wochen lagen vor mir – nach den paar Minuten zu urteilen, die ich durch ein zugiges Loch im Fenster geblinzelt hatte, würde ich die ganze Zeit allein dafür benötigen, aufzuschreiben, was man alles an einer einzigen Turmmauer sehen konnte. Jemen war in früheren Zeiten als *Arabia Felix* bekannt gewesen – der glückliche, fruchtbare Winkel in einem Wüstenkontinent. Doch es schien, als hätten sich die Fruchtbarkeit des Landes und die Phantasie seiner Bewohner vor langer Zeit verausgabt und ein Arabien hinterlassen, das eher *demens* als *felix* war.

Behutsam machte ich mich auf die Suche nach einem Frühstück. Nach dem blendenden Durcheinander draußen vor meinem Fenster freute ich mich über den langen, dunklen Korridor im Innern des Hotels. Früher war es der Palast eines Imams gewesen, ein einschüchterndes, kompliziertes Gewirr von steinernen Bögen und steilen Treppen. Ich sah den Mann, der mich in der Nacht hereingelassen hatte, noch immer auf einem Treppenabsatz schlafen. Ich stieg ein paar Stufen hoch, die zu einer nackten Steinmauer führten, versuchte eine andere Treppe, wanderte durch einen Tunnel und stieß auf einen Speisesaal, der mit seinen Plastiktischen und Ketchupflaschen einem Vorstadt-McDonald's beunruhigend ähnlich sah. Da ich mich langsam wieder zurechtfinden wollte, setzte ich mich mit dem Rücken zum Fenster. Ein Mann, der seinen Krummdolch wie einen Hosenbeutel am Gürtel trug, fragte mich einigermaßen unfreundlich, was ich wollte. Ich sagte, dass ich gern frühstücken würde. Das schien er für ein höchst merkwürdiges Ansinnen zu halten. Bitte, sagte ich; es wäre sehr freundlich von ihm, wenn er mir Kaffee und ein Ei brächte. Er guckte finster und fummelte am Griff seines Dolchs herum. Mit bedenklicher Miene wiederholte er das Wort *Ei.* Ja, bitte, sagte ich. Ich hätte es gern fünf Minuten gekocht. Er ging rückwärts zur Küche, wobei er mich die ganze Zeit im Auge behielt, als wäre ich ein gefährlicher Verrückter.

Fast eine halbe Stunde verging, immer wieder unterbrochen von leisem Kichern und schlurfenden Schritten. Dann brachte der Mann mit dem Dolch mein Frühstück. Es kam dem, was ich bestellt hatte, einigermaßen nahe: eine Dose japanischer Apfelsaft und ein sehr kleines, sehr dreckiges rohes Ei, an dessen Schale, wenig appetitanregend, ein paar Federn samt Hühnerdreck klebten.

«Gekocht! Kochen! *Taha!*», sagte ich, *«taha!»* – und hörte meine eigene Stimme. Sie klang hinreichend verrückt, um die schlimmsten Befürchtungen des Mannes zu rechtfertigen.

«Es könnte ein bisschen kompliziert sein, hier solche Sachen haben zu wollen.» Zwei Engländer in identischen Safari-Jeansanzügen waren in den Speisesaal gekommen. «Wir haben festgestellt, dass man am besten bei Tee bleibt. Sie machen hier ganz guten Tee.»

Noch nie hatte ich mich so absurd gefreut, den zivilen Südlondoner Vorstadtakzent zu hören. Die Engländer waren über meine Erscheinung offensichtlich ebenso befremdet wie der Kellner. Heftig schwitzend, in Pidgin-Englisch und Pidgin-Arabisch laut zeternd, machte ich nicht gerade eine sympathische Figur.

«Schon lange hier?», fragte der eine von ihnen vorsichtig. Wahrscheinlich dachte er, ich sei gerade aus einer Berghöhle hervorgekrochen. Jemen zieht bekanntlich die verrücktesten Einzelgänger an. Im nördlichen Bergland wimmelt es wahrscheinlich von verrückten Engländern, die von Nüssen und gegrillten Heuschrecken leben – entlaufene Diplomaten, ehemalige Luftwaffenoffiziere und Bürstenvertreter. Ich erklärte, dass ich nur an einem leichten Kulturschock leide, und zeigte den Männern das Ei. Mir fiel auf, dass meine Hand zitterte. Ihnen auch.

Sie waren schon seit einem Monat in Jemen – als Mitglieder irgendeiner UN-Agrarkommission. Sie sollten eine Untersuchung über das Getreideanbaupotenzial der Hochebene durchführen, und ich fand, dass ihnen zuzuhören ungefähr die gleiche Wirkung hatte wie zwei sehr starke Beruhigungstabletten. Angenehm beruhigt, bemerkte ich, dass ich – bei ziemlich gutem Tee – höfliche Fragen über Roggen und Weizen und Gerste stellte.

«Wir könnten Sie später nach Sanaa mitnehmen, wenn Sie wollen. Unser Landrover steht draußen vor der Tür.»

«Sind wir hier denn nicht in Sanaa?»

«Nein, nein. Dies ist Rowdah, ein Dorf. Bis Sanaa sind es zehn Kilometer. Zwanzig Pfund etwa, wenn Sie ein Taxi nehmen.»

Die ganze Verwirrung – und ich hatte sie nicht einmal für den richtigen Ort aufgewendet. Ich fühlte mich betrogen, verloren und verschwitzt.

Wir verließen Rowdah im Landrover. Das Hotel war ein Palast gewesen, wie alle anderen Häuser im Dorf offenbar auch. Überall einstürzende Türme. In seinen besten Zeiten muss es hier von Königsfamilien gewimmelt haben. Aber heutzutage waren die meisten Paläste bloß Flächen von getrocknetem Lehm und Steinen, auf denen Ziegen, Hühner und verdreckte Kinder in Staubwolken herumwühlten.

Wir kamen an einer Kaserne vorbei, wo ein überdimensionaler Plastikpanzer auf einem Felsen saß, dann an einer weiten, trostlosen Fläche voller Gestrüpp, die kürzlich ummauert worden war und von einem großen Schild auf Englisch als «Park des 26. September» bezeichnet wurde.

«Gibt es einen Park für jeden Tag des Jahres, oder ist der 26. September etwas Besonderes?»

«Ich glaube, es ist der Tag der Glorreichen Revolution.»

«Welcher?»

«Der letzten.»

«Dieses Land versinkt immer tiefer im Mittelalter.» Diese Bemerkung kam in jenen Anführungszeichen daher, die auf ein Standardklischee hinweisen. Es war die Sorte Bemerkung, die üblicherweise über den Jemen gemacht wird. Ich lachte höflich, aber es schien überhaupt nicht zu dem Eindruck zu passen, der sich mir bot. Nach den endlosen Baustellen am Arabischen Golf wirkten Rowdah und die Vororte von Sanaa wie verlassene Abrissgrundstücke. Türen fielen aus den Mauern, Mauern aus den Häusern, Häuser aus den Straßen, und ganze Straßen schienen aus der Stadt zu fallen. Wenn in Europa alle Bautätigkeit in der Mitte der Renaissance plötzlich aufgehört und man das ganze Gebäude der Zivilisation einer stillen Selbstzerstörung überlassen hätte, dann sähen London, Florenz, Venedig, Chartres und Amsterdam heutzutage nicht sehr viel anders aus als mein erster Eindruck von Sanaa. Es war, als führe man in hohem Tempo in einen gigantischen vergammelten Käse hinein. Hier und da ein Gebäude aus Schlackenstein, die neuen Straßenlaternen, die schief im Lehm steckten, der grobe Asphalt, die Neonlichter, die Plätze mit Kreisverkehr und die Pepsi-Cola-Reklameschilder änderten fast nichts an dem vorherrschenden Eindruck, dass der Ort verfallen war. Schon die Luft roch alt: sie roch nach morschem Holz, angegammeltem Fleisch, stinkenden Kleidern, verdorbenem Geld. Sanaa «roch». Noch lange nach meiner Abreise aus dem Jemen bewahrte ich einen Ein-Rial-Schein in meiner Brieftasche auf. Er war richtig weich und abgegriffen und hatte den authentischen

Gestank der Stadt angenommen. Wieder in London, konnte ich, als ich bei meinem Gemüsehändler an der Ecke bezahlen wollte, den Jemen wie einen Dschinn heraufbeschwören, indem ich einfach die Brieftasche öffnete und den kräftigen Geruch dieses Ein-Rial-Scheins einsog.

Die Agrarmenschen setzten mich am Marktplatz ab. Mir schien damals, als hätten sie mich genauso gut im Zentrum des Fegefeuers absetzen können. Die Gerüche, das gleißende Licht und der höllische Lärm von Hupen und Motoren ließen das Innere meines Kopfes erstarren. Man hatte mich auf das Mittelalter vorbereitet. («Ich *liebe* Sanaa», hatte eine Dame in Abu Dhabi enthusiastisch erklärt. «Man fühlt sich richtig ins Mittelalter zurückversetzt. Das ist das *wahre* Arabien.») Man hatte mir nichts gesagt von den Toyotas, Datsuns, Hondas und Chevrolets, die durch die engen, schlammigen Straßen pflügten, hohe Schmutzfontänen verspritzend, dicht an den Häuserwänden entlang, sodass Menschen, Hunde und Vieh um ihr Leben laufen mussten. Keines der Fahrzeuge sah älter aus als ein Jahr – und viele der Fahrer nicht viel älter, finster dreinblickende Babys, die Faust unablässig auf der Hupe. Die allerneuesten Modelle hatten die Stadt gepackt: es war, als erlebte man eine Massenrallye von motorisierten Eisverkäufern, die in wütendem Wettstreit verschiedene Melodien spielten. Ich wurde beinahe überfahren von einem verrückten Baby, das in seinem Toyota auf dem Bürgersteig angekachelt kam und mir die ersten vier Takte von *The Camptown Races* entgegenschleuderte:

De Camptown ladys sing dis song:
Dooh dah! Dooh Dah!

Zu diesem grauenhaften Lärm kamen noch die Fußgänger, die lautstarke Transistorradios mit sich herumtrugen, jedes auf einen anderen Sender eingestellt, und neue Kassettenrekorder, die westliche Popsongs, arabische Tanzmelodien und das liebeskranke Geheul der Lady herausbrüllten.

Gwine to run all night!
Gwine to run all day!
Bet ma money on de bobtail nag.
Somebody bet on de day.

In dieser Situation war ich nicht imstande, über Dinge wie das jemenitische Pro-Kopf-Bruttonationalprodukt nachzudenken. Wäre ich dazu fähig gewesen, hätte mich der schrille Lärm dieser ganzen neuen, teuren Hardware nicht nur betäubt, sondern auch in Verwirrung gestürzt. Die jüngsten verfügbaren Statistiken zeigen nämlich, dass Jemen, mit einem BNP von 120 Dollar pro Kopf, zu den ärmsten Ländern der Welt gehört. Es klang nicht danach. Als ich mich gegen eine braune Lehmwand pressen musste, um nicht von einem Lastwagen überfahren zu werden, dessen Kühler mich boshaft angrinste, erschien es mir ratsam, alle Fragen der Geschichte, Architektur, Wirtschaft, Politik und Religion für später aufzuheben – sehr viel später.

Fürs Erste versuchte ich, mich auf kleine, vorsichtige Schritte zu beschränken. Das war nicht leicht. Überall auf meiner Reise war ich Labyrinthmustern begegnet. Immer wieder hatte ich dekorative Labyrinthelemente gesehen; ich war in bewusst labyrinthisch angelegten Häusern gewesen; die Souks, die ich besucht hatte, waren allesamt nach dem Prinzip des Labyrinths gebaut, und ich hatte gespürt, dass die Grundstruktur der arabischen Gesellschaft – im Gegensatz zu den vertikal gegliederten Hierarchien des Westens – ebenfalls ein Labyrinth war. Bis dahin hatte ich im Labyrinth nicht viel mehr als ein nützliches Symbol gesehen. In Sanaa fand ich mich plötzlich inmitten eines realen Irrgartens wieder. Seine Mauern waren beängstigend hoch, seine Gänge schmal und eng, sein Lärm furchterregend. Wohin ich meine Schritte auch lenkte, ich stieß auf immer neue Rätsel und Widersprüche. Wenn ich glaubte, an einem bestimmten Ort zu sein, stellte sich heraus, dass ich woanders war. Ich verhielt mich allmählich wie eine verängstigte Ratte im Forschungslabor eines Psychologen – lief gegen nackte Wände an, ging auf Schatten los und brüllte Autofahrern, die entschlossen schienen, mich zu überfahren oder aber in den Wahnsinn zu treiben, Obszönitäten zu. Sanaa funktionierte genau wie ein Labyrinth: es war ein geschlossener, Schutz bietender Bienenkorb für Insider, doch für einen Fremden war es eine Falle ohne sichtbaren Ausweg.

Als ich das Wimmerstadium erreicht hatte, fragte ich einen Mann nach der britischen Botschaft. Er sagte, er wolle mich hinbringen. Er sei ein Freund der Briten, sagte er. Es wäre ihm ein Vergnügen, mich zu begleiten. Ich folgte ihm dankbar durch mehrere Straßen, bessere Lehmkuhlen, die von hohen Lehmhäusern gesäumt waren. Die Straßen von Sanaa sind gepflastert mit Silber – in Form von Hunderttausenden von plattgetretenen Getränkedosen – und mit Steinen, Müll, Fliegen und den kleinen ledrigen Leichen toter Ratten. In der Regenzeit, die im August einsetzt, verwandeln sich die Straßen in Flüsse und werden vermutlich von dem im Laufe eines Jahres angesammelten Dreck gereinigt. Aber jetzt war März, und sie hatten den scharfen Geruch einer Kultur, die auf ihnen heranreifte. Mein Führer stolperte mit fliegendem Rock vor mir entlang, gewandt von Krater zu Krater springend. Wir schienen schon mehrere Male vor- und zurückgelaufen zu sein, als wir an einer Hauptstraße herauskamen. Dort zeigte er mir die neue Straßenbeleuchtung. Genau gegenüber von uns hing der Union Jack schlaff am Fahnenmast. Ich dankte dem Mann überschwänglich. Er bot mir eine Zigarette an und sagte, dass die Engländer ein großartiges Volk seien, mit einer langen und ehrenvollen Geschichte. Ich bedauerte, dass ich ein so armseliges Exemplar von Engländer war.

PAUL NIZAN

Aden

Aden–Dschibuti 1931

Und hier ist nun also der Ort, der so schön sein soll, dass man sterben möchte.

Aden ist ein großer Mondvulkan, von dem eine Seite in die Luft gegangen ist, bevor die Menschen da waren und Legenden über die Explosion dieses Pulverfasses erfinden konnten. Sie haben ihre Legende später erfunden: das Wiedererwachen des Vulkans von Aden, der in die Hölle führt, wird das Ende der Welt ankündigen.

Ein ausgeglühter violetter Pyramidenstumpf in einer blauen Welt, gekrönt von zerfallenen türkischen Festungen, ein von konzentrischen Wellen umspülter Stein, den der Riesenvogel Rok am Ufer des Indischen Ozeans fallen gelassen hat, eine Stätte der Abenteuer für Sindbad den Seefahrer, durch eine Nabelschnur aus Salinen und Sand mit der großen arabischen Halbinsel verbunden, unter einer gnadenlosen Sonne, zu der die Leute hier nie gebetet haben.

Es ist umgeben von Wasserwüsten, die mit Quallen bedeckt sind und Fische, Messer, Helme und Stöcke anschwemmen. Zwischen Ras Marshag und Kor Maksar erstrecken sich Bänke von Muscheln und Fischskeletten, die ebenso ungewöhnlich aussehen wie die Rippen getrockneter Blätter. «Während der Monsunzeit», schreibt Reclus, «werden Tausende von toten Fischen aller Art von den Wellen an die Ufer von Perim und Aden geworfen.»

Steinwüsten eröffnen den Jemen am Fuße eines roten Bergmassivs, das fast immer in Nebelschwaden schwimmt. Dieses Massiv verdeckt die Felder der *Arabia felix*, des glücklichen Arabien, die Gärten und Paläste von Sanaa, die zahlreichen Bevölkerungen von mehr als einer sagenumwobenen Stadt.

Befestigte Wehrgänge beherrschen die Übergänge im Felsen zwischen der Eingeborenenstadt und der britischen Stadt, es gibt dunkle Tunnel, in denen der Ammoniakgeruch von Exkrementen steht, Dörfer von Gräbern, Dörfer von Häusern, Erdöltanks, Kasernen mit Blick zum Meer, Flugzeugschuppen, Klubs, Missionen, der Staub der zerfallenen Christenheit, eine Freimaurerloge – kurz, alles, was zum Glück nötig ist.

Auf den Steinwegen sieht man Kamele, die Wassertonnen ziehen, Lastautos, die entladen werden, amerikanische Wagen, in denen Somalis mit Turbanen sitzen, englische und indische Soldaten, ein gemischtes Volk. Aden war immer zugleich Markt und Festung: *«exporium, vetissimum oppidum Aden»*, schreibt Claude Morisot 1663.

Aden brummt und summt wie ein großes runzliges Tier, das mit Fliegen und Bremsen bedeckt ist und sich im Staub wälzt. In den Gassen des Basars drängen sich Menschenmengen zwischen den Wänden der Läden. Seidenstücke kommen aus den Handwebstühlen heraus wie schöne bunte Schlangen, die Wechsler sitzen in glänzenden Gehröcken auf der Schwelle ihrer Türen und lassen Rupien durch die Hände rieseln, die an jene Maria-Theresia-Taler erinnern, mit denen die Engländer um 1839 die Umgebung der Halbinsel kauften.

Zufriedene Menschen hocken an der Tür kleiner verrauchter Cafés, rauchen Wasserpfeifen und nähren ihr Kohlenfeuer. Auf dem Rücken haben sie manchmal jene Schröpfköpfe aus einem Ziegenhorn, die nach dem schlechten Blut von Krankheiten riechen. Die Cafés nehmen in ihrem Leben einen enormen Platz ein. Das ist einer der Orte, wo man den Kief, den Zustand absoluter Ruhe, erreicht.

Viele eingeborene Arbeiter haben keine Wohnung und schlafen im Freien oder in diesen Cafés.

Die Somalis spielen dort mit großem Geschrei endlose Dominopartien. Die Neger ähneln denen von Marseille und Toulon.

Aus ihren Klassen, die offen sind wie die Läden, hört man die Kinder der muselmanischen Schule ihre Verszeilen plärren, es stört sie nicht, dass ihre Schule offen ist. Überall laufen Bettler umher, überall werden stumme Geschäfte abgeschlossen. Es gibt einen Code von Zeichen mit den Fingern, die sich unter einem Stoffstück berühren. Erst nach Abschluss des Geschäfts wird man laut.

Über diesem Leben liegt ein ranziger, buttriger, pfeffriger, von Weihrauch und dem Duft aromatischer Hölzer durchsetzter Geruch, jener herrliche, unvergessliche Geruch des Orients.

Die Weißen und die Banians sind in ihren hygienischen Höhlen verborgen und arbeiten unter den Propellern von Ventilatoren in ihren Büros, wo Eingeborene stumm barfuß zwischen den Tischen hin- und hergehen; die Schreibmaschinen drucken unaufhörlich eine kleine Zahl von schwarzen Zeichen auf. Die Existenz der Leute aus unseren Ländern besteht darin, die Zeichen miteinander zu kombinieren, die Kombinationen wieder aufzulösen und neu zu bilden. Ein Spiel von Irren. Draußen in der prallen Sonne werden Schafherden zu den Docks hinuntergetrieben, die Schafe haben schwarze oder rote Köpfe und breite, kurze Fettschwänze.

Im großen Freihafen zwischen Steamer Point und Ma'ala

herrscht eine ständige Bewegung von Schiffen: die Passagierschiffe der *Peninsular & Oriental Line* bahnen sich einen Weg durch ein Gewirr von Frachtern, Erdöltankern, Pinassen und Dauen, deren Aufbau so bunt ist wie der einer türkischen Karavelle; die Widerspiegelungen ihrer herrlichen blauen und grünen Farben auf dem Wasser bewegen sich wie Schlangen hin und her. In den Stunden, in denen Passagierschiffe im Hafen liegen, steigen die Frauen und Männer der Kolonie an Bord: die Frauen gehen zum Frisör, die Männer zur Bar.

Erdöl fließt zwischen zwei Wassern in dicken Rohren, die sich winden wie Meeresschlangen, die einzigen echten, die es gibt. Es speist die Tanks der Schiffe.

Aden war noch vor nicht allzu langer Zeit eine Bunkerstation; die Heizölkessel haben dann die schwarzen Behälter der *Anglo-Persian* und der *Asiatic Petroleum Company*, die Büros, die Docks und die Intrigen nach sich gezogen. All das hat die kleinen eingeborenen Stammesfürsten aus dem Gleichgewicht gebracht und sie zu Ölhändlern und Benzinkäufern werden lassen. Fast überall tobt der Kleinkrieg um Konzessionen. So passt sich Aden seinem Schicksal an. Der Ledergeruch, der jeden Monat penetranter werdende Erdölgeruch ersetzen den Kaffeegeruch von Sanaa und Harrar. Dieser Wechsel der Handelsobjekte ändert nichts an den Folgen des Handels für die Menschen. Bei Reclus lesen wir: «Zur Ausbreitung der Kaffeepflanzungen wurden europäische Kriege geführt und in der Neuen Welt, in Afrika und auf den Sundainseln weite Territorien erobert; Millionen von Sklaven wurden gefangen und zu den neuen Pflanzungen transportiert: die Folgen dieser Revolution waren so weitläufig, dass man sie gar nicht vorausberechnen konnte; Gutes und Schlechtes vermischte sich miteinander, Betrügereien, Kriege, die Unterjochung ganzer Völker, massenhafte Ausrottungen waren die Begleiterscheinungen der Ausdehnung des Handels …»

In den Speichern von Ma'ala und Somalipura türmen sich die Zucker- und Reissäcke, die Ochsen- und Ziegenlederballen, die Benzinkanister, die mit einem Bären oder einer Gazelle gestempelt sind, bis zur Wellblechdecke. In den ausgeglühten Brutkästen der Lager arbeiten Araber und singen dabei die Lieder der Arbeit. Ohne Rhythmus würden sie die Handgriffe, die sie zu machen haben, vergessen.

Die Weisheit der Völker billigt jede Machenschaft, jeden Vertrag, jede Unterdrückung, jede Sklaverei, wenn sie nur Profit bringen. Aber was sagt die Weisheit, die nicht im Dienst der Völker steht, dazu?

Was für eine blödsinnige Idee, sich auf diesem Felsen festzusetzen. Überall sonst lassen sich die Menschen an Wasserstellen nieder, die von Bäumen und bewässerten Feldern umgeben sind. Aber in diesem Land ohne Quellen trinken sie das Wasser der seltenen Regengüsse und das destillierte Wasser des Indischen Ozeans. Auf Schiffen werden ganze Wasserladungen gebracht, die aus dem Süßwasser im Suez geschöpft sind. Die Nachtstürme, die die Bewohner von Aden schlaftrunken betrachten, füllen manchmal die tiefen Schächte der Zisternen der Kleopatra, die geheimnisumwitterter sind als die Katakomben.

Die Menschen sind so veranlagt, dass sie sich irgendwo festsetzen müssen. Das ist überall ihre einzige Weisheit, aber hier hat sie die Form eines schwarzen und verbohrten Wahns angenommen. Sie sind durchaus in der Lage, aufzubrechen und auf ihrem wie eine Wassermelone abgeplatteten Erdball die längsten Wege zurückzulegen, aber kaum sind sie irgendwo angekommen, setzen sie sich fest, und sei es auf einem winzigen Sandhügel. Diese Mauernbohrer bohren für dunkle Zwecke Löcher in die Felsen. Diese Zwecke heißen hier Krieg, Handel und Transit: glaubt ihr, dass diese Wörter bis ans Ende der Tage alles entschuldigen können?

Zeila ist einer der Häfen der britischen Küste von Somaliland. Es heißt, es sei auch ein Hafen der Königin von Saba gewesen. Es liegt ungefähr sechzig Meilen südöstlich von Dschibuti.

Es ist nur ein Flecken, der den Meeresspiegel nicht weiter überragt als ein Floß. Vom Schiff aus wirkt es wie ein verblichenes Bild. Es ist ganz und gar nicht eine jener hohen Sonnenerscheinungen, die wie große Galeeren mit Flaggen, Türmen und Masten aus der Wasserfläche emporragen, sondern ein Bild, das den Einwirkungen von Sand, Wind und Sonne ausgeliefert ist.

Da die hohe See vom sichtbaren Ufer durch eine jener heimtückischen Untiefen getrennt ist, deren Linie man auf den nautischen Karten verfolgen kann, bleiben die Schiffe weit draußen. Die Passagiere steigen zunächst in eine kleine Eingeborenendau, die selbst bei Windstille auf dem Wasser schaukelt. Schwarze Seeleute kauern am Bug und warten ungeduldig darauf, das Ufer mit den Händen berühren zu können. Dann stößt die Dau auf Grund. In einer Sänfte wird man von zwei großen Somalis an Land getragen, denen das Wirrwarr der Untiefen und Tiefen völlig vertraut ist. Jungen rennen ins Meer und schreien in dem aufspritzenden kupfernen Wasser, das über ihre schöne rotschimmernde schwarze Haut rinnt. Ihr Geschrei, das zum Himmel aufsteigt, fällt nicht wieder herab.

Der Boden ist wie ein Brei von toten Fischen, mit jedem Schritt tritt man auf Gräten und Muschelschalen und wirbelt einen mit Schuppen vermischten Staub auf.

Ein Kinderschrei, ein Gezänk alter Frauen, das Blöken eines Schafs, das hinter einem Himbeerstrauch geschlachtet wird, kein Geräusch von Schritten, kein Rauschen von Blättern, kein Gesang, kein Streit – ein grenzenloses Schweigen fällt vom Himmel wie der Staubregen eines Vulkans, der weiter entfernt ist, als der Gesang einer Lerche reicht.

Auf leeren Plätzen sieht man Menschengruppen schlafen. In kahlen weißen Räumen kaufen und verkaufen meist beschäftigungslose Händler einige Häute. Sie rauchen die Zigarettenmarken *Elephant* oder *Ciseaux*, die Wills für die Farbigen herstellt und die ein Weißer nicht raucht. Nähren sich die Leute in Zeila von Steinen? Kommen sie sich am Rand ihrer Wüste nicht verlassen vor? Leben sie unter der Erde, um ihre Körper an das große Gewicht des Todes zu gewöhnen?

In Hodeida, dem Hafen von Sanaa und Manacha, vom oberen Jemen, in den Silos, am Ende langer Gänge, hinter verzogenen Türflügeln, sind die grünlich schimmernden Kaffeehügel zusammengebrochen, dort würden die Glieder wie in einem kalten Bad ihren Schweiß verlieren. Dieser Kaffee wird von kleinen Jüdinnen sortiert, die von ihren Bergen von Sanaa heruntergekommen sind. Sie sind mit blauem, steifem Tuch bedeckt und halten mit den Zähnen, im Wind der Wüste, ein Stück rot-schwarzen Stoff. Was für ein Verlangen könnten sie unter ihrem Schmutz erregen! Mangels Zeit löst sich dieses Verlangen in der Sonne auf.

Es ist April. Die Pilger ziehen nach Dschanbo und Dschidda, den Häfen von Medina und Mekka. Auf der Höhe von Lohaia treffen wir Transporter mit Leuten von den Malaiischen Inseln und aus Indien, die sich seit langem auf dem Meer herumtreiben, schweigende Reisende, die vom Ende ihrer Reise das Heil erwarten. Sie haben große Kinderscharen mit vergoldeten Mützen, blumenbemalte Metallkoffer und baumwollene Regenschirme. Sie haben viel Zeit, um sich auf das Vergnügen der Quarantänen, der Büros, der Zollämter, der ägyptischen Ärzte mit ihrer schneidenden Höflichkeit vorbereiten zu können. Sie sitzen in überdeckten Hallen, wo sie dem Wind der Häfen ausgeliefert sind, und geben Musterbeispiele von Geduld ab. Mitten in Dschidda, das voll ist von eingefallenen Mauern und Schutthaufen, warten auf der Seite des Grabes der Großen Mutter und der des Hafens von Mekka Karawanen schwerbelasteter Kamele und klapprige Fords aus der Zeit der ersten Filme von MacSennet. In der Apathie einer Krankheit ist alles Anlass zur Hoffnung. Die Pilger nehmen alles hin, die Brutalitäten, die Wartezeiten, die Diebstähle der Pilgerfahrtunternehmer. Es fehlen nur noch die blauen Kanister, die Bernadetten aus Gips, die Medaillen der Jungfrau und die Krankenträger aus der École polytechnique, und man käme sich vor wie in Lourdes.

Fahnen hängen wie Häute an der ganzen Länge der Fahnenstangen herab, es sind die Flaggen der europäischen Konsulate, der Länder mit islamischen Untertanen. Man denkt unwillkürlich an ein Genf des Islams. Die rote Fahne der Sowjetunion hängt hier einmal in der mörderischen Gesell schaft des Union Jack. Indessen schlafen die Konsuln hinter ihren geschlossenen und durchbrochenen Balkons in allen Ecken dieser Stadt ohne Eis, in der der Veilchensaft die Temperatur eines Arzneitranks hat.

Im Hafen verrostet zwischen zwei Korallenreihen die weiße Yacht des Königs Ibn Saud auf einem Wasser, das wie Kupfersulfat aussieht.

Geduld und Schlaf sind die beiden Losungen dieser untröstlichen Länder voller trüber Geheimnisse und unheilversprechender Menschen. In einem arabischen Gedicht sagt der Araber von sich: «Ich bin der Sohn der Geduld.» Dieser Orient trocknet in der Sonne wie die angeschwemmten Fische, wie die Toten in der keimlosen Luft der Wüste. Eine sterile Verwesung. Die Bewohner, deren Zahl inmitten dieser mineralischen Einsamkeit ungeheuer groß erscheint, bewegen sich kaum. Sie gehen Tätigkeiten nach, deren Sinn vollkommen in Vergessenheit geraten ist, sie lassen sich auf den Tod hintreiben und sitzen auf Steinen, die von ihren Häusern heruntergefallen sind. Sie leben in einer Art stummer Seligkeit, die sie manchmal unterbrechen, um mit großer Schnelligkeit zu sprechen oder plötzlich irgendwelche Handelspapiere zu unterzeichnen.

IV

Reisen: hundertmal seinen Kopf auf den Holzblock legen, ihn hundertmal wieder aus dem Korb voll Kleie holen, um ihn fast genau gleich wiederzufinden. Man hofft trotzdem auf ein Wunder, und dabei braucht man kein anderes zu erwarten als diese Abnutzung und diese Erosion durch das Leben, mit der wir verabredet sind, gegen die wir uns ganz zu Unrecht aufbäumen.

Ich habe mir heute Morgen den Bart rasiert, den ich seit dem Iran trug: das Gesicht, das darunter versteckt war, ist praktisch verschwunden. Es ist leer, geschliffen wie ein Kieselstein, ein bisschen abgehobelt an den Kanten. Ich sehe darin gerade nur diese Abnützung, einen Anflug von Erstaunen, eine Frage, die es mir mit gespenstischer Höflichkeit stellt und deren Sinn ich nicht mit Sicherheit begreife. Ein Schritt zu weniger ist ein Schritt zum Besseren. Wie viel Jahre noch, um mit diesem Ich fertigzuwerden, das allem im Weg steht? Odysseus konnte es nicht besser ausdrücken, als er die Hände an den Mund hielt und dem Zyklopen zurief, dass er «Niemand» heiße. Man reist nicht, um sich wie einen Christbaum mit Exotik und Anekdoten zu schmücken, aber damit die Straße einen rupft, ausspült,

auswindet, wie jene vom Waschen fadenscheinig gewordenen Handtücher, welche mit einem Seifensplitter in den Bordellen gereicht werden. Man entfernt sich weit weg von den Alibis und den heimatlichen Verwünschungen, und was man vorbeigehen sieht in jedem dreckigen Bündel, das man in übervolle Wartesäle trägt, auf kleine, vor Hitze und Armut niederdrückende Bahnsteige, ist unser eigener Sarg. Ohne solches Losgelöstsein und diese Transparenz, wie kann man da hoffen, zu zeigen, was man gesehen hat? Widerschein werden, Echo, Durchzug, stummer Gast am Ende der Tafel, bevor man den Mund aufmacht.
Ich putzte sorgfältig mein Rasiermesser, als ob ich es das erste Mal sähe, und machte mich wieder auf den Weg.

NICOLAS BOUVIER

JOHN RYLE

Die Straße nach Abyei

El Muglad–Abyei 1988

Tags darauf fuhren wir nach El Muglad im Herzen von Humr Misseriya. Hier trifft die Straße nach Abyei auf die Straße nach El Meiram. Es war der letzte Ort, wo es noch eine Andeutung von ziviler Verwaltung gab. An der Eisenbahnlinie war, wie in Babanusa, ein großes Lager mit Dinka-Flüchtlingen. In Babanusa hatten wir nicht mit ihnen sprechen dürfen. In El Muglad durften wir nicht einmal das Camp besuchen.

In El Muglad war das Büro einer Hilfsorganisation. Wir kamen dort zu einem ungünstigen Zeitpunkt an. Für den Abend war ein Festessen mit den örtlichen Würdenträgern geplant, doch am Morgen war aus Khartoum eine Anordnung ergangen, wonach alle ausländischen Helfer das Gebiet Süd-Kordofan zu verlassen hätten. Es schien, als würde die Soirée eine Abschiedsveranstaltung werden – auch für uns. Doch der Repräsentant, ein pfiffiger Ire, ließ sich nicht aus der Ruhe bringen, und gegen Mittag war der Ausweisungsbefehl schon wieder aufgehoben.

Der Repräsentant hatte einen gewissen Ruf. Zu einer Zeit, als niemand nach Abyei hineinkam, war es ihm gelungen, fünfhundert Sack Dura in der Regenzeit auf Eseln dorthin zu schaffen – nachdem er sich der Mitwirkung lokaler Milizen versichert hatte. Ihn plagten deswegen keine

Skrupel: zwischen El Muglad und Abyei lief nichts ohne ihr Okay. Der Priester in Abyei hatte ihm gemeldet: täglich sterben Dutzende von Dinka. Die einzige Möglichkeit, diesen Leuten zu helfen, bestand darin, sich derselben Milizen zu bedienen, die sie vertrieben hatten. Es war eine verschärfte Version des Dilemmas, mit dem alle Hilfsorganisationen konfrontiert sind. Der Repräsentant wusste, wo er stand.

«Die Milizen sind Killer, was?», fragte ich.

«Natürlich», sagte er und strich sich über den Bart. «Das Gleiche gilt für die SPLA.» Und dann fügte er hinzu: «Ich würde mit dem Teufel zu Abend essen, um Lebensmittel nach Abyei zu bekommen.»

Bei Sonnenuntergang erschienen die Gäste des Repräsentanten.

Im Hof des Hauses, unter den Mangobäumen, stand ein langer Tisch, reich gedeckt und mit Blumen geschmückt, und bequeme Stühle, aus bunten Nylonschnüren geflochten, waren zu einem Karree aufgestellt.

Auf der einen Seite saßen die Misseriya-Ältesten in schneeweißen *dschellabijas*, feine Baumwolltücher über die Schulter geworfen, die Turbane wie Sahnehäubchen auf dem Kopf. Sie hielten schwere Gehstöcke umklammert und sprachen leise mit ihren Nachbarn, während sie auf das Essen warteten. Ihnen gegenüber saßen die Mitarbeiter der Organisation. Europäisch gekleidete Regierungsbeamte saßen auf der dritten Seite – die Polizeichefs von Babanusa und Abyei, der Militärkommandant und der Chef des Militärischen Sicherheitsdienstes in El Muglad. Neben dem Chef des militärischen Sicherheitsdienstes saß, in ein vertrauliches Gespräch vertieft, ein kleiner Mann in einem ausgeblichenen Safarianzug. Er hielt ebenfalls einen Gehstock in der Hand. Der Repräsentant zeigte ihn mir: «Das dort ist der Chef der Misseriya-Miliz», sagte er. «Al Capone. Mr. Big. Wenn er seinen Jungs sagt ‹Tötet!›, dann töten sie.»

Zwischen Mr. Big und dem Chef des militärischen Sicherheitsdienstes saß ein arabischer Händler mit einem goldenen Zahn und einem einschmeichelnden Lächeln. Das war Mr. Fixit, der zwischen den Milizen vermittelte. Majak erkannte ihn. Goldzahn war in Abyei aufgewachsen. «Damals war er nur ein kleiner Lastwagenfahrer», sagte Majak. Aber Hungersnöte hatten ihn anscheinend reich gemacht. Er war es, der den Eseltransport nach Abyei organisiert hatte. Ihm gehörten viele Häuser in El Muglad, auch das, in dem wir gerade saßen, sodass wir in gewissem Sinne *seine* Gäste waren. Mark erzählte ihm, dass wir anderntags nach Abyei fahren wollten, und sofort kümmerte sich Goldzahn um eine Eskorte für uns. Es wurde geflüstert, und Mr. Big nickte mit dem Kopf.

«Wir werden Sie vor der SPLA schützen», sagte er freundlich. Aber wir wussten, dass auf der Straße nach Abyei nicht die SPLA das Problem war – nicht vor der SPLA mussten wir geschützt werden, sondern vor den Milizen. Dennoch, Goldzahn ließ nicht locker, und am Ende stellten Mark und ich fest, dass wir vereinbart hatten, ihn am nächsten Tag zum Frühstück zu treffen, um unsere Begleitung abzuholen.

Unter den Gästen war ein nervöser junger Mann aus dem Norden, ein Journalist von der Khartoumer Zeitung *Senabil*, der Stimme der fundamentalistischen Islamischen Front. Er lief mit einer Nikon am Hals herum, benutzte sie aber nicht. Er war ein Misseri aus Tibbun, wo angeblich der Sklavenmarkt stattfand, und da er Journalist war, hielt ich es für sinnvoll, ihn nach dem Markt zu fragen. Er trat beiseite, sodass ihn niemand hören konnte.

«Was da passiert, ist wirklich schlimm», sagte er. «Aber

Sie dürfen nicht vergessen, dass wir Stammesvölker sind. Wir alle, ob Araber, Dinka – alle. Selbst ich – ich bin Muslim, aber auch ein Misseri. Ich praktiziere Rituale, die nicht das Geringste mit dem Islam zu tun haben. Alles, was wir tun, steht in einer Tradition, hat einen Subtext, einen Stammeszusammenhang.»

«Ach ja?», sagte ich, verblüfft über die Salonsprache, aber meine Frage hatte er nicht beantwortet.

«Ja», sagte der Journalist, «mein Volk – es sind Araber. Aber es sind auch Afrikaner. Es ist ihre Art. Sie kommen auf Pferden aus dem Busch geritten. Sie glauben, jeder ist ihr Sklave. Wenn sie Vieh fangen, dann nicht für sich, sondern auch für den Stamm. Sie sind keine Diebe, sie sind … wie sagt man?»

«Sozialrebellen?»

«Ja, ja», sagte der Journalist. «Soziale Rebellen.»

In diesem Moment erschien der einzige andere Ausländer in El Muglad, ein britischer Angestellter von Chevron, der Ölgesellschaft, die den Löwenanteil der Konzessionen im Südsudan besitzt. Er trug ein weißes T-Shirt mit einer roten Aufschrift. Im Dämmerlicht konnte ich sie nicht genau erkennen. Einer der Misseriya-Ältesten betrachtete das Hemd mit verständnislosem Blick.

Der Journalist studierte es eifrig. «Was ist damit gemeint?», fragte er.

Ich guckte wieder hin. Auf der Brust des Chevron-Mannes stand *«Fuck the World with Yuppie Condoms»*.

Ich murmelte etwas von Stammessubtext, war aber nicht sicher, ob der Journalist den Witz verstanden hatte. Ich war nicht einmal sicher, ob ich ihn selbst verstanden hatte. In dieser Situation kamen mir Literaturtheorien und die kindische Sprache von T-Shirts gleichermaßen obszön vor.

Wörter hatten keinen Bezug mehr; man flüchtete sich in Subtexte und unverständliche Slogans. Ich dachte an unser Auto mit den blutigen Handabdrücken, an die Misseriya-Ältesten mit ihren wunderschönen weißen Gewändern, dachte an Sklaven und Sozialrebellen, Yuppiekondome, Goldzähne, Blutflecken. Die Milch von Vögeln. Ich fühlte mich wie bekifft. Ich dachte daran, was im Süden passierte, nur wenige Meilen weiter südlich, hinter diesem Schirm von Lügen, Brandstiftung, Plünderung, Mord, Folter, Vergewaltigung, Hunger. Ich dachte an das Massaker von Ed Da'ein im Jahr zuvor. So etwas konnte immer wieder passieren. Ich versuchte mir in Erinnerung zu rufen, weshalb ich hierhergekommen war, weshalb ich geglaubt hatte, diese schrecklichen Dinge ändern oder etwas Sinnvolles darüber sagen zu können.

Am nächsten Morgen wachten Mark und ich mit dem gleichen Gefühl auf. Wir waren zu weit gegangen: wir schämten uns vor Majak; unter dem Schutz von Milizen nach Abyei zu fahren war kein guter Anfang. Unterwegs zum Frühstück diskutierten wir, wie wir aus der Verabredung herauskämen, aber der Händler lachte nur und zuckte mit den Schultern. Wenn wir unbedingt wollten. Er ging offensichtlich davon aus, dass jede Fahrt, die wir unternahmen, am Ende nicht ohne seine Dienste funktionieren würde. Er gab uns einen Empfehlungsbrief für einen Kaufmann in Abyei mit. Während unseres Gesprächs betrat ein Polizeisergeant seinen Laden, sah sich um, wechselte ein paar Worte mit ihm und ging mit einem Fünfzig-Pfund-Schein wieder davon. Goldzahn zwinkerte und seufzte. «Sie bekommen so niedrige Gehälter», sagte er. Als wir aufstanden, um uns zu verabschieden, sahen wir den Anführer der Miliz, den sozialen Rebellen, die

Straße überqueren; wir entfernten uns rasch und verließen die Stadt.

Wir folgten der Eisenbahnlinie südlich von Abyei, vorbei an Tümpeln voller Lotosblumen. Um die noch immer schlammigen Flüsse zu überqueren, mussten wir uns auf die Gleise schwingen und von Schwelle zu Schwelle rumpeln. Nach ein paar Meilen bogen wir nach Westen ab in der Hoffnung, dass wir die richtige Straße erwischt hatten. Wir waren das einzige Auto. Vor uns ritt ein Araber auf einem Esel, unter dem Arm einen riesigen, rostigen Speer. Er sah aus wie Don Quijote, ein Relikt aus der Zeit, als die Spielregeln noch nicht von automatischen Waffen bestimmt wurden.

Die Straße wurde immer schlechter, und wir kamen nur noch langsam voran. Dinka-Jungen hüteten Vieh- und Ziegenherden. Einer von ihnen war unterernährt und musste sich zum Gehen auf einen Stock stützen. Er war etwa sechs Jahre alt. Wir hielten an, um mit ihm zu sprechen. Seine Mutter, sagte er, habe ihn einem Araber gegeben, weil sie nichts mehr zu essen hatte. Wir fuhren weiter. Zwei zerlumpte Jungen erstarrten, als sie unser Auto sahen. Wir hielten an, Majak stieg aus und sprach sie auf Dinka an. Sie erklärten ihm, dass sie Brüder seien; der ältere war neun, der jüngere fünf; sie waren ihrem arabischen Herrn davongelaufen und wollten sich in El Muglad mit ihrer Mutter treffen. Was aus ihrem Vater geworden war, wussten sie nicht. Wir gaben ihnen Essen und Geld, aber ihre Chancen, es zu schaffen, ohne abermals geschnappt zu werden, sahen nicht sehr gut aus.

In einiger Entfernung erblickten wir eine Gruppe von Männern unter ein paar Bäumen. Sie saßen ebenfalls auf Eseln, aber anstelle von Speeren hatten sie GM3-Gewehre, ein Modell, wie es von der Armee benutzt wird. Sie trugen keine Uniform.

Sie hielten uns an. Ich steckte meine Kamera weg. Marks Fuß lag leicht auf dem Gaspedal. Sie wollten wissen, woher wir kamen, fragten aber nicht nach den Jungen, mit denen wir kurz zuvor gesprochen hatten. Sie warfen einen Blick in den hinteren Teil des Autos und betrachteten die blutigen Handabdrücke auf der Karosserie. Dann winkten sie uns weiter.

Wir betraten nun ehemaliges Dinka-Gebiet. Wir kamen durch verlassene Dörfer mit verrosteten Wassertanks und unbenutzten Pumpen; wir sahen verkohlte Hütten und Felder, die der Busch sich wieder einverleibt hatte. Die Vegetation war üppiger und der Wald dichter, aber viele Bäume waren bei Waldbränden verbrannt. Der Abendhimmel wurde dunkel, und wir erreichten Abyei. Die Ortschaft sah unheimlich aus, eingehüllt in Rauch von Feuerstellen, an denen gekocht wurde, in den Bäumen ein schwaches Glühen, als ob das Unterholz in Flammen stünde.

Als wir die ersten Häuser passierten, stürzte plötzlich ein Soldat in Tarnanzug aus dem Schatten hervor. «*Sebit!*», brüllte er. «Stop!» Er kauerte auf der Straße, das Gewehr auf unsere Windschutzscheibe gerichtet. Mark machte die Scheinwerfer aus und schaltete die Innenbeleuchtung an. Der Posten verlangte ein Codewort, das wir nicht wussten. Er fragte, wo wir herkämen. Es gab nur einen Ort, von wo wir kommen konnten. Und es gab nur einen Ort, zu dem er uns bringen konnte. Wir fuhren mit ihm zur Polizeistation.

In Kordofan darf man nach Einbruch der Dunkelheit nirgendwo mehr ankommen. Dass in Abyei überhaupt jemand ankam, war eine Seltenheit. Wir wussten nicht, ob den Behörden unsere Abreise aus El Muglad gemeldet worden war, aber es wäre nicht ungewöhnlich gewesen, wenn die Nachricht nicht durchgekommen wäre. Die Polizisten benahmen sich ausgesprochen manierlich. Sie brachten uns zu einem nahe gelegenen Camp, in dem das Ärzteteam untergebracht war. Die meisten von ihnen schliefen im Freien. Ihre Moskitonetze glänzten im Mondschein wie Segel in einem Hafen. Die Polizisten, die dienstfrei hatten, glitten in ihren langen weißen *dschellabijas* wie Vergnügungsyachten dazwischen hin und her. Für den Augenblick waren wir froh, dort vor Anker zu gehen.

Am nächsten Morgen meldeten Mark und ich uns offiziell beim Polizeichef an. Zu unserer Überraschung bekamen wir die Erlaubnis, uns in der Stadt zu bewegen. Ein Soldat begleitete uns.

Die Armee hatte die Hütten südlich der Stadt abgebrannt, um der SPLA das Infiltrieren zu erschweren, und dort durften wir nicht hin. Wir sahen einen kahlen Hügel unter einem Baum, das Grab eines ehemaligen Oberhäuptlings der Ngok. Neben dem kleinen Feldflugplatz befand sich das Armeecamp, und hinter dem Flugplatz waren die Ruinen des Harvard-Projekts, jenes unseligen Vorhabens, Abyei zum Modell einer integrierten Agrarentwicklung im Sudan zu machen.

Zu normalen Zeiten ist Abyei eine kleine Stadt: ein Marktplatz, eine Straße mit Geschäften, drei Schulen, der Flugplatz und weit verstreut eine Ansammlung von Grashütten. In der Trockenzeit hat der Ort etwa fünftausend Einwohner. Diese Fünftausend setzen sich aus Dinka-Bauern, Regierungsbeamten und arabischen Händlern zusammen. Abyei ist das Verwaltungszentrum für die Ngok – zu normalen Zeiten. Es ist auch ein Marktzentrum für die anderen Dinka-Stämme aus dem Süden. Es waren diese Stämme, die jetzt die Mehrheit der Flüchtlingsbevölkerung in der Stadt stellten. In der Trockenzeit ist in einem Ort wie Abyei am meisten los: Die Ernte ist vorbei, und die Leute ziehen zwischen den umherliegenden Dörfern und den Viehweiden an den Flüssen umher; der Wasserstand der Flüsse ist niedrig, und man kommt einfacher über Land. Die Wandersaison dauert von Oktober bis April, dann setzt der Regen wieder ein, und es wird mit dem Pflanzen begonnen.

Aber 1988 war natürlich kein normales Jahr gewesen. Viele Leute zogen aus ihren Dörfern nach Abyei, und nur wenige kehrten zurück. Die saisonale Wanderbewegung fand nur in einer Richtung statt. In der Stadt gab es zwar sehr viel weniger Häuser – nachdem die Armee ganze Viertel niedergebrannt hatte –, aber die Einwohnerzahl war um das Drei- oder Vierfache gestiegen. Sie war in den Monaten vor unserer Ankunft sogar noch weiter angestiegen, aber Unterernährung und Krankheiten hatten ihren Tribut gefordert. Es hatte viel geregnet, doch die Ernte war kümmerlich – niemand wollte Überfälle der Milizen riskieren. Das einzig Gute war, dass der Regen auch Fische gebracht hatte. Die Trockenzeit ist Fischsaison, und in Abyei waren durch Fische vermutlich mehr Menschenleben gerettet worden als von den Hilfsorganisationen.

Wir gingen durch das Stadtzentrum. Wir kamen an ein paar Gebäuden aus Ziegelsteinen und Zement vorbei – Schulen, in denen sich die Armee einquartiert hatte. Der *suq*, der Lebensmittelmarkt, war bis auf wenige Händler praktisch verwaist. In den überbevölkerten Hütten hinter dem *suq* hausten die Opfer der Hungersnot. Nicht jeder sah hungrig aus; die schlimmsten Fälle wurden versteckt. In vielen Hütten lagen kranke Kinder und Alte mit faltiger Haut. Eine Frau wollte sich hochstemmen, um uns zu begrüßen, aber es gelang ihr nicht. Die Leute schafften es nicht zum Krankenhaus, und das medizinische Personal durfte nicht zu ihnen.

Im Krankenhaus fanden wir das Ärzteteam. Es war dabei, anhand des MUAC-Tests – Messen des Umfangs von Ober- und Unterarm – den Grad der Unterernährung zu ermitteln. Die Kinder bekamen bunte Armbänder, die sie als Teilnehmer am ergänzenden Ernährungsprogramm auswiesen. Sie bekamen eine aus entrahmter Trockenmilch, Zucker und Getreide bestehende Mischung namens Unimix, die in Ölfässern über Holzkohlefeuern auf dem Krankenhausgelände zusammengerührt wurde. Das Krankenhaus hatte keine Wasserleitung. Das Wasser kam ebenfalls in Fässern von der Pumpe am Flugplatz.

Überall in der Stadt liefen Kinder mit bleistiftdünnen Beinen und aufgedunsenen Bäuchen herum. Sie trugen ihre kleinen Armbänder wie Juwelen. Einige trugen nichts anderes am Leib. Manche waren zu schwach zum Gehen und mussten von ihren Familienangehörigen mehrere Kilometer von ihren Hütten zum Krankenhaus getragen werden. Viele litten an chronischer Diarrhöe. Entkräftete Kinder werden sehr schnell von Diarrhöe dahingerafft. Im Hospital bekamen sie Rehydrierungsflüssigkeit, mit einem Teil Salz zu sechs Teilen Zucker; der Messlöffel trug die Inschrift: NICHT VERWENDEN, WENN SALZIGER ALS TRÄNEN.

In Abyei gab es kaum Männer unter vierzig. Unter den Dinka waren nur Frauen und Kinder und alte Männer zu sehen. Die jungen Männer waren von Soldaten oder Milizangehörigen umgebracht worden, oder sie waren mit dem übrig gebliebenen Vieh im Busch geblieben oder in die SPLA eingetreten. In der Nähe des *suq* überraschten uns sechs hochgewachsene junge Männer, die, mit nacktem Oberkörper, kräftig und gesund, mit roten Baretts und Gewehren, den Blick geradeaus gerichtet, an uns vorbeimarschierten. Die Jugendlichen beachteten uns nicht und erwiderten auch unseren Gruß nicht – bis wir sie auf Nuer ansprachen, der Sprache eines nilotischen Stammes östlich von Ngok. Sie waren, wie sich zeigte, Mitglieder von Anyanya II, einer anderen regierungsfreundlichen Miliz. Die meisten Angehörigen von Anyanya II waren zur SPLA übergelaufen, doch nicht diese Jungs. Sie waren von der SPLA vertrieben worden und hatten sich nach Abyei zurückgezogen. Die Nuer und ihre Familienangehörigen hatten Sicherheitsgarantien von der Regierung. In einem Stadtteil hatten sie sogar ein Maschinengewehr in Stellung gebracht. Es zeigte direkt auf den Marktplatz. Die Nuer-Jungen hatten ihre Position benutzt, um die Dinka-Flüchtlinge auszunehmen. Sie hatten alle Fischernetze gestohlen. In der ganzen Stadt hatten nur die Nuer und ein paar arabische Händler Vieh. Es war ein komplizierter Krieg.

Die Kirche in Abyei durften wir nicht besuchen, aber auf dem offenen Platz vor der Kaserne begegneten wir einem katholischen Pater, jenem italienischen Priester, der die Hilfsorganisationen in El Muglad auf die Situation in Abyei hingewiesen hatte. Auf dem Höhepunkt der Hungersnot, berichtete er, habe er an einem einzigen Tag Lebensmittel an siebentausend Personen verteilt. «Mehr als Jesus», murmelte ich. Dann schämte ich mich, denn der Priester war alt und krank. Zum Glück war er auch äußerst schwerhörig. Er erzählte, dass der lokale Kirchenvertreter im Komitee, das die Verteilung der Lebensmittel überwacht, in Abyei verhaftet worden sei und dass die Kirche, die die Hilfslieferungen organisiere, nun nichts mehr verteilen dürfe.

Die Nacht verbrachten wir wieder bei dem Ärzteteam, und am nächsten Morgen begleiteten wir Mitglieder des Roten Halbmonds auf einer Bestattungsmission. Nordöstlich vor der Stadt lag ein Feld voller Schädel. In den letzten Monaten der Regenzeit, als das Gras hoch stand, waren dort Leichen hingeworfen worden. Jetzt war das Gras bleich und verdorrt, und in diesem verkümmerten Zustand offenbarte es die Schmach von Leuten, die zu schwach und zu krank gewesen waren, um ihre Toten zu begraben. Geier und Hyänen hatten die Überreste in alle Richtungen verstreut. Die Freiwilligen des Roten Halbmonds, Europäer, die die einzelnen Knochen einsammelten und in einem Massengrab bestatteten, regten sich furchtbar auf. «Wir haben ihnen sogar Geld gegeben, damit sie ihre Toten begraben können», sagte der Teamchef, ein Arzt. «Aber sie haben das Geld genommen und die Leichen im Gras liegen lassen.»

«Was würden Sie denn tun», fragte ich, «wenn Sie am Verhungern sind und von jemandem Geld bekommen? Würden Sie nicht zuerst die Lebenden ernähren?»

Der Arzt wandte sich wieder den Knochen zu. Die Freiwilligen hatten eine ziemlich flache Grube ausgehoben. Die Knochen würden bald wieder aus ihrem Grab herausgescharrt werden.

Ich ging über die Ebene, Majak zählte die Schädel und achtete besonders auf die Skelettgröße. Erwachsene und Kinder schienen zu gleichen Teilen vertreten zu sein; an einem Schädel waren schwach die Stammeszeichen der südlichen Dinka zu erkennen – vier Linien über der Stirn, ein breites V, in früher Jugend in den Knochen eingeritzt. Dünne Einkerbungen liefen zickzackförmig über das Kranium wie Strombetten in einem erloschenen Vulkan. Überall lagen Knochen. In der Ferne traten Frauen mit Gras- und Brennholzbündeln auf dem Kopf aus dem Wald. Ein flüchtiges Bild von Normalität im Leichenhaus. Ob Hungersnot oder nicht, in Afrika sind es immer die Frauen, die die Arbeit tun.

Wir bekamen nicht mehr als einen flüchtigen Eindruck von der Lage in Abyei. Jemand hatte mit dem Polizeichef gesprochen, und über Nacht bekam er entschieden schlechte Laune. «Was wollen Sie hier?», fragte er uns immer wieder. «Wir wissen nicht, was Sie hier wollen.» Schließlich wandte er sich an mich. «Sie müssen mit dem nächsten Flugzeug abreisen», sagte er. Majak, der in Abyei geboren und groß geworden ist, hätte dem Polizeichef dieselbe Frage stellen können – was wollte er hier? –, doch er ließ es bleiben. Sein Heimatort war halb niedergebrannt und von der Armee besetzt.

Er sagte mir, er wolle versuchen, sich Abyei als einen ganz anderen Ort vorzustellen, als einen Ort, der ihm völlig unbekannt sei.

«Was wollen Sie hier?» Ich konnte die Frage nicht in einer Weise beantworten, die den Polizeichef zufriedengestellt hätte. Ich war gekommen, um festzustellen, wie effektiv das Hilfsprogramm war. Doch die Behörden in Abyei fanden offenbar, dass es nicht die Aufgabe einer Hilfsorganisation sei, ihre eigenen Projekte zu evaluieren oder sie überhaupt vor Ort durchzuführen. Vor allem aber schien man der Ansicht zu sein, dass eine Organisation nichts über die Menschen wissen müsse, denen sie helfen will – besonders, wenn es sich bei diesen um Leute aus dem Süden handelte, die der Regierung so viel Kummer bereiteten und in so peinlich großer Zahl starben.

Die wichtigste Aufgabe von Hilfsorganisationen im Sudan besteht immer mehr darin, die Leute vor ihrer eigenen Regierung zu schützen. Das findet die Regierung nicht besonders gut.

RYSZARD KAPUŚCIŃSKI

Fetascha

Addis Abeba 1974

Die Stadt lag im euphorischen Fieber der ersten Monate der Revolution. Durch die Straßen zogen lärmende Demonstrationen; die einen unterstützten die Militärregierung, andere verlangten deren Absetzung, es gab Demonstrationen, die eine Landreform forderten, und andere, die die alte Führungsclique vor Gericht stellen wollten, wieder andere riefen dazu auf, das Vermögen des Kaisers unter die Armen zu verteilen. Vom frühen Morgen an strömte eine dichte Menge durch die Straßen, es kam zu Zusammenstößen und Kämpfen, Steine flogen.

Ungefähr zur selben Zeit brach der Irrsinn der Fetascha aus, der später ein auf der Welt bislang nie erlebtes Ausmaß annehmen sollte; und die Opfer waren wir – alle, unabhängig von Hautfarbe, Alter, Geschlecht oder Stand. Fetascha ist das amharische Wort für Durchsuchung. Plötzlich begannen alle sich gegenseitig zu durchsuchen. Vom frühen Morgen bis spät in die Nacht, ja, vierundzwanzig Stunden, überall, ohne Atem zu schöpfen. Die Revolution zerfiel in verschiedene Lager, und es kam zu Kämpfen. Es gab keine Barrikaden, Gräben oder andere sichtbare Trennlinien, und daher konnte jeder, dem man begegnete, ein Feind sein. Die Atmosphäre der allgemeinen Bedrohung wurde noch verschärft durch das krankhafte Misstrauen der Amhara. Man kann niemandem trauen, nicht einmal einem anderen Amhara; man kann auf niemanden zählen, denn die Absichten der Menschen sind schlecht und verräterisch und alle Menschen Verschwörer. Die Philosophie der Amhara ist pessimistisch und traurig, und traurig sind daher auch ihre Augen, aber gleichzeitig wachsam und forschend, ihre Gesichter ernst, die Züge straff, und sie lächeln nur selten.

Alle haben sie Waffen; sie lieben Waffen. Die Reichen hatten in ihren Höfen ganze Waffenlager zusammengetragen und unterhielten private Armeen. Auch die Offiziere horteten in ihren Wohnungen regelrechte Arsenale: Maschinengewehre, Kollektionen von Pistolen, Kisten mit Handgranaten. Noch vor wenigen Jahren konnte man einen Revolver wie jede beliebige Ware im Geschäft kaufen – man brauchte nur zu bezahlen, niemand stellte Fragen. Die Waffen des Plebs sind schlechter und oft veraltet, diverse Feuersteinflinten, Hinterlader, Jagdbüchsen, ein ganzes Museum – auf dem Rücken zu tragen. Die meisten dieser antiken Stücke sind nicht zu verwenden, da es dafür keine Munition mehr gibt. Ein Schuss Munition ist daher auf der Waffenbörse oft teurer als ein ganzer Karabiner. Patronen sind die beste Währung auf diesem Markt, gesuchter sogar als Dollars. Was ist schon ein Dollar? – ein Fetzen Papier; eine Kugel aber kann einem das Leben retten. Patronen erhöhen die Bedeutung unserer Waffen, und diese steigern wieder unsere Bedeutung.

Welchen Wert hat schon das Leben eines Menschen? Ein anderer Mensch existiert nur insofern, als er uns im Weg steht. Das Leben bedeutet nicht viel, aber es ist jedenfalls besser, es dem Feind zu nehmen, als darauf zu warten, dass er zum Schlag ausholt. Nacht für Nacht sind Schüsse zu hören (und auch tagsüber), später liegen die Toten auf den Straßen. «Negus», sage ich zu unserem Fahrer, «sie schießen zu viel.

Das ist nicht gut.» Aber er schweigt und sagt nichts, ich weiß nicht, was er denkt. Sie haben sich daran gewöhnt, aus dem nichtigsten Grund die Pistole zu ziehen und zu schießen.

Zu töten.

Vielleicht ginge es auch anders, vielleicht wäre das alles nicht nötig. Aber so denken sie nicht, ihr Denken ist nicht auf das Leben, sondern auf den Tod ausgerichtet. Zuerst unterhalten sie sich ganz normal, dann kommt es zum Streit, und schließlich fallen Schüsse. Wieso gibt es so viel Verbissenheit, Aggression, Hass? Und alles ohne Reflexion, ohne einen Moment Nachdenkens, ohne Bremse, kopfüber in den Abgrund.

Um die Situation in den Griff zu bekommen und die Opposition zu entwaffnen, ordneten die Behörden eine allgemeine Fetascha an. Wir werden pausenlos durchsucht. Auf der Straße, im Auto, vor dem Haus (und im Haus), vor dem Geschäft, vor dem Postamt, vor dem Eingang zum Büro, zur Redaktion, zur Kirche, zum Kino. Vor der Bank, vor dem Restaurant, am Marktplatz, im Park. Jeder kann uns durchsuchen, denn niemand weiß, wer dazu das Recht hat und wer nicht; es ist besser, man stellt keine Fragen, das würde alles nur schlimmer machen, am besten, man gibt nach. Ständig durchsucht uns jemand: Irgendwelche zerlumpte Kerle, Stöcke in Händen, stellen sich uns wortlos in den Weg und breiten die Arme aus, das bedeutet, dass auch wir die Arme ausbreiten sollen – und uns zur Durchsuchung bereitmachen; nun holen sie alles aus unseren Aktenmappen und Taschen, inspizieren es, wundern sich, runzeln die Stirn, wackeln mit dem Kopf, beraten sich untereinander, dann tasten sie über unseren Rücken, den Bauch, die Beine, die Schuhe, und dann? Dann ist nichts – wir dürfen weitergehen, bis zum nächsten Ausbreiten der Arme, zur nächsten Fetascha. Nur, dass die nächste vielleicht schon ein paar Schritte weiter ist, und dann fängt alles von vorne an, denn die Fetaschas ergeben, summiert, nicht etwa eine generelle Ein-für-alle-Mal-Entlastung, Freisprechung, Absolution, nein, wir müssen uns jedes Mal von neuem, alle paar Meter, alle paar Minuten, wieder und immer wieder entlasten, rechtfertigen, Absolution erhalten. Am lästigsten sind die Fetaschas unterwegs, wenn man mit dem Autobus fährt. Man wird Dutzende Male angehalten, alle müssen aussteigen, und dann wird das Gepäck geöffnet, aufgeschlitzt, durchwühlt, umgestülpt und durcheinandergeworfen. Wir werden abgesucht, abgetastet, abgedrückt und gequetscht. Dann wird das Gepäck, das wie ein Germteig aufgegangen ist, wieder in den Autobus gestopft, um bei der nächsten Fetascha von neuem herausgerissen zu werden; Kleidungsstücke, Körbe, Tomaten und Töpfe werden auf die Straße gestreut, herumgetreten, gestoßen, bis es ausschaut wie auf einem spontan errichteten Straßenbasar. Die Fetaschas vergällen einem die Reise dermaßen, dass man am liebsten auf halber Strecke aussteigen und umkehren würde; aber was sollte man dann machen, allein auf offener Straße, mitten in den Bergen, eine leichte Beute für Banditen? Manchmal erfassen die Fetaschas ganze Stadtviertel, und dann ist das eine ernste Angelegenheit. Solche Fetaschas werden vom Militär durchgeführt, das nach Waffenlagern, Geheimdruckereien und Anarchisten sucht. Im Verlauf dieser Operationen fallen Schüsse, und später sieht man Tote. Wenn jemand unvorsichtigerweise – und völlig unschuldig – in so eine Aktion gerät, kann er sich auf etwas gefasst machen. Man geht ganz langsam, mit erhobenen Händen, von einem Gewehrlauf zum anderen und wartet auf das Urteil. Aber am häufigsten sind die Amateurfetaschas, an die man sich bald gewöhnt. Viele machen auf eigene Faust eine Fetascha, einsame Fetaschisten, außerhalb des Plans der organisierten Fetascha. Wir gehen die Straße entlang, und plötzlich hält uns ein Unbekannter an und breitet die Arme aus. Es hilft nichts, auch wir müssen die Arme ausbreiten, das heißt, uns zur Durchsuchung bereitmachen. Dann tastet und greift und fingert er uns ab, und schließlich nickt er, wir sind entlassen. Offenbar hat er uns einen Moment für einen Feind gehalten, und jetzt ist er den Verdacht los, und wir haben Ruhe. Wir können unseren Weg fortsetzen und den banalen Vorfall vergessen. In meinem Hotel gab es einen Wächter, der großen Spaß daran fand, mich zu durchsuchen. Wenn ich es eilig hatte, rannte ich durch die Eingangshalle und die Treppe hinauf bis zu meinem Zimmer, er auf meinen Fersen, und ehe es mir noch gelang, den Schlüssel herumzudrehen, drängte er schon durch die Tür und machte eine Fetascha. Ich hatte Fetaschaträume. Ein Ameisenheer von dunklen, schmutzigen, gierigen, tastenden, tanzenden, suchenden Händen bedeckte meinen Körper und drückte, kratzte, kitzelte und würgte mich, bis ich schweißgebadet erwachte und bis zum Morgen nicht mehr einschlafen konnte.

EVELYN WAUGH

Als Globetrotter in Afrika

Kigoma–Kapstadt 1930/31

Am 2. Februar traf ich in Kigoma ein. Der Ort, eine Ansammlung von wahllos hingestreuten Bungalows, unterscheidet sich kaum von den anderen Seeuferstationen, durch die ich gekommen war, außer in der Größe und deutlichen Unordnung seiner Hafenanlagen. Die Dampfer gehören der belgischen Chemin de Fer des Grands Lacs; alle Bekanntmachungen sind in Französisch und Flämisch; es gibt die Büros der belgischen Grenzpolizei, des Vizekonsulats und des Zolls; ein gigantisches, unfertiges Gebäude der Kongo-Handelsgesellschaft. Der Eindruck, dass ich britischen Boden bereits verlassen hatte, wurde aber fast im selben Moment durch das Schauspiel von zwei Tanganjika-Polizisten zerstreut, die am Bahnhofseingang neben dem Billettkontrolleur standen und jeden der eingeborenen Passagiere, der hindurchtrat, zwangsweise impften.

Inzwischen war es Mittag geworden, und die Hitze war überwältigend. Ich wollte mein Gepäck an Bord bringen, musste es aber im Zollschuppen lassen, solange der Beamte Mittagspause machte. Eine Gruppe von Eingeborenen hockte mitten auf der Straße, Wilde mit zurechtgefeilten Zähnen und langem Haar, tiefschwarz, mit breiten Schultern und spindeldürren Beinen, bekleidet mit Fellen und Lumpen. Ein weißer Pater von eindrucksvoller Statur fuhr in einem Lieferwagen vor, der Kisten, Säcke und Nonnen zum Weitertransport enthielt; ein rot gekräuselter Bart hing über seiner mächtigen Brust; dichte, beißende Rauchwolken stiegen von seiner Zigarre auf.

An der Hauptstraße war ein kleines griechisches Restaurant, wo ich zu Mittag aß; anschließend setzte ich mich auf die Veranda und wartete darauf, dass das Zollamt geöffnet würde. Ein unablässiger Strom von Eingeborenen zog hin und her – die meisten kamen vom Land und waren so unzivilisiert, wie ich seit den Somalis niemanden mehr gesehen hatte; einige wenige, in Hemd, Hose und Hut, standen offensichtlich in europäischen Diensten; einer von ihnen kam auf einem Fahrrad daher und fiel direkt vor dem Restaurant hin; mit kläglicher Miene stand er wieder auf, aber als die Passanten über ihn lachten, begann auch er zu lachen und zog weiter, sehr zufrieden mit sich, als hätte er einen guten Witz erzählt.

Gegen drei Uhr war mein Gepäck abgefertigt. Nach erneutem, längerem Warten kaufte ich mir eine Fahrkarte, und schließlich wurde mein Pass von britischen und belgischen Beamten kontrolliert. Daraufhin durfte ich an Bord der *Duc de Brabant* gehen. Das Schiff war ein schäbiger, mit Holzfeuerung betriebener Dampfer, für dessen Passagiere ein muffiger kleiner Salon, ein paar Kabinen unter Deck sowie eine verriegelte Toilette zur Verfügung standen. Das hintere Deck wurde hauptsächlich von der Kapitänsunterkunft eingenommen – ein Aufbau in der Art eines Zwei-Zimmer-Bungalows, mit einem breiten Messingbett, Moskitovorhängen, mehreren Tischen und Stühlen, Kissen, gerahmten Fotografien, Spiegel, Uhren, Dekorationen aus Porzellan und Metall, schmieriger Cretonne und eingerissenem Musselin, schmutzigen kleinen Satinschleifen und -bändern, vertrockneten Topfpflanzen, Nadelkissen, billigem und unseemännischem Schnickschnack jedweder Art. Offenkundig war eine Frau an Bord. Ich entdeckte sie auf der schattigen Seite des Deckshauses beim Stricken. Ich fragte nach Kabinen. Sie antwortete, ihr Mann schlafe und dürfe vor fünf Uhr nicht gestört werden. Lautes Schnarchen und Grunzen hinter den Moskitovorhängen verlieh ihrer Aussage Substanz. Im Salon schliefen drei Leute. Ich ging wieder an Land und erkundigte mich in der Kongo-Vertretung nach einer Flugverbindung nach Leopoldville. Man war höflich, konnte mir aber nicht helfen. Ich müsse in Albertville fragen.

Kurz nach fünf erschien der Kapitän. Niemand wäre bei seinem Anblick auf den Gedanken gekommen, ihn mit einem Schiff in Verbindung zu bringen: ein sehr fetter, sehr schmutziger Mann, unrasiert, die obersten Knöpfe seiner fleckigen Uniformjacke geöffnet, ungepflegter Schnurrbart, gerötetes Gesicht, wässrige Augen und Plattfüße. Er hätte eher als Besitzer eines *estaminet* durchgehen können. Inzwischen hatten sich etwa zwölf Passagiere eingefunden – um sechs sollte das Schiff ablegen –, und der Kapitän ging schwerfällig herum, um unsere Fahrkarten und Pässe zu überprüfen. Jeder verlangte eine Kabine. Er werde sich nach der Abfahrt darum kümmern, sagte er. Als er zu mir kam, sagte er: «Wo ist Ihr ärztliches Attest?»

Ich sagte, dass ich keines hätte.

«Es ist verboten, ohne ärztliches Attest zu reisen.»

Ich erklärte, dass ich im Besitz eines Visums sei, eine Fahrkarte gekauft hätte, mein Pass zweimal von britischen und belgischen Beamten kontrolliert worden sei, dass aber niemand etwas von einem ärztlichen Attest gesagt habe.

«Ich bedaure, Sie dürfen nicht reisen. Sie müssen sich eines besorgen.»

«Aber ein Attest wofür? Was wollen Sie attestiert haben?»

«Es ist mir ganz egal, was bescheinigt wird. Sie müssen einen Arzt finden, der unterschreibt. Andernfalls können Sie nicht reisen.»

Das war eine Dreiviertelstunde vor der offiziellen Abfahrtszeit. Ich lief sofort an Land und erkundigte mich, wo ich einen Doktor finden könne. Man schickte mich zu einem Krankenhaus, das in einiger Entfernung oberhalb der Stadt lag. Natürlich gab es keine Taxis. Ich begann fieberhaft auszuschreiten. Ab und zu pfiff die Schiffssirene, woraufhin ich ein paar Meter weit noch schneller lief. Schließlich erreichte ich schweißüberströmt das Krankenhaus. Tatsächlich war es ein Club; das Krankenhaus lag zwei Meilen entfernt auf der anderen Seite der Stadt. Wieder kam ein Pfeifen von der *Duc de Brabant.* Ich sah sie schon mit Gepäck, Geld und all meinen Empfehlungsschreiben über den See fahren. Ich erklärte einem eingeborenen Diener mein Problem; er verstand offensichtlich nicht, was ich wollte, schnappte aber das Wort Doktor auf. Vermutlich glaubte er, ich sei krank. Jedenfalls gab er mir einen Boy mit, der mich zum Doktor bringen sollte. Wieder ging ich, sehr zum Missvergnügen meines Führers, in hohem Tempo los und erreichte schließlich einen Bungalow; im Garten saß eine Engländerin mit Nähzeug und einem Buch. Nein, ihr Mann sei nicht da. Ob es dringend sei?

Ich erklärte ihr meine Lage. Sie glaubte, ich würde ihn unten am See finden; vielleicht sei er bei seinem Motorboot, ansonsten spiele er vielleicht Tennis oder sei mit dem Auto nach Ujiji gefahren. Am besten sollte ich es zuerst unten am See probieren.

Wieder den Berg hinunter, diesmal querfeldein, über einen Golfplatz und ein Feld voller Gestrüpp. Und tatsächlich, an einem der Landungsstege, drei-, vierhundert Meter von der *Duc de Brabant* entfernt, fand ich zwei Engländer, die an einem Motorboot herumbastelten. Einer von ihnen war der Doktor. Ich rief ihm zu, was ich wollte. Längere Zeit suchte er erst nach einem Stück Papier. Schließlich gab ihm der andere einen alten Briefumschlag. Er setzte sich ins Heck und schrieb: *Ich habe Herrn* – «Wie ist Ihr Name?» – *Waugh untersucht und festgestellt, dass er frei ist von Infektionskrankheiten, einschließlich omnis t.b. und trypanosomiasis. Er ist geimpft.* – «Fünf Shilling, bitte.»

Ich reichte das Geld hinunter, er reichte die Bescheinigung hoch. Das war alles.

Es war zehn nach sechs, als ich die *Duc de Brabant* erreichte, aber sie lag noch immer am Kai. Dankbaren Herzens keuchte ich die Gangway hoch und zeigte mein Attest vor. Nachdem ich ein wenig verschnauft hatte, erzählte ich einem mitfühlenden Griechen, dass ich um Haaresbreite das Schiff verpasst hätte. Doch ich hätte mich nicht zu beeilen brauchen. Es war kurz nach Mitternacht, als wir ablegten.

Das Schiff war jetzt sehr voll. Auf unserem Deck waren vier oder fünf belgische Beamte mitsamt ihren Frauen, zwei Bergbauingenieure und mehrere griechische Händler. An Bord war auch ein dicklicher junger Mann mit farblosem Gesicht und weicher amerikanischer Stimme. Er war seit einem Monat der Erste, den ich einen ordentlichen dunklen Anzug, weißes Hemd und Fliege tragen sah. Er hatte sehr ordentliches Gepäck, inklusive Schreibmaschine und Fahrrad. Ich lud ihn zu einem Drink ein, aber er sagte: «Oh, nein, vielen Dank», in einem Tonfall, der in vier kurzen Worten zuerst Überraschung, dann Bekümmernis, dann Tadel und schließlich Vergebung ausdrücken sollte. Später stellte sich heraus, dass er Mitglied der Adventistenmission war und nach Bulawayo unterwegs war, um dort Bücher zu prüfen.

Im mittleren und vorderen Deck lag ein Berg von Frachtgut und Postsäcken, dazwischen ein Durcheinander von Tieren und eingeborenen Reisenden. Es gab Ziegen und Kälber und Hühner, nackte Negerkinder, eingeborene Soldaten, Frauen, die ihren Babys die Brust gaben oder sie auf dem Rücken trugen, junge Mädchen, die sich das Haar zu Zöpfchen geflochten hatten, sodass ihre Kopfhaut in regelmäßige Flächen aufgeteilt war, Mädchen mit rasiertem Schädel und solche, deren Haar mit einer roten Lehmkruste überzogen war, alte Negerinnen mit Bananenbündeln, herausgeputzte Frauen in gelben und roten Baumwolltüchern und mit Messingreifen, schwarze Arbeiter in kurzen Hosen, Unterhemden und zerbeulten Tropenhelmen. Auf mehreren kleinen Öfen und in zahllosen Töpfen wurden Bananen gekocht. Immer wieder lautes Singen und Lachen.

In unserem Salon wurden die Tische für das Abendessen gedeckt. Wir saßen eng nebeneinander auf Bänken. Drei oder vier Kleinkinder wurden bei Tisch gefüttert. Zwei schmuddelige Angestellte kochten und servierten ein sehr schlechtes Essen. Der Kapitän sammelte das Geld ein. Anschließend ließ er eine Liste mit den Namen derjenigen herumgehen, denen er eine Kabine gegeben hatte. Ich war nicht darunter, ebenso wenig der amerikanische Missionar und die Griechen. Wie ich später erfuhr, hätten wir ihm zusammen mit unseren Fahrkarten ein Trinkgeld zustecken sollen. Etwa zwölf von uns standen ohne Unterkunft da. Sechs kluge Männer streckten sich unmittelbar nach dem Abendessen in voller Länge auf den Salonbänken aus und sicherten sich auf diese Weise einen Platz für die Nacht. Wir anderen saßen an Deck auf unserem Gepäck. Es gab weder Liegestühle noch Sitzplätze. Zum Glück war es eine schöne Nacht, warm, wolkenlos und windstill. Ich breitete einen Mantel auf dem

Boden aus, schob mir als Kissen eine Segeltuchtasche unter den Kopf und machte es mir zum Schlafen bequem. Der Missionar fand zwei kleine Holzstühle und saß, in eine Decke gewickelt, mit steifem Rücken da, die Füße hochgelegt, ein Buch mit biblischen Geschichten auf den Knien. Als Dampf aufgemacht wurde, stieg ein Funkenregen aus dem Schornstein, und kurz nach Mitternacht legten wir ab; vom Bug her kam gedämpftes Singen. Bald darauf war ich eingeschlafen.

Eine Stunde später wachte ich plötzlich auf und stellte fest, dass ich fror. Ich stand auf, um meinen Mantel anzuziehen, und wurde sofort gegen die Reling geworfen. Im selben Moment sah ich, wie die beiden Stühle des Missionars umkippten und er selbst zu Boden fiel. Ein großer Haufen Handgepäck flog zur Seite. In der Kapitänskajüte war das Klirren von zerbrechendem Geschirr zu hören. Gleichzeitig setzte ein wolkenbruchartiger Regen ein, und ein gewaltiger Wind kam auf. Kurz darauf dann ein blendend heller Blitz, gefolgt von ohrenbetäubendem Donner. Besorgtes Geschnatter und die unterschiedlichen Proteste erschrockener Tiere drangen vom Unterdeck herauf. In der halben Minute, die wir brauchten, um unser Gepäck einzusammeln und in den Salon zu flüchten, waren wir völlig durchnässt. Dort erging es uns aber kaum besser, denn es stellte sich heraus, dass die Fenster nicht aus Glas waren, sondern aus feiner Drahtgaze. Der Wind fuhr hindurch, Wasser drang herein und schwappte von einer Seite zur anderen. Weibliche Reisende, bleich und elend im Gesicht, kamen kreischend aus ihren Kabinen. Der Salon war mittlerweile unerträglich voll. Wir saßen, wie schon beim Essen, eng nebeneinander an den beiden Tischen. Der Wind war so stark, dass man die Tür nicht mit einer Hand öffnen konnte. Diejenigen, denen schlecht wurde – der amerikanische Missionar war der Erste –, mussten auf ihren

Plätzen sitzen bleiben. Der Wind heulte so laut, dass jede Unterhaltung unmöglich war; wir klammerten uns einfach fest, wurden hochgeschleudert und prallten gegeneinander; manchmal schlief jemand ein, wachte aber sofort wieder auf, weil er mit dem Kopf heftig gegen den Tisch oder die Wand stieß. Es bedurfte ständiger körperlicher Anstrengung, um sich nicht zu verletzen. Ständig erbrach sich irgendjemand. Wimmernde Frauen flehten ihre Männer um Beistand an. Die Kinder brüllten. Wir waren alle pitschnass und froren. Schließlich trat Verzweiflung an die Stelle der Besorgnis, und es wurde stiller. Dumpf starrten alle vor sich hin oder stützten den Kopf in die Hände, bis kurz vor Anbruch der Dämmerung der Wind nachließ und der Regen nicht mehr hereinprasselte. Daraufhin schliefen einige Passagiere ein, und andere wankten in ihre Kabinen zurück. Ich ging aufs Deck hinaus. Es war noch immer sehr kalt, und das kleine Schiff tanzte und schaukelte hoffnungslos auf den hochgehenden Wellen, doch der Sturm war offensichtlich vorbei. Bald zog eine grünlich silberne Dämmerung über den See; um uns herum war Nebel, und die orangefarbenen Funken, die aus dem Schornstein flogen, waren vor dem helleren Himmel kaum noch zu sehen. Die beiden Stewards tauchten mit klappernden Zähnen auf und bemühten sich, im Salon ein wenig aufzuräumen, triefende Matten herauszuziehen und den überschwemmten Fußboden aufzuwischen. Die kauernden Gruppen auf dem Unterdeck lösten sich auf, und ein paar Hähne krähten; irgendwo wurde mit Frühstückstassen geklappert, und es roch angenehm nach Kaffee.

Es regnete schon wieder, als wir den Hafen erreichten und an einem halb fertig betonierten Kai festmachten, auf dem völlig durchnässte, aneinandergekettete Sträflinge arbeiteten. Albertville war fast im Dunst verborgen; weiße

Gebäude zeichneten sich schemenhaft vor dem dunkleren Hintergrund ab. Zwei rivalisierende Hotelbesitzer – der eine Belgier, der andere Grieche – standen unter Regenschirmen und warben laut rufend um Kundschaft. Beamte kamen an Bord. Wir zeigten der Reihe nach unsere Papiere vor. Die unvermeidlichen Fragen: Warum ich in den Kongo fahre? Wie viel Geld ich dabeihabe? Wie lange ich bleiben wolle? Wo mein Gesundheitszeugnis sei? Das unvermeidliche Formular, das ausgefüllt werden musste – diesmal in doppelter Ausfertigung: Geburtstag und Geburtsort des Vaters? Mädchenname der Mutter? Mädchenname der geschiedenen Ehefrau? Ständiger Wohnort? Inzwischen hatte ich gelernt, die Ungewissheit meiner Pläne für mich zu behalten. Ich sagte, dass ich direkt nach Matadi reisen wolle, und bekam einen Einreisesichtvermerk, den ich dem Passbeamten bei der Ausreise vorzeigen sollte. Es dauerte zwei Stunden, ehe wir an Land gehen durften.

Plötzlich hörte der Regen auf, und die Sonne kam heraus. Überall dampfte es.

Ich blieb zwei Nächte in Albertville. Die Stadt besteht aus einer Straße mit Büros, Geschäften und Bungalows. Es gibt zwei Hotels für Reisende von und nach Tanganjika; keine Kinos oder Vergnügungsstätten. In den Geschäften wird man von weißen Verkäufern und am Bahnhof von weißen Angestellten bedient. In der Stadt leben keine Eingeborenen, außer einer Handvoll Hafenarbeiter und Hausbediensteter. Das Essen im Hotel ist ganz ordentlich, besser als alles, was ich seit Wochen bekommen habe. Der belgische Besitzer ist liebenswürdig und ehrlich. Ich erkundige mich nach der Flugverbindung. Niemand weiß etwas darüber. Eins ist sicher, eine Flugverbindung nach Albertville hat es nie gegeben. Früher soll es eine Verbindung nach Kabalo gegeben haben, vielleicht existiert sie sogar noch immer. Jedenfalls geht übermorgen ein Zug nach Kabalo. Es gibt nur die beiden Möglichkeiten: entweder mit dem Zug nach Kabalo oder mit dem Schiff zurück nach Kigoma. Es gibt keine anderen Verbindungen in irgendeine Richtung. Mit einer Ahnung von den bevorstehenden Beschwerlichkeiten kaufe ich mir eine Fahrkarte nach Kabalo.

Der Zug fuhr um sieben Uhr morgens los und brauchte, inklusive Mittagspause, knapp elf Stunden für die Strecke. Die Gleise sind katastrophal. Man wird so durchgeschüttelt, dass ich zeitweilig kaum lesen konnte. Ich fuhr erster Klasse, um dem amerikanischen Missionar aus dem Weg zu gehen, und hatte das Abteil für mich allein. Den halben Tag regnete es. Die Landschaft war zunächst ganz reizvoll: Wir stampften und schlingerten durch ein waldiges Tal, im fernen Hintergrund Berge, später am Ufer eines Flusses entlang, immer wieder unterbrochen von üppigen Sumpfgebieten. Doch gegen Mittag erreichten wir langweiliges und trostloses Buschland; keine Tiere waren zu sehen, nur gelegentliche Wolken von weißen Schmetterlingen; am Nachmittag schaukelten wir meilenweit durch hohes Gras, das beiderseits der einspurigen Bahnlinie in Waggonhöhe wuchs und einem alle Sicht nahm, aber gnädig vor der Nachmittagssonne schützte. Der Erster-Klasse-Waggon war mit einem Duschbad ausgestattet, nach einem heißen Tag ein unschätzbarer Komfort, den man der P.L.M. durchaus empfehlen möchte. Es war phantastisch, in einem Zug, der in Zentralafrika auf einer eingleisigen Strecke dahinrumpelte, Annehmlichkeiten zu entdecken, die man im *Train Bleu* vergeblich sucht. Fairerweise sollte ich vielleicht darauf hinweisen, dass die Dusche – offenbar schon seit einiger Zeit – nicht funktionierte. Die Hoffnung auf einen Eisenbahnwaggon mit einer vernünftigen Wasserversorgung hatte ich aber schon längst aufgegeben. Für Waggonkonstrukteure auf der ganzen Welt scheint festzustehen, dass der wahre Maßstab für Luxus die Anzahl überflüssiger Lichtschalter und verschiedenfarbiger Birnen ist.

Kurz vor Sonnenuntergang erreichten wir Kabalo, einen unansehnlichen Ort. Es gab keinen Bahnsteig; ein Berg Brennholz und das abrupte Ende des Gleises markierten den Bahnhof; rechts und links verliefen sich einige Nebengleise; auf einem davon standen ein paar schäbige, offenbar ausrangierte Güterwaggons. Es gab zwei, drei Frachtschuppen aus Wellblech und eine dreckige kleine Kantine; davon abgesehen kein Zeichen, dass hier irgendjemand wohnte. Vor uns lag der Obere Kongo, der sich, verglichen mit den anderen großen Flüssen der Welt, in diesem Abschnitt seines Laufs nicht durch Schönheit oder besondere Attraktionen ausgezeichnet: breit dahinfließend, die Ufer sumpfig. Da wir Regenzeit hatten, war er angeschwollen und braun. Am Ufer lagen ein paar Kanus sowie ein völlig verrosteter Raddampfer, der eher wie ein auf der Themse schwimmender Bungalow aussah und weniger wie ein Schiff. Das Ufer gegenüber der Eisenbahnlinie war teilweise mit Zement verstärkt worden; überall üppige Sümpfe. Gnädigerweise brach bald die Nacht herein und verbarg diesen scheußlichen Ort.

Ich bat einen Boy, sich auf mein Gepäck zu setzen, und ging in die Kantine. Dort entdeckte ich, durch einen Schleier von Moskitos, einen deutlichen Hinweis auf die Flugverbindung Kabalo–Matadi; zwei, drei Eisenbahner hockten auf unbequemen kleinen Stühlen und kippten lauwarmes Bier in sich hinein. Eine mürrische, ungepflegte Frau in Pantoffeln schlurfte mit einem Tablett schmutziger Gläser herum. Auf meine Frage verwies sie mich an den Besitzer, einen apathischen Fettkloß, der in dem einzigen Sessel saß und sich Luft zufächerte. Ich fragte ihn, wann das nächste Flugzeug in Richtung Küste gehe; da verstummten alle und starrten mich an. Der Besitzer kicherte. Er wisse nicht, wann das *nächste* gehe, das *letzte* sei vor etwa zehn Monaten abgeflogen. Es gebe nur drei Möglichkeiten, aus Kabalo wegzukommen – entweder mit dem Zug nach Albertville zurück oder mit dem Dampfer flussabwärts beziehungsweise flussaufwärts. Die *Prince Leopold* würde an diesem Abend nach Bukama ablegen. Ein, zwei Tage später sollte ein Dampfer flussabwärts fahren, wenn ich den nähme, könnte ich, bei wohldurchdachtem Wechsel zwischen Schiff und Eisenbahn, in weniger als vier Wochen in Matadi sein.

In diesem Moment kam mir einer der Eisenbahnangestellten zu Hilfe. Von Bukama gebe es eine Zugverbindung nach einer Stadt namens Port Francqui. Wenn ich ein Telegramm schickte und wenn das Telegramm jemals sein Ziel erreichte, ließe sich arrangieren, dass ich vom Flugzeug Elisabethville-Matadi dort aufgelesen würde. Ansonsten gebe es von Bukama aus eine Verbindung zur neu eröffneten Benguela-Eisenbahn, und in Lobito in Portugiesisch-Westafrika würde ich an der Küste herauskommen. Ich solle in jedem Fall nach Bukama fahren. Kabalo, bemerkte er, sei ein ödes Nest.

Zwei Stunden vergingen, und noch immer war von der *Prince Leopold* nichts zu sehen. Wir aßen eine furchtbare (und sehr teure) Mahlzeit in der Kantine. Der Adventist kam herein. Er hatte draußen in der Dunkelheit neben dem Gleis gesessen, um das Biertrinken nicht sehen und riechen zu müssen. Er wollte ebenfalls mit der *Prince Leopold* reisen. Nach weiteren zwei Stunden kam das Schiff. Wir gingen in dieser Nacht an Bord und fuhren frühmorgens los.

Die Reise dauerte vier Tage. Es war nicht unbequem. Die

Hälfte der Zeit regnete es heftig, und die Temperaturen waren nie unerträglich. Ich hatte eine Kabine für mich allein, und die Langeweile bekämpfte ich, in gewissem Grad erfolgreich, indem ich pausenlos schrieb.

Die *Prince Leopold* war ein mächtiger Schaufelraddampfer, doppelt so groß wie die *Rusinga*, aber mit nur halb so vielen Besatzungsangehörigen. Der Kapitän und ein griechischer Steward schienen die ganze Arbeit zu machen, der erste jung und neurotisch, der andere schon etwas älter und gleichmütig, beide sehr schmuddelig – ein großer Kontrast zu all den adretten Junggesellen am Viktoriasee mit ihren weißen Kragen und dem ständigen Uniformwechsel. Die Kapitänsunterkunft befand sich in der obersten Etage (man konnte den Dampfer nur als schwimmendes Haus und nicht als Schiff betrachten); sein Decksareal war mit Farnen und Palmen eingerahmt. Darunter war das Deck für die europäischen Passagiere, zwei Reihen winziger Kabinen, eine Aussichtsplattform und ein Bad; das unterste Geschoss war für Fracht und eingeborene Passagiere. Zwei-, dreimal täglich hielten wir an trostlosen kleinen Orten, begrüßt von einer Schar Eingeborener und kränklich aussehenden belgischen Agenten. Manchmal gab es dort ein Eingeborenendorf, meist aber nur einen Schuppen und einen Holzstapel. Wir brachten Post, luden Fracht, und gelegentlich stiegen Passagiere zu oder aus. Es waren durchweg Griechen oder Belgier, entweder Händler oder Verwaltungsbeamte; abgesehen von dem unvermeidlichen Händeschütteln jeden Morgen gab es wenig Kontakt. Der Adventist erkrankte leicht; er führte seine Beschwerden auf den schwachen Tee zurück. Die Landschaft war äußerst langweilig, flache Papyrussümpfe auf beiden Seiten, selten einmal unterbrochen von Palmengürteln. Der Kapitän verbrachte seine Zeit damit, mit einem kleinen

Gewehr Antilopen leichte Wunden zuzufügen. Manchmal war er überzeugt, dass er etwas erlegt hatte; das Schiff hielt dann an, und alle eingeborenen Passagiere stiegen über Bord und kletterten unter lautem Geschrei und Gejodel das Ufer hoch. Sie wieder an Bord zu bekommen war nicht ganz einfach. Der Kapitän beobachtete mit einem Fernglas, wie sie durch das hohe Gras hüpften; zuerst interessierte ihn die Suche, und er rief ihnen Anweisungen zu; dann wurde er ungeduldig und rief sie zurück; doch sie genossen ihre Tollerei nach Herzenslust und entfernten sich immer weiter. Wiederholt ließ er die Schiffssirene ertönen. Schließlich kamen sie zurück, fröhlich schwatzend und stets mit leeren Händen.

In Bukama sollten wir am Sonntag (8. Februar) eintreffen. Der Zug nach Port Francqui fuhr erst Dienstagnacht ab. Üblicherweise blieben die Passagiere bis dahin an Bord, ein Arrangement, das für die Reisenden vergleichsweise bequem und für die Schifffahrtsgesellschaft profitabel war. Mir selbst wurde diese Möglichkeit nach einer heftigen und unrühmlichen Auseinandersetzung mit dem Kapitän verwehrt, zu der es ganz unerwartet am letzten Nachmittag der Reise gekommen war.

Ich saß gerade in meiner Kabine und beschäftigte mich mit der Situation in Abessinien, als der Kapitän hereinschaute und, mit wildem Blick und wirren Worten, die Fahrkarte für mein Motorrad zu sehen wünschte. Ich erwiderte, dass ich kein Motorrad dabeihätte. «Was, *kein* Motorrad?» – «Nein, *kein* Motorrad.» Er schüttelte den Kopf, schnalzte mit der Zunge und verschwand. Ich schrieb weiter.

Eine halbe Stunde später war er wieder da, diesmal in Begleitung eines Englisch sprechenden Passagiers.

«Der Kapitän lässt Ihnen sagen, dass er die Fahrkarte für Ihr Motorrad sehen muss.»

«Aber ich habe dem Kapitän doch schon erklärt, dass ich kein Motorrad habe.»

«Sie verstehen nicht. Für ein Motorrad ist eine Fahrkarte erforderlich.»

«Ich habe kein Motorrad.»

Sie gingen wieder weg.

Zehn Minuten später tauchte der Kapitän wieder auf. «Würden Sie mir bitte Ihr Motorrad zeigen.»

«Ich habe kein Motorrad.»

«Auf meiner Liste steht aber, dass Sie ein Motorrad haben. Würden Sie es mir bitte zeigen?»

«Ich habe kein Motorrad.»

«Aber es steht auf meiner Liste.»

«Tut mir leid, ich habe kein Motorrad.»

Wieder verschwand er, wieder kam er zurück, nunmehr, deutlich erkennbar, ziemlich erregt. «Das Motorrad – das Motorrad! Ich muss das Motorrad sehen!»

«Ich habe kein Motorrad.»

Es ist sinnlos, so zu tun, als hätte ich würdevoll meine Ruhe bewahrt. Auch ich war wütend. Schließlich befanden wir uns im Herzen der Tropen, wo man bekanntlich schnell aufbraust.

«Na schön, ich werde Ihr Gepäck durchsuchen. Zeigen Sie es mir.»

«Es ist hier in der Kabine. Zwei Koffer unter der Koje, eine Tasche auf dem Netz da oben.

«Zeigen Sie es mir.»

«Sehen Sie selbst nach.» Wie gesagt, ein würdeloser Pennälerstreit.

«Ich bin der Kapitän dieses Schiffes. Glauben Sie etwa, dass ich Gepäck trage?»

«Ich bin Passagier. Erwarten Sie das von mir?»

Er trat zur Tür und brüllte nach einem Boy. Niemand kam. Mit zitternder Hand versuchte ich zu schreiben. Er brüllte wieder. Und wieder. Schließlich schlenderte ein schläfriger Boy herbei. «Hol die Koffer unter der Koje hervor!»

Ich tat, als schriebe ich. Unmittelbar hinter mir hörte ich den Kapitän schnaufen (die Kabine war sehr klein).

«Na», sagte ich, «haben Sie ein Motorrad gefunden?»

«Monsieur, das geht Sie nichts an», sagte der Kapitän.

Er verschwand. Ich glaubte, dass der Vorfall damit beendet sei. Eine halbe Stunde später war er wieder da. «Packen Sie Ihre Sachen! Packen Sie auf der Stelle Ihre Sachen!»

«Aber ich bleibe bis Dienstag an Bord.»

«Sie verlassen augenblicklich das Schiff! Ich bin der Kapitän! Ich werde nicht zulassen, dass Leute wie Sie auch nur eine Stunde länger bleiben!»

So stand ich nun auf dem Pier von Bukama, mit der Aussicht, zwei Tage auf meinen Zug warten zu müssen. Eine demütigende Situation, verschlimmert durch den Adventisten, der auf mich zukam, um mich seines Mitgefühls zu versichern. «Es hat keinen Sinn, sich zu streiten», sagte er, «wenn man die Sprache nicht versteht.» Blödmann.

Ich dachte schon, Kabalo sei der Tiefpunkt gewesen, aber Bukama übertraf alles. Wenn je ein Ort die Bezeichnung «gottverlassen» im buchstäblichen Sinne verdient hat, dann dieser. Eine Eisenbrücke über den Fluss führt vom Europäerviertel zu den trostlosen Hütten der eingeborenen Arbeiter, die sie errichtet haben. Am Ufer stehen zwei verfallene Bungalows sowie das überwucherte Rasthaus der Kolonialverwaltung, das inzwischen von der *Prince Leopold* als Unterkunft ersetzt wurde; es ist offiziell noch immer offen, und hier würde ich bleiben müssen, falls ich beschloss, auf den Zug nach Port

Francqui zu warten. Es ist unmöbliert und vermutlich von Schraubenzecken befallen. In einiger Entfernung von der Landestelle sind die Hütten, die als Fahrkartenschalter und Güterannahme der Katanga-Eisenbahn dienen. Eine Straße führt den Berg hinauf, wo zwei leere Büros stehen, eine griechische Bar und ein Kaufmannsladen. Ganz oben ist der Verwaltungssitz – ein Fahnenmast, der Bungalow des lokalen Repräsentanten und ein kleines Krankenhaus, vor dem eine Gruppe niedergeschlagener Patienten mit Verbänden hockte. Eine Abteilung eingeborener Soldaten schlurfte vorüber. Die Hitze und Feuchtigkeit waren schlimm, viel schlimmer als alles, was ich auf Sansibar erlebt hatte. Bei Sonnenuntergang tauchten Schwärme von geräuschlosen Malariamoskitos auf. Ich saß in der griechischen Bar, der Schweiß in meinem Gesicht tropfte wie Regen auf den Fußboden; der Besitzer sprach nur ein paar Worte Französisch. Mit diesen wenigen Worten riet er mir, Bukama so schnell wie möglich zu verlassen, bevor mich das Fieber packen würde. Er selbst war aschfahl im Gesicht und fröstelte noch von seinem jüngsten Anfall her. Am Abend sollte ein Zug nach Elisabethville gehen. Ich beschloss, ihn zu nehmen. Der Adventist, stellte ich fest, fuhr ebenfalls mit.

Wir mussten lange warten, denn niemand wusste, wann der Zug erwartet wurde. Der Bahnhof war stockdunkel, abgesehen von einem Schalter, hinter dem ein alter Mann mit mächtigem Bart Fahrkarten verkaufte. Kleine Gruppen von Eingeborenen saßen auf dem Boden. Einige hatten Laternen dabei, manche hatten kleine Holzfeuer angezündet und kochten Essen. Von irgendwoher kam ein unaufhörliches Dröhnen – so schwer zu lokalisieren wie das Lied einer Grasmücke –, und ab und zu wurde leise gesungen. Um zehn Uhr fuhr der Zug ein. Im Waggon wimmelte es von Moskitos;

Netze gab es nicht, die Fenster klemmten, die Sitze waren hart und extrem eng. Zwei Griechen aßen die ganze Nacht Apfelsinen. Auf diese Weise fuhr ich nach Elisabethville.

Elisabethville spielt in diesem Albtraum eigentlich keine Rolle. Die zwei Tage, die ich dort verbrachte, waren friedlich und überaus angenehm. Ich kam am frühen Nachmittag an, einen Tag nach meiner Abreise aus Bukama, und blieb bis Mittwochabend. Ich wohnte in einem Hotel, das von einem ehemaligen Offizier mit gepflegtem Kavalleriebart geführt wurde. Es gab anständigen Wein, gute Zigarren und sehr gutes Essen. Ich hatte ein großes, kühles Zimmer zum Arbeiten und ein sauberes Badezimmer. In der Stadt entdeckte ich eine Buchhandlung und ein hervorragendes Kino. Das einzig Albtraumhafte war das Durcheinander meiner Pläne – sie waren im letzten Monat aber schon so oft geändert worden, dass ich sie längst nicht mehr als feststehend betrachtete.

Die Flugverbindung erwies sich endgültig und definitiv als nutzlos für mich. Es bestand zwar die vage Aussicht, dass innerhalb der nächsten zwei Wochen eine Maschine in Richtung Küste fliegen würde, vorausgesetzt, es fanden sich genügend Passagiere dafür. Da der Preis aber knapp über dem lag, was Imperial Airways für die gesamte Strecke London–Kapstadt verlangte, sagte ich mir, dass die Nachfrage nicht besonders groß sein konnte. Der Betrieb auf der «neu eröffneten» Eisenbahnlinie nach Lobito war wieder eingestellt worden. Sie war nur während der Trockenzeit befahrbar gewesen, als der noch nicht gebaute Streckenabschnitt am belgischen Ende der Linie mit Kraftwagen bedient werden konnte. Ich konnte nach Bukama zurückfahren, via Port Francqui und Leopoldville bis zur Küste und in Boma einen belgischen Dampfer nehmen. Doch der schnellste Weg nach

Europa – inzwischen hatte mich eine starke Reisephobie gepackt – führte paradoxerweise via Nord- und Südrhodesien und die Südafrikanische Union, was ein Umweg von mehreren hundert Meilen war. In Kapstadt konnte ich einen Expressdampfer nach Southampton nehmen. Die Reise hatte mein ursprünglich geschätztes Budget schon weit überstiegen, und ich war unangenehm knapp bei Kasse; also entschied ich mich für diese Route.

Ich hatte einige Mühe, dem Polizeioffizier, ohne dessen Genehmigung ich den Kongo nicht verlassen konnte, überzeugend darzulegen, warum ich von der in meinem Einreisevisum angegebenen Reiseroute so stark abgewichen war. Am Ende aber schien er meine Probleme zu verstehen und gab mir die Ausreisegenehmigung. In der Zwischenzeit arbeitete ich, ruhte mich aus und genoss die Annehmlichkeiten und die Ruhe von Elisabethville. Wie beruhigend sind doch diese gelegentlichen Aussöhnungen mit dem Luxus. Wie oft habe ich mich in Europa nach allzu viel Wohlleben schon gefragt, ob das ganze Trara um guten Geschmack nicht eine Masche ist, die von Geschäftsleuten und Restaurantbesitzern inszeniert wird. Nach ein paar Wochen mit derben Kolonialweinen, harten Betten, sandigem Badewasser, ungeschicktem und mürrischem Personal, Zigarren aus dem wilden Borneo oder von den frommen Philippinen, überfüllten und unsauberen Unterkünften und Dosennahrung wird einem jedoch klar, dass die Annehmlichkeiten Europas nicht bloß Raritäten sind, die wir schätzen, weil sie teuer sind, sondern eine außerordentliche Entschädigung für die Mühsal des Gelderwerbs – und ein keineswegs geringer Trost für einige der Attacken und Illusionen, mit denen die Zivilisation korrigierend in das Glück einzugreifen sucht.

Sechs Tage im Zug, und kaum etwas, um die Monotonie zu vertreiben. In Bulawayo kaufte ich mir einen Roman mit dem Titel *A Muster of Vultures*, in dem der Schurke die Gesichter seiner Opfer mit dem «Saft eines tropischen Kaktus» verätzte. In Mafeking kaufte ich mir Pfirsiche; einmal legte sich Sprühregen von den Victoriafällen auf unsere Fenster; einmal lag alles unter dem dickem Staub der großen Karroo-Wüste. Einmal stiegen ein paar Desperados zu, die aus den rhodesischen Kupferminen geflogen waren; von zweien war bekannt, dass sie weder Fahrkarte noch Pass hatten, und es kam zu einer wilden Verfolgung durch kurzbehoste Polizisten, die in den Korridoren und unter den Sitzen nach ihnen suchten; einer der Burschen stahl dem Mulatten-Boy, der die Betten machte, neun Shilling. Im Speisewagen des Zugs, in den wir in Bulawayo umsteigen mussten, gab es weiße Stewards; nach so vielen Monaten erschien mir der Anblick von Weißen, die Weiße bedienen, seltsam und leicht anstößig. Zahlungsmittel waren hauptsächlich Drei-Penny-Stücke (hier «Tickies» genannt) und Gold-Sovereigns, daneben diverse, von unterschiedlichen Banken herausgegebene Geldscheine.

Schließlich kamen wir in Kapstadt an, einer grässlichen Stadt, die mich an Glasgow erinnerte; Straßenbahnen fuhren zwischen mächtigen steinernen Bürohäusern, die in viktorianischer Gotik erbaut waren; einige schöne Zeugen des 18. Jahrhunderts; auf den Straßen heruntergekommene Neger und Mischlinge; in den Geschäften adrett gekleidete Juden.

Ich hatte noch etwa vierzig Pfund in der Tasche. Am selben Nachmittag fuhr ein Schiff. Ich konnte entweder aus London telegraphisch Geld anfordern und auf dessen Ankunft warten oder aber dritter Klasse nach Hause zurückkehren. Ich beschloss, noch an diesem Tag zu fahren. Für zwanzig Pfund kaufte ich mir ein Bett in einer großen und sauberen Dritter-Klasse-Kabine. Außer mir gab es noch zwei Passagiere, einen sympathischen Mann aus Nord-Devon, der bei der Eisenbahn gearbeitet hatte, und einen jungen jüdischen Verkäufer. Die Stewards behandelten uns herablassend, aber gutmütig; die Verpflegung ähnelte der einer außergewöhnlich guten Privatschule – reichhaltiges Mittagessen, gehaltvolles Abendbrot und am späten Abend noch ein leichter Imbiss. Mit uns in der dritten Klasse reiste ein sehr dicker walisischer Pfarrer, der von seiner Gemeinde verabschiedet wurde. Sie standen auf dem Pier und sangen Choräle, die er mit eigenwilligen Armbewegungen dirigierte, bis wir außer Hörweite waren. Hauptsächlich sangen sie ein Lied, dessen Refrain «Ich kehre heim» lautete, aber sie hatten diese treffenden Worte doch etwas falsch verstanden, denn das eigentliche Thema der Komposition war weniger passend. Es bezog sich nicht auf die Reise von Kapstadt nach England, sondern auf den Tod und die Heimkehr der Seele zu ihrem Schöpfer. Doch niemanden schien diese Vorhersage traurig zu stimmen, und die Pfarrersfrau sang das Lied noch mit großer Inbrunst, als ihr Mann schon längst aufgehört hatte, den Takt zu schlagen.

Es war eine angenehme Reise. Abends spielten wir Siebzehnundvier. Vormittags boxten wir oder spielten Siebzehnundvier. Unter der Führung eines Trupps mürrischer Rennfahrer, deren Saison in Südafrika nicht sehr erfolgreich verlaufen war, wurde auch viel gesungen.

Unterwegs hielten wir in St. Helena, wohin verbannt zu werden ich durchaus einverstanden wäre, und in Teneriffa, wo jedermann ganz üble Zigarren kaufte. Tags darauf wurde es ungemütlich und sehr kalt, und es wurden deutlich weniger Zigarren geraucht. Den Rest der Reise hatten wir schwere See, und die meisten Damen blieben in ihren Kabinen. Ein Sportkomitee wurde auf die Beine gestellt, das jedoch einigen Anlass für böses Blut bot. Besonders dem walisischen Pfarrer wurde vorgehalten, dass ein Mann, der selber ein Kind habe, nicht das Kinderkostümfest organisieren dürfe. «Er gibt seinem eigenen Jungen bestimmt den ersten Preis», hieß es. «Wer würde das nicht tun.» Er erwiderte, dass ihm auf der Hinfahrt von den Mitreisenden zum Dank für seine engagierte Organisation der Deckspiele ein besonderes Geschenk gemacht worden sei. Daraufhin antworteten sie: «Das kann schon sein.» Er meinte, er würde lieber auf die ganze Sache verzichten, als seine Ehre in Frage gestellt zu sehen. Es war alles sehr vergnüglich.

Am 10. März legten wir schließlich in Southampton an.

Am Abend meiner Rückkehr war ich in London bei einem Dinner. Nach dem Essen wussten wir nicht so recht, wohin wir noch gehen sollten. Die Namen, die ich vorschlug, waren längst passé. Schließlich fuhren wir in ein kürzlich eröffnetes Restaurant, das gerade als sehr chic galt.

Es lag im Souterrain. Wir stiegen hinunter und tauchten ein in den Lärm wie in ein warmes Schwimmbecken. Die Atmosphäre verschlug uns den Atem wie der Gärtankgeruch in einer Brauerei. Zigarettenqualm stach in die Augen.

Ein Kellner führte uns an einen kleinen Tisch, so dicht neben den anderen Tischen, dass die Stuhllehnen Rücken an Rücken standen. Kellner zwängten sich hindurch, während sie einander Beschimpfungen ins Ohr flüsterten. Bekannte Gesichter grinsten durch den Dunst: bekannte Stimmen drangen schrill durch den Lärm.

Wir entschieden uns für Wein.

«Sie müssen etwas dazu verzehren.»

Wir bestellten Sandwiches zu sieben Shilling Sixpence.

Es kam nichts.

Ein Neger in elegantem Smoking saß am Klavier und sang. Später, als er ging, winkten ihm die Leute zu und versuchten, seinen Blick auf sich zu lenken. Er nickte ein paar Mal gönnerhaft. Jemand grölte: «Er geht in die Breite.»

Ein Kellner fragte: «Noch Getränke gewünscht vor der Sperrstunde?» Wir sagten, dass wir noch nichts bekommen hätten. Er zog ein Gesicht und kniff einen anderen Kellner in den Arm, wobei er auf unseren Tisch zeigte und auf Italienisch flüsterte. Dieser Kellner kniff einen anderen. Schließlich brachte der zuletzt gekniffene Kellner eine Flasche und schüttete den Wein in unsere Gläser, dass er schäumte und überlief. Wir studierten das Etikett und stellten fest, dass es nicht der Wein war, den wir bestellt hatten.

Jemand gellte mir ins Ohr: «Nein so was, Evelyn, wo bist du nur gewesen? Ich habe dich seit Tagen nirgends mehr gesehen.»

Meine Freunde sprachen über die Auflösung einer Verlobung, von der ich nicht wusste, dass sie geschlossen worden war.

Der Wein schmeckte nach salzigem Sodawasser. Gnädigerweise schaffte ein Kellner ihn weg, bevor wir Zeit hatten, davon zu trinken. «Wir schließen in Kürze.»

Ich war zurück im Zentrum des Empires, dort, wo momentan «jeder» hinging. Am nächsten Tag würden die Klatschkolumnisten von den jungen Abgeordneten, Adligen und Finanzmagnaten berichten, die sich in diesem üblen Keller eingefunden hatten, wo es heißer war als auf Sansibar, lauter als auf dem Markt von Harar, wo man sich um die geziemenden Formen der Gastfreundschaft noch weniger kümmerte als in den Kaschemmen von Kabalo oder Tabora. Und einen Monat später würden die englischen Beamtengattinnen davon lesen und über Busch oder Dschungel oder Wüste oder Wald oder Golfplatz hinwegblicken und ihre Schwestern zu Hause beneiden und wünschen, dass sie das Geld hätten, um reiche Männer heiraten zu können.

Warum ins Ausland fahren?

Zuerst sehe man sich England an.

Man beobachte einfach, wie London den Schwarzen Kontinent in die Tasche steckt.

Ich bezahlte die Rechnung in gelbem afrikanischen Gold. Es schien mir ein gerechter Tribut der schwächeren Völker an ihre Lehrmeister zu sein.

SERGIO SAVIANE

Auf Safari in Bokassaland

Berengò 1982

Der Point-Air-Viehtransporter geht alle zwei Wochen sonntags von Lyon ab. *Le Point* ist ein französischer Club für Berg- und Naturfreunde, der weißfleischige Touristenherden zu Niedrigpreisen (etwa 1300 Mark) nach Zentralafrika transportiert. Eine der Attraktionen des Clubs ist die Rundreise durch die drei kaiserlichen Residenzen der Zentralafrikanischen Republik jenes Bokassa, der, als Napoleon verkleidet, gebratene Kinder aß, Giscard d'Estaing Diamanten schenkte und sieben Liter Whisky täglich trank. Eine makabre Pilgerfahrt. Aber der Tourismus schaut niemandem ins Maul. Und ich bin hierhergeschickt worden, um mir diesen Tourismus anzuschauen.

Die erste Überraschung auf dem Flughafen von Lyon ist die Mitteilung, dass es sich um eine vierzehntägige Campingreise handelt. «Das Ticket berechtigt zur Reise und zu einer Hotelübernachtung», sagt lächelnd die Hostess. «Wir stellen die Jeeps, den Fahrer und den Reiseleiter; alles Übrige, einschließlich Benzin, das sehr teuer ist, geht zu Ihren Lasten.»

Das ist ein schwerer Schlag. Denn die Zentralafrikanische Republik ist ein Land von 622 984 Quadratkilometern mit knapp zweieinhalb Millionen über den Urwald verteilten Einwohnern (vier pro Quadratkilometer), die sich von

Maniok und vor allem von Palmwein, hausgemachtem Maisschnaps, Bier und Wein ernähren und deren natürliche Lage der Hunger ist; ein unzivilisiertes Land, mit 40 Grad im Schatten, in dem es außerhalb von Bangui kein elektrisches Licht, kein Telefon, kein Hotel gibt. Aber die Urwäldler, die sich mit Schlafsäcken, Hacken, Decken, himmelblauen Hütchen, Pfannen, Messern, Zeltplanen, Taschen- und Petroleumlampen am Abflugschalter versammeln, sind alle sehr zufrieden.

Mir bleibt keine Zeit, lange zu überlegen, denn das Flugzeug fliegt ab. Wie selbstverständlich finde ich mich in dem Viehtransporter wieder, in dem sogleich eine Mahlzeit verteilt wird. Ich verschlinge sie schnell und fange an, die versiegelte Wasserration, das Plastikbesteck, die Salz- und Pfeffertütchen einzupacken: ein erster Schritt ins Abenteuerleben. Nach sieben Stunden Flug werden wir ausgeladen. Nachdem die Zollabfertigung vorbei und jeder Mannschaft ein Jeep zugewiesen ist, werden wir auf einem Platz versammelt und unter Geschrei und Gebrüll, mit herrischen Befehlen, Pfiffen und Stößen gebrandmarkt. Schließlich gehen alle schlafen.

Am Montagmorgen stehe ich mit meinem Koffer auf dem Platz vor der Hotelbaracke. Um zu zeigen, dass auch ich in den Urwald will, setze ich eine Wollmütze auf, die ich in der Tasche gefunden habe. Das war eine gute Idee. Denn zwei junge Ärztepaare aus Paris, die sehr höflich und freundlich sind, nehmen sich meiner an. Während wir auf den Wagen warten, kann ich auf den Markt gehen und Decken, einen Schlafsack, Pfannen, Messer, Berge von Klopapier (das, wie sie mir sagten, sehr nützlich ist, da es bei den Pygmäen als Tauschmittel dient), Zigaretten und Getränke kaufen. Alles außer dem Wichtigsten, dem Zelt, das fast so viel kostet wie ein Haus: an die tausend Mark.

Ohne Zelt in den Urwald zu gehen ist sehr gefährlich. Ein drückender Gedanke, der zu den übrigen Sorgen noch hinzukommt. Für die Ausrüstung ist schon viel Geld draufgegangen, und noch einmal so viel braucht man zum Volltanken und für die Reservekanister. Das Problem sind weniger die unvorhergesehenen Spesen als das Gerede über die Dinge, die auf der Spesenrechnung stehen werden: Kochtöpfe, Feldflaschen, Decken, Kerzen, Handtücher, Klopapier, Mittel gegen Durchfall, harntreibende Pillen, Malariazäpfchen … und jetzt auch noch ein Zelt! Kaufe ich es, kaufe ich es nicht? Aber wir müssen aufbrechen, es bleibt keine Zeit mehr, darüber nachzudenken. «Komm nur, wenn wir dir helfen sollen», ermuntern mich die Pariser.

Das erste Ziel ist Berengò, die Heimat Bokassas, achtzig Kilometer südlich von Bangui, wo es die Überreste des prächtigen kaiserlichen Palastes gibt und einen Flugplatz daneben. Als wir ankommen, ist die Sonne schon untergegangen, die großen rostigen Gitter sind geschlossen. Auf Anraten unseres Führers Maurice beschließen wir, die Nacht in dem großen Orgien-Restaurant Bokassas zu verbringen, außerhalb der Residenz, einen halben Kilometer entfernt am Waldrand. Aber das ganze Land ist ein Wald, auch Bangui. Die beiden Camper-Paare stellen in wenigen Minuten ihre supermodernen Zelte mit ehelichen Schlafabteilen auf der Terrasse auf. Für mich bleibt der große, scheußliche, leere Festsaal neben der Bar und den Bädern, mit seinen ausgerissenen Türen, zerbrochenen Scheiben, neuem und altem Kot in allen Ecken und der großen Küche, wo Bokassa seine Opfer kochte und aß. Kurz, was übrig blieb von einer Kaiserresidenz, die noch am Tag des Staatsstreichs im September 1979 zerstört wurde von der wütenden Bevölkerung oder, wie sie hier sagen, von den Ministern persönlich, die in den ebenfalls demolierten Tresoren ihres Napoleons den Schatz suchten.

Ich breite auf dem Boden eine Plastikmatte aus, eine Decke – das schändliche Lager für meine erste Nacht mit den Gespenstern Bokassas. Die Pariser machen inzwischen schon Feuer auf der Terrasse und bereiten das Essen vor: eine Pfanne mit zwei Kilo Zwiebeln, etwas Reis, nur wenig, denn man muss sparen, ein Löffel Tomatenmark, Gewürze und Salz. Ebenfalls der Sparsamkeit halber gibt es bloß eine Bierration, die nicht einmal den Durst eines Kanarienvogels stillen würde. Aber die Pariser, die Zelten und Wachbleiben gewöhnt sind, haben glücklicherweise das Laster, nicht zu trinken. Dafür trinkt Maurice, der Fahrer. Hundert Meter weiter beginnt das nächtliche Heulen und Lärmen des Urwalds. Ich lasse mich mit Whisky volllaufen. Aber es braucht anderes als Alkohol, um eine solche Nacht auf sich zu nehmen. Ich versuche, die Zeit des ungemütlichen Nachtlagers hinauszuzögern – mit Raubvögeln, die mir unheimlich über den Kopf fliegen, zwei räudigen Hunden, die sogar noch um einen Zigarettenstummel kämpfen, zwei oder drei Jungen, die zusammen mit dem ehemaligen Elektriker Bokassas aus dem Dorf gekommen sind und mit den Augen diese Zwiebelsuppe verschlingen, die uns die ganze Nacht Durst machen wird. Aber die Pariser Abenteurer sind so müde, dass sie sich in ihre Zelte zurückziehen, den Bauch voller Zwiebeln und, zu meiner Überraschung, Wasser, mit dem man sich in Afrika nicht einmal die Zähne putzen sollte. Es ist zwecklos, ihnen das zu sagen. So bin ich auch gezwungen, mich zurückzuziehen, nachdem ich lange mit dem Elektriker geredet habe, der mir die Geschichte seiner fünf jungen Frauen und seiner achtzehn Kinder erzählte und mich ständig zum Trinken aufforderte, zusammen mit Maurice, was ich aber nicht zu verstehen vorgab.

Ich verteile ein paar Kerzen im Saal, zünde die Räucherstäbchen gegen die Moskitos an, schlüpfe in den Schlafsack und bereite mich darauf vor, Stunde um Stunde wach zu liegen im Geheul der Hyänen und in der furchtbaren Hitze, die die Wände des Restaurants abstrahlen. Nach einer Stunde Schwitzen werfe ich den Schlafsack ab und wickle Füße und Beine in Decken, um mich gegen die Insekten zu schützen. Ich bin verzweifelt, denn ich habe das Gefühl, dass ich diese bokassische Nacht nicht verdiene. Als ich schließlich am Einschlafen bin, wecken mich wieder die Hunde, die mich beschnuppern wie einen köstlichen Bissen. Mit einem Schrei springe ich auf und knipse die Taschenlampe an. Die Hunde laufen davon. Ich ziehe ein halbmeterlanges Messer heraus und halte es fest ans Herz. Es ist erst halb elf. Noch sieben Stunden bis zur Dämmerung. Zur Zeit Bokassas war hier eine Festbeleuchtung wie in New Yorks Fifth Avenue.

Am nächsten Morgen machen wir die erste Wallfahrt in die verfluchte Residenz. Ein Leibwächter kontrolliert uns der Reihe nach. Dabei gehen mir die Artikel und Reportagen, die über den kannibalischen Kaiser veröffentlicht worden sind, durch den Kopf. Komisch, dass noch kein Journalist auf die Idee gekommen ist, die kaiserlichen Stätten zu besuchen …

Eine lange Mangoallee führt ins Zentrum des Kaiserhofs. Rechts der Parkplatz für etwa ein halbes Tausend Militärs und Würdenträger. Links die Kasernen und die Quartiere der Leibwache. Vor uns, auf einem großen Platz, den die berüchtigten Küchen mit den geräumigen Kühlzellen, das Elektrizitätswerk und die zweistöckigen Behausungen der Dienerschaft und des Hofpersonals umgeben, steht das riesige Glockenspiel, dessen Klang die Orgien und Mußestunden des Kannibalen erfüllte. Es ist ein extrem hohes Gerüst aus Rohren, das pyramidenförmig sieben riesige Bronzeglocken trägt. Jede ist mehrere Zentner schwer. Die größte, unterste Glocke trägt eine italienische Inschrift: «Der unauslöschlichen Erinnerung an meine lieben Eltern Nella und Alberto». Auf den anderen Glocken sind die Namen Luca, Alberto, Sergio und Isabella eingraviert, vielleicht die Kinder, die Frau oder die Tante dieses Glockenbauers. Die Italiener kommen überall hin.

Wir gehen weiter zum Schiff-Haus Bokassas, dessen Bug dem Wald zugewandt ist – wie bei D'Annunzio in Gardone, ein Zeichen, dass der italienische Architekt nicht nur Glocken geläutet hat, sondern auch D'Annunzianer war. In dem ganz mit Damasttapeten ausgeschlagenen Schiff-Haus hatte Bokassa den zweiten Schlachthof, nicht für Kinder diesmal, sondern für Mädchen, die alt genug waren, um einmal an die Wand gepresst oder aufs Bett geworfen zu werden. Denn Sex war bekanntlich der Lieblingssport des Kaisers, vor und nach den Mahlzeiten. Auf der grünen Wiese darunter liegt die drei Meter hohe Statue Bokassas neben der viel kleineren eines Generals. Die Touristen setzen sich darauf, um sich fotografieren zu lassen. Aber Fotografieren ist ausdrücklich verboten.

Unterhalb des Schiffes öffnet sich der große hufeisenförmige Zeremonienplatz, begrenzt vom Ministerratssaal, der noch verwüstet und versperrt ist, und von dem langen Gebäude der Schneiderwerkstatt der Napoleonin Catherine, die die ganze Mode- und Bekleidungsbranche des Landes monopolisierte und bis heute monopolisiert, und schließlich von ihrer zweistöckigen Villa mit Schwimmbad. Auf der Terrasse sieht man noch den kaputten Sessel der Kaiserin mit seiner säulengeschmückten Lehne und die kleine Gittertür, von der aus Catherine, aus dem Schlafzimmer tretend, ins Wasser sprang, das heute ein faulender Tümpel voller Insekten ist. Im Schlafzimmer steht außer den Resten eines Kitsch-Schrankes, der natürlich, samt Widmung, von den Geschäftspartnern des Ingenieurs hergestellt ist, das runde Bett für achtzehn Millionen zentralafrikanische Franc, einst einer Hollywood-Diva würdig, heute nur noch ein Skelett.

Es ist zwecklos, auch nur um ein Erinnerungsfoto zu bitten, denn es ist verboten, einen Apparat aus der Tasche zu ziehen, hier wie in Bangui und selbst mit einer Vollmacht der Regierung. Man riskiert, gelyncht zu werden. Die Militärs, die uns kontrollieren, bleiben unerbittlich. Sie sind hier seit Bokassas Zeiten, sie wissen alles, haben alles gesehen, aber sie sagen nichts. Um sieben Uhr morgens sind sie schon randvoll mit Bier und Palmwein, diesem vorzüglichen sechs- und siebenprozentigen Getränk, das aus dem hohen Baumstamm abgezapft wird. Aber der Alkoholrausch ist der Normalzustand eines Mannes, der im Urwald oder am Rand des Urwalds lebt, auch in Bangui, auch dort, wo die Pygmäen leben, das älteste Volk dieser Ecke des trunkenen und verschlafenen Äquatorialafrika.

Um eine Fotoreportage zu machen, müsste man einen Überfall israelischer Art mit zwei Hubschraubern organisieren. Anders ist es nicht zu schaffen. Der Pariser Pierre zieht kaum sein Fernglas aus der Tasche, da wird er schon angepfiffen. Wir brauchen einige Minuten, um den Militärs zu erklären, dass es nicht zum Fotografieren dient.

So müssen wir uns mit den Erzählungen aus dem Dorf begnügen, wobei wir großzügig Whisky verteilen. Es stimmt nicht, sagt man mir, dass Bokassa – heute Gast des Präsidenten der Elfenbeinküste, einer anderen Marionette, die ihr Land im Auftrag der französischen Multis verwaltet – nur Kinder aß. Der Kaiser bevorzugte die Zwanzigjährigen seines Hofes. Wenn er einen neuen Rekruten im Auge hatte, ließ er ihn gut ernähren, sodass ihm das Wasser im Mund zusammenlief, wenn er ihn strammstehen sah, und gab ihm den Grad eines Sergeanten. Von dem Augenblick an lag der neue Sergeant eigentlich schon in der Pfanne. Beim ersten Vergehen befahl Bokassa, ihn ins Gefängnis zu sperren. Von der Gefängniszelle in die Gefrierzelle waren es nur ein paar Meter. Oft verschwanden die Soldaten während der Verlegung von einem Regierungspalast zum nächsten. Die Leute von Berengò haben einige Sergeanten im Käfig gesehen.

Eine grauenvolle Geschichte. Sie erzählen sie, obwohl sie wissen, was sie damit riskieren, aus Erbitterung darüber, dass sie immer noch unterdrückt sind wie zu Bokassas Zeiten. Der neue Präsident Kolingba ist nur ein anderer Marionetten-General in den Händen der Franzosen, die hier starke «Barracuda»-Garnisonen haben, eine Art Fremdenlegion aus Soldaten, deren Verbrechergesichter von Narben gekennzeichnet sind. Es waren die Franzosen, die Bokassa haben wollten und ihn dann fallen ließen, allerdings nicht ohne sein Leben zu retten; und die Franzosen sind es auch, die heute Kolingba kontrollieren und protegieren und in diesem Land herrschen, das enorme unausgebeutete Agrar- und Bodenschätze hat und eine intelligente Bevölkerung, groß gewachsene, wunderschöne Frauen.

Nach einem Tag im Dorf brechen wir auf nach Mongoumbà, der zweiten Residenz Bokassas. Wir machen Station in Mbaikì, wo uns die Mission angesichts unserer prekären Lage für drei Tage in einem Haus im Kolonialstil Unterkunft gewährt. Am nächsten Tag dringen wir in einem dreistündigen harten Marsch in den Urwald vor, um die Pygmäen zu sehen. Wir treffen auf die anderen Touristengruppen, die noch schlimmer dran sind als wir. Und dann geht es direkt nach Mongoumbà, an die Ufer des mächtigen Oubangui (der auch die Grenze zu Zaire bildet) – ein Revier für Panther und Schlangen.

Es ist ein eindrucksvolles Schauspiel, wenn der faszinierende äquatoriale Sonnenuntergang auf dem großen Fluss verweilt. Wir parken den Jeep auf dem kleinen Platz vor dem Zollamt, wenige Meter vom Dorf entfernt und genau am Ende der gewaltigen Treppe aus Zement, die zu der im Fluss schwimmenden Insel führt – einst die ganze Nacht über beleuchtet, als Bokassa dort seine Ferien verbrachte.

Die riesige, dunkle, schwimmende Insel aus Eisen sieht aus wie ein großer Walfisch, der tödlich getroffen auf dem Ufer nach Luft ringt. Es ist schwierig, sie zu erklimmen und sich auf der abschüssigen Plattform auf den Beinen zu halten. Auch hier, wie in dem Restaurant unserer ersten Nacht, dieselbe Anordnung des Salons mit Bar, der beiden kleinen Schlafzimmer, des Bads und der Küche mit den Kühlschränken, die ebenfalls von der Bevölkerung zerstört worden sind, und alles wiederum im Stil des Glocken-Architekten. Und auch die Erzählungen der Leute, die zum Töpfespülen oder Baden herkommen, sind die gleichen wie in Berengò.

Es ist schon stockdunkel. Nach der üblichen Suppe am Feuer verziehe ich mich traurig mit meinen Habseligkeiten auf die Treppe, die einzige empfehlenswerte Stelle, um die Nacht zu verbringen, ohne durch Tiere gefährdet zu werden. Nachdem das Einwickeln beendet, Messer und Taschenlampe zurechtgelegt sind, beginnt eine neue schlaflose Nacht mit einem Konzert von Fröschen, die groß wie Katzen sind.

Wie Ludwig XVI. die Landbevölkerung in Versailles einst zwang, die ganze Nacht mit langen Stangen die Teiche des Parks aufzuwühlen, damit er ruhig schlafen konnte, zwang Bokassa die Eingeborenen, die Frösche des Oubangui zu verscheuchen.

Wir verbringen hier drei Tage und drei Nächte. Völlig erledigt von der Reise und weil uns ein Reifen geplatzt ist, für den wir keinen Ersatz haben, beschließen wir, so lange wie möglich dazubleiben, zumindest bis der Reifen in der viele Kilometer entfernten Werkstatt eines Sägewerks repariert sein wird. Schließlich gibt es den Fluss, in dem wir uns vorsichtig die rote Staubkruste abwaschen können, die Haut und Kleider bedeckt. Bei vierzig Grad im Schatten hat man auch das Problem, dass der Körper ständig Wasser verliert, sodass die Nieren nicht mehr richtig arbeiten und man ernstlich krank werden kann. Man hat ständig das dringende Bedürfnis zu urinieren. Wenn man sich dann zurückzieht, kommen ein paar Tropfen dicker gelblicher Flüssigkeit, die Angst macht. Vielleicht regt der Fluss die Nieren an, ihre schwere Arbeit wieder aufzunehmen.

Ich spüre jetzt, dass sich mein Schicksal vollendet. Ich bin schon tot. Ich bin gestorben an den Ufern des Flusses, neben der schwimmenden Insel Bokassas. Drei Terrornächte haben mich umgebracht: Hunde und wilde Tiere ringsum, das Messer in der einen Hand, die Taschenlampe in der anderen, Wolken von Moskitos, die in Nase, Ohren, Augen, die einzigen freien Stellen unter den Sternen, eindringen. Drei höllische Nächte mit der Hitze des Tages unter dem auf dem glühenden Zement ausgestreckten Körper – ich möchte sie meinem ärgsten Feind nicht wünschen. Ich muss weinen, denn ich sehe genau, dass es keinen Ausweg gibt. Aber Tote weinen nicht. Wenn *Le Point* das von mir wollte, gehorche ich.

Zur Vervollständigung dieser verdammten kaiserlichen Rundreise müssen wir jetzt noch den Landsitz Ndélé besuchen, mehr als 1200 Kilometer von hier, im Norden des Landes, in der Savanne. Aber wir sind schon völlig erledigt von den Fußmärschen in den Urwald, den Hunderten Kilometern Fahrt auf kaputten Straßen, auch vom Hunger und vom Durst, von den Mückenstichen, der von Medikamenten geschwollenen Leber und der galoppierenden Diarrhöe. Wir beschließen, Mongoumbà zu verlassen und auf dem Rückweg im Restaurant Bokassas Station zu machen, dem einzigen Fixpunkt der Region. Es schüttelt mich, wenn ich nur daran denke. Ich versuche, mich zu widersetzen. Aber es ist besser, sich zu fügen, denn in gewissen schwierigen Situationen werden auch unter zivilisierten Abenteuerreisegefährten leicht die Messer gezückt. Unser aller Nerven sind zum Zerreißen angespannt. Der einzige Unerschütterliche ist Maurice, der mir nachts den Whisky klaut.

Die zweite Nacht in dem verfluchten Restaurant ist noch schlimmer als die erste. Ich bin verzweifelt, aber ich will nicht aufgeben und versuche mir Mut zu machen, indem ich mit den Hunden rede und heule. Zum ersten Mal habe ich ein bisschen Glück. Denn nach dem abendlichen Besuch der Soldaten und der Einheimischen in unserem Lager finde ich um fünf Uhr morgens zu meinen Füßen, lächelnd und voll mit Bier, jenen freundlichen Mann, der mir vor zehn Tagen für zwölf Mark zwei harte Eier verkauft hatte und der mich um etwas zu Trinken bittet.

Ich biete ihm die Feldflasche mit Whisky und Bier an, die ich jeden Abend mit ins Bett nehme. Er macht sich darüber her wie das Kind über die Milchflasche. Als er endlich Atem holt, blinzelt er mir zu und sagt, ich solle ihm folgen. Er will das berühmte Erinnerungsfoto mit den Mädchen unseres Lagers vor den Überresten des Kaiserreichs machen. Wir gehen zu Fuß zum Palast, während alle schlafen, und beginnen, weiter aus der Flasche trinkend, den Rundgang. Und hier geschieht plötzlich das Wunder: Ein Mädchen öffnet seine Tasche, um eine Banane herauszuholen. Behänd wie eine Katze lässt unser Freund seine Hand in die Tasche gleiten und zieht den Fotoapparat heraus. Sie denkt, es sei eine Falle, und nimmt ihm den Apparat weg. Aber er reißt ihn ihr aus der Hand und sagt mir, immer noch gierig trinkend, ich solle knipsen.

Es ist eine Orgie, wir können alles aufnehmen, sogar das Bett Catherines. Schade, dass wir keine Fotografen sind, wir haben es eilig, und es gibt wenig Licht, aber die Dokumente sind jetzt im Kasten. Der Überfall ist gelungen, ohne Hubschrauber, dafür mit der Feldflasche. Als wir die Residenz verlassen, sind die Soldaten aufgestanden, schon wieder mit Bier angefüllt, und wollen ebenfalls aus dieser unerschöpflichen Feldflasche trinken.

Und hier ist unsere Reise zu Ende, denn Ndélé erreichen wir trotz allen guten Willens nie, als hätte Bokassa nicht nur sein Land verflucht, sondern auch unsere bejammernswerte, wankende Geisterkarawane, die erschöpft ist von den Anstrengungen, dem Hunger, dem Durst und der ausgedörrten Erde Zentralafrikas, diesem schrecklichen Verbrechen Gottes.

BRUCE CHATWIN

Ein Putsch

Benin 1984

Der Putsch begann am Sonntagmorgen um sieben Uhr. Die Dämmerung war grau und windstill, und die grauen Brandungswellen des Atlantiks brachen sich in langen, gleichmäßigen Reihen am Strand. Die Palmen jenseits der Flutgrenze zitterten in einem Hauch kühlerer Luft, die von den Brechern her landeinwärts strömte. Draußen auf dem Meer, hinter der Brandungslinie, waren ein paar schwarze Fischerboote. Bussarde kreisten über dem Markt und stießen dann und wann herab, um sich Fleischabfälle zu schnappen. Die Schlachter waren bei der Arbeit, auch am Sonntag.

Wir saßen in einem Taxi, als der Putsch begann, auf dem Weg in ein anderes Land. Wir waren im Hôtel de la Plage und an der Sûreté Nationale vorbeigekommen, und dann fuhren wir unter einem schlaff herabhängenden Transparent hindurch, auf dem in roten Buchstaben verkündet wurde, der Marxismus-Leninismus sei der einzige Wegweiser. Vor dem Präsidentenpalast war eine Straßensperre. Ein Soldat bedeutete uns, anzuhalten, dann winkte er uns weiter.

«Pourriture!», sagte mein Freund Domingo und grinste.

Domingo war ein junger honigfarbener Mulatte mit einem flachen, freundlichen Gesicht, einem krausen Schnurrbart und einem Mund voll schimmernder Zähne. Er war ein direkter Nachkomme von Francisco Felix de Souza, einem brasilianischen Sklavenhändler, über den ich damals ein Buch schrieb.

Domingo hatte zwei Frauen. Die erste Frau war alt, und die Haut hing ihr in losen Falten vom Rücken. Die zweite Frau war fast noch ein Kind. Wir waren unterwegs nach Togo, um uns ein Fußballspiel anzusehen und seinen Großonkel zu besuchen, der eine Menge alter Geschichten über den Sklavenhändler kannte.

Das Taxi war vollgestopft mit Fußballfans. Zu meiner Rechten saß ein sehr schwarzer alter Mann, in grünen und orangeroten Kattun gehüllt. Auch seine Zähne waren orangerot vom Kauen von Kolanüssen, und ab und zu spuckte er aus.

Draußen vor dem Präsidentenpalast hingen ein überdimensionales Plakat mit dem Staatsoberhaupt und zwei sehr viel kleinere mit Lenin und Kim Il Sung. Hinter der Straßensperre bogen wir nach rechts ab und fuhren durch das ehemalige Europäerviertel mit seinen Bungalows und Bougainvilleahecken neben dem Eingang. Zu beiden Seiten der asphaltierten Straße gingen Marktfrauen im Gänsemarsch, mit Schalen und Körben, die sie auf dem Kopf balancierten.

«Was ist da los?», fragte ich. Weiter vorn, in Richtung des Flughafens, herrschte irgendein Durcheinander.

«Unfall!», sagte Domingo achselzuckend.

Die Frauen kreischten, ließen ihre Yamswurzeln und Ananas fallen und flüchteten sich in den Schutz der Gärten. Ein weißer Peugeot schoss die Straße hinunter, schwenkte nach rechts und links, um den Frauen auszuweichen, und dann hörten wir den Donner von Geschützfeuer.

«C'est la guerre!», rief unser Fahrer und wendete das Taxi. «Ich habe es gewusst.» Domingo packte mich am Arm. «Ich habe es kommen sehen.»

Die Sonne war aufgegangen, als wir im Zentrum Cotonous ankamen. Auf dem Taxiplatz war die Menge in Panik geraten und hatte eine Kohlenpfanne umgeworfen. Ein Stapel Kisten hatte Feuer gefangen. Ein Polizist pfiff auf seiner Pfeife und schrie nach Wasser. Über den Dächern stieg eine schwarze Rauchsäule immer höher.

«Sie brennen den Palast nieder», sagte Domingo.

«Schnell! Laufen Sie los!»

Wir rannten, stießen mit anderen rennenden Gestalten zusammen und rannten weiter. Ein Mann rief «Söldner!» und griff nach meiner Schulter. Ich duckte mich, und wir wichen in eine Seitenstraße aus. Ein Junge in einem roten Hemd winkte mich in eine Bar. Drinnen war es dunkel. Menschen standen dicht gedrängt um ein Radio. Dann schrie mich der Barkeeper an (wild, auf afrikanisch). Und plötzlich war ich wieder draußen auf der staubigen roten Straße, meinen Kopf mit den Armen schützend, während mich vier grimmige, beißenden Schweiß ausströmende Männer knufften und gegen die Wellblechhütte drängten, bis die Gendarmen in einem Jeep kamen und mich mitnahmen.

«Zu Ihrer eigenen Sicherheit», sagte ihr Vorgesetzter, als die Handschellen an meinen Gelenken zuschnappten.

Das Letzte, was ich von Domingo sah, war, wie er auf der Straße stand und weinte, als der Jeep davonfuhr; dann verschwand er in einem Wirbel bunter Kattuns.

In der Arrestzelle der Kaserne kauerte ein magerer Junge, nackt bis auf die purpurrote Unterhose, mit dem Rücken zur Wand. Seine Hände und Füße waren mit Stricken gefesselt, und er hatte die gräuliche Gesichtsfarbe, die Afrikaner bekommen, wenn sie wirklich Angst haben. Ein Gecko hing reglos an der weiß getünchten Wand. Draußen vor der Tür war ein Papayabaum mit einem hohen, schuppigen Stamm und gelblichen Früchten. Eine Lehmmauer lief am äußersten Ende des Gefängnishofes entlang. Hinter der Mauer ging das Artilleriefeuer weiter und auch das durchdringende Wehklagen von Frauen.

Ein Unteroffizier kam herein und durchsuchte mich. Er war klein, drahtig und hager, und seine Backenknochen glänzten. Er nahm mir Armbanduhr, Brieftasche, Pass und Notizbuch ab.

«Söldner!», sagte er und zeigte auf die aufgesetzte Tasche meiner Khakihose. Sein Zahnfleisch war schwammig, und er roch aus dem Mund.

«Nein», sagte ich unterwürfig. «Ich bin Tourist.»

«Söldner!», kreischte er und schlug mir ins Gesicht – nicht fest, doch fest genug, dass es wehtat.

Er hielt meinen Füllfederhalter hoch. «Und das?»

«Ein Füller», sagte ich.

«Wozu?»

«Zum Schreiben.»

«Eine Pistole?»

«Keine Pistole.»

«Doch Pistole!»

Ich saß auf einer Bank und starrte den mageren Jungen an, der immer noch auf seine Zehen starrte. Der Unteroffizier saß mit gekreuzten Beinen in der Tür, seine Maschinenpistole auf mich gerichtet. Draußen auf dem Hof teilten zwei Sergeanten Gewehre aus, und ein Lastwagen wurde mit Soldaten beladen. Die Soldaten setzten sich, die Gewehre zwischen den Oberschenkeln aufgepflanzt. Der Oberst kam aus seinem Dienstraum und verabschiedete sie. Als der Lastwagen davonschwankte, kam er schwerfällig zur Arrestzelle herüber.

Der Unteroffizier nahm Haltung an und zeigte auf mich. «Söldner, Genosse Oberst!»»

«Ab heute», sagte der Oberst, «gibt es keine Genossen mehr in unserem Land.»

«Jawohl, Genosse Oberst», sagte der Mann und nickte; doch er besann sich und fügte hinzu: «Jawohl, mein Oberst.»

Der Oberst scheuchte ihn mit einer Handbewegung weg und musterte mich mit düsterem Blick. Er hatte eine tadellos gebügelte Fallschirmjägerhose an, einen roten Stern an seiner Mütze und einen weiteren roten Stern an seinem Aufschlag. Eine Fettwulst quoll an seinem Nacken hervor, seine dicken Lippen hingen an den Mundwinkeln herab. Er sieht aus wie ein trauriges Flusspferd, dachte ich. Ich sagte mir, ich dürfe nicht denken, dass er wie ein trauriges Flusspferd aussehe. Was auch geschieht, er darf nicht denken, dass ich denke, er sieht wie ein trauriges Flusspferd aus.

«Ah, Monsieur!», sagte er in leisem, deprimiertem Ton. «Was tun Sie hier in unserem armen Land?»

«Ich bin als Tourist hergekommen.»

«Sie sind Engländer?»

«Ja.»

«Aber Sie sprechen ausgezeichnet Französisch.»

«Passabel», antwortete ich.

«Mit einem Pariser Akzent, würde ich sagen.»

«Ich habe in Paris gelebt.»

«Auch ich habe Paris besucht. Eine wunderbare Stadt!»

«Die wunderbarste Stadt überhaupt.»

«Aber Sie haben sich eine schlechte Zeit für Ihren Besuch in Benin ausgesucht.»

«Ja», stammelte ich. «Es sieht so aus, als sei ich in Schwierigkeiten geraten.»

«Sind Sie schon mal hier gewesen?»

«Einmal», sagte ich. «Vor fünf Jahren.»

«Als Benin noch Dahomey war.»

«Ja», sagte ich. «Ich hatte immer gedacht, Benin wäre in Nigeria.»

«Benin ist in Nigeria, und jetzt haben wir es hier bei uns.»

«Ich glaube, ich verstehe.»

«Beruhigen Sie sich, Monsieur.» Seine Finger machten sich daran, meine Handschellen zu öffnen. «Wir haben wieder einen kleinen Wechsel in der Politik. Nichts weiter! In solchen Situationen muss man die Ruhe bewahren. Verstehen Sie? Die Ruhe!»

Ein paar Kinder waren durch das Kasernentor gekommen und pirschten sich heran, um sich den Gefangenen anzusehen. Der Oberst erschien auf der Schwelle, und sie sprangen davon.

«Kommen Sie», sagte er. «Sie sind sicherer, wenn Sie bei mir bleiben. Kommen Sie, hören wir uns das Staatsoberhaupt an.»

Wir gingen über den Exerzierplatz zu seinem Dienstraum, wo er mir einen Stuhl anbot und nach einem Kofferradio griff. Über seinem Schreibtisch hing ein Foto des Staatsoberhaupts, mit einer Fidel-Castro-Mütze. Die Wangen waren ein Flechtwerk von Stammesnarben.

«Das Staatsoberhaupt», sagte der Oberst, «spricht dauernd im Rundfunk. Wir nennen es das *journal parlé*. In diesem Land ist es ein Verbrechen, sich das *journal parlé nicht* anzuhören.»

Er drehte am Knopf. Die Militärmusik brach in abgehackten Stößen hervor.

Bürger von Benin … die Lage ist ernst. Heute Morgen um sieben Uhr landete eine nicht identifizierte DC-8 auf unserem internationalen Flughafen in Cotonou mit einer betrunkenen Bande von Söldnern an Bord ... schwarzen und weißen ... finanziert von den Handlangern des internationalen Imperialismus ... Ein hinterhältiges Komplott, um unser demokratisches und einsatzfähiges Regime zu stürzen.

Der Oberst stützte sein Gesicht in die Hände und seufzte: «Die Somba! Die Somba!»

Die Somba kamen aus dem entlegenen Nordwesten des Landes. Sie feilten sich die Zähne spitz und waren vor nicht allzu langer Zeit noch Kannibalen gewesen.

«... haben einen hinterhältigen Angriff auf unseren Präsidentenpalast unternommen ...»

Ich sah wieder hoch zur Wand. Das Staatsoberhaupt war ein Somba – und der Oberst war ein Fon.

«... die Bevölkerung wird aufgefordert, sich mit Steinen und Messern zu bewaffnen, um diese betrunkene Bande zu töten ...»

«Eine aufgezeichnete Rede», sagte der Oberst und drehte das Radio leiser. «Sie wurde gestern auf Band aufgenommen.»

«Sie meinen ...»

«Nur Ruhe, Monsieur. Sie verstehen das nicht. In diesem Land versteht man gar nichts.»

Sicher war, dass der Oberst immer weniger verstand, je weiter der Morgen voranschritt. Zum Beispiel verstand er nicht, warum dem Kommuniqué von neun Uhr zufolge die Söldner in einer DC-8-Düsenmaschine gelandet waren, während sich um zehn das Flugzeug in eine Turboprop DC-7 verwandelt hatte. Gegen elf brach die Musik wieder ab, und das Staatsoberhaupt gab den Sieg der Regierungskräfte bekannt. Der Feind, sagte er, habe *en catastrophe* den Rückzug in die Sümpfe von Ouidah angetreten.

«Da ist etwas schiefgegangen», sagte der Oberst, der stark erschüttert wirkte. «Entschuldigen Sie mich, Monsieur. Ich muss Sie verlassen.» Auf der Schwelle zögerte er, dann trat er ins Sonnenlicht hinaus. Die Falken warfen flüchtige spiralförmige Schatten auf den Boden. Ich bediente mich aus seiner Feldflasche. Die Schüsse waren jetzt aus größerer Entfernung zu hören, und in der Stadt war es ruhiger. Zehn Minuten später marschierte der Unteroffizier in den Dienstraum. Ich hielt die Hände über den Kopf, und er geleitete mich zurück zur Arrestzelle.

Es war sehr heiß. Der magere Junge war weggebracht worden, und auf der Bank im Hintergrund saß ein Franzose.

Draußen, an den Papayabaum gebunden, keuchte ein Springerspaniel und zerrte an seiner Leine. Zwei Soldaten saßen in der Hocke und versuchten, die Schrotflinte des Franzosen auseinanderzunehmen. Ein dritter Soldat wühlte in seiner Jagdtasche und legte ein paar Rebhühner und ein Perlhuhn auf den Boden.

«Würden Sie dem Hund bitte etwas Wasser geben?», bat der Franzose.

«Hä?» Der Unteroffizier entblößte sein Zahnfleisch.

«Der Hund», sagte er und zeigte auf ihn. «Wasser!»

«Nein.»

«Was ist los?», fragte ich.

«Die Affen machen mein Gewehr kaputt und bringen meinen Hund um.»

«Da draußen, meine ich.»

«Coup monté.»

«Und das bedeutet?»

«Man heuert ein Flugzeug mit Söldnern an, die die Stadt terrorisieren sollen. Damit man sieht, wer die Freunde sind und wer die Feinde. Die Feinde erschießt man. So einfach ist das?»

«Schlau.»

«Sehr schlau.»

«Und wir?»

«Vielleicht brauchen sie ein paar Leichen. Als Beweis!»

«Vielen Dank», sagte ich.

«War nur ein Scherz.»

«Trotzdem vielen Dank.»

Der Franzose war Wasserbauingenieur. Er baute im Landesinnern artesische Brunnen und war auf Urlaub in die Hauptstadt gekommen. Er war ein kleiner, kräftiger Mann mit einem Bauchansatz, kurzgeschorenem grauen Haar und einem Netz weißer Lachfältchen auf seinen lederigen Wangen. Er war *en mercenaire* gekleidet, getarnt mit einem Anzug aus imitierter Pythonhaut, um im Wald vor der Stadt ein paar Vögel zu schießen.

«Was halten Sie von meinem Aufzug?», fragte er.

«Passend», sagte ich.

«Vielen Dank.»

Die Sonne stand senkrecht. Die Farbe des Exerzierplatzes war zu einem rosigen Orange verblasst, und die Soldaten stolzierten in ihren eigenen Schattenumrissen auf und ab. Auf der Mauer spreizten die Geier ihre Flügel.

«Sie warten», scherzte der Franzose.

«Vielen Dank.»

«Keine Ursache.»

Unser Blick auf das morgendliche Unterhaltungsprogramm wurde durch die Breite des Türrahmens begrenzt. Wir konnten jedoch beobachten, wie eine Gruppe Soldaten ihren Exoberst auf schäbigste Art behandelte. Wir fragten uns, wie er noch am Leben sein konnte, als sie ihn wegschleppten und auf den Rücksitz eines Jeeps warfen. Der Unteroffizier hatte das Radio des Obersten an sich genommen und wiegte es auf den Knien. Das Staatsoberhaupt bellte blutrünstig: *«Mort aux mercenaires soit qu'ils sont noirs ou blancs ...»* Auch die Kinder waren in großer Zahl wieder da, sie hüpften auf und ab, fuhren sich mit dem Finger quer über die Kehle und riefen im Chor: *«Mort aux mercenaires! ... Mort aux mercenaires! ...»*

Gegen Mittag kam der Jeep zurück. Eine geschmeidige junge Frau sprang heraus und begann, mit schriller Stimme Befehle an einen Infanteriezug auszugeben. Sie trug einen schlammbefleckten Kampfanzug. Wirre Zöpfe ringelten sich wie Schlangen unter ihrer Mütze hervor.

«So», sagte mein Gefährte. «Der neue Oberst.»

«Ein Amazonen-Oberst», sagte ich.

«Ich habe es immer gesagt», meinte er. «Traue niemals einem halbwüchsigen Amazonen-Oberst.»

Er bot mir eine Zigarette an. In der Schachtel waren zwei, und ich nahm eine davon.

«Danke», sagte ich. «Ich rauche nicht.»

Er zündete meine Zigarette an, dann seine und blies einen Rauchring an die Decke. Der Gecko an der Wand hatte sich nicht von der Stelle gerührt.

«Ich heiße Jacques», sagte er.

Ich nannte ihm meinen Namen, und er sagte: «Mir gefällt das alles nicht.»

«Mir auch nicht», sagte ich.

«Nein», sagte er. «In diesem Land gibt es keine Regeln.»

Es gab auch keine Regeln, jedenfalls keine, die man sich vorstellen konnte, als der Unteroffizier von seiner Unterredung mit der Amazone zurückkam und uns befahl, uns bis auf die Unterhose auszuziehen. Ich zögerte. Ich war nicht sicher, ob ich überhaupt eine Unterhose anhatte. Doch ein Gewehrlauf in meinem Rücken überzeugte mich, dass meine Hose fallen musste – ob Unterhose oder nicht –, doch dann stellte ich fest, dass ich rosa-weiße Boxershorts von Brooks Brothers trug.

Jacques trug einen grünen Slip. Wir müssen ein schönes Paar abgegeben haben – mein Rücken geschwollen von Moskitostichen, er mit seinem Bauch, der über dem elastischen Bund hervorquoll –, als der Unteroffizier uns nach draußen führte, uns barfuß über die heiße Erde gehen und uns mit erhobenen Händen an der Mauer stehen ließ, die die Geier mit ihren aschgrauen, nach Ammoniak riechenden Exkrementen verdreckt hatten.

«*Merde!*», sagte Jacques. «Was nun?»

Ja, was? Ich hatte keine Angst. Ich war müde und schwitzte. Meine Arme schmerzten, meine Knie gaben nach, meine Zunge fühlte sich an wie Leder, und meine Schläfen pochten. Aber all das machte mir keine Angst. Es war zu sehr wie in einem zweitklassigen Film, als dass es Angst gemacht hätte. Ich begann die Tupfen von Hirsespreu zu zählen, die in die lehmverputzte Mauer eingebettet waren …

Ich dachte an den Morgen vor fünf Jahren, meinen ersten Morgen in Dahomey, unter den hohen Bäumen in Parakou. Ich hatte eine anstrengende Nacht hinter mir, denn ich war auf der dichtbesetzten Ladefläche eines Lastwagens aus der Wüste gekommen, und beim Frühstück in der Kneipe an der Landstraße fragte ich den Kellner, was es in der Stadt zu sehen gebe.

«Patrice.»

«Patrice?»

«Das bin ich», sagte er grinsend. «Und, Monsieur, es gibt

noch Hunderte anderer hübscher Mädchen und Jungen, die die ganze Zeit die Straßen von Parakou auf und ab gehen.»

Ich dachte auch an das Mädchen, das am Bahnhof von Dassa-Zoumbé Ananas verkaufte. Es war ein drückend heißer Tag gewesen, der Zug fuhr langsam, das Land war verbrannt. Ich hatte Gides *Uns nährt die Erde* gelesen, und als wir nach Dassa hineinfuhren, war ich bei der Zeile angelangt *«O cafés – où notre démence c'est continuée très avant dans la nuit ...»* Nein, dachte ich, das bringt mich nicht weiter, und sah aus dem Abteilfenster. Ein Korb mit Ananas hatte draußen haltgemacht. Das Mädchen unter dem Korb lächelte, und als ich ihr den Gide gab, rang sie nach Luft, warf alle sechs Ananas ins Abteil und lief davon, um ihn ihren Freundinnen zu zeigen – die ihrerseits über die Geleise gesprungen kamen und riefen: «Ein Buch, bitte? Ein Buch? Ein Buch!» Und *hinaus* gingen ein Krimi mit Eselsohren und Saint-Exupérys *Nachtflug*, und *herein* kamen die «Früchte der Erde» – die echten: Papayas, Guaven, noch mehr Ananas, eine gegrillte Sumpfratte und ein Hut aus Palmblättern.

«Diese Mädchen», erinnere ich mich in mein Notizbuch geschrieben zu haben, «sind die letzten Produkte des französischen Schulsystems.»

Und was nun?

Die Amazone schrie auf den Infanteriezug ein, und wir horchten angestrengt auf das Klicken von Gewehrsicherungen.

«Ich glaube, die treiben nur ihr Spielchen mit uns», sagte Jacques mit einem schnellen Blick zur Seite.

«Das will ich hoffen», murmelte ich. Ich mochte Jacques. Wenn man schon hier sein muss, war es gut, mit ihm zusammen hier zu sein. Er war ein alter Afrika-Hase und hatte schon andere Putsche erlebt.

«Das heißt», fügte er verdrießlich hinzu, «wenn sie sich nicht betrinken.»

«Vielen Dank», sagte ich und blickte über die Schulter auf den exerzierenden Trupp.

«Nicht umdrehen!», bellte der Unteroffizier. Er stand neben uns, das Hemd bis zum Nabel offen. Augenscheinlich war er bestrebt, eine gute Figur zu machen.

«Zieh deinen Bauchnabel ein», murmelte ich auf Englisch.

«Nicht sprechen!», sagte er drohend.

«Ich spreche ja gar nicht.» Ich ließ die Wörter nicht über meine Lippen. «Aber bleib da. Verlass mich nicht. Ich brauche dich.»

Die vor Hitze und Erregung tobende Menge, die zum Gaffen gekommen war, schrie: *«Mort aux mercenaires! … Mort aux mercenaires!»*, und meine Gedanken rasten zurück zu den Schrecken des alten Dahomey, bevor die Franzosen kamen. Ich dachte an die Sklavenkriege, die Menschenopfer, die Haufen zertrümmerter Schädel. Ich dachte an Domingos anderen Onkel, «den Brasilianer», der uns in seinem Schaukelstuhl empfing, mit weißen Segeltuchhosen und einem Tropenhelm bekleidet. «Ja», seufzte er, «die Dahomeyer sind ein charmantes und intelligentes Volk. Ihre einzige Schwäche ist ein gewisser nostalgischer Hang, Köpfe abzuschneiden.»

Nein. Das war nicht mein Afrika. Nicht dieses verregnete Afrika voller verfaulender Früchte. Nicht dieses Afrika voller Blut und Gemetzel. Das Afrika, das ich liebte, war das weite, wellige Savannenland im Norden, das «wie Leopardenfell gesprenkelte Land», wo windgestutzte Akazien sich erstreckten, so weit das Auge reichte, und wo es schwarz-weiße Nashornvögel und hohe rote Termitenhügel gab. Denn sobald ich in dieses Afrika zurückkam und eine Kamelkarawane sah, weiße Zelte oder einen einzelnen blauen Turban, weit entfernt in der flimmernden Hitze, wusste ich, dass das Paradies – einerlei, was die Perser sagten – niemals ein Garten war, sondern eine Wüste voll weißer Dornen.

«Ich träume», sagte Jacques plötzlich, «von *perdrix aux choux.*»

«Ich hätte gern ein Dutzend Belons und eine Flasche Krug.»

«Nicht sprechen!» Der Unteroffizier fuchtelte mit seinem Gewehr, und ich machte mich halbwegs darauf gefasst, dass der Kolben auf meinen Schädel heruntersausen würde.

Und wenn schon? Was würde es ausmachen, wenn ich doch jetzt schon das Gefühl hatte, als wäre mein Schädel gespalten? War das ein Sonnenstich?, fragte ich mich. Wie seltsam auch, dass bei dem Versuch, mich auf die Mauer zu konzentrieren, jedes Stückchen Spreu eine deutliche, besondere Erinnerung an Essen und Trinken auslöste!

Es gab einen See in Mittelschweden, und in dem See gab es eine Insel, auf der die Fischadler nisteten. Am ersten Tag der Krebssaison ruderten wir zu der Fischerhütte hinüber und ruderten zurück mit zwölf Dutzend Krebsen, die wir in einem Fangnetz hinter uns herzogen. Am Abend des gleichen Tages kamen sie aus der Küche, ein scharlachroter, unter Dill begrabener Berg. Vom See reflektierte das nördliche Sonnenlicht in das helle weiße Zimmer herein. Wir tranken Aquavit aus fingerhutgroßen Gläsern, und wir beendeten die Mahlzeit mit einem Kranichbeerkuchen. Ich hatte wieder den Geschmack der gegrillten Sardinen auf der Zunge, die wir auf dem Kai von Douarnenez gegessen hatten, und ich sah meinen Vater vormachen, wie sein Vater Sardinen *à la mordecai* aß: man fasste eine lebende Sardine beim Schwanz und schluckte sie hinunter. Oder die jungen Aale, die wir in Madrid gegessen hatten, mit Knoblauch und einer halben roten Pfefferschote in Öl gebraten. Es war ein kalter Frühlingsmorgen gewesen, und wir hatten zwei Stunden lang im Prado die Bilder von Velàzquez betrachtet, eng umarmt, so schön war es, am Leben zu sein: Wir hatten unsere Reservierung für ein Flugzeug rückgängig gemacht, das abgestürzt war. Oder die Hummer, die wir in Cape Split Harbour in Maine gekauft hatten. In der Baracke auf der Mole war ein Anschlagbrett mit einer Karte gewesen, auf der eine Witwe den Freunden ihres Mannes für ihre Spenden dankte und inständig zum Herrn betete, sie möchten sich im Boot festschnallen, während sie die Körbe einholten.

Wie lange, o Gott, wie lange noch? Wie lange würde ich mich auf den Füßen halten können, während sich die ganze Welt drehte …?

Wie lange, das werde ich nie wissen, denn als Nächstes erinnere ich mich, dass ich auf unsicheren Beinen über den Exerzierplatz schwankte, einen Arm um die Schulter des Unteroffiziers, den anderen um Jacques' Schulter gelegt. Dann gab Jacques mir ein Glas Wasser, und danach war er mir beim Anziehen behilflich.

«Sie sind ohnmächtig geworden», sagte er.

«Vielen Dank», sagte ich.

«Keine Sorge», sagte er. «Sie treiben *wirklich* nur ihr Spielchen.»

Es war inzwischen später Nachmittag. Der Unteroffizier war besserer Laune und erlaubte uns, draußen vor der Arrestzelle zu sitzen. Die Sonne brannte noch immer. Mein Kopf schmerzte noch immer, aber die Menge hatte sich beruhigt, und zu unserem Glück war diese besondere Einheit der Proletarischen Armee Benins auf eine neue Quelle des Vergnügens gestoßen – in Gestalt dreier belgischer Ornithologen, die sie in einem Sumpfgebiet gefangen genommen hatten, zusammen mit einem Leica-Objektiv, das Form und Größe eines Mörsers hatte.

Der Expeditionsleiter war ein fleischiger, rotbärtiger Mann, der anscheinend glaubte, mit Afrikanern könne man nur schreiend verhandeln. Jacques riet ihm, den Mund zu halten; doch als einer der Subalternen mit der Leica herumzuspielen begann, drehte der Belgier durch. Wie konnten sie es wagen? Wie konnten sie es wagen, seine Kamera anzufassen? Wie konnten sie es wagen, sie für Söldner zu halten? Sahen sie etwa aus wie Söldner?

«Und ich vermute, die da sind auch Söldner?» Er fuchtelte mit den Armen und deutete auf uns.

«Ich habe Ihnen gesagt, Sie sollen den Mund halten», wiederholte Jacques.

Der Belgier achtete nicht auf ihn und brüllte weiter, man solle ihn freilassen. *Auf der Stelle! Jetzt gleich! Sonst! Hatte er verstanden?*

Ja. Der Subalterne hatte verstanden und schmetterte dem Belgier die Faust ins Gesicht. Nie habe ich jemanden so schnell zusammenbrechen sehen. Blut strömte über seinen Bart, und er fiel. Der Subalterne gab ihm einen Fußtritt, als er am Boden lag. Er lag auf der gestampften Erde und wimmerte.

«Idiot», knurrte Jacques.

«Armes Belgien», sagte ich.

Die nächsten Stunden würde ich lieber vergessen. Ich erinnere mich jedoch daran, dass ich fluchte, als der Unteroffizier meine Sachen zurückbrachte: «Verdammt, sie haben meine Reiseschecks geklaut» – und dass Jacques, der mich fest am Arm packte, flüsterte: «Jetzt halten *Sie* aber den Mund.» Ich erinnere mich, dass *John Brown's Body* aus dem Radio dröhnte und das Staatsoberhaupt die Bevölkerung diesmal dazu aufforderte, die Leichen einzusammeln. *Ramasser les cadavres* waren seine Worte, und seiner heiseren, unheilvollen Stimme war anzuhören, dass es sehr viele Tote gegeben hatte oder geben würde. Und ich erinnere mich, dass wir bei Sonnenuntergang in einem Minibus zur Ghezo-Kaserne gebracht wurden, wo Hunderte von Soldaten, allesamt siegestrunken, einander umarmten und küssten.

Unsere neuen Wächter befahlen uns, wieder unsere Kleider auszuziehen, und mit weiteren als Söldner Verdächtigten wurden wir in einem leeren Munitionsschuppen eingeschlossen. «Nun ja», dachte ich beim Anblick so vieler nackter Körper, «je mehr wir sind, um so sicherer dürften wir sein.»

Es war drückend heiß in dem Schuppen. Die anderen Weißen machten einen fröhlichen Eindruck, doch die Schwarzen ließen die Köpfe zwischen den Knien hängen und zitterten. Nach Einbruch der Dunkelheit erlitt ein Missionsarzt, ein alter Mann, einen Kollaps und erlag einem Herzschlag. Die Wachen trugen ihn auf einer Bahre hinaus, und wir wurden zum Verhör in die Sûreté gebracht.

Es war ein hagerer Mann mit eingefallenen Schläfen, der uns verhörte; er hatte eine Haube aus wolligem weißem Haar, und seine Augen waren blutunterlaufene Schlitze. Er rekelte sich hinter seinem Schreibtisch und strich mit den Fingerspitzen liebevoll über die Klinge seines Bowiemessers. Jacques sagte, ich solle mich einen Schritt hinter ihn stellen. Als er an die Reihe kam, sagte er mit lauter Stimme, er sei bei der und der französischen Ingenieurfirma angestellt, und ich, fügte er hinzu, sei ein alter Freund von ihm.

«Weitergehen!», fauchte der Offizier. «Der Nächste.»

Der Offizier schnappte sich meinen Pass, blätterte in den Seiten und begann, mich persönlich für bestimmte Vorgänge in Südafrika verantwortlich zu machen.

«Was tun Sie in unserem Land?»

«Ich bin Tourist.»

«Ihr Fall ist komplizierter. Stellen Sie sich dorthin.»

Ich stand wie ein Schuljunge in der Ecke, bis ein weiblicher Feldwebel mich abholte, um mir Fingerabdrücke abzunehmen. Sie war ein sehr großer Feldwebel. Mein Kopf pochte, und als ich mir Mühe gab, meinen kleinen Finger auf das Farbkissen zu drücken, bog sie ihn zurück; ich schrie «Au!», und ihr Stiefel krachte auf meinen Fuß, der in einer Sandale steckte.

Die Nacht verbrachten neun von uns, allesamt Weiße, zusammengepfercht in einem heruntergekommenen Büro. Das Bild des Präsidenten hing schief an einer hellblauen Wand, neben einer zerbrochenen Gitarre und einer ausgestopften Zibetkatze, der man, zur Verhöhnung der Kreuzigung Christi, Schwanz und Hinterpfoten zusammengenagelt und die Vorderpfoten seitwärts ausgestreckt hatte.

Zusätzlich zu den Moskitostichen war mein Rücken mit wässrigen Bläschen überzogen. Mein Zeh war stark entzündet. Der Wächter trat mich mit dem Fuß wach, sobald ich einnickte. Seine Wangen waren mit Narben bedeckt, und ich weiß noch, dass ich dachte, wie fern seine Stimme sich anhörte, als er sagte: *«On va vous fusiller.»* Gegen zwei oder drei Uhr morgens war in der Nähe eine Maschinengewehrsalve zu hören, und wir alle dachten: Jetzt ist es so weit. Aber es war nur ein Soldat, der, betrunken oder schießwütig, sein Magazin auf die Sterne entleert hatte.

Wir alle waren nicht traurig, als wir das erste Licht des Tages erblickten.

Es war wieder ein schmuddeliges Dämmerlicht, ein heftiger Wind blies landeinwärts, brachte die Bussarde ins Schwanken und bog die Kokospalmen. Auf der anderen Seite des Gefängnishofes drängte sich eine dichte Menge am Tor. Dann erkannte Jacques seinen Hausboy, und als er winkte, winkte der Junge zurück. Um neun trat der französische Vizekonsul in Erscheinung, unter Bewachung. Es war ein dicker Mann mit einem teigigen Gesicht, der sich unentwegt den Schweiß von der Stirn wischte und über die Schulter auf die Bajonettspitzen in seinem Rücken blickte.

«Messieurs», stammelte er, «diese Situation ist für mich wahrscheinlich nicht ganz so unangenehm wie für Sie. Obwohl wir Pläne für Ihre Freilassung haben, darf ich unglücklicherweise nicht mit Ihnen über Ihre Freiheit sprechen, sondern nur über die Frage Ihrer Ernährung.»

«Eh bien!», sagte Jacques und grinste. «Sehen Sie meinen Boy dort drüben? Schicken Sie ihn zur Boulangerie Gerbe d'Or und lassen Sie uns Sandwiches bringen, mit Schinken, Pastete und Dauerwurst, reichlich Croissants für alle und drei kleine *pains au chocolat* für mich.»

«Oui», sagte der Vizekonsul mit schwacher Stimme.

Dann kritzelte ich meinen Namen und meine Passnummer auf ein Stück Papier und bat ihn, der britischen Botschaft in Lagos ein Telex zu schicken.

«Das kann ich nicht», sagte er. «Ich kann mich in diese Angelegenheit nicht einmischen.»

Er kehrte uns den Rücken zu und watschelte davon, wie er gekommen war, gefolgt von den beiden Bajonetten.

«Charmant», sagte ich zu Jacques.

«Denken Sie an Waterloo», sagte Jacques. «Und außerdem sind Sie ja vielleicht ein Söldner!»

Eine halbe Stunde später kam Jacques' Boy mit strahlenden Augen und einem Korb voller Proviant zurück. Jacques gab der Wache ein Sandwich, breitete den Rest auf dem Bürotisch aus, grub seine Zähne in ein kleines *pain au chocolat* und murmelte: *«Byzance!»*

Der Anblick von Nahrung hatte eine erstaunlich belebende Wirkung auf die belgischen Ornithologen. Die ganze Nacht hindurch waren die drei weinerlich und hysterisch gewesen, und jetzt schlangen sie die Sandwiches herunter. Sie entsprachen nicht meiner Vorstellung von einer angenehmen Gesellschaft. Ich blieb allein mit ihnen zurück, als die französischen Staatsbürger gegen Mittag auf freien Fuß gesetzt wurden.

«Machen Sie sich keine Sorgen.» Jacques drückte mir fest die Hand. «Ich werde tun, was ich kann.»

Er war noch keine zehn Minuten fort, als ein großer Deutscher mit einem roten Gesicht und wehenden blonden Haaren über den Hof geschritten kam, die Soldaten anschnauzte und die Bajonette beiseiteschob.

Er stellte sich als der deutsche Botschaftsrat vor.

«Ich bedaure außerordentlich, dass Sie in diese missliche Lage geraten sind», sagte er in fehlerlosem Englisch. «Unser Botschafter hat offiziellen Protest angemeldet. Soweit ich verstanden habe, müssen Sie vor irgendeinem Militärgericht erscheinen. Kein Grund zur Sorge! Der Kommandeur ist ein netter Kerl. Die ganze Geschichte ist ihm unangenehm. Aber wir werden da sein, wenn Sie in das Gebäude hineingehen, und wir werden da sein, wenn Sie wieder herauskommen.»

«Danke», sagte ich.

«Wie auch immer», fügte er hinzu, «der Wagen der Botschaft steht draußen, und wir fahren nicht eher fort, bis alle freigelassen sind.»

«Können Sie mir sagen, was eigentlich los ist?»

Der Deutsche senkte die Stimme: «Sie halten sich da besser raus!»

Das Gericht nahm seine Arbeit um eins auf. Ich war unter den ersten Gefangenen, die aufgerufen wurden. Ein junger Fanatiker begann, antikapitalistische Phrasen zu proklamieren, bis der kommandierende Oberst ihn zum Schweigen brachte. Der Oberst stellte dann ein paar belanglose Fragen, entschuldigte sich müde für die Unannehmlichkeiten, setzte seine Unterschrift in meinen Pass und äußerte die Hoffnung, dass ich meinen Urlaub in der Volksrepublik weiterhin genießen würde.

«Das hoffe ich auch», sagte ich.

Draußen vor dem Tor dankte ich dem Deutschen, der auf dem Rücksitz seines klimatisierten Mercedes saß. Er lächelte und setzte die Lektüre der *Frankfurter Allgemeinen* fort.

Es war grau und schwül, und auf der Straße waren nur wenige Menschen. Ich kaufte die Regierungszeitung und las ihren Bericht über den glorreichen Sieg. Es gab Bilder von drei toten Söldnern – ein Weißer, der zu schlafen schien, und zwei übel zugerichtete Schwarze. Dann ging ich zu dem Hotel, wo ich meine Reisetasche zur Aufbewahrung abgegeben hatte.

Die Frau des Hotelmanagers sah angegriffen und nervös aus. Ich durchsuchte meine Tasche und fand die beiden Reiseschecks, die ich in einer Socke versteckt hatte. Ich löste hundert Dollar ein, nahm mir ein Zimmer und legte mich hin.

Ich blieb den Straßen fern, um den Patrouillen zu entgehen, die durch die Stadt streiften und Bürger verhafteten. Mein Zehennagel färbte sich schwarz, und mein Kopf schmerzte noch immer. Ich aß in meinem Zimmer, las und versuchte zu schlafen. Alle anderen Gäste waren entweder Guineer oder Algerier.

Gegen elf am nächsten Morgen las ich die traurige Geschichte von Frau Marmeladow in *Schuld und Sühne* und hörte den dumpfen Kanonendonner, der von der Ghezo-Kaserne herüberdrang. Vom Fenster blickte ich auf die Palmen, die Falken, eine Frau, die Mangos verkaufte, und eine Nonne, die aus dem Kloster trat.

Sekunden später war der Obststand umgeworfen, die Nonne davongeeilt, und zwei Panzerwagen fuhren dröhnend die Straße hinunter.

Es klopfte an der Tür. Es war der Hotelmanager.

«Bitte, Monsieur. Sie dürfen nicht hinaussehen.»

«Was ist los?»

«Bitte», sagte er flehentlich, «Sie müssen das Fenster schließen.»

Ich schloss die Fensterläden. Der Strom war ausgefallen. Ein paar Streifen Sonnenlicht drangen durch die Ritzen, aber es war zu dunkel zum Lesen, daher legte ich mich aufs Bett und horchte auf die Salven. Es mussten viele Menschen umgekommen sein.

Es klopfte wieder.

«Herein.»

Ein Soldat trat ins Zimmer. Er war sehr jung und sah flott aus. Auf seinen Drillichhosen kreuzten sich jede Menge Patronengurte, und seine Zähne glänzten. Er wirkte schrecklich nervös. Sein Finger zuckte am Abzug. Ich hob die Hände und stand auf.

«Da rein!» Er zeigte mit dem Lauf auf die Badezimmertür.

Die Wände des Badezimmers waren blau gekachelt, und auf dem blauen Plastik-Duschvorhang waren tropische Fische abgebildet.

«Geld», sagte der Soldat.

«Klar!», sagte ich. «Wie viel?»

Er sagte nichts. Ich warf einen Blick in den Spiegel und sah das klaffende Weiß seiner Augen. Er atmete schwer.

Ich ließ die Hand in meine Hosentasche gleiten: mein Impuls war, ihm alles zu geben, was ich hatte. Dann fingerte ich eine einzelne Banknote heraus und legte sie ihm in die ausgestreckte Hand.

«Merci, Monsieur!» Seine Lippen dehnten sich zu einem erstaunten Lächeln. *«Merci»*, wiederholte er und schloss die Badezimmertür auf. *«Merci»*, sagte er immer wieder, während er sich verbeugte und sich in den Flur zurückzog.

Dieser junge Mann, dachte ich beeindruckt, hatte ausgesprochen gute Manieren.

Die Algerier und Guineer waren Männer in braunen Anzügen, die den ganzen Tag in der Bar saßen, alkoholfreie Getränke schlürften und mir böse Blicke zuwarfen, sooft ich die Bar betrat. Ich beschloss, ins Hôtel de la Plage umzuziehen, wo es andere Europäer und einen Swimmingpool gab. Ich nahm ein Handtuch, um schwimmen zu gehen, und begab mich in den Garten. Das Wasser im Pool war abgelassen worden: am Morgen des Putsches war ein junger Kanadier, der gerade seine Bahnen schwamm, von der Kugel eines Heckenschützen getroffen worden.

Die Grenzen des Landes waren geschlossen, ebenso der Flughafen.

An diesem Abend aß ich zusammen mit einem Norweger,

der in der Ölbranche arbeitete. Er behauptete, der Putsch sei inszeniert gewesen. Er hatte gesehen, wie die Söldner den Palast unter Beschuss genommen hatten. Er hatte sie aus der Bar gegenüber im Hôtel des Cocotiers beobachtet.

«Alles habe ich gesehen», sagte er, und sein Hals lief rot an vor Entrüstung. Der Palast sei verlassen gewesen. Die Armee habe sich in den Kasernen aufgehalten. Die Söldner hätten Unschuldige erschossen. Dann seien alle zum Flughafen zurückgefahren und davongeflogen.

«All das», sagte er, «war inszeniert.»

«Nun ja», sagte ich, «wenn es inszeniert war, dann bin ich darauf hereingefallen.»

Es dauerte noch einen Tag, bis der Flughafen geöffnet wurde, und zwei weitere, bis ich einen Platz in der Maschine nach Abidjan bekam. Ich hatte eine leichte Bronchitis und brannte darauf, das Land zu verlassen.

An meinem letzten Morgen sah ich ins *Paris-Snack* hinein, das in der guten alten Zeit, als Dahomey noch Dahomey war, einem Korsen namens Guerini gehört hatte. Er war zurück nach Korsika gegangen, als die Dinge noch gut standen. Die Barhocker waren mit rotem Leder bezogen, und der Barkeeper trug ein schweres goldenes Armband am Handgelenk.

Zwei nigerianische Geschäftsleute saßen mit zwei Huren beim Essen. An einem Tisch in der Ecke erblickte ich Jacques.

«Tiens?», sagte er und grinste. «Noch am Leben?»

«Das habe ich Ihnen und den Deutschen zu verdanken», sagte ich.

«Braves boches!» Er winkte mich auf die Sitzbank. «Sehr intelligente Leute.»

«Braves boches», pflichtete ich ihm bei.

«Trinken wir eine Flasche Champagner.»

«Ich habe nicht viel Geld.»

«Der Lunch geht auf meine Rechnung», sagte er mit Nachdruck. «Pierrot!»

Der Barkeeper neigte kokett den Kopf zur Seite und kicherte.

«Ja, Monsieur Jacques.»

«Dies ist ein englischer Gentleman, und wir müssen eine ganz besondere Flasche Champagner für ihn finden. Haben Sie Krug?»

«Nein, Monsieur Jacques. Wir haben Roederer. Wir haben Bollinger, und wir haben Mumm.»

«Bollinger», sagte ich.

Jacques verzog das Gesicht. «Und zu Guerinis Zeiten konnte man seine Austern bekommen. Wurden zweimal in der Woche aus Paris eingeflogen … Belons … Claires … Portugaises …»

«Ich erinnere mich an ihn.»

«Er war ein Original.»

«Erzählen Sie.» Ich beugte mich vor. «Was war eigentlich los?»

«Psst!» Seine Lippen wurden schmal. «Es gibt zwei Theorien, und sobald ich den Eindruck habe, dass uns jemand zuhört, wechsle ich das Thema.»

Ich nickte und sah in die Speisekarte.

«Der offiziellen Version zufolge», sagte Jacques, «wurden die Söldner von Emigranten aus Dahomey in Paris angeheuert. Das Flugzeug startete von einem Militärflugplatz in Marokko, hat in Abidjan aufgetankt …»

Eine der Huren stand von ihrem Tisch auf und schwankte durch das Restaurant zur Damentoilette.

«66 war ein wunderbarer Jahrgang», sagte Jacques mit Entschiedenheit.

«Mir ist er älter sogar lieber», sagte ich, als die Hure vorbeirauschte. «Dunkel und kaum prickelnd …»

«Das Flugzeug flog nach Gabun, um den Kommandeur abzuholen …, der angeblich ein Berater von Präsident Bongo ist …» Dann erklärte er, der Pilot der gecharterten DC-8 habe sich in Libreville geweigert weiterzufliegen, und die Söldner mussten auf eine DC-7 umsteigen.

«Mit ihrer Ankunft am Flughafen wurde also gerechnet?»

«Genau», stimmte Jacques zu. «Und jetzt die zweite Version …»

Die Tür zur Damentoilette wurde aufgestoßen. Die Hure zwinkerte uns zu. Jacques steckte das Gesicht in die Speisekarte.

«Was möchten Sie essen?», fragte er.

«Gefüllten Krebs», sagte ich.

«Für die zweite Version», fuhr er leise fort, «sind tschechische und ostdeutsche Söldner erforderlich. Das Flugzeug, eine DC-7, startet von einem Flugplatz in Algerien, tankt in Conakry auf … Verstehen Sie?

«Ja», sagte ich, als er geendet hatte. «Ich glaube, ich begreife. Und an welche Version glauben Sie?»

«An beide», sagte er.

«Das», sagte ich, «ist eine sehr komplizierte Analyse.»

«Dies», sagte er, «ist ein sehr kompliziertes Land.»

«Ich weiß.»

«Haben Sie die Schüsse in der Ghezo-Kaserne gehört?»

«Was war das?»

«Da wurde eine alte Rechnung beglichen», sagte er mit einem Achselzucken. «Und jetzt haben die Guineer die Geheimpolizei übernommen.»

«Schlau.»

«Das ist Afrika.»

«Ich weiß, und ich reise ab.»

«Nach England?»

«Nein», sagte ich. «Nach Brasilien. Ich muss ein Buch schreiben.»

«Schönes Land, Brasilien.»

«Das hoffe ich.»

«Schöne Frauen.»

«So sagt man.»

«Und was ist das für ein Buch?»

«Über den Sklavenhandel.»

«In Benin?»

«Und in Brasilien.»

«Eh bien!» Der Champagner war gekommen, und er füllte mein Glas. «Material haben Sie ja!»

«Ja», stimmte ich zu. «Material habe ich.»

V

Nie wieder werden uns die Reisen, Zaubertruhen voll traumhafter Versprechen, ihre Schätze unberührt enthüllen. Eine wuchernde, überreizte Zivilisation stört für immer die Stille der Meere. Eine Gärung von zweifelhaftem Geruch verdirbt die Düfte der Tropen und die Frische der Lebewesen, tötet unsere Wünsche und verurteilt uns dazu, halb verfaulte Erinnerungen zu sammeln.

Heute, da die polynesischen Inseln in Beton ersticken und sich in schwerfällige, in den Meeren des Südens verankerte Flugbasen verwandeln, da ganz Asien das Gesicht eines verseuchten Elendsgebiets annimmt, Afrika von Barackenvierteln zerfressen wird, Passagier- und Militärflugzeuge die Reinheit des amerikanischen oder melanesischen Urwalds beflecken, noch bevor sie seine Jungfräulichkeit zu zerstören vermögen – was kann die angebliche Flucht einer Reise da anderes bedeuten, als uns mit den unglücklichsten Formen unserer historischen Existenz zu konfrontieren? Denn der westlichen Kultur, der großen Schöpferin all der Wunder, an denen wir uns erfreuen, ist es nicht gelungen, diese Wunder ohne ihre Kehrseiten hervorzubringen. Und ihr berühmtestes Werk, der Pfeiler, auf dem sich Architekturen von ungeahnter Komplexität erheben: die Ordnung und Harmonie des Abendlands, verlangt, dass eine Flut schädlicher Nebenprodukte ausgemerzt wird, die heute die Erde vergiften. Was uns die Reisen in erster Linie zeigen, ist der Schmutz, mit dem wir das Antlitz der Menschheit besudelt haben.

CLAUDE LÉVI-STRAUSS

JONATHAN RABAN

Old Glory

Louisiana 1979

Am Morgen war die Luft so still, dass ich die Wirbel spüren konnte, die ich durch meine Bewegungen erzeugte. In dem feinen salzigen Dunst waren die Wassertürme nur undeutlich zu erkennen. Sie hatten ihre Stützpfeiler verloren und sahen aus wie silberne Luftschiffe, die am Himmel schwebten.

Der Boden unter meinen Füßen fühlte sich wie pulverisiertes Glas an. Es war eine Mischung aus schwarzem Dreck und den Muscheln von Millionen winziger weißer Mollusken. Bei jedem Schritt knirschte und knackte es. Auf der Straße und auf dem Bayou lagen zerschlissene Zuckerrohrstangen, und auf den Feldern gab es noch einzelne Stellen, wo das haushohe Rohr noch nicht geschnitten war.

Ich manövrierte das Boot vorsichtig auf den Bayou hinaus. Wasserhyazinthen und Rohrstiele glitten in einer schwachen Gezeitendrift träge landeinwärts. Ich folgte ihrem Beispiel und fuhr bis zum Ende von Lockport und bog dann links in den Lake Fields ein; meilenweit offenes Wasser mit dem gleichen geäderten, specksteinartigen Schimmer. Am südlichen Ufer hatte jemand einen improvisierten Deich aus zusammengepressten Autos gebaut. In der salzigen Luft waren sie zusammengerostet, sodass sie wie ein Erdwall aussahen, der mit Flecken und Flicken ihrer alten, bunten Kleider von Ford und General Motors merkwürdig besprenkelt war.

Ein lautloser Fischer in einer Piroge erhob die Hand zum Gruß, als ich vorbeifuhr. An so einem Morgen und so einem Ort war es wichtig, sich der Existenz anderer Menschen zu vergewissern. Der unendlich weite, bewegungslose Raum von Himmel und Wasser verführte dazu, sich einzubilden, man habe die ganze Welt für sich allein. Die gelegentlichen Hinweise auf menschliche Ansiedlungen waren durchweg seltsam. Aus dem Sumpf ragte ein halb zerfallener Landungssteg. Keine Straße, kein Weg führte dorthin, nirgends war ein Haus zu sehen. Trotzdem stand auf dem Steg ein wassergetränktes Sofa, dessen Füllung an den Seiten herausquoll. Es war ein merkwürdiges Exil. Das Sofa sah aus, als benötigte es dringend die Gesellschaft eines Couchtischs, eines Fernsehgeräts und einer Stehlampe. Eine Meile weiter vorn stand eine Weidenkette über dem Wasser auf einer Landzunge, die so schmal wie ein Gehsteig war. Am Fuß der Bäume saßen drei Holzhäuser nebeneinander im Rumpf eines Lastkahns. Ich fuhr zur Eingangstür eines der Häuser. Es war eine einzige Ruine. Die Fensterscheiben waren verschwunden, ein Teil des Dachs war eingestürzt. Ich band das Boot an der Veranda fest und ging durch die ausgeschlachteten Innenräume. Nichts war mehr da, nur ein paar Lappen und Fetzen einer alten Zeitung. Die *New Orleans Times-Picayune*. Juni 1968. Sie hatte sich unter einem aufgeworfenen Stück braunem Linoleum gehalten. Ich fragte mich, was die Leute aus diesem phantasievollen und früher einmal schönen Haus vertrieben hatte. Die einsame Weite des Blicks, der sich vom Fenster aus bot? Allein schon der Schiffsrumpf musste einen erheblichen Schrottwert haben.

Ich fuhr eine weite südwestliche Schleife und stieß wieder

auf den Intracoastal Waterway, wo Schlepper das Wasser und den Morgen aufwühlten. Ich freute mich über ihren Anblick. Es waren schwierige Weggefährten, aber nach der unheimlichen, menschenleeren Stille des Sumpfgebiets hinter mir empfand ich ihre Ausgelassenheit wie eine Wohltat.

In Houma bog ich in den überwölbten venezianischen Kanal des Bayou Terrebonne ein und hielt Ausschau nach einer Bar. Diejenige, die ich fand, sah wie ein Ort aus, der das Tageslicht verschmähte und seine eigene unaufhörliche Nacht geschaffen hatte. Ein Billardtisch stand darin, und der freie staubige Raum war so groß, dass man mehrere Raufereien gleichzeitig veranstalten konnte.

«Gibt's hier was zu essen?», fragte ich die Frau hinter dem Tresen.

«Ich kann Ihnen 'ne Schindel mit Scheiße machen», sagte sie.

Es klang interessant und abstoßend zugleich. Meine Neugier siegte knapp über das anfängliche Ekelgefühl.

«Okay, ich nehme Schindel mit Scheiße», sagte ich und versuchte, so zu klingen, als würde ich das seit Jahren essen.

Während ich auf das Erscheinen dieses Gegenstands wartete, spielte ich Billard mit einem Mann, der fünf Tage zuvor in Houma eingetroffen war. Er kam aus Connecticut und wollte sich in Louisiana Arbeit auf einer Ölbohrinsel im Golf suchen. Houma hatte ihm eine Mordsangst eingejagt.

«Diese Gegend hier ist echt was Besonderes. Sie hätten gestern Abend hier sein sollen. Ein Typ kam in die Bar und fuchtelte mit einer dreisiebenundfünfziger Magnum herum und schrie, er will ein paar Nigger erschießen. Mann, ich sage Ihnen, wenn hier ein Schwarzer gesessen hätte, er wäre jetzt ein toter Mann. Dieser Typ hat keine Witze gemacht. Ich bin erst seit fünf Tagen hier. Es ist verrückt. In dieser Stadt brauche ich unbedingt eine Waffe. Wenn man in Houma ist, braucht man eine Waffe.»

«In Louisiana ist das doch ziemlich einfach, oder? Man muss nur seinen Führerschein vorzeigen.»

«Das ist ja das Problem. Ich habe keinen Führerschein.»

Meine Schindel mit Scheiße stand auf dem Tresen. Es war zwar nur püriertes Corned Beef auf Toast, aber der ekelhafte Name hatte sich irgendwie dem Geschmack mitgeteilt: es schmeckte widerlich.

Ich wollte mir gerade eine Pfeife anzünden, um die Erinnerung daran aus dem Mund zu vertreiben, als ich feststellte, dass Houma in Person hinter mir stand. Er war klein und spillerig, in den Zwanzigern, aber sein Gesicht war so faltig und gelblich wie bei jemand, der weit über fünfzig war. Er zitterte.

«Du glaubst wohl, du kannst mich für dumm verkaufen, Mann?»

«Ich? Nein.»

«Was willst du dann hier?»

Ich zuckte mit den Schultern. «Etwas trinken … Billard spielen … etwas essen.»

«Und das da?»

Er zeigte auf die offene Zellophantüte, in der mein Tabak war.

«Das ist mein Tabak.»

«Tabak – Scheiße!»

Mein Billardpartner kam näher. «Hey, was ist los?»

«Du hältst dich da raus, du Penner, ich warne dich», sagte Houma. Connecticut wich zurück. Seine erschrockenen Augen signalisierten mir: *Was habe ich dir gesagt?*

Houmas Gesicht war zehn, fünfzehn Zentimeter von meinem entfernt. Er reichte mir bis zur Nase. «Ich fordere dich jetzt ganz höflich auf, deinen Scheißstoff hier aus der Bar zu schaffen.»

«Würden Sie mir bitte verraten, warum?»

«Ich muss dir nichts erklären, Scheißbulle.»

«Ich bin kein Bulle», sagte ich.

«Mir kannst du nichts vormachen. Du bist ein verdammter Drogenfahnder. Du mit deinem Scheißköder!»

«Moment …», sagte ich und wollte in die Innentasche meines Jacketts greifen, um meinen Pass hervorzuholen. Ich konnte kaum ein attestierter Engländer und zugleich Drogenfahnder sein. Im selben Moment hatte er schon meine Hand gepackt. Ich spürte das starke Zittern in Houmas Handgelenk. In der anderen Hand hatte er ein Messer.

«Wenn du deine Scheißkanone rausholst, schneid ich dir …»

«Bitte …», sagte ich. Die ganze Episode war so verrückt und so überraschend, dass ich gar keine Zeit gehabt hatte, Angst zu bekommen. «Ich habe keine Waffe. Ich wollte Ihnen nur meinen Pass zeigen, ich bin Engländer. Ich bin kein Polizist. Ich bin kein Amerikaner. Ich bin nicht von der Drogenfahndung. Ich bitte Sie … schauen Sie in meiner Tasche nach. In meiner Brieftasche ist mein Pass.» Ich sah Connecticut am anderen Ende der Bar. Er hatte das Messer gesehen und guckte betreten zu. Ich dachte: an seiner Stelle würde ich auch nur zugucken.

Houmas Messer fuhr hoch und schob mein Jackettrevers zur Seite. Wenigstens sah er, dass ich nicht bewaffnet war. Er befingerte meine Tasche und verstreute den Inhalt vor mir auf den Boden: Scheckbuch, Brieftasche, Pass, Kugelschreiber und, wie ich mit großem Schreck sah, die Visitenkarte von Clarence Carter, dem Direktor der Strafanstalt von Shelby County in Memphis. Ich hatte sein Gefängnis besichtigt. In diesem Augenblick war er der letzte Mensch auf der Welt, mit dem ich sichtbar in Verbindung stehen wollte.

«Sehen Sie den Pass da? Schauen Sie ihn sich an!»

«*Du* hebst ihn auf», sagte Houma. «Ich beobachte dich, Mann.»

Ich hob den Pass auf und reichte ihn ihm.

«Was soll der Scheiß?»

«Es beweist, dass ich Engländer bin. Ich bin ein Ausländer. Ich bin als Tourist hier.»

«Das beweist verdammt gar nichts ...» Seine Stimme klang aber nicht mehr so verrückt. Connecticut, der spürte, dass die Spannung nachließ, kam wieder zu uns.

«Er ist bloß ein verdammter Tourist, Mann ...»

Houma nahm mein Tabakpäckchen vom Tresen und schnüffelte daran. «Scheiße. Wieso tust du das verdammte Zeug da rein, Mann? Bist du lebensmüde?» Seine Stimme klang jetzt leicht weinerlich. Er war nur noch ein komischer Zwerg mit einem Messer im Gürtel und dem Zittern eines Junkies. «Okay ... hab halt 'n Fehler gemacht. War 'n Irrtum. Okay? Gibst du mir die Hand?»

Grotesk feierlich schüttelten wir einander die Hand.

«Bist jetzt mein Freund, okay, Mann?» Er versuchte, den Arm um meine Schulter zu legen, aber es reichte nicht ganz. «Willst du noch 'n Bier?»

«Nein, danke.»

«Komm schon, du und ich, wir spielen jetzt 'ne Partie Billard, ja?»

«Okay.»

Das Queue in seinen Händen zitterte. Mein Queue zitterte ebenfalls. Die Kugeln auf dem Tisch rollten überall hin, nur nicht in die Löcher. Als Houma schwankend zur Toilette stolperte, lief ich aus der Bar und blieb erst stehen, als ich mein Boot erreicht hatte.

Ein einmotoriges Wasserflugzeug setzte gerade zur Landung auf dem Waterway an, sodass ich zur Anlegestelle ausweichen musste, wo eine Flotte von kleinen Flugzeugen auf ihren Schwimmern vor sich hin dümpelte. Ein Pilot kam heran, um sich mit mir zu unterhalten; er hatte die Registriernummer von Wisconsin an meinem Boot erkannt und wollte wissen, was ich, so fern von der Heimat, hier trieb.

«Mein Gott, das würde ich auch gern mal machen. Das ist genau mein Ding!»

Er war hier ebenfalls fremd. Er hatte auf den Keys von Florida einen Ein-Mann-Passagierdienst betrieben und war Bankrott gegangen. Am Tag zuvor hatte er hier einen Job als Pilot gefunden und flog nun Personal und Material hinaus zu den Bohrinseln vor der Küste. Er und seine Frau lebten in einem Wohnmobil am Straßenrand. Ihr Haus in Florida hatten sie verloren: Louisiana war ihre Chance für einen Neuanfang.

«Und wohin geht's jetzt?», fragte er.

«Ich weiß noch nicht. Morgan City vielleicht.»

«Morgan City? Soll ja ein gottverlassenes Nest sein.»

«Hab ich auch gehört.»

Ich fuhr weiter den Waterway entlang, von Bayou zu Bayou: Bayou Cocodrie ... Bayou Chene ... Bayou Bœuf. Das Wasser vor mir war wie Jade, hinter mir wie aufgewühlter Kakao. Wann immer es in den Sümpfen eine Bodenerhebung gab, hatte sich jemand eine Hütte dort gebaut mit einem morastigen Hof voller Hühner, einem Anlegesteg und einem vertäuten Boot. Hier konnte man wie Robinson Crusoe leben. Der Mann vom Finanzamt würde mit einem Kanu hierherrudern müssen, um seine Steuern in Form von

Langusten, Alligatorhäuten und den Fellen von Nutria-Ratten einzutreiben; es würde keine Post, keine Telefonanrufe geben – nur Pelikane und Geier im Garten und das leise Plätschern des Wassers rings um das Haus. Louis Beauregards Geschichte von den Fromiden war nicht völlig erfunden: Irgendwo am Bayou Capasaw oder am Bayou Penchant muss es geheime Orte geben, an denen Menschen sich seit Jahren versteckt halten. Ich hatte Gerüchte von einer Geheimkolonie chinesischer Garnelenfischer gehört, die eine auf Pfählen gebaute Stadt im Sumpf bewohnten und jeden erschossen, der vor lauter Neugier auf ihr Versteck stieß. Die Gerüchte waren nicht ganz abwegig, und die Piloten der Wasserflugzeuge müssen oft Dinge bemerkt haben, denen man lieber nicht nachging.

Der Bayou Bœuf floss in die Mündung des Atchafalaya River, und Morgan City war ein wildes Durcheinander von niedrigen Hütten, die sich am Zusammenfluss hinduckten. Ich fuhr am Ufer entlang und suchte nach einer Anlegestelle. Am Rand der Flussmündung war ein Fischersteg, an dessen wenigen übrig gebliebenen Pfählen zwei Kähne festgebunden waren. Ich lief auf weichem Schlamm auf und wurde von einem alten Mann angesprochen, der eine Leine mit Katzenfischhaken hinter sich herzog.

«Was wollen Sie?

«Ich überlege, ob ich hier für die Nacht festmachen kann.»

«Vielleicht wird Ihr Boot geklaut. In dieser Stadt ist nichts sicher.»

«Wieso das?»

«Hier treibt sich viel Gesindel rum.»

Er bedachte mein ramponiertes Gepäck mit spöttisch-wissendem Blick.

«Aha. Und was wollen die hier?»

«Suchen Arbeit.» Er sah mich wieder an und schnaubte belustigt. «Finden aber nichts. Kostet 'nen Dollar.»

«Gut.»

«Im Voraus.»

Auf der anderen Straßenseite war ein Laden mit einem Münztelefon. Es dauerte eine halbe Stunde, bis ich ein Taxi anhalten konnte, das in der Stadt herumfuhr und dabei Passagiere auflas. Der Fahrer, ein sehr großer, mürrischer junger Mann, stellte sich als Tiny vor, die ältere Frau auf dem Beifahrersitz war Miss Leonie.

«Neu hier?», fragte Miss Leonie.

«Ja, bin gerade angekommen.»

«Das hier ist das mieseste Dreckskaff der Welt», sagte sie und zog dabei jeden Vokal in die Länge, als wäre er eine besonders wohlschmeckende Delikatesse.

Wir gelangten zu einer ärmlichen kleinen Siedlung, wo auf sandigem, unbepflanztem Boden alte Sachen im Wind flatterten. Tiny hupte, und es erschien ein schwarzer Teenager in einem scharfen Dandyanzug und mit pinkfarbener Brille. Er setzte sich neben mich. «Wissen Sie, was ich mache?», sagte er. «Ich kaufe mir eine Maschinenpistole.»

«Wozu?», sagte Miss Leonie. «Was willst du denn mit einer Maschinenpistole?»

«Auf das höchste Gebäude von Morgan City klettern ...»

Er drehte sich auf dem Sitz um und schoss mit einem imaginären Gewehr wild um sich. «Ratatatatatata ...» Er ließ sich zurückfallen und hielt sich lachend die Knie.

Ich hatte den Fahrer gebeten, mich am besten Motel von Morgan City abzusetzen, was bei Miss Leonie einen heiseren Hustenanfall ausgelöst hatte.

«Das *beste* Motel von Morgan City? Ganz schön anspruchsvoll, was, Mister?»

«Ratatatata …»

Schließlich wurde ich vor einer Ansammlung von heruntergekommenen Hütten abgesetzt, die um einen Hof mit einer abgestorbenen Bananenpalme in der Mitte angeordnet waren. Ich bekam einen Schlüssel für ein Zimmer mit blankem Betonfußboden. Die Laken sahen benutzt aus. Die Bettdecke war mit Brandstellen und Flecken übersät. Der geblümte Duschvorhang war an jeder Falte rissig. Ich ging wieder zur Rezeption, um mit zwei gleich fetten jungen Frauen in eng anliegenden Stretchhosen und Hawaiiblusen zu sprechen.

«Haben Sie kein besseres Zimmer? Eins mit Bad?»

«Zimmer mit Bad gibt's nicht.»

«Das ist so ziemlich das mieseste Motelzimmer, das ich je gesehen habe.»

«O ja, *gut* ist es nicht. Aber auch nicht schlechter als die anderen.»

«Gibt es in der Stadt noch ein anderes Motel, wo ich ein besseres Zimmer finden könnte?»

«Nee. Die anderen sind alle noch schlimmer.»

«Mein Gott.» Ich war tief beeindruckt, wie stolz Morgan City auf seine Schäbigkeit war. «Was *tun* die Leute denn so in Morgan City?», fragte ich.

«Sich schlagen. Sich betrinken. Frauen aufreißen.»

«Man kann hier umgelegt werden», sagte die andere junge Frau zögernd und zupfte einen Fussel von ihrem rot behosten Hintern.

Ich war nicht sicher, ob «umlegen» überfallen oder vögeln bedeutete.

«Ich glaube, ich möchte nicht umgelegt werden.»

«Okay», sagte sie.

Ich machte einen langen Spaziergang durch die Stadt. Sie hatte einen gewissen monotonen Charme, denn die

Häuser sahen alle gleich aus. Ein halbes Dutzend unverputzte Ziegelpfeiler, einen halben Meter hoch, trugen einen Schuppen mit Wellblechdach, eine Veranda mit zerrissenem Fliegendraht, eine griechische Säule aus grauem Holz, einen kaputten Schaukelstuhl und eine blassblaue Marienfigur neben der Tür. Auf den Straßen waren viel mehr Katzen als Menschen, und die Katzen waren ebenso krankhaft fett wie die Girls im Motel. Sie strichen um die Abfallhaufen herum, die, appetitlich aus undichten Plastiktüten hervorquellend, vor fast jedem Haus lagen.

Drei Meilen später war ich wieder zurück am Ausgangspunkt, der Brashear Avenue, dem Höchsten an Hauptstraße, zu dem Morgan City es offenbar gebracht hatte. In der Mitte stand eines der bemerkenswertesten Exemplare städtischer Bildhauerkunst, das ich je gesehen hatte. Es trug den Namen *The Spirit of Morgan City* und war aus einer Art graublauem Fiberglas. Ein lebensgroßes Garnelenfischerboot kollidierte mit etwas, das ich zunächst für den Eiffelturm hielt, später aber als Ölbohrinsel anzusehen beschloss. Die abscheuliche Pracht dieses Wunders war zu Weihnachten ein wenig gelindert worden: es war in Lametta, Sternchen und Schleifen eingewickelt, als wollte Morgan City es irgendjemandem als Überraschungspräsent schicken.

Ein Gebäude in Morgan City fiel völlig aus dem Rahmen. Auf der anderen Straßenseite, hinter einer hohen Mauer und einer Baumreihe, stand ein Herrenhaus mit Säulengang und texanischer Fassade und Blick auf den Atchafalaya. Der Rest der Stadt reichte knapp bis an die Fenster des Erdgeschosses. Diese Prachtvilla eines Zuckerrohrplantagenbesitzers war früher einmal Morgan City gewesen; jetzt stand es verloren in einem fröhlichen Slum, so grandios und erhaben, dass sein Besitzer das langsame Näherrücken der Barackenstadt zu seinen Füßen vielleicht nie bemerkt hätte. Aus seinem Schlafzimmer konnte er wahrscheinlich bis nach Texas sehen und fast bis nach Mexiko, und mit etwas Glück blieb ihm sogar der Anblick von Morgan City erspart. Vielleicht hielt er die Blechdächer der Stadt für eine Erweiterung des Flusses und überlegte, ob er, angesichts des Reisfeldes, das dort seiner Plantage hinzugefügt wurde, nicht von Zuckerrohr auf Reis umsteigen sollte.

Die Bars an der Front Street sahen so aus, als könnte ich sicher sein, dort wieder als Drogenfahnder aufzufallen. Ich ging daher in Richtung Brashear Avenue, um mir etwas Zuträglicheres zu suchen, und fand mich schließlich in einem Raum mit lauter Fremden wieder, die verwirrt über ihr Exil in Morgan City nachgrübelten.

«Was ist hier nur los? Ich kapier's nicht. Ich bin aus Chicago. In Illinois oder Missouri sieht man nie einen toten Hund auf der Straße. Hier in Louisiana, mein Gott, liegen mehr tote Hunde herum, als man zählen kann. Was ist hier bloß los? Die Leute überfahren die Hunde mit Absicht. Sie machen sich einen gottverdammten Sport daraus.»

«Ja, ich bin aus Tennessee. So was gibt's da auch nicht.»

«Mein Gott, als wir Kinder waren, haben wir Autoantennen abgebrochen und Pistolen daraus gebastelt. Aber heute, ganz sinnlos. Hier klauen sie einem die Antenne ohne Grund. Einfach so! Kostet neununddreißig Dollar.»

«Aber die Hunde auf der Straße … Was sind das für Menschen? Leute, die einen Hund aus Jux töten … Ich habe noch nie so etwas Verrücktes erlebt, bevor ich nach Louisiana kam.»

«Ich auch nicht.»

Ich auch nicht.

Der Morgen war eine weit geöffnete Tür, der Himmel leer, nur weit im Norden eine Wolke mit violettem Rand. Ich fuhr das Boot über den Bayou Bœuf und durch den meerwärts sich verengenden Bayou Shaffer, glitt an schimmernden Sumpfflächen und Schilfgras vorbei, in dem die Wellen schlürften und flüsterten. Die Farbe des Wassers vor mir ging von einem gestreiften Grün in ein gleichmäßiges Blau über.

Es war üppiges Wasser. Dunkel vom Torf, angedickt vom Salz, sah es wie warme Suppe aus. Als die ersten Lebewesen aus dem Wasser krochen, müssen sie, mit ihren neuen Beinen vorsichtig sich vorantastend, aus so einem Sumpf gekommen sein. Ich tauchte eine Hand ins Wasser und leckte den nassen Zeigefinger ab. Er schmeckte nach Meer.

Wenn der Mann in Lockport recht hatte, müssten hier Alligatoren in den salzigen Untiefen liegen. Wenn ja, dann zeigten sie sich jedenfalls nicht. Ich fuhr langsam um einen Meeresarm und beobachtete dabei, ob sich am Ufer irgendetwas bewegte. Ich nahm ein Ruder und steckte es in den sumpfigen Grund. Er war weich und schmierig wie schwarze Butter, und das Ruder verschwand bis zu meiner Hand im Boden. Hier war kein Alligator.

Nichts.

Ich hatte die Grenzlinie zwischen Grün und Blau überquert oder bildete es mir jedenfalls ein.

Ich stellte den Motor ab und ließ das Boot eine Weile von der Flut treiben, drehte den Bug dann wieder zur Stadt, in die gleiche Richtung, die die Gürteltiere dumpf eingeschlagen hatten.

PAUL THEROUX

Der Aztekische Adler

Laredo 1977

Es war ein regnerischer Abend in Laredo, und obwohl es noch nicht spät war, wirkte der Ort verwaist. Die beachtliche Grenzstadt am äußersten Ende der Amtrak-Linie lag wie in einem geometrischen Gitter von glänzenden schwarzen Straßen auf einem erdigen Felsen, der so zerkratzt und zerfurcht aussah wie ein jüngerer Steinbruch. Unten glitt lautlos der Rio Grande vorbei, in einem Graben, so tief wie ein Abwasserkanal; das Südufer gehörte zu Mexiko.

Die Lichter waren an, wodurch die Leere der Stadt nur noch eindringlicher wirkte. In der Helligkeit erschien mir Laredo eher mexikanisch als texanisch. Die blinkenden Lichter suggerierten Leben, wie Lichter das so tun. Aber wo waren die Menschen? An jeder Ecke waren Ampeln, die WALK- und WAIT-Zeichen gingen an und aus; die zweigeschossigen Ladenfassaden waren angestrahlt. In den Fenstern von eingeschossigen Häusern brannte Licht. Die Straßenbeleuchtung verwandelte die Pfützen auf dem Asphalt in glänzende Löcher. Diese Illumination wirkte irgendwie unheimlich, als würde eine von der Pest heimgesuchte Stadt zum Schutz vor Plünderern beleuchtet. Die Läden waren schwer verriegelt, die Kirchen standen im grellen Licht von Bogenlampen; nirgends gab es eine Bar. Statt einen Eindruck von Wärme und Aktivität zu erzeugen, offenbarte dieses ganze Lichtermeer nur Leere.

Keine Autos warteten vor den roten Ampeln, keine Fußgänger an den Übergängen. Und obwohl die Stadt schweigend dalag, drang unüberhörbar ein leises Pochen durch den Nieselregen, das Dumm-Dumm einer Musik, die in der Ferne gespielt wurde. Ich ging von meinem Hotel zum Fluss, vom Fluss zu einer Plaza und immer weiter hinein in das Straßengewirr, bis ich ziemlich sicher war, dass ich mich verlaufen hatte. Ich sah nichts. Und es konnte schon Angst machen, vier Ecken weiter ein blinkendes Licht zu sehen, das ich für eine Kneipe hielt, ein Restaurant, ein Ereignis, ein Lebenszeichen, hinzugehen und klatschnass und keuchend anzukommen und festzustellen, dass es ein Schuhgeschäft oder ein Bestattungsunternehmen war, das längst geschlossen hatte. In den Straßen von Laredo hörte ich nur meine eigenen Schritte, ihren falschen Mut, ihr Zögern an Seitenstraßen, die aufspritzenden Pfützen, als ich rasch zu dem einzigen mir bekannten Orientierungspunkt zurückkehrte – dem Fluss.

Der Fluss selbst machte kein Geräusch, obwohl er sich kraftvoll wie ein Schwarm glatter Schlangen in der Schlucht bewegte, aus der jeder Busch und jeder Baum entfernt worden war, damit die Polizeipatrouillen bessere Sicht hatten. Drei Brücken verbanden die Vereinigten Staaten an dieser Stelle mit Mexiko. Ich stand auf dem Felsen. Das Dumm-Dumm wurde lauter; es kam von der mexikanischen Seite des Flusses her, eine gerade noch wahrnehmbare Geräuschbelästigung, wie das Radio eines Nachbarn. Nun konnte ich deutlich den sich windenden Fluss sehen, und mir kam der Gedanke, dass Flüsse geeignete Grenzen sind. Wasser ist neutral, und seine unparteiischen Windungen lassen die Staatsgrenze wie gottgegeben erscheinen.

Während ich zum südlichen Flussufer hinüberschaute,

wurde mir klar, dass ein anderer Kontinent vor mir lag, ein anderes Land, eine andere Welt. Ich hörte Geräusche von dort – Musik, aber nicht nur Musik, sondern auch laute Stimmen und Autohupen. Die Grenze war real: die Menschen dort lebten anders. Bei genauerem Hinsehen erkannte ich Bäume, die sich vor den Neonlichtern einer Bierreklame abzeichneten, das Verkehrsgewühl, die Quelle der Musik. Menschen sah ich nicht, aber Autos und Lastwagen bewiesen ihre Existenz. Jenseits davon, hinter dem mexikanischen Nuevo Laredo, erstreckte sich schwarze Weite – die nachtgequälten Republiken Lateinamerikas.

Ein Auto hielt neben mir. Ich erschrak erst, sah dann aber erleichtert, dass es ein Taxi war. Ich nannte dem Fahrer den Namen meines Hotels und stieg ein, doch als ich versuchte, ein Gespräch anzufangen, brummte er. Er verstand nur seine eigene Sprache.

Auf Spanisch sagte ich: «Es ist ruhig hier.»

Das war der erste spanische Satz, den ich auf meiner Reise sprach. Danach unterhielt ich mich fast immer auf Spanisch. Hier werde ich aber auf spanische Ausdrücke verzichten und stattdessen die Dialoge auf Englisch wiedergeben. Ich habe nichts übrig für Kauderwelschprosa, die sich so anhört: «*Carramba!*, sagte der *campesino*, als er in der *estancia* seine *empanada* verzehrte …»

«Laredo», sagte der Taxifahrer. Er zuckte mit den Schultern.

«Wo sind die ganzen Leute?»

«Drüben.»

«Nuevo Laredo?»

«Boy's Town», sagte er. Das Englische überraschte mich, der Ausdruck reizte mich. Dann sagte er, wieder auf Spanisch: «Es gibt eintausend Prostituierte in der Zone.»

Es war eine runde Zahl, aber sie schien mir plausibel. Und das erklärte natürlich, was mit dieser Stadt los war. Nach Einbruch der Dunkelheit schlich sich Laredo nach Nuevo Laredo hinüber, ohne vorher die Lichter ausgeknipst zu haben. Deshalb wirkte Laredo, wenngleich regennass und leicht verschimmelt, irgendwie ehrbar, ja sogar vornehm: Die Clubs, die Bars, die Bordelle lagen auf der anderen Seite des Flusses. Das Rotlichtviertel war zehn Minuten entfernt, in einem anderen Land.

Hinter dieser geographisch geprägten Moral steckte aber noch mehr. Wenn die Texaner das Beste von beiden Welten hatten, indem sie verfügten, dass die Fleischtöpfe auf der mexikanischen Seite der internationalen Brücke bleiben sollten – der Strom floss, wie der erratische Verlauf einer schwierigen Debatte, zwischen Tugend und Laster –, so besaßen die Mexikaner den Takt, Boy's Town in den Slums hinter den Eisenbahngleisen zu verstecken; ein weiteres Beispiel für die Geographie von Moral. Überall Abgrenzungen: niemand möchte gern neben einem Bordell wohnen. Und doch existierten beide Städte, weil es Boy's Town gab. Ohne die Hurerei und die dunklen Geschäfte hätte Nuevo Laredo nicht genügend Geld, um die Statue des wild gestikulierenden Patrioten auf der Plaza mit Geranien zu schmücken, geschweige denn, um sich als Basar für Korbwaren und Gitarrenfolklore zu präsentieren – nicht dass irgendjemand nach Nuevo Laredo gefahren wäre, um dort Körbe einzukaufen. Und Laredo braucht die Verrufenheit ihrer Schwesterstadt, damit die eigenen Kirchen immer voll bleiben. Laredo hat den Flugplatz und die Kirchen, Nuevo Laredo die Bordelle und Korbwarenfabriken. Jede Nationalität tendierte offenbar zu den Dingen, in denen sie besondere Fähigkeiten besaß. Das war ökonomisch sinnvoll, und es entsprach genau der Theorie des relativen Vorteils, die der berühmte Nationalökonom David Ricardo entwickelt hatte.

Auf den ersten Blick sah das hier wie das typische Pilz-und-Misthaufen-Verhältnis aus, das sich an den Grenzen vieler ungleicher Staaten herausgebildet hat. Doch je länger ich darüber nachdachte, desto mehr schien Laredo die Gesamtheit der Vereinigten Staaten und Nuevo Laredo die Gesamtheit Lateinamerikas zu repräsentieren. Diese Grenze war mehr als nur ein Beispiel bequemer Heuchelei; sie zeigte alles, was man über die Moral der beiden Amerikas wissen musste, das Verhältnis zwischen der puritanischen Effizienz im Norden und der Improvisation und Unordnung – der Anarchie von Sex und Hunger – im Süden. Ganz so simpel war es nicht, denn auf beiden Seiten gab es natürlich Gut und Böse, aber trotzdem hatte ich, ein Müßiggänger mit einem Koffer schmutziger Wäsche, einem Stapel Kursbücher, einer Landkarte und einem Paar wasserdichter Schuhe, beim Überqueren des Flusses (bei den Mexikanern heißt er nicht Rio Grande, sondern Rio Bravo del Norte) das Gefühl, als würde ein bekanntes Bild lebendig. Eine Staatsgrenze zu überschreiten und einen so großen Unterschied auf der anderen Seite zu sehen hatte etwas damit zu tun: in jeder Äußerung dort klang tatsächlich etwas Metaphorisches mit.

Es sind nur zweihundert Meter, aber der Geruch von Nuevo Laredo wird stärker. Es ist der Geruch der Gesetzlosigkeit; es riecht stärker nach Tabak, nach Chilis und billigem Parfüm. Kaum lag die saubere texanische Stadt hinter mir, sah ich die Menschenmenge am anderen Ende der Brücke, die verstopfte Straße, hörte das Pfeifen und Hupen, einige Leute warteten vor der Passkontrolle, doch die meisten starrten nur über die Grenze, die – wie sie wissen – die Armutsgrenze ist.

Mexikaner gehen in die Vereinigten Staaten, weil es dort Arbeit für sie gibt. Sie tun das illegal – für einen armen Mexikaner ist es praktisch unmöglich, legal einzureisen, wenn er Arbeit sucht. Wird er erwischt, steckt man ihn für kurze Zeit ins Gefängnis und schiebt ihn dann ab. Nach wenigen Tagen macht er sich erneut auf den Weg in die Vereinigten Staaten und zu den Farmen, auf denen er immer Arbeit als unterbezahlter Tagelöhner finden wird. Die Lösung ist einfach: sobald in den USA ein Gesetz verabschiedet würde, wonach landwirtschaftliche Betriebe ausschließlich Personen mit Einreisevisum und Arbeitserlaubnis beschäftigen dürften, gäbe es dieses Problem nicht. Ein solches Gesetz existiert aber nicht. Die Agrarlobby hat dafür gesorgt – denn wie sonst sollten diese fettärschigen Sklavenhalter ihre Ernte einbringen, wenn es keine Mexikaner gäbe, die man ausbeuten kann?

Aus der Nähe konnte ich das Chaos etwas detaillierter sehen. Die gelangweilt herumstehenden Soldaten und Polizisten ließen es noch gesetzloser erscheinen, der Lärm war grauenhaft, und sofort wurden die typischen Merkmale deutlich – die Männer hatten keine Hälse, die Polizisten trugen Schuhe mit Plateausohle, und die Prostituierten wurden alle von ihren natürlichen Verbündeten begleitet, alten Frauen oder Krüppeln. Es war kalt und regnerisch; Ungeduld lag in der Luft. Es war noch Februar, die Touristen würden erst Monate später kommen.

Auf der Hälfte der Brücke war ich an einem verrosteten Briefkasten mit der Aufschrift KONTERBANDE vorbeigekommen. Das war für Drogen gedacht. Zweisprachig wurde auf die Strafen hingewiesen: fünf Jahre für weiche

Drogen, fünfzehn für harte. Ich versuchte hineinzugucken; da ich aber nichts sehen konnte, versetzte ich ihm einen Faustschlag. Es dröhnte: er muss wohl leer gewesen sein. Ich ging weiter zur Barriere, steckte fünf Cents in das Drehkreuz und war in Mexiko – es war so einfach, als hätte ich einen Bus bestiegen. Obwohl ich mir einen Schnurrbart hatte stehen lassen, um erkennbar als Latino zu wirken, funktionierte es offensichtlich nicht. Mit vier anderen Gringos wurde ich durch die Zollkontrolle gewinkt: Wir sahen harmlos aus.

Es stand außer Frage, dass ich angekommen war, denn während die Männer ohne Hals und die herumstolzierenden Polizisten und die verstümmelten Tiere eine dumpfe Staatenlosigkeit ausstrahlten, war der Knoblauchverkäufer der Inbegriff von Lateinamerika. Er war schmächtig, trug ein zerrissenes Hemd und einen speckigen Hut; er war sehr dreckig; er brüllte immer wieder dieselben Worte. Diese Attribute allein waren noch nichts Besonderes – diesen Typus gab es auch in Cleveland. Was ihn von anderen unterschied, war die Art und Weise, wie er seine Ware trug. Er hatte sich eine Knoblauchgirlande um den Hals gelegt, eine zweite um die Hüfte geschlungen, lange Zöpfe hingen über seinen Armen, und in den Händen schwang er auch welche. So schob er sich durch die Menge. Gab es ein besseres Beispiel für den Unterschied zwischen den beiden Kulturen als diesen Mann? Am texanischen Ende der Brücke wäre er wegen Verstoßes gegen die Hygienevorschriften festgenommen worden; hier wurde er ignoriert. Was war so eigentümlich an diesem Mann, der mit Knoblauchgirlanden um den Hals herumlief? Vielleicht nichts, außer dass er es nicht getan hätte, wenn er nicht Mexikaner gewesen wäre, und dass es mir nicht aufgefallen wäre, wenn ich nicht Amerikaner gewesen wäre.

Boy's Town (die «Zone») trägt ihren Namen zu Recht, da sie in vielfacher Hinsicht das sexuelle Albtraum-Paradies verbotener Knabenphantasien widerspiegelt. Es ist Angst und Begehren, ein einziges Viertel der Lust, in dem man die schlimmen Folgen eines jeden schmutzigen Wunsches sehen kann. Es ist das Kind, das sich wie benommen nach der erregenden Umarmung sehnt, aber kein Kind genießt diese Phantasie ohne die ebenso starke Angst, vom Objekt seiner Begierde gleichzeitig bestraft zu werden. Kalte und regnerische Wintermonate und das schlechte Geschäft in dieser Jahreszeit hatten aus den Prostituierten der Zone eher jämmerliche Exemplare von dämonischen Liebesgöttinnen gemacht. Sie waren die brüllende, ärmelzupfende, zupackende, aufdringliche Verkörperung des strafenden Elements der sexuellen Phantasien. Ich kam mir vor wie Leopold Bloom, der ängstlich durch das endlose Bordell der nächtlichen Stadt wandert, denn hier konnte niemand Interesse zeigen, ohne das Risiko des Gedemütigtwerdens einzugehen. Für mich war es insofern noch schlimmer, als ich bloß neugierig war. Da ich weder verurteilen noch ermuntern wollte, wurde ich fälschlicherweise für den erbärmlichsten aller seelischen Krüppel gehalten, für einen kurzsichtigen Voyeur, dessen Augenmerk sich klettenhaft auf den Fleischmarkt richtete. *Will mich nur ein bisschen umsehen*, sagte ich, aber Prostituierte haben für eine solche Haltung kein Verständnis.

«Mister!»

«Tut mir leid, ich verpasse meinen Zug!»

«Wann fährt er ab?»

«In einer Stunde.»

«Bis dahin ist viel Zeit, Mister!»

Die Straßengören, die alten Frauen, die Krüppel, die Losverkäufer, die lärmenden, dreckigen Jugendlichen, die

Männer mit ihren Bauchläden voller Schnappmesser, die Tequila-Bars und die pausenlose, ohrenbetäubende Musik, die Hotels, die nach Ungeziefer stanken – das hektische Treiben drohte mich zu überwältigen. Eine gewisse Faszination konnte ich nicht leugnen, und doch hatte ich Angst, dass ich für meine Neugier würde zahlen müssen. *Wenn dich das da nicht interessiert*, sagte ein hübsches Mädchen und schlug mit lässig-lasziver Bewegung den Rock hoch, *warum bist du dann hier?*

Eine gute Frage, aber da ich keine Antwort wusste, zog ich weiter. Ich ging zum Büro der Mexikanischen Eisenbahnen, um mir eine Fahrkarte zu kaufen. Die Stadt war sehr heruntergekommen – kein Gebäude ohne zerbrochenes Fenster, keine Straße ohne Autowrack, kein Rinnstein, aus dem nicht der Müll quoll. Und in dieser klammen Jahreszeit, ohne Hitze, die diesen Dreck rechtfertigen oder in einem romantischen Bild erscheinen lassen würde, war die Stadt wirklich grauenhaft hässlich. Aber es ist unser Basar, nicht Mexikos. Er ist auf Touristen angewiesen.

Manche seiner Bewohner bleiben sauber. Der freundlichen Angestellten, die mir einen Schlafwagenplatz im *Aztekischen Adler* verkaufte, erzählte ich, dass ich gerade in der Zone gewesen sei.

Sie verdrehte die Augen und meinte dann: «Soll ich Ihnen was sagen? Ich weiß überhaupt nicht, wo das ist.»

«Es ist nicht weit. Sie gehen einfach …»

«Hören Sie auf! Ich bin seit zwei Jahren hier. Ich weiß, wo ich wohne, ich weiß, wo mein Büro und wo meine Kirche ist. Mehr ist nicht nötig.»

Sie fand, ich solle meine Zeit lieber damit verbringen, mir die Sehenswürdigkeiten anzusehen, als mich in der Zone herumzutreiben. Unterwegs zum Bahnhof befolgte ich ihren Rat. Ich sah die unvermeidlichen Korbwaren und die Ansichtskarten und Klappmesser, aber es gab auch Hundefiguren und Christusfiguren, geschnitzte Frauenfiguren und jede Art religiösen Schnickschnack – Rosenkränze, dick wie ein Schiffstau, mit baseballgroßen Perlen, Eisengegenstände, die im Regen vor sich hin rosteten, und traurige Heiligenfiguren – übel zugerichtet von den Leuten, die sie bemalt hatten –, und jedes Objekt trug die Inschrift *Souvenir aus Nuevo Laredo*. Ein Souvenir ist ein Ding, das keinem anderen Zweck dient, als zu beweisen, dass man an dem betreffenden Ort war: die Kokosnuss mit dem eingeschnitzten Affengesicht, der brennbare Aschenbecher, der Sombrero – sie sind nutzlos ohne den Hinweis auf Nuevo Laredo, freilich noch viel vulgärer als alles, was ich in der Zone gesehen habe.

Nicht weit vom Bahnhof war ein Mann dabei, Glasröhren zu erhitzen und sie so weit in die Länge zu ziehen, bis sie ganz dünn waren, und dann Modellautos daraus zu formen. Seine Geschicklichkeit grenzte fast an Kunst, aber das Ergebnis – immer das gleiche Auto – entbehrte jeder Phantasie. Seine filigrane Glasarbeit dauerte Stunden; er plagte sich, nicht um etwas Wunderschönes herzustellen, sondern ein lächerliches Souvenir. Ob er jemals etwas anderes gemacht habe?

«Nein», sagte er. «Nur dieses Auto. In einer Zeitschrift habe ich ein Foto davon gesehen.»

Ich fragte ihn, wann er das Foto gesehen habe.

«Danach hat mich noch niemand gefragt. Das war vor zehn Jahren. Oder noch länger.»

«Und wo haben Sie das gelernt?»

«In Puebla, nicht hier.» Er sah von seiner Lötlampe auf. «Glauben Sie, hier in Nuevo Laredo könnte man so etwas lernen? Das ist eine der traditionellen Künste von Puebla. Ich habe sie meiner Frau und den Kindern beigebracht. Meine Frau macht kleine Klaviere, mein Sohn macht Tiere.»

Immer wieder das gleiche Auto, Klavier, Tier. Es hätte mich nicht so irritiert, wenn es bloß ein Fall von Massenproduktion gewesen wäre. Doch es floss enorme Geschicklichkeit und Geduld in die Herstellung eines Objekts, das am Ende nichts als Kitsch war. Es erschien mir als große Verschwendung, nicht anders freilich als die Zone, die aus anmutigen jungen Mädchen übellaunige und habgierige alte Weiber machte.

Am Nachmittag war ich mit meinem Koffer zum Bahnhofsrestaurant gegangen und hatte mich nach der Gepäckaufbewahrung erkundigt. Eine junge Mexikanerin, die an einem Tisch saß, auf den jemand sich erbrochen hatte, schob ihren Blechteller mit Bohnen zur Seite und sagte: «Die ist hier.» Sie hatte mir einen Zettel gegeben und mit Lippenstift PAUL auf den Koffer geschrieben. Ich hatte keine große Hoffnung, ihn wiederzusehen.

Als ich ihn jetzt wieder abholen wollte, gab ich einem anderen Mädchen das Stück Papier. Sie lachte darüber und rief einen schielenden Mann herbei, sich den Zettel anzusehen. Er lachte ebenfalls.

Ich sagte: «Was ist daran so komisch?»

«Wir können ihre Schrift nicht lesen», sagte der schielende Mann.

«Sie schreibt chinesisch», sagte das Mädchen. Sie kratzte sich den Bauch und sah lächelnd auf den Zettel. «Was steht da – fünfzig oder fünf?»

«Sagen wir fünf», meinte ich. «Wir können ja das Mädchen fragen. Wo ist sie?»

«Iss gegangen» – der schielende Mann sprach jetzt Englisch – «zu Zauberin!»

Das fanden sie wahnsinnig komisch.

«Mein Koffer», sagte ich, «wo ist er?»

Das Mädchen sagte: «Verschwunden», aber ehe ich reagieren konnte, schleppte sie ihn kichernd aus der Küche an.

Der Schlafwagen des *Aztekischen Adlers* stand hundert Meter weiter unten am Bahnsteig. Atemlos kam ich an. Meine englischen wasserdichten Schuhe, extra für diese Reise angeschafft, waren undicht geworden, meine Sachen klatschnass. Ich hatte den Koffer nach Kuliart auf dem Kopf getragen, mir dabei aber nur Kopfschmerzen eingehandelt und das Regenwasser in den Hemdkragen kanalisiert.

Ein schwarz uniformierter Mann stand in der Waggontür und versperrte mir den Zutritt. «Sie können nicht einsteigen», sagte er, «Sie sind noch nicht durch den Zoll gegangen.»

Das stimmte, aber mir war schleierhaft, woher er das wusste.

Ich sagte: «Wo ist der Zoll?»

Er zeigte zum anderen Ende des regennassen Bahnsteigs und sagte verächtlich: «Dort drüben.»

Ich wuchtete mir den Koffer wieder auf den Kopf und hastete, überzeugt, dass ich nasser nicht mehr werden konnte, wieder zurück durch den Regen. «Zoll?», fragte ich. Eine Frau, die Kaugummi und Süßigkeiten verkaufte, lachte mich aus. Ich fragte einen kleinen Jungen. Er hielt sich die Hände vors Gesicht. Ich fragte einen Mann mit Klemmtafel. Er sagte: «Warten Sie.»

Durch die Löcher im Bahnsteigdach tropfte der Regen; die Mexikaner karrten ihre Habe in großen Bündeln heran und schoben sie durch die Fenster der zweiten Klasse. Für einen renommierten Expresszug waren allerdings nicht viele Reisende erschienen. Der Bahnhof war düster und fast menschenleer. Die Kaugummiverkäuferin unterhielt sich mit dem Brathähnchenverkäufer; barfüßige Kinder spielten Fangen; es regnete unablässig, es war kein kurzer, reinigender Guss, sondern ein dunkles, trostloses Nieseln, das alles, was es berührte, wie Rußpartikel zu färben schien.

Dann sah ich den Mann in der schwarzen Uniform, der mir den Zutritt zum Schlafwagen verwehrt hatte. Er war jetzt nass und sah wütend aus.

«Ich kann den Zoll nicht finden», sagte ich.

Er zeigte mir einen Lippenstift und sagte: «Dies ist der Zoll.»

Ohne weitere Fragen zu stellen, malte er mit dem Lippenstift ein Zeichen auf meinen Koffer, richtete sich dann wieder auf und stöhnte: «Beeilen Sie sich, der Zug fährt gleich ab!»

NORMAN LEWIS

Ein ruhiger Abend in Huehuetenango

Guatemala 1957

In der tiefen Trostlosigkeit eines nicht enden wollenden englischen Winters packte mich plötzlich eine geradezu körperliche Sehnsucht, einen Roman zu schreiben, der vor dem Hintergrund der tropischen Urwälder und Vulkane Mittelamerikas spielen sollte. Nachdem es mir gelungen war, meinem Verleger klarzumachen, dass wir beide von dieser Idee profitieren würden, bestieg ich eines mürrischen Januarabends in London-Heathrow ein Flugzeug. Zwei Tage später war ich in Guatemala-Stadt. Ich hatte mich für Guatemala entschieden, weil ich dort schon einmal gewesen war und etwas über das Land wusste, aber auch deswegen, weil alles, was als typisch für Mittelamerika gilt – primitive Indianer, Maya-Ruinen, die Überreste von prächtigen spanischen Kolonialstädten –, dort in seiner reinsten Konzentration zu finden ist.

Drei Wochen lang war ich unterwegs. Ich fing die Atmosphäre schäbiger Bananenhäfen an der Karibik- und Pazifikküste ein, wo gelangweilte Männer mit großen Hüten bisweilen noch immer mit gezogenem Revolver einander gegenübertreten. Ich ging in Dschungeln auf Jagd, in denen es von Jaguaren und Tapiren wimmeln sollte, ohne etwas Eindrucksvolleres zu erlegen als eine riesige Ratte. Ich sprach mit listigen Politikern, die ein halbes Dutzend Revolutionen überlebt hatten, und trank auf einsamen Kaffeeplantagen Tee mit Landsleuten, die schon so lange unter den Indios lebten, dass sie manchmal mitten im Satz innehielten, um ihre sehr englischen Empfindungen aus dem Spanischen, in dem sie jetzt dachten, zurückzuübersetzen.

Meine letzte Reise führte mich in den Norden des Landes, in die entlegene Bergregion oberhalb Huehuetenangos, die unmittelbar an den mexikanischen Bundesstaat Chiapas angrenzt. Man erreicht sie nach fünfhundert Kilometern mörderischer Straßen und atemberaubender Landschaften. Hier, unter den Cuchumatanes, den höchsten Gipfeln Guatemalas, brach selbst der Vormarsch der spanischen Konquistadoren zusammen. Die Bergstämme wurden schließlich in Ruhe gelassen, sodass sie weiterhin ihr hartes, aber freies Leben unter steinzeitlichen Bedingungen führen konnten, berührt nur von den äußeren Formen des Christentums, insgeheim getröstet von den alten Göttern und die Lockungen der westlichen Zivilisation mit aller Kraft zurückweisend.

Am frühen Nachmittag des vierten Tages erreichte mein Taxi, gefahren von einem Stadtindio aus Guatemala-Stadt namens Calmo, den höchsten Punkt des Viertausend-Meter-Passes, der das Tal von Huehuetenango beherrscht. Wir hielten an, um den Motor abkühlen zu lassen. Als ich bemerkte, dass die Bäume an diesem windgepeitschten Ort von Orchideen bedeckt waren, und vorschlug, uns ein paar zu pflücken, reagierte Calmo sehr erstaunt. «Blumen?», rief er. «Wo denn? In dieser Höhe wachsen keine Blumen!» Ich stolperte, erschöpft und kurzatmig wegen der Höhe, auf eine Eiche zu, die mit zinnoberroten Bromelien überwuchert war. «Ach so», sagte er, «Sie meinen die *parasitos.* Na, wenn Sie wollen. Als Sie von Blumen sprachen, war mir nicht klar … Wir sagen Baumtöter zu diesem Unkraut.» Calmo war nicht nur ein furchtloser Chauffeur, sondern auch ein qualifizierter Führer, den mir das Staatliche Tourismusbüro vermittelt hatte. Er sprach ein derart unverständliches Englisch, dass ich ihn, sooft es ging, ins Spanische zurücksteuerte. Ansonsten war er ruhig, melancholisch und fromm und verbrachte seine freie Zeit damit, in die Kirche zu gehen und – obwohl nicht mehr der Jüngste – Mädchen nachzustellen.

Um vier Uhr nachmittags erreichten wir Huehuetenango. Es zeigte sich, dass es eine Erdbebenstadt war, mit Wellblechdächern auf wunderschönen Kirchen, hingeduckten Häusern, mit buntem Stuckwerk überzogen, und zahlreichen Kneipen mit Namen wie «Ich erwarte deine Rückkehr». Wir gingen in eine dieser Schenken, jeder von uns mit einem Armvoll Orchideen, wobei Calmo wahrscheinlich hoffte, dass kein Bekannter ihn mit so verachtenswertem Unkraut sehen würde. Die Frau, die das Bier brachte, hatte ein Maya-Gesicht, flach, aber hübsch und von uralten Tragödien gezeichnet. Calmo erklärte ihr in seiner würdevollsten Art: «Ich sage es ganz aufrichtig. Ich möchte zurückkommen und dich heiraten.» Die Frau sagte *«Ah bueno»* und schüttelte das Kompliment ab wie eine Fliege von ihrer Wange. Sie trug einen massiven Ehering, und auf dem Fußboden krabbelten mehrere Kinder herum.

Anschließend wollte Calmo in die Kathedrale gehen, um für sein Glück bei der bevorstehenden Lotterie zu beten. Die Kathedrale war gerade erst für das Karnevalsfest mit gigantischen Plastikblumenbuketts geschmückt worden, deren steife Blütenblätter lackiert und mit Glaspulver bestäubt waren. Indios zündeten Kerzen inmitten der roten und weißen Blüten an, die sie als Symbol für die Lebenden und die Toten über den Steinfußboden gestreut hatten. Hunderte von Kerzen flackerten im Halbdunkel des freien Raumes, wo die Indios in den christlichen Kirchen auf ihre eigene Weise beten, in flüsternden Halbkreisen um die Kerzen geschart, während ihre Schamanen, Räuchergefäße schwingend und magische Formeln murmelnd, von Gruppe zu Gruppe gingen. Die Indios waren im unveränderten Stil des frühen 16. Jahrhunderts gekleidet: die gestreiften Kniehosen der kastilischen Bauern, die Ordenstracht der ersten Franziskaner, die es bis in ihre Bergdörfer hinauf geschafft hatten, die Hosenbeutel von Alvarados wütender Soldateska. Ihre Babys hatten sie bei den alten Leuten in den Berghöhlen gelassen, denn sie erinnerten sich noch heute an die Zeit vor der Eroberung und wussten, dass regelmäßig zu dieser Jahreszeit der Regengott die kleinen Kinder als Opfer zu sich genommen hatte. Diese Indianer waren noch immer umgeben von einer Welt der Magie und Einbildung, lebende Figuren aus einem modernen Grimm'schen Märchen, in dem die Weißen, denen sie in der Stadt begegnen, Zauberer und Werwölfe sind, die mit einem Blick töten können, selbst aber unsterblich sind.

Wir traten wieder hinaus in die Sonne. Kreischende Sittiche schossen wie ein Meteoritenschwarm am Himmel über der Plaza dahin. Soldaten in viel zu großen amerikanischen Uniformen hielten ihre Gewehre wie Angeln über die blutrote Balustrade des Rathauses, das zugleich ihre Kaserne war. Die grüne Glocke im Turm der Kathedrale schlug fünfmal, und die Schläfer auf den steinernen Bänken rührten sich ein wenig im breiten Schatten ihrer Sombreros. Calmo weckte einen Eisverkäufer, kaufte eine Tüte und sagte dann: «Ich kann es nicht essen. Das Heiße für meine Zähne ist zu groß.» Wenn er englisch sprach, fiel es ihm besonders schwer, zwischen Gegensätzen wie etwa Hitze und Kälte zu unterscheiden.

Wir setzten uns in das Auto, um zu überlegen, was wir am Abend anfangen sollten. Die Schläfrigkeit des Ortes begann uns zu lähmen. Nichts rührte sich außer den Geiern, deren Schatten sich wie flatternde Tücher auf den Blumenbeeten abzeichneten. Calmo sagte: «Gestern Markttag, morgen Prozession; heute haben wir keine andere Aussicht, als früh ins Bett zu gehen. Es ist wirklich nichts los.» In diesem Moment kam ein Mann auf einem hochgewachsenen, knochigen Pferd auf die Plaza geritten. Der Mann sah aus wie ein Engländer, der unterwegs zu einem Kostümball ist; er war schlank, rotwangig, hatte einen leicht distanzierten Gesichtsausdruck, und sein Kostüm – schwarzes Leder mit silbernen Beschlägen – war, wie man deutlich sehen konnte, zu oft ausgeliehen worden und für seinen gegenwärtigen Träger viel zu weit. Er hatte ein Bündel Stangen dabei, die aussahen wie in buntes Papier eingewickelte Besenstiele. Calmo erklärte, es seien Feuerwerkskörper, die während der Festlichkeiten am nächsten Tag gezündet würden. Das Klippklapp der Hufe erstarb, und die Stille legte sich wie ein Vorhang über uns. Huehuetenango, errichtet aus den Ruinen einer zerstörten Indianerstadt, war ein Ort von apathischer Schönheit. Traurigkeit lag in der Luft, die Ahnung einer vergessenen Tragödie. Schweigen schien hier ein selbstverständlicher Bestandteil des Lebens zu sein. Calmo hatte oft gesagt: «Wir Indios sind reserviert. Sogar bei unseren Festen. Unsere Freude und unsere Trauer sind in uns verborgen: nur für uns, verstehen Sie – nicht für die Welt.»

Über dem Hoteleingang hing eine Tafel mit der Aufschrift «Komfort, Atmosphäre, Qualität». Die Atmosphäre war überall zu spüren. Der Garten war ein Dschungel, eingefasst von Pepsi-Cola-Flaschen, die kopfüber im Boden steckten.

Ganz gewöhnliche Blumen wie Levkojen und Stockrosen bedrängten einander in einem gnadenlosen Existenzkampf, und Kolibris schwirrten wie riesige Bienen in dem gepeinigten Blütenmeer herum. Auf jedem Tisch standen Goldfischschalen mit Rosen, die in einer scheußlichen Konservierungsflüssigkeit schwammen. Die Handtücher waren mit den Worten «Schlaf, mein Liebes» bestickt.

Das Essen in diesem Hotel fiel in die Kategorie *American Plan* – ein Ausdruck, der in das Spanischvokabular von ganz Mittelamerika eingegangen war und nicht mehr die Art der Unterbringung einschließlich Mahlzeiten meinte, sondern eine bestimmte Verpflegung bezeichnete – das hygienische, aber langweilige Essen, das angeblich von amerikanischen Touristen bevorzugt wird und nun, eingedenk seiner vermuteten medizinischen und quasi magischen Eigenschaften, überall angeboten wird. Diesmal hieß *American Plan* Dosensuppe, Spaghetti, gekochtes Rindfleisch und kalifornische Pfirsiche. Der Laib Brot und das halbe Pfund Butter, die es eine Generation zuvor noch gegeben hatte, waren auf zwei Scheiben Toast und ein Eckchen Margarine zusammengeschrumpft. Die Milch wurde in Form von Kondensmilch serviert, und zwar in der Originaldose, damit auch garantiert kein Eindruck von gefährlicher Frische entstand. Wir brachten das öde Essensritual so schnell hinter uns, wie es nur irgend ging. Die anderen Gäste – Geschäftsleute, die zu der Zehn-Prozent-Elite von reinrassigen Weißen gehörten – gratulierten einander noch immer zum Sturz der letzten Regierung, die in Wirtschaftskreisen nicht beliebt gewesen war. «Mindestlohn? Wieso nicht? Ich würde als Erster damit anfangen. Aber, meine Freunde, was passiert denn eigentlich, wenn man einem Indio mehr als 40 Cents pro Tag bezahlt? Das wisst ihr so gut wie ich. Er lässt sich am nächsten Tag nicht blicken. Man muss sie dazu erst erziehen.»

Nach dem Essen fand ich mich mit dem frühen Abend ab und ging zu Bett. An der Wand hing ein religiöses Bild, ein Auge, das in alle Richtungen Lichtstrahlen schickte, und darunter die Worte: «Was ist ein Augenblick des Vergnügens, aufgewogen gegen ewige Verdammnis?» Ich war kaum eingenickt, als eine Explosion mich aufweckte. Ich stand auf und öffnete das Fenster. Die Straße hatte sich mit Menschen gefüllt, die erregt durcheinanderriefen und alle in die gleiche Richtung liefen. Eine Sirene heulte, und ein Polizist kämpfte sich auf seinem laut knatternden Motorrad durch die Menge. Ich hörte eine zweite Explosion, und da dies die Heimat der Revolution war, lag die Vermutung nahe, dass eine solche ausgebrochen war. Ich zog mich an und lief hinaus auf den Innenhof, wo der Hotelboy ein Bajonett auf ein anatomisches Schaubild warf, das einer mexikanischen Zeitschrift für Hausmedizin beigelegt gewesen war. Der Junge sagte, soweit er wisse, gebe es kein *pronunciamento*, die Knallerei werde wahrscheinlich von jemandem veranstaltet, der seinen Namenstag feiere. In dem Moment erinnerte ich mich an den hageren Reitersmann.

Da der Tumult nicht nachzulassen schien, ging ich auf die Plaza, wo sich zahlreiche Indios eingefunden hatten und mit ausdruckslosem Gesicht, wie von einem gigantischen unsichtbaren Löffel gerührt, sich in langsamen Kreisen gegen den Uhrzeigersinn bewegten. Es kam öfter zu Handgemenge und lauten Rufen, wenn die jungen Männer sich Mädchen herausgriffen und farbige Eier auf ihren Köpfen zerschlugen und den Inhalt in das dichte schwarze Haar verrieben. Die Eier wurden korbweise überall auf der Plaza verkauft, und es stellte sich heraus, dass sie geleert, mit einer brüchigen, waffelartigen Substanz gefüllt, ausgebessert und dann angemalt worden waren. Wenn ein Mädchen bisweilen das Kompliment erwiderte, verbeugte sich der Kavalier und sagte: «*Muchas gracias.*»

Als Calmo, die Jackentaschen voller Eier, mir wenig später über den Weg lief, sagte er, offenbar würde nun doch eine Fiesta veranstaltet. Er wusste nicht, warum. Es gab wirklich keinen Vorwand. Die feineren Stadtindios, in der Mehrzahl Ladenbesitzer, waren in ihren besten Sachen gekommen, angeführt von der «Königin von Huehuetenango» persönlich – einem prächtig aufgemachten Geschöpf mit bändchengeschmückten Zöpfen bis zu den Kniekehlen –, die ihr Geld angeblich mit einem *maison de rendezvous* verdiente, das über radioaktive Bäder verfügte. Es gab auch eine Handvoll Weißer, dem Anlass entsprechend mit Hut und Handschuhen.

Händler hatten ihre Stände aufgebaut und boten Zuckerschädel, Votivbildchen, Weltraumpistolen aus Plastik und ein Herzmittel feil, eine Spezialität von Huehuetenango, die nach billigem Portwein schmeckt. Wir entdeckten den hageren Reiter, der gerade dabei war, seine Feuerwerkskörper in militärischem Stil von einer regalähnlichen Holzkonstruktion abzuschießen. Er ließ sie so niedrig wie nur irgend möglich und in einem Funkenregen über die Köpfe der Menge hinwegpfeifen, und manchmal kamen sie knapp an dem gegenüberliegenden Gebäude vorbei und manchmal nicht. Andere Enthusiasten feuerten *mortaretes* ab, kleine fliegende Bomben, die etwa hundert Meter senkrecht in die Luft flogen, bevor sie mit ohrenbetäubendem Knall explodierten. Der Polizist auf seiner scharlachroten Harley-Davidson, mit riesigem Auspuff, acht Scheinwerfern und sechs Rücklichtern, kurvte gestikulierend und brüllend in Minutenabstand um den Platz, und ein Kinomobil benutzte einen Teil der barocken Domfassade als Leinwand für die Vorführung eines altehrwürdigen mexikanischen Films mit dem Titel *Ay mi Jalisco*, in dem es jede Menge Schießereien gab.

Eine eigentümlich hohle Konstruktion, die wie eine in der Mitte durchgeschnittene Kuppel aussah, war auf dem Rathaus errichtet worden. Nun flammten im Innern mächtige Scheinwerfer auf, und neun Männer mit dunklen Anzügen und traurigen Gesichtern kamen durch eine unsichtbare Tür herein. Sie trugen mehrere Instrumente, die wie Flügel aussahen. Wenig später waren diese Möbelstücke zu einer riesigen Marimba zusammengestellt worden, über der in Leuchtschrift «Musica Civica» stand. Eine kosmische Stimme hustete elektrisch und verkündete dann, dass das städtische Orchester nach den vielen Anfragen des geschätzten Publikums nunmehr das Vergnügen habe, eine Auswahl von Werken berühmter Komponisten zur Aufführung zu bringen. Achtzehn Hämmer stürzten daraufhin zu einem entsprechenden Tusch auf die Tasten, und die Riesenmarimba begann mit einer rasenden Version von *If You Were the Only Girl in the World.*

Calmo und ich flohen vor dem Höllenlärm in eine Taverne namens *Die kleine Goldkette*. Ein Ort von großem Reiz, der neben der üblichen Ausstattung auch einen Schrein und eine neu installierte Musikbox enthielt. An der Wand hingen farbenprächtige Kalender, Werbegeschenke guatemaltekischer Busgesellschaften, und ein paar Propagandafotos, die von der neuen Regierung nach der letzten Revolution verteilt worden waren und verstümmelte Leichen zeigten. Spezialität der *Goldkette* waren seine *«hots-doogs»*. Die meisten Gäste hier waren *preparados* – Indios, die ihren Militärdienst geleistet hatten und statt ihrer Stammestracht nun knallbunte Imitationen amerikanischer Armeeuniformen trugen. Einige hatten sich schwarze Tücher um die untere Gesichtshälfte gebunden und so ihrer fröhlichen Aufmachung in Rot und Blau einen etwas finsteren Anstrich gegeben – eine harmlose Mode, die, wie ich erfuhr, ursprünglich dem Zweck gedient hatte, beim Marschieren auf der Landstraße möglichst wenig Staub einzuatmen.

Calmo sagte, dass der Hauptunterschied zwischen einem Preparado und einem Stammesindio darin bestehe, dass der Preparado, der Geschmack am zivilisierten Trinken von Whisky gefunden habe, es sich nicht leisten könne, sich so oft zu betrinken wie der unzivilisierte Trinker von Aguardiente.

Wir tranken Aguardiente. Das Zeug roch nach Äther und schmeckte stark nach Labor. Jedes Mal, wenn die Tür aufging, drückte die Marimbamusik auf unser Trommelfell. Calmo machte einen Versuch, eines der Serviermädchen festzuhalten. «Bleib hier, Schätzchen, ich pflücke dir Blumen vom Park auf der Plaza, egal, zu welcher Strafe ich verdonnert werde.» Er handelte sich für seine Mühe einen derart giftigen Blick ein, dass er die Hand des Mädchens sofort losließ, als hätte sie ihn gebissen. Schließlich ging die Stunde kommunaler Musik zu Ende. Von unseren Plätzen aus konnten wir sehen, dass die mexikanischen Banditen nicht mehr über die Fassade der Kathedrale galoppierten. Von der Menge waren nur noch einzelne Gruppen hartnäckiger Trinker übrig. Calmo wurde unruhig. «Ich glaube, wir sollten aufbrechen. Diese Leute sind sehr friedliebend, aber wenn sie betrunken sind, dann bringen sie einander an solchen Orten um. Nicht aus böser Absicht, verstehen Sie, sondern aufgrund von Wetten oder um zu demonstrieren, wie genau sie mit den verschiedenen Waffen, die sie besitzen, zielen können.»

Wir bezahlten und waren gerade aufgestanden, als die

Tür aufflog und drei der übelsten Desperados, die ich je gesehen hatte, hereinwankten. Das waren keine scheuen Indios, sondern muskulöse *ladinos*, Mischlinge, in deren Gesichtern der ganze Hass stand, dessen der Indio fähig ist, aber nichts von seiner Angst. In ihren Gürteln steckten Macheten, so groß wie Entermesser. Einen Moment lang blockierten sie den Eingang und beäugten die Anwesenden mit einer Mischung aus Misstrauen und Abscheu, dann entdeckte einer von ihnen die Musikbox, die in dieser Gegend der Welt noch immer eine Seltenheit war. Sein Gesichtsausdruck wurde etwas freundlicher, und mit vorsichtigen Schritten, als befürchtete er, in Treibsand zu versinken, kam er auf unseren Tisch zu. Er verbeugte sich. «Verzeihen Sie, dass ich sie anspreche, mein Herr, aber wissen Sie zufällig, wie man die Maschine dort drüben bedient?»

Ich sagte ja.

«Vielleicht könnten Sie mir dann wohl sagen, ob sich unter den Schallplatten dort auch eine Marimba befindet?»

Ich ging zur Musikbox. Diese Ladinos, dachte ich, leben noch immer wie die Siedler im letzten Jahrhundert; ein zäher Menschenschlag, Ausgestoßene, die weder lesen noch schreiben können, sich mit Gelegenheitsarbeiten durchschlagen, nötigenfalls als Schmuggler und Killer, die, wie immer wieder in der Zeitungen zu lesen ist, auch bereit sind, einander (oder den einsamen Reisenden) für ein paar Dollar abzustechen, im alltäglichen Sozialverhalten aber eine ausgeprägte, fast tödliche Förmlichkeit an den Tag legen. Ich studierte die maschinengeschriebene Liste mit den spanischen Titeln. Es waren mehrere Marimbas dabei. Der Ladino guckte erleichtert. Er besprach sich leise mit den beiden anderen entlaufenen Sträflingen, kam zurück, verbeugte sich wieder und reichte mir ein guatemaltekisches Zehn-Cent-Stück. «Wenn

Sie die Maschine veranlassen könnten, *Tödliche Sünde* für uns zu spielen, wären wir Ihnen sehr verbunden.»

Ich gab dem Ladino 5 Cent zurück, fand einen US-Nickel – in Guatemala weithin gebräuchliches Zahlungsmittel – und steckte ihn in den Schlitz, während die drei Ladinos sich nach vorn schoben und bemüht lässig, aber sehr interessiert den reptilienhaften Greifarm beobachteten, der die von ihnen ausgesuchte Platte nahm und auf den Teller bugsierte. *Pecado Mortal* stellte sich als ausgelassener *son* heraus – eine Art Paso doble –, gespielt mit der ungeheuren Energie, mit der die melancholischen Musiker Mittelamerikas so verschwenderisch umgehen. Calmo und ich waren schon fast draußen, als ich eine Hand auf meiner Schulter spürte. Der Chefbandit bestand darauf, dass wir mit ihm etwas tranken. «Meine Freunde und ich wären sonst sehr verletzt!» Er entblößte seine Zähne in einem dünnen, bitteren Lächeln. Wir kehrten um und setzten uns wieder. Während er die Drinks holte, sagte Calmo: «Das Wichtigste in der Erziehung unseres Volkes, gleich nach der Religion, ist *urbanidad* – gute Manieren. Selbst diejenigen, die nie in der Schule waren, lernen das. Ich glaube, wir sollten nicht riskieren, diese Männer zu beleidigen, indem wir zeigen, dass wir vor ihnen gehen wollen.»

Kurz darauf war unser Bandit wieder da – mit doppelten Aguardientes und einer Handvoll Salz, von dem wir, wie es Sitte war, zwischen den einzelnen Schlucken lecken sollten. Die Musik hörte auf, und sein Gesicht verdüsterte sich enttäuscht. Hinter ihm tauchte ein Leutnant auf, leicht schwankend, den Mund zusammengekniffen nach all den Enttäuschungen des Lebens, die Augen schmal wie ein mongolischer Weiser, der in die Unendlichkeit eines Kristalls guckt. Er hielt ein Geldstück. «Dürfte ich Sie bitten, mir den gleichen Gefallen zu tun?»

Es zeigte sich, dass der zweite Mestize *Tödliche Sünde* noch einmal hören wollte. «Das Stück ist bemerkenswert», sagte er, «und sehr anregend. Ich glaube nicht, dass man es schöner spielen kann.» Die drei Desperados steuerten unsicher wieder auf die Musikbox zu, ihr angeborenes Misstrauen kämpfte mit simplem Staunen. Der Saphir fuhr kratzend durch die ausgeleierten Rillen, und die allzu vertrauten, ohrenbetäubenden Akkorde setzten ein. Jemand entdeckte den Lautstärkeknopf und drehte ihn voll auf. Sämtliche Gegenstände im Raum fanden sich in klingelndem Vibrieren vereint. Der zweite Bandit zog, elegant und schwungvoll wie ein japanischer Samuraikämpfer, seine Machete und holte mit einer Drehung der Spitze den Korken aus einer neuen Flasche Aguardiente. Zwei weitere Angehörige der Bande warteten mit einem Geldstück in der Hand.

Tödliche Sünde war inzwischen fünfmal gespielt worden. Wir waren durch die höflichen Umgangsformen Mittelamerikas noch immer an unsere Stühle gefesselt, kippten weiterhin Aguardiente und leckten das Salz aus unseren Handflächen, als mir plötzlich der Gedanke kam, dass in Huehuetenango, direkt unter uns, kaum eine U-Bahn rumpeln würde. Ich stand auf, grinste unsere Gastgeber höflich an und ging, das volle Glas vorsichtig balancierend, zur Tür. Die Lichter auf der Plaza tanzten wie helle Flecken vor meinen Augen, und dann hörte ich durch den gedämpften Krach aus der *Goldkette* ein Geräusch, als würden irgendwo im All, in Zimmern mit blanken Fußböden, sehr schwere Möbelstücke gerückt. Die Welt verschob sich ein wenig, gab nach, eine kleine Wellenbewegung, und dann kam ein zartes Klirren von zerbrochenem Glas. Ich spürte einen kurzen Ausbruch jener blinden Panik, die einen packt, wenn man in einem Albtraum plötzlich in unendliche Dunkelheit fällt.

Aguardiente schwappte aus dem Glas auf meine Hand, und in diesem Moment gingen alle Lichter aus, und die Musik erstarb in einem schwachen Gegrummel. Die Tür der *Goldkette* ging auf, und Calmo und einer der Ladinos sprangen hinaus in die plötzlich klare Stille und das Mondlicht. Calmo hatte den Ladino an Ellbogen und Schulter genommen – «Und nun, mein Freund, gehen wir los und kaufen Kerzen. Nur Geduld – wir sind gleich wieder zurück.»

«Ohne Strom», murmelte der Indio traurig, «funktioniert die Maschine aber nicht.»

«Vielleicht wird das Licht ja bald wieder angestellt», sagte Calmo.

«In dem Fall werden wir die Maschine wieder spielen. Wir werden die ganze Nacht hier trinken und die Maschine spielen.» Der Ladino winkte zum Gruß und fiel rückwärts durch die Tür der *Goldkette*.

Wir entfernten uns rasch unter dem versteinerten Laubdach der Plaza. Nichts rührte sich. Die Welt unter unseren Füßen war wieder fest. Ein Kojote bellte mehrere Male; es klang, als wäre es gleich um die Ecke, und in der Ferne schlug eine Glocke sanft die falsche Stunde.

«Ein ruhiger Abend», sagte ich. «Und gratis dazu ein kleines Erdbeben.»

«Ein Zittern, kein Erdbeben», sagte Calmo. «Ein Erdbeben muss mindestens eine halbe Minute dauern. Das war eine unbedeutende Erschütterung.»

Es entstand eine Pause, in der er seinen nächsten Satz ins Englische übersetzte. Dann sagte er: «Manchmal dauern Erdbeben eine Minute oder sogar zwei Minuten. Dann ist es komisch … Nein, nicht komisch. Ich meine, sehr ernst.»

EPILOG

SIMON WINCHESTER

Der Zug nach Kompong Som

Große Aufregung in Peterborough; es geht um den Zug nach Kompong Som. Es fehlt nicht an weit gereisten Pendlern, die steif und fest behaupten, der Zug nach Kompong Som verkehre nicht mehr. Mr. Peter Tremlett ist nicht dieser Ansicht, und sein Beobachtungsposten in der englischen Kleinstadt Peterborough, die für ihre Ziegeleien berühmt ist, verleiht ihm eine gewisse Autorität in diesen Dingen.

«Was wollen Sie, erst im November letzten Jahres hat mir ein australischer Reisender geschrieben, dass er dort einen Personenzug angetroffen hat. Und neulich fand ich in einer französischen Zeitschrift ein Foto, auf dem kambodschanisches Wagenmaterial zu sehen ist, und zwar mit *Passagieren*! Ich habe keine Sekunde lang daran gezweifelt, dass es sich um den Zug nach Kompong Som handelt.»

Schon möglich. Es fragt sich nur, wann er dort ankommt und wann er wieder abfährt, ja sogar, von wo er abfährt. Handelt es sich um den Personenzug, der Kampot Hbf planmäßig um 21 Uhr verlässt, oder um den 3.30 Uhr aus Takeo? Oder hat man es gar mit dem Zehn-Uhr-Zug aus Phnom Penh zu tun, der in der guten alten Vorkriegszeit die ganze Strecke bis zum Golf von Siam in genau zwölf Stunden schaffte?

Das geheimnisumwölkte Planungsbüro der Kambodschanischen Staatseisenbahnen braucht nur den kleinsten Brosamen an Information von seinem Schreibtisch fallen zu lassen, und alsbald wird sich die Botschaft unverkürzt unter der Fahrplan-Nummer 7101 in Thomas Cooks *Overseas Timetable* gedruckt finden, einer Publikation, die von Mr. Tremlett herausgegeben wird und die in Peterborough, etwa zwanzig Meilen hinter Cambridge, erscheint. Bis zu diesem Zeitpunkt wird Fahrplan-Nr. 7101 seine derzeitige lockende Gestalt behalten: eine strahlend weiße Seite, unter deren Überschrift die winzige Unterzeile gedämpften Optimismus ausstrahlt: «Zugverbindung von Fall zu Fall. Ein regulärer Fahrplan liegt nicht vor.»

In dem nagelneuen, blau eingebundenen Handbuch, das die Abfahrts- und Ankunftszeiten der entlegensten Züge, Omnibusse und Fähren dieser Welt verzeichnet, fehlt es nicht an solchen weiß gebliebenen Seiten. Das ist kein Wunder, denn es handelt sich um ein neues und ehrgeiziges Unterfangen, auf das wir mit Spannung gewartet haben. Dreißig Jahre lang sind wir mit Cooks *International Timetable* im Großen und Ganzen recht gut gefahren. Dieses Werk pflegte zu seiner Zeit zwölfmal im Jahr zu erscheinen; und obwohl es in erster Linie den trivialen Bedürfnissen der Reisebüros zugedacht war, haben wir gerne in dieser flammend orange gebundenen Bibel für den imaginären Reisenden geblättert. Mit seiner Hilfe waren wir in der Lage, uns in aller Ruhe die günstigste Verbindung zwischen Erpfting-Friedheim und Pretoria oder zwischen Wanne-Eickel Hbf und Tuktoyatuk herauszusuchen. Dennoch hat sich im Lauf der Zeit herausgestellt, dass der *International* zu wünschen übrig ließ. Zwar ist das Eisenbahn- und Busnetz der Welt in den letzten Jahren langsam, aber sicher zusammengeschrumpft, und es ist der Verlust zahlreicher Klein- und Nebenbahnen zu beklagen. Aber auf der anderen Seite haben unternehmungslustige Reisende keine Mühe gescheut, ferne Gegenden ausfindig zu machen, in denen Eisenbahnen, Busse und Fähren nach wie vor gedeihen, ohne dass diese rege Tätigkeit in die führenden Kursbücher der westlichen Welt Eingang gefunden hätte.

Dies führte dazu, dass bei Mr. Tremlett in Peterborough immer mehr Beschwerdebriefe eingingen. Er fand, dass die Situation unhaltbar geworden war, und beschloss zu handeln. Eine Zellteilung des Cook'schen Kursbuchs war die Folge. Der *International* würde sich in Zukunft, unter dem Titel *Continental*, auf das europäische Festland beschränken und über die Verbindungen zwischen dem Nordkap und Sizilien, zwischen dem Vorgebirge von Ardnamurchan und dem Istanbuler Sirkeci-Bahnhof Auskunft geben; ein neuer, blau gebundener Ableger des Verlages würde den Rest der Welt zu seiner Domäne machen. Jedes Land der Erde, das über öffentliche Verkehrsmittel, und wären sie noch so rudimentär, verfügte, sollte Aufnahme in das neue Übersee-Kursbuch finden, und zwar mit allen Details, die für die Beförderung wirklicher oder gedachter Reisender von Bedeutung sein könnten. Das Buch sollte sechsmal im Jahr erscheinen und per Luftpost bis in die entferntesten Ecken der bewohnten Erde dringen.

Fünf Ausgaben sind bisher veröffentlicht worden. Die neueste enthält ein ausführliches Vorwort des Herausgebers, in dem er gewisse Lücken seines Werks, die uns zu denken gaben, zu rechtfertigen sucht:

«Der Verlag bedauert das verspätete Erscheinen dieser Ausgabe. Es erwies sich als unmöglich, sämtliche Fahrpläne rechtzeitig fertigzustellen, ein Missstand, für den vor allem die verspätete Ankunft unentbehrlicher Unterlagen aus dem Fernen Osten verantwortlich zu machen ist.» Waren es früher die Züge, deren verspätete Ankunft zu beklagen war, so sind es heute offenbar die Unterlagen, die, ungeachtet aller Fortschritte der Technik, hartnäckig ausbleiben. Auch scheint die Weltpolitik hie und da mit rüder Hand in die Redaktion der *Overseas Timetable* einzugreifen.

«Die ostafrikanischen Netze werden derzeit pünktlich bedient, und es kann damit gerechnet werden, dass es dabei bleibt. Dies gilt jedoch nicht für Uganda; dort hängt die Rückkehr zu einem reibungslosen Bahnbetrieb davon ab, dass die politische Stabilität im Lande wiederkehrt ... Was Afghanistan betrifft, so hat man den Eindruck, dass der Fernbus-Verkehr weiterhin funktioniert. Wir sehen uns jedoch außerstande, Einzelheiten darüber mitzuteilen. Es kann lediglich gesagt werden, dass die internationale Linie Jalalabad–Peshawar nach wie vor operiert ... Bei den innerjapanischen Zugverbindungen ist eine gewisse Beruhigung eingetreten. Der politische Druck hält jedoch weiter an, sodass es auch in Zukunft zu wesentlichen Beeinträchtigungen kommen kann. Mit der Stilllegung vieler Schnellzugstrecken muss von einem Tag auf den anderen gerechnet werden.»

Unter den zahllosen Ratschlägen für den umsichtigen Reisenden, die der *Overseas* zu bieten hat, gibt es einige von atemberaubender Extravaganz. Wer beispielsweise mehr als eine halbe Million Won aus Südkorea ausführt, dem kann es passieren, dass er seinen Übermut bitter büßen muss. Personen von «zigeunerhaftem und ungepflegtem Aussehen», die das Hoheitsgebiet von Costa Rica betreten, haben mit unverzüglicher Ausweisung zu rechnen. Journalisten tun gut daran, Bangladesch zu meiden, wo sie im Gegensatz zu gewöhnlichen Touristen absolut unerwünscht sind. Wer sich unbedingt mit einem Reisebüro in Monaco in Verbindung setzen möchte, der sollte es unter der Drahtadresse SLEEPING MONTE CARLO versuchen. (Andere nützliche

Telegrammanschriften, für den Fall, dass einem ein Schlafwagenplatz oder ein Hotelbett fehlt, sind PRAGSLEEP MADRID, CASSIM DJIBOUTI oder, besonders einladend: ENVOY RANGOON.)

Im Übrigen nehmen wir ein für alle Mal zur Kenntnis, dass Pässe, die von der Regierung von Bophuthatswana ausgestellt wurden, in Hongkong nicht anerkannt werden. Überhaupt sind die Einreiseformalitäten, die in dieser Kronkolonie üblich sind, von dem Vorwurf der Willkür nicht freizusprechen: so dürfen Besucher aus Ghana und aus Dänemark sechs Monate lang bleiben, ja, wenn sie hartnäckig sind, sogar noch länger; den harmlosen Finnen hingegen sind allenfalls dreißig Tage verstattet.

Äußerst nützlich sind auch die Stadtpläne, auf denen man, schwarz auf weiß, jeden wichtigen Bahnhof zwischen Aswan und Wellington verzeichnet findet. («Laredo folgt so bald wie möglich!», heißt es in einer Fußnote; wir müssen gestehen, dass wir diese Lücke nicht ohne weiteres entdeckt hätten.) Wer sich fragt, wie man zu Fuß von der Haltestelle Van Buren Street in Chicago zum Greyhound-Busbahnhof kommt oder wie man, mit Koffern beladen, am schnellsten den Tigris überquert, um von Bagdad Westbhf nach Bagdad Nordbhf zu gelangen, der findet hier alles Nötige.

Das Beste aber sind schließlich doch die neuntausendachthundertundzehn Fahrpläne, auf deren ehrwürdigen Seiten jede regelmäßige Fortbewegung simuliert wird, die auf den Schienen, Straßen und Wasserwegen dieser Erde stattfindet, wobei die Fahrpreise, soweit verfügbar, angegeben werden. Fahrplan Nr. 1 erklärt uns, wie wir am besten von Montreal nach Vancouver kommen; Fahrplan Nr. 9810 hingegen bringt unsere Kenntnisse über den Fährdienst zwischen Invercargill und Oban über Bluff (Neuseeland) auf den neuesten Stand; es handelt sich hier immerhin um die südlichste Schiffsverbindung der Welt.

Mr. Tremlett hat, zusammen mit seinen beiden Assistenten, für jedes Land eine kleine redaktionelle Notiz verfasst; manche dieser Hinweise klingen majestätisch, andere grenzen an das Phantastische. «Die Régie de Chemins de Fer Abidjan-Niger nimmt für sich in Anspruch, dass ihre Züge zu den schnellsten und luxuriösesten gehören, die es auf ihrer Spurweite (ein Meter) gibt.» Wir glauben hier einen leicht ironischen Unterton zu vernehmen, aber beweisen können wir diese Vermutung nicht. Fest steht dagegen, dass *La Gazelle,* der Expresszug zwischen Ouagadougou und Treichville, eine Strecke von 1145 Kilometern in zwanzig Stunden zurückgelegt und somit die für afrikanische Verhältnisse enorme Reisegeschwindigkeit von 57 Stundenkilometern erreicht. Auf luxuriöse Verhältnisse an Bord lässt der Umstand schließen, dass sowohl *La Gazelle* wie auch ihr Zwillingszug *Le Belier* (der zwischen Abidjan und Bouake verkehrt) zuschlagspflichtig sind. Vielleicht wird unterwegs Dosenwein zur Erfrischung angeboten, oder es besteht ein Rechtsanspruch auf Rückerstattung des Zuschlags für den Fall, dass der Luxuszug bei Agboville stecken bleibt? Hier sind wir wiederum auf bloße Vermutungen angewiesen.

Einige Notizen sind hingegen von brutaler Offenheit. «In Bhutan ist kein Eisenbahnnetz vorhanden, die Straßenverhältnisse sind schlecht, und außerhalb der Hauptstadt Thimbu existieren keinerlei öffentliche Verkehrsmittel.» Im Übrigen müssen Wanderer, die die tiefer gelegenen Teile des Landes durchstreifen, mit einem «heißen, feuchten und ungesunden Klima» rechnen, während die Besucher des Hochlandes sich «rauen, hochalpinen Witterungsverhältnissen» aussetzen. Von Ländern, die es nicht zu einer funktionierenden Staatseisenbahn gebracht haben, sind die Redakteure von Thomas Cook offenbar nicht gerade hingerissen.

Noch ein Wort über die leeren Seiten. Wer den Wunsch hegt, den Schlafwagen von Recife nach San Salvador zu nehmen; wem der Sinn nach einem Tagesausflug von Lagos nach Benin-Stadt steht; wer sich dem Postzug nach Mafeking anvertrauen möchte, dem wird die dürre Auskunft zuteil: «Bei Redaktionsschluss lagen uns keine Informationen vor.» Mr. Tremlett beklagt solche Leerstellen zutiefst. Als wir ihn darauf hinwiesen, dass sein Werk keinerlei Hinweis auf die korrekte Reisekleidung für Albanien enthält, zeigte er Spuren von Verlegenheit. (Das ebenso wertvolle wie seltene Standardwerk *Travellers Information Manual* warnt ausdrücklich vor kurzen Hosen, Miniröcken und unsittlichen Beinkleidern.) Er schien sogar beleidigt, als wir ihm über den Personenzug von Peshawar nach Landi Kotal reinen Wein einschenkten; an den im Fahrplan angegebenen Wochentagen verkehrt dieser Zug *nicht*. Was ihm jedoch am meisten Sorgen zu machen schien, das war die Strecke nach Kompong Som. «Ich werde mich wohl doch an die Vietnamesen wenden müssen», sagte er seufzend. «Natürlich erkennen wir die Regierung, die sie in Kampuchea eingesetzt haben, nicht an; aber es sieht ganz so aus, als seien sie es, die dort die Weichen stellen.»

Über die Vorzüge und Nachteile des Tourismus möge sich den Kopf zerbrechen, wer Lust dazu hat. Die grundsätzlichen Diskussionen über diese Frage sind vielleicht ebenso langweilig wie die Stunden, die der Klient von Thomas Cook und seinen Nachfolgern, mit andern seinesgleichen zusammengepfercht, in neonflackernden und lärmerfüllten

Abfertigungshallen zubringt. Ich beschränke mich darauf, dem Pionier der Pauschalreise schlicht und einfach die Pest an den Hals zu wünschen. (Die Italiener, die heute zu den Hauptnutznießern seiner Erfindung gehören, hätten ihn vor mehr als hundert Jahren beinahe totgeschlagen. Damals sagte man ihm nämlich nach, er hätte in der Toskana Reisegruppen eingeschleust, die ausschließlich aus Strafgefangenen bestünden, und zwar in der Absicht, die Sträflinge irgendwo in den Bergen ihrem Schicksal zu überlassen. Daraufhin soll Mr. Cook ausgewiesen und die Toskana für sämtliche Touristen gesperrt worden sein, bis die englische Regierung zu seinen Gunsten intervenierte.) Auch auf die wunderbaren orangeroten oder blauen Bücher, die seine Firma heute noch verlegt, wirft die Entwicklung des modernen Tourismus ein zweifelhaftes Licht. Schließlich sind sie in erster Linie zur Anleitung jener Dompteure gedacht, die irgendwelche bedauernswerten Horden von Pauschalreisenden über die Kontinente treiben sollen, zur höheren Glorie der Firma.

Wir können die Lektüre der *Overseas Timetable* dennoch nur auf das dringendste empfehlen. Freilich unter einem wichtigen Vorbehalt: der intelligente Bezieher ebendieses Ratgebers sollte von unüberlegten Schritten in die raue Wirklichkeit absehen, überfüllte und übel riechende Häfen und Bahnhöfe meiden und sich mit der neuesten Ausgabe von Thomas Cooks blauer Reisebibel in komfortablere Zonen zurückziehen. Im Zeitalter des Tourismus reist man am besten im eigenen Sessel, im eigenen Bett, in der eigenen Badewanne.

QUELLEN

DAVE BARRY, Verloren in Tokyo. Aus: *Ein Amerikaner in Tokio. Die volle Wahrheit über Japan.* Aus dem Amerikanischen von Carola Niemann. Frankfurt am Main: Eichborn 1993. S. 63–74. © 1992 by Dave Barry. Für die deutsche Ausgabe: © Vito von Eichborn GmbH & Co. Verlag KG, 1993.

NICOLAS BOUVIER, Die Hauptstadt / Reisen … Aus: *Der Skorpionsfisch. Eine Reise.* Aus dem Französischen von Barbara Erni. Zürich: Amman 1989. S. 37–39, 50 f. © 1989 by Amman Verlag & Co., Zürich.

NICOLAS BOUVIER, Die Fliegen. Aus: *Die Erfahrung der Welt.* Aus dem Französischen von Trude Fein. Zürich: Benziger und Ex Libris 1990. S. 218 f., 237–240, 250–253, 306–308.

ROLF DIETER BRINKMANN, *Rom, Blicke.* Aus dem gleichnamigen Buch. Reinbek: Rowohlt 1979. S. 16, 30, 33, 34, 57, 67–69. © 1979 by Rowohlt Taschenbuchverlag.

ROBERT BYRON, *Ein Ungar … / Ein Antrag / Der freundliche Service.* Aus: The Road to Oxiana. London: Lehmann 1950. S. 102, 248–252, S. 45–56.

BRUCE CHATWIN, Ein Putsch. Aus: *Was mache ich hier. Reiseberichte.* Aus dem Englischen von Anna Kamp. München: Hanser 1994. S. 13–36. © 1991 Carl Hanser Verlag München und Wien.

ASTOLPHE DE CUSTINE, Ich glaubte … Aus: *Russische Schatten.* Nördlingen: Greno 1985. S. 6–9. © Vito von Eichborn GmbH & Co Verlag KG.

ALFRED DÖBLIN, Spießrutenlauf. Aus: *Reise in Polen.* Berlin: Fischer 1926. S. 277–281. © 1968 by Walter Verlag.

JAMES FENTON, Angst vor dem Verrücktwerden / From Fear of Madness. Aus: *All the Wrong Places. Adrift in the Politics of Asia.* London: Viking 1988. S. 11–17. Reprinted with the permission of the Peters Fraser & Dunlop Group Ltd.

TIMOTHY FINDLEY, Eine unvergessliche Reise nach Russland / An Unforgettable Journey to Russia. Aus: Keath Fraser (Ed.), *Worst Journeys: The Picador Book of Travels.* London: Picador 1992. S. 48–58. © 1991 by Timothy Findley.

BOB GELDOF, Ich will fort! Aus: *Is that it?* London: Sidgwick & Jackson 1986. S. 196–201. © Bob Geldof 1986. Für die deutsche Ausgabe *So war's*: © 1987 by Kiepenheuer & Witsch, Köln. Der hier vorliegende Auszug wurde neu übersetzt.

VENEDIKT JEROFEJEV, Die Reise nach Petuschki. Aus dem gleichnamigen Buch. Aus dem Russischen von Natascha Spitz. München: Piper 1978. S. 106–113. © R. Piper & Co. Verlag, München 1978.

RYSZARD KAPUŚCIŃSKI, Am Feuer erfrieren. Aus: *Imperium. Sowjetische Streifzüge.* Aus dem Polnischen von Martin Pollack. Frankfurt am Main: Eichborn 1993. S. 185–199. © Vito von Eichborn GmbH & Co. Verlag KG, 1993.

RYSZARD KAPUŚCIŃSKI, Fetascha. Aus: *König der Könige.* Aus dem Polnischen von Martin Pollack. Köln: Kiepenheuer & Witsch 1984. S. 30–34. © Vito von Eichborn GmbH & Co Verlag KG, 1993.

NORMAN LEWIS, Allerhand Tiere. Zitiert nach: Keath Fraser (Ed.), *Worst Journeys.* A. a. O., S. 161–167. © 1952 «By Lorry to Lashio» from: *Golden Earth* by Norman Lewis. Reproduced by arrangement with Rogers Coleridge and White Ltd.

NORMAN LEWIS, Ein ruhiger Abend in Huehuetenango / A Quiet Evening in H. Aus: *A View of the World. Selected Journalism.* © 1986 by Norman Lewis. Reproduced by arrangement with Rogers Coleridge and White Ltd.

ALBERTO MANGUEL, Fern von England / The Farther we're from England. Aus: Keath Fraser (Ed.), *Worst Journeys.* A. a. O., S. 86–89. © 1991 by Alberto Manguel.

PATRICK MARNHAM, Unterwegs nach Katmandu. Aus: *Road to Katmandu.* Zitiert nach Keath Fraser (Ed.), *Worst Journeys.* A. a. O., S. 168–172. © 1972 by Patrick Marnham. Used by permission of Toby Eady Ass., Ltd.

V. S. NAIPAUL, Schiff nach Bombay. Aus: An Area of Darkness: Travellers Prelude. A Little Paperwork. Aus dem Englischen von Karin Graf. Zitiert nach: *Du* (Zürich), Heft 10. Oktober 1993. S. 82–85. © V. S. Naipaul.

ERIC NEWBY, Der sterbende Nomade / The Dying Nomad. Aus: *A Short Walk in the Hindu Kush.* London: Pan Books 1974. S. 49–56. © Eric Newby.

PAUL NIZAN, Reisende … / Aden. Aus: *Aden / Die Wachhunde. Zwei Pamphlete.* Aus dem Französischen von Traugott König. Reinbek: Rowohlt 1969. S. 67, 70–74, 103–105. © 1978/1993 by Rowohlt Taschenbuchverlag GmbH, Reinbek.

LIAM O'FLAHERTY, Der Leichnam des Zarismus oder Lügen über Russland. Aus: *Der Komet. Almanach der Anderen Bibliothek auf das Jahr 1992.* Frankfurt am Main: Eichborn 1991. S. 95–108. Ursprünglich in: Liam O'Flaherty, *Ich ging nach Russland. Reisebericht.* Aus dem Englischen von Heinrich Hauser. © 1971 by Diogenes Verlag AG, Zürich.

P. J. O'ROURKE, Das unbegreifliche Stück Irland / The Piece of Ireland that Passeth All Understanding. Aus: *Holidays in Hell.* © 1988 by P. J. O'Rourke. Zitiert nach Keath Fraser (Ed.), *Worst Journeys.* A. a. O., S. 256–268. Veröffentlicht mit Genehmigung Nr. 50944 der Paul & Peter Fritz AG, Zürich.

GEORGE ORWELL, Erledigt in Paris. Aus: *Down and out in Paris and London.* London 1933. S. 7–13. Für die deutsche Ausgabe *Erledigt in Paris und London*: © 1978 by Diogenes Verlag AG Zürich. Der hier vorliegende Auszug wurde neu übersetzt.

JONATHAN RABAN, Arabia Demens. Aus: *Arabia through the Locking Glass.* First published by William Collins 1979. Reprinted by Collins Harvill 1985. © 1979 by Jonathan Raban.

JONATHAN RABAN, Old Glory. Aus: Keath Fraser (Ed.), *Worst Journeys.* A.a.O., S. 222–231. First published by William Collins 1981. © Jonathan Raban 1981.

JOSEPH ROTH, Nichts ereignet sich – in Vienne. Aus: *Werke 2. Das journalistische Werk 1924–1928.* Hg. von Klaus Westermann. Köln: Kiepenheuer & Witsch 1990. S. 431–433. © 1990 by Verlag Kiepenheuer & Witsch, Köln, und Verlag Albert de Lange, Amsterdam.

JOHN RYLE, Die Straße nach Abyei / The Road to Abyei. Zitiert nach: Keath Fraser (Ed.), *Worst Journeys.* A.a.O., S. 299–308. © 1989 by John Ryle.

SEVERO SARDUY, Allein in Frankfurt. Aus: *Der Komet.* A.a.O., S. 11–24. Für die Übersetzung: © Hans Magnus Enzensberger. © Severo Sarduy, 1990, and Heirs of Severo Sarduy.

SERGIO SAVIANE, Auf Safari in Bokassaland. Aus dem Italienischen von Andrea Spingler. Aus: *TransAtlantik* (München), Oktober 1982. S. 46–49. © The New York Times Co., 1982.

STUART STEVENS, Schätze aus Xinjiang. Aus: *Night Train to Turkistan.* Zitiert nach: Keath Fraser (Ed.), *Worst Journeys.* A.a.O., S. 59–63. © 1988 by Stuart Stevens. Veröffentlicht mit Genehmigung Nr. 51413 der Paul & Peter Fritz AG in Zürich.

PAUL THEROUX, Der Aztekische Adler / The Aztec Eagle. Aus: *The Old Patagonian Express. By Train through the Americas.* Boston: Houghton Mifflin 1979. S. 39–47. © Paul Theroux.

EVELYN WAUGH, Als Globetrotter in Afrika / As a Globetrotter in Africa. Zitiert nach: *Remote People.* S. 167–184. London: Penguin Books 1985. © International Literary Agency Peters, Fraser & Dunlop, Ltd., London.

SIMON WINCHESTER, Der Zug nach Kompong Som. Aus dem Englischen von Andreas Thalmayr. Aus: *TransAtlantik* (München), März 1982. S. 26–28. © 1981 by Harper's Magazine Co.

GEORGE WOODCOCK, Meine schlimmsten Reisen / My Worst Journeys. Aus: Keath Fraser (Ed.). *Worst Journeys.* A. a. O., S. 9–20. © 1991 by George Woodcock.

Die Übersetzungen aus dem Englischen stammen, sofern nicht im Quellenverzeichnis anderweitig nachgewiesen, von Matthias Fienbork. Das Lektorat lag in den Händen von Roswitha Gerlach.

FSC
www.fsc.org
MIX
Papier aus verantwortungsvollen Quellen
FSC® C019821

Das für dieses Buch verwendete FSC®-zertifizierte Papier *Lux Cream* liefert Stora Enso, Finnland.